新时代艺术管理的新使命与新格局

——高等院校艺术管理研究

王凤苓 主编

山东教育出版社

图书在版编目（CIP）数据

新时代艺术管理的新使命与新格局：高等院校艺术管理研究 / 王凤苓主编. —济南：山东教育出版社，2019.10

ISBN 978 - 7 - 5701 - 0813 - 8

Ⅰ.①新⋯　Ⅱ.①王⋯　Ⅲ.①艺术 – 管理学 – 教学研究 – 高等学校　Ⅳ.①J0-05

中国版本图书馆 CIP 数据核字（2019）第 233064 号

XINSHIDAI YISHU GUANLI DE XINSHIMING YU XINGEJU
——GAODENG YUANXIAO YISHU GUANLI YANJIU

新时代艺术管理的新使命与新格局
——高等院校艺术管理研究　　　　　王凤苓　主编

主管单位：山东出版传媒股份有限公司
出版发行：山东教育出版社
　　　　　地址：济南市纬一路 321 号　邮编：250001
　　　　　电话：（0531）82092660　　网址：www.sjs.com.cn
印　　刷：山东德州新华印务有限责任公司
版　　次：2019 年 10 月第 1 版
印　　次：2019 年 10 月第 1 次印刷
开　　本：710 毫米×1000 毫米　1/16
印　　张：23.25
字　　数：355 千
印　　数：1-2000
定　　价：60.00 元

（如印装质量有问题，请与印刷厂联系调换）印厂电话：0534-2671218

编委会

科学认知与把握新时代艺术管理的规律和特性(序言)

田川流

近年来,我国社会文化建设处于重要变革时期,在社会各种因素的促动下,社会文化及艺术活动的各个领域均出现了基本格局及表现形态的变化。特别是党的十九大以来,在我国社会主义建设进入新时代的态势下,文化及艺术活动的深入广泛开展,对文化及艺术的建设提出了一系列新的课题,这既是对艺术管理者及高等院校艺术管理学科提出的新使命与新挑战,同时也赋予艺术管理学科新的任务和责任。作为承担艺术管理科学研究及人才培养重任的高等院校艺术管理类学科与专业的众多教师和研究者,深感责任重大。中国艺术学理论学会艺术管理专业委员会第七届年会的召开以及研究论文集的出版,正是对诸多重要课题深入开展的富有成效的研讨。其各项研究成果的获得,充分表现出全国40余所高等院校艺术管理学科老中青学者们严谨的学风以及锲而不舍的探索精神。

文化及艺术活动是极富时代性和动态性的社会活动。所谓时代性,即指该类活动在整体社会活动中具有重要的地位,与人们对物质的需求一样,人们须臾不可离开,属于人的最基本的需求之一,同时又是陶冶大众、增进大众审美能力、实现人的素质全面提升的需要;所谓动态性,即指文化艺术活动无论是在活动方式、内容建构方面,还是在形式衍变、语言创新等方面,均是伴随社会政治、经济、文化、科技的推进而时时发生变动的,不断向着更为完善的、美的和成熟的方向衍变,满足人民大众不断增长的审美文化及艺术的需求。当代文化艺术发展出现的新动向和新任务,已经引发众多学界人士的密切关注和研究视点的聚焦。及时把握契机,调整新时代艺术管理的基本目标和研究重心,是艺术管理学科的重要使命。

社会各类产业与文化艺术的紧密交融，为艺术管理从业者提供了十分宽阔的视野。当代社会各类产业的发展，均与文化艺术形成十分密切的联结，如何推进文化艺术与各相关产业深度交融，是艺术管理需要面对的重要课题。几年前，社会文化产业的发展，更多体现为大量具有创意特色的设计类产业与文化及艺术创新的结合，而近年来，由于社会各种因素的积聚和变化，以及文化自身渗透力的逐步增强，已经充分显现出文化艺术与各相关产业深度融合的态势。首先，艺术创意突破了与一般设计类产业实现结合的状态，渗融于工业产业的各个方面，不仅在工业生产的产品造型、产品包装等环节充分体现出与文化及艺术的全面交融，同时也在生产过程中展开与旅游、观光、科教等方面的结合，引导人们在崭新环境下完成对工业活动的体验。其次，艺术与农业产业的结合十分凸显，成为人们关注的重心。乡村文化振兴，以及与之相联系的乡村特色小镇建设、田园综合体建设，均已成为全社会关注的焦点。艺术元素不仅对乡村传统观念文化的延续与嬗变产生影响，而且对乡村公共文化建设具有积极的推动作用，如在乡村制度、体制、人际关系、乡风民俗等方面集中体现了文化艺术元素的作用与影响，而在乡村演艺、民间工艺、旅游、体育、康养、休闲等方面，更是有着充分的体现。第三，文化艺术创新与创意更在社会服务业领域有着深度的融合与深化，无论是管理与服务的目标与宗旨，还是管理方式等方面，均发生重要变化。传统的文化服务领域以及与当代社会服务相关的园林、建筑、环境等领域实现与文化艺术的融合，使得更多项目和行业中的文化及艺术的含量大大增长，有时甚至大于其服务本身的基本含量，形成全方位多样性的文化渗入。以上特征，均要求艺术管理全面进入，不仅需要对其管理行为、管理方式进行探索，还需要对其管理理念、管理策略加以研究，以适应社会发展的进程。

现代高新科技的迅猛发展，为艺术管理带来重大的推进，也提出新的要求。数字技术、传播技术的普及与全面应用，均使艺术管理面临重要的挑战。首先，高新科技推动了新的艺术活动样式的出现以及艺术创造模式的变化。数字艺术、网络艺术、移动艺术等新的艺术形态陆续形成，动漫艺术、游戏艺术的发展不断深化，均得益于科技的发展，促使艺术管理者须以更高的视野充分思考与之相关的课题。其次，高新科技带来创作方式和方法的改变，科技因素普遍应用于艺术创作之中。人们广泛使用数字技术，在舞台演艺、电影电视、创意设计、动漫游戏等艺术创造中改进创作模式与技术，大大提高艺术样式的审美表现力，加快艺术创作的速度和节奏，为艺术创新带来极大的便利和效益的提升，同时也对管理提出更高的要求。第三，由于管理的需要，艺术管理活动本身也需要适应社会发展的需要，充实和引进科技管理的方式、媒介和技术。在与艺术管理密切相关的管理活动的创意设计方案展示、管理预案制作、管理控制技术运用、管理效应监控、艺术活动统计及评估等方面，均可以逐步采用数字技术，以求大大提高艺术管理计划与决策的功能，推进艺术管理本身创新能力的大幅提高。

在当代艺术活动中，公共文化服务、文化产业、文化遗产保护及利用等重要领域的紧密结合，已成为当下的重要现象。在各领域文化及艺术活动的实际进程中，人们发现，上述几方面已经十分紧密地联结为一体，特别是在对其实施管理时，更加难以分离。首先是管理理念，上述各领域文化活动的管理目标与宗旨均在于要为社会提供丰富多样的艺术产品，服务于人民大众。其次是实施策略，公共文化服务要依靠文化产业的繁荣，获取大量文化产品以及创新活动方式，满足人民大众的文化需求。而文化产业则要在生产更为丰富多样的文化艺术产品时，履行一定的社会责任，协助政府以购买文化服务的方式，为社会大众提供免费或低费的文化服务活动与产品。文化遗产的保护及利用不仅重在对遗产的维护，还在于通过传承、教育和适度生产与经营，让人民大众受到更为丰富的优秀传统文化的熏陶。可以看到，无论是公共文化服务还是文化产业、文化遗产，其核心要素均为艺术，如何促进艺术产品总量和艺术质量的提升，是当下社会艺术管理活动的基本任务。在实际运行中，有时人们易于将公共文化服务与文化产业及市场运营相对立，以及与文化遗产的保护及利用相分离，造成各种管理活动的脱节。这样将会导致管理的失衡。没有文化产业与市场的发展以及文化消费的大量增长，公共文化服务将会受到很大限制，难以运行；没有对于文化遗产的精心保护与充分利用，也会对公共文化服务和文化产业产生消极的影响。所以，在实施艺术管理中，需要强化宏观思维，实施全面布局和统筹管理，同时在公共文化服务、文化产业、文化遗产保护及利用中对如何实施艺术管理进行全方位研究，推动管理活动的科学化、规范化，提高管理水平和管理效应。

艺术管理的另一重要使命，即在于对全社会艺术消费的推动。由于社会文化的迅速发展以及艺术创新活动的深入，人们对艺术生产的高质量和多样性提出更高要求。大众文化艺术消费已成为社会文化消费十分重要的一环。为了尽快将文化产业提升到国民经济支柱性产业的高度，必须加大消费，才能促进文化总量的快速增长。艺术管理应高度重视艺术消费与公共文化服务、文化产业的关系，充分考量文化供给与文化市场、文化消费的关系，促进文化供给与文化消费的相对平衡与同步增长。当前推进文化消费仍存在一些突出的问题。其一，艺术产品供给的相对不足，依然是突出的问题，特别是高质量艺术产品的生产与供给，尚不能充分满足社会及大众的需求。大众对相关艺术活动的多元化、产品种类的多样化以及艺术产品的丰富性的要求，十分突出地摆在艺术管理者面前，亟待加以改善。其二，对于艺术消费来说，大众消费理念的提高以及消费取向的引导也存在种种问题。并非经济总量较高的地区文化消费就一定高，除经济的因素外，艺术消费还与社会及大众文化消费心理、社会文化消费趋向等现象相关联。因此，如何正确评估不同区域不同群体的消费水平及消费趋向，广开市场，打造便利大众文化消费的平台，如何积极引导大众开展积极健康的艺术消费，而不是盲目趋同，均是当前面临的重要课题，应加大研究力度，采取有效的管理举措。为此，不仅需要从宏观层面打开通道，排除艺术消费的障碍，而且需要从微观层面建构各种机制，为大众艺术消费带来便利；不仅需要在理论上研究推动艺术消费的政策、理念与策略，还需要在实践操作方面汇集案例、总结经验，创造更好的管理效应。

新时代对文化艺术领域催生的新的元素和活动样态是多样的，极富建设性和挑战性，要求人们通过自身艺术管理理念的转变以及对管理宗旨、管理方式、管理策略的深入探讨，积极应对艺术领域的新课题，科学实施艺术管理，推进当代艺术活动的健康发展。

艺术管理者需要确立高度的文化自觉，形成新颖的管理理念。在管理主体方面，应打破传统的认为艺术管理仅仅是文化企业自身的管理，以及艺术管理仅仅是内部运营的管理等等观念，确立当代社会需要建立全方位艺术管理机制的理念，将艺术管理主体予以扩展，使更多政府机构、社会团体、各类事业及企业部门均能意识到自身在社会文化建设及文化产业中应当肩负的管理使命和应发挥的作用；在管理目标方面，应改变传统的认为艺术管理只是经济运营的管理这一观念，将艺术管理与我国当代社会特色相联系，强化对艺术活动的精神层面、社会层面各类文化活动的管理，将对公共文化服务的管理以及对文化遗产的保护和利用充分融入管理范畴之中；在管理方式与方法上，应改变传统的认为艺术管理只需采用适应市场法则的管理方式的观念，而将适应艺术特有规律的方式方法与适应经济及市场规律的方式方法相结合，全面采用符合人的个性发展的科学管理方式，以求更好地激励艺术从业者参与文化创新的积极性和创造性。

艺术管理体系需要通过科学建构，完善自身的管理体制与机制。在我国管理体制与机制建设中，应当吸取和借鉴国外艺术管理的经验，但是又不应照搬，而应采取与中国国情相适应的管理模式，建立行之有效的管理体制与机制。在中国，艺术管理的体制与机制既有长期存在的直接管理的模式，又出现大量具有市场因素的间接管理的模式，形成二者的共存。直接管理具有行动高效、资源集中、推行迅捷等优势，而间接管理则更有利于调动人们艺术创新的能动性，以及减少管理中可能出现的权力过于集中、易于滋生权力寻租等现象。将二者有机结合，方能将文化创新能量发挥到最佳水准。因此，在管理体制与机制的探索中，积极尝试直接管理与间接管理相结合的有关策略，实现二者的互补，是十分必要的。随着社会的发展，应吸取西方国家在间接管理方面的长处，逐步减少直接管理的分量，即减少作为行政管理的因素。即使是行政管理，也需明确坚持依法行政，将行政管理中的各项政策与国家正式颁布的法律及具有一定法律效力的法规相结合，形成艺术管理的多元性和多层级性的管理体制与机制，以及直接管理与间接管理相结合的管理模式。

艺术管理领域需要强化建设具有高素质的管理队伍，加快培养适应新时代艺术管理需求的管理人才。大批与传统管理模式相适应的管理人员，亟须经过转型与继续学习，才能适应当代艺术活动的各种要求及各类规则，清醒地把握当代艺术管理的各种特性与策略，这样方能形成一支健全的高水平的管理队伍。这一队伍既包括具有宏观意义的国家与政府管理者，也包括社会团体各类机构中的与艺术相关的管理人才，更包括大量艺术事业与企业机构的管理人才；既包括艺术的创意与策划、艺术筹资与投融资、艺术的组织与协调、艺术的宣传与传播等方面的人才，也包括艺术生产控制、艺术科技管理、市场经营运作等方面的人才。其间，需要对各类管理人才加以扶持和保护，帮助他们确立科学的管理理念，熟悉和把握艺术管理的内在规律及方式。

艺术管理系统还需要建立自身的管理标准及评价机制。迄今为止，世界上并没有能够适应各国国情的通行的艺术管理模式和标准，但在我国长期管理实践中，应当逐步建立属于自身特有的适应中国特色艺术管理活动的基本模式，建立既具有同一性又具有一定差异性的评价机制，探索与现代文化及艺术活动相适应的管理方式和手段，形成具有中国特色的艺术管理评价标准。这一标准应当充分适应我国各区域艺术管理活动的基本特点，与国家艺术管理的基本原则和策略相一致，在不断探求中逐步形成具有中国特色的艺术管理的评价机制与评价标准体系，有效推进当代艺术管理活动的科学性、规范性，大大增进艺术管理的实际效应。

艺术管理是一项与时俱进的事业，它伴随社会文化艺术的发展而需要人们不断洞察新动向，思索新问题，开拓新思路。正是在这样持续深化的研究进程中，艺术管理才能更加适应艺术发展的客观规律，其学科研究也才能更趋近于科学。

目 录

第一部分

艺术管理与文化服务的
优化和提升

论文化艺术政策与文化法的同一性及差异性

田川流[①]

摘要： 在当代社会，文化艺术政策与文化法既具有同一性又具有差异性，其同一性主要表现在对人民负责和对文化艺术建设负责的一致、致力于推进文化艺术建设的健康发展，以及努力保障文化与艺术的安全等方面。其差异性主要表现在：政策具有战略性，法律法规具有现实性；政策具有一定的灵活性，法律法规具有稳定性；政策具有抽象性，法律法规具有具体性；政策具有引领性，法律法规具有强制性。把握二者的差异，可以充分发挥其各自优势，化解矛盾与歧义，实现求同存异。政策与法律法规存在于一个统一体中，它们是共存的、联动的，也是可以相互转化的。

关键词： 文化艺术政策；文化法律法规；同一性与差异性；共存、联动与转化

在我国文化艺术建设与发展进程中，文化政策、法律与法规一直发挥着十分重要的作用。近三十年来，中国共产党倡导依法治国，特别是近年来，法治建设成为治国之本，人们愈来愈看到在文化艺术领域深化推进依法治文的重要意义。文化艺术政策与文化法的不断完善是社会发展的必然需求，是执政党和政府对文化艺术实施管理的重要方式。从其本质来看，二者既具有同一性又具有差异性，其统一性，是指二者具有类同的基本特性，不可分割，相互连接与渗透，能够共同存在；其差异性，是指二者同

[①] 作者简介：田川流，山东艺术学院教授，南京艺术学院特聘教授、博士生导师，重庆大学特聘教授。

时又具有不同的形态，显现出有差异的社会使命与表现形式。在我国政府对文化艺术的管理中，政策与法治是最重要的方式。充分认识二者的关系，积极推进文化艺术政策与法律法规的制定与实施，是保障文化艺术活动健康发展的重要基石。

一

在深化依法治国的历史进程中，政策与法治始终是并行的。作为社会文明体现的重要方面，文化艺术领域的政策与法治水平的高下，也是考量一个国家整体文明素质及其水平的重要标志。重视文化艺术政策与法律法规建设，是建设社会主义现代文明的需要，也是加快推进中国特色社会主义文化建设的当务之急。

文化艺术政策与文化法在本质上是一致的，具有突出的同一性。

其一，对人民大众文化利益负责的一致。文化艺术政策与法律法规都是维护人民大众文化利益的基本规范，是党和政府保障人民大众文化权益和文化利益所采取的重要举措，集中体现了国家意志和人民的意愿。在这一方面，文化艺术政策与法律法规是高度一致的。无论是二者的制定、形成与实施，都需要充分表达人民大众的意愿，维护人民大众的权益。以此为基点，才能作出有利于提升人民大众文化水准的判断和决策。

其二，致力于推进社会文化艺术的健康发展。文化艺术政策与法律法规的完善与实施，对于推进国家文化软实力的持续提升，以及全民族文化水准的不断提高，具有至关重要的意义。只有在科学的政策与法治的指导下，方能推动文化艺术创作与活动的蓬勃开展，以及文化艺术产品的大量增长和作品质量的稳步提升。文化与艺术产业及市场运行，艺术家及艺术从业者、消费者的基本权益等，均需得到政策与法治的强力保障。

其三，努力保障国家文化安全。国家的文化安全，包括艺术发展的安全，需要健全的政策与法律法规加以维护。其间既包括对外交流与贸易的安全，要保障国家的文化权益不受侵害，保护艺术企业与艺术家的利益不受损害，也包括对内的文化安全，要充分保障国家文化及意识形态的安全，保障从事文化艺术活动的企业、机构和个人经营的安全，以及文化市场的安全。

理解与把握文化艺术政策与文化法律法规的同一性，是深化文化法治建设的需要。

政策是国家上层建筑的重要组成部分，是国家、政党为实现一定历史时期的政治、经济、文化等领域的任务和目标而确立的行动准则、措施和方针。而文化艺术政策则是为了实现文化建设目标而规定的路线、方针、规范和措施，是由执政党和政府对全局性的文化艺术发展所制定的基本原则和规范。在我国，文化政策一般体现于党和政府的公告、文件、指令、报告、意见，以及领导人的讲话和批示之中，既有总政策，也有比较具体的政策。"文艺为人民服务，为社会主义服务""百花齐放，百家争鸣"被确定为国家文化建设与发展的总政策、总方针。而作为比较具体的政策，则主要是针对艺术活动的不同范畴、领域、种类或区域特点和需要所制定的政策。"二为"方向和"双百"方针不仅成为所有文化艺术领域均要遵循与恪守的准则，同时在国家制定文化艺术的各种具体政策及法律法规时，也必须充分遵循这一原则，不能与总政策产生抵触和矛盾。

法律是为调整社会关系而制定的权利义务模式和行为规范，以求达到维护社会正义与秩序的目标。文化艺术法律，是由国家制定或认可并由国家强制力保证实施的具有普遍效力的行为规范体系，仅指全国人大及其常委会制定的规范性文件，即法律案，这是一般狭义上的法律。而在广义上，文化法规也包括国务院、地方人大及其常委会、民族自治机关和经济特区人大制定的文化类规范性文件。法律和法规的区别，主要在于制定机关的不同，其次效力层次也不同，法律的效力大过法规的效力。文化艺术的行政规章是行政性法律规范文件，也属于法规的范畴。规章主要是指国务院组成部门及直属机构，省、自治区、直辖市人民政府及某些较大的市级人民政府，为执行法律、法规而制定的与本部门、本行政区域相关的具体规范性文件。在我国，对文化艺术政策与文化法的理解主要是指适用于文化艺术领域的政策及法律法规，涉及公共文化服务、文化产业、文化遗产保护与利用、对外文化交流与贸易等领域，一般与文学艺术、新闻出版、电影电视、动漫游戏等方面的文化及艺术活动相联系。

当代国家在其推进文化建设与发展中，均要推出一系列政策，以及相关的法律案与法规，二者的同时存在是客观的。无论任何国家，特别是当代法治国家，均以法律为准绳，保障文化艺术的健康有序运行及发展。与之相同步，也需要不断制定各种政策，既作为制定法律法规的基本依据和基础，又作为法律的补充，保障社会文化活动的正常运行。

坚持文化艺术政策与文化法律法规的同一性原则，是科学掌控文化艺术建设与发展的重要依据。

无论任何国家，即使是法治水平很高的国家，其代表国家意志的各种政策也是必需的，这是由国家文化建设以及文化艺术特有的形态决定的。政策与法律都具有调整社会利益关系、指引和规范公共权力运行的作用，都需要贯彻社会正义原则。政策与法律法规也是世界各地公共生活领域的重要准则，对政府管理和司法部门都发挥着重要作用。一方面，由于文化艺术方面的特有属性，要求其不可机械地实施某些法律规范，特别是当一些特殊的文化现象出现时，更是如此。文化的多样性及动态性，要求执政党与国家不断推出或调整政策，以适应文化发展的需要。其间，只依赖法律是不现实的。我国的法治建设是一个较长时期的过程，当法治尚未完备以及政府执法和大众守法均不够自觉和严谨时，仅仅依靠法治就是一句空话。同时，国家文化法律的推出不是一蹴而就的，很难完全适应文化建设的需求，文化活动也不是孤立的，而是与社会方方面面有着千丝万缕的联系，任何既有的法律都难以完全适应复杂多变的文化态势，因此必须由一些带有引导性的政策加以管理。另一方面，仅仅依靠政策同样是不够的，由于政策的某些区域性、弹性及其个人化等特点，极易导致政策存在局限性，致使文化建设缺乏坚实的法律保障。在中华人民共和国初建的时期，由于文化法治建设尚未启动，我国曾长期以政策代替法律，只强调政策的重要性而忽视法治建设，逐渐显现出种种弊端，曾使我国文化艺术建设陷入严重的困境。特别是"文化大革命"对文化建设的破坏和对优秀传统文化的践踏，既与政策的失控相关，更与法治的长期不健全直接相连。

在当代文化建设中，既不能认为法律可有可无，或者将法律当成只供摆设的花瓶，也不能认为政策没有意义，或者只能作为法律的补充而出现。有些人习惯于以政策代替法律，主要是由于我国在较长时期内法制尚不健全，文化法尤其缺乏，人们已经适应长期以来以政策作为文化建设主要指导的模式，因此有时人们将政策认同为法律；还有些人习惯于将法规等同于法律，也是因为当我国法律案缺失时，人们主要遵循的就是法规，因此也就将法规等同于法律，即使当文化法律不断推出时，有些人仍不能自觉区分法律与法规的不同。这些均是亟待厘清与匡正的。

在当代社会，政策与法律法规的长期共存是必要的，也是适应文化艺术建设与发展实际的。政策具有宏观引导社会文化建设的重要意义，调整和协调文化艺术各方面及人际关系要靠政策，一些政策经社会与实践检验，不断修改与充实，基本完善后再由国家权力机构立为法规乃至法律，这是文化艺术立法的重要路径和依据。

二

文化艺术政策与文化法历来是同一性与差异性的统一，在二者之间，既非常突出地显现其共同的性质，又十分鲜明地显示其一定的差异。它们是相对独立的，其功能价值、工具属性和主体上都有各自的特性，不能互相替代。当我们对政策与文化法作共时性考察时，更多看到其差异，属于同中求异；而当我们对二者作历时性考察时，则更多看到其同一性。在文化建设领域，将政策与法律法规加以有效的区分，认识其各自的价值和作用，是十分必要的。

其一，政策具有前瞻性，法律法规具有现实性。政策是对一个时期的文化艺术建设具有指导性和规范性的方针与意见，法律法规则是以党的文化艺术总政策为指针所制定的具有法律效力的规范性文件，体现出较突出的现实性与可行性。而作为一般政策的制定、实施或调整，也应以总政策和法律为基本依据和准绳，而不能与法律相违背。

其二，政策具有灵活性，法律具有稳定性。政策的灵活性一则表现在政策常常与一定的区域、行业及其艺术部类相联系，又与特定的时间相适应。随着时间变迁或环境的变化，政策也就可能发生变化。政策有时出自不同领导部门，其间有时也会存在些微的差别。而法律则具有更为稳定的特点，不因时间、区域的变化而发生大的变化。但作为法律效能偏低的法规或是行政规章，其稳定性也会有一定的弱化。

其三，政策具有抽象性，法律具有具体性。从二者的比较来看，具有宏观意义的政策通常显现出较突出的抽象性，即使一般政策也具有一定的抽象性，较多属于理念的阐释和目标、意旨、方式的阐述，而不属于具体的规定，体现出较宏观的指导性和全面的把控力。而法律法规则显示出较为具体的规范性和约束力，具有实际操作的特性。

其四，政策具有指导性，法律法规具有强制性。在一定意义上，政策更多具有指导和引领的意义，对社会和大众具有感召性和凝聚力，允许人们在执行政策时有一定自身的理解以及创造性执行，因而具有一定的柔性特色。法律法规则更为严谨，甚至比较冷峻，具有一定的强制性，显现其刚性特点。任何人在法律面前均是平等的，也是不容随意曲解的。

科学把握文化艺术政策与法律法规的区别，有助于推进二者在文化艺术管理活动中发挥各自的优势。

《中共中央关于全面推进依法治国若干重大问题的决定》中指出："发挥政策和法律的各自优势，促进党的政策和国家法律互联互动。"[①]文化艺术政策与文化法是相互影响、相互促动的关系，政策的不断完善为法律提供了经验，法律在完善自身的同时也为政策提供重要参照。

互联，体现为二者之间的相互联结，不可分离。在政策与法律法规之间，始终都是你中有我，我中有你。在一定规范上，二者表现为二元渠道，是合理的与并行的，均可充分发挥其积极作用。中华人民共和国早期的文化法建设尚处于起步阶段，尽管法律案匮缺，但在大量政策及法规之中，充分体现了党和政府一贯的文化艺术指导思想，而近二十余年推出的多种法律案，则逐步将一些政策因素以法律法规的形式加以稳定和相对固化。

互补，即在内容层面，二者是互补的，不仅可以相互弥补对方的不足和局限，而且起到相互支撑的效应。协调互补，相互调整，政策中可以融进法律法规的成分，法律法规中也可以融进政策的因素。政策在完善自身的同时为法律提供了经验，法律在不断改善的同时也为政策提供参考。当政策不足以保障文化艺术活动健康运行时，法律法规就显得十分必要；而当法律法规难以满足文化艺术大发展的需求时，政策也就具有更为积极的意义。

互动，即政策可以推进法律的进步和不断完善，法律也可以持续推动政策的变革，为政策的科学性提供重要的资源和实践经验。二者之间的相

---

① 中共中央关于全面推进依法治国若干重大问题的决定 [M]. 北京：人民出版社，2014.

互促动是客观的和必然的，既有差异，也相互适应、协调与整合，和谐共生。特别是在许多社会发展的重要阶段，政策与法律时常是联动的，二者发挥共同推进的作用，从刚性和柔性两个方面有机地调整社会文化与艺术的各种秩序与关系。

深刻认识文化艺术政策与法律法规异中有同、同中有异的客观现实，有助于实现求同存异的最佳境界。

作为政策，具有突出的精神先导和引领的意义，要求人们在充分理解和认同的基础上加以创造性实施。而作为法律和法规中一些具有软法特性的法律案，其督导性或规范性增强，而其强制性相对减弱。但这并不表明该法律法规不重要或不必一定执行，只是留出了一定的余地，或者具有了一定的政策柔性的特色，要求人们在理解的基础上予以贯彻及实行。而一些法规，特别是政府规章，与政策更为贴近，甚至在人们的视野中难以区分。

在现代社会，人们越来越认同法律法规有硬法与软法之分，现代法是二者的共存，特别是在文化法领域，软法的数量甚至超过硬法。硬法是指那些能够依靠国家强制力保证实施的法律规范，软法则是指国家立法中具有指导性、号召性、激励性、宣示性等特点的非强制性规范。特别是文化法律与法规，较多属于软法的范畴。作为软法，旨在通过非强制的、可协商的方式，实现社会成员对法治的理解与遵循，更为自觉地促进法治社会建设，以求形成刚柔相济的混合法模式，而非对法治资源的滥用。在文化法领域更是如此。文化艺术活动更契合人的精神生活与社会精神层面，因此，完全倚重具有强制性的硬法是难以解决所有问题的。许多方面的矛盾，需要通过调动人们自觉与自由的意识，以协商的方式，在对法治理解与认同的基础上加以解决。

无论政策还是法律法规，均是对文化艺术事业的保驾护航，也是对艺术家及艺术从业者的基本权益的保护。政策因其具有一定的抽象性和灵活性，人们在执行中一般可以与自身的区域和部门的实际情况相结合，实事求是、因地制宜地发挥其作用。而作为法律，均具有严格的规范，其适用领域不仅包括全国文化艺术界各相关机构和人员，同时也包括国家相关领导机构和领导成员，他们同样必须恪守法律规范。尽管某些法律案具有一定的软法特性，也不应赋予个人过多阐释和变异的余地，在实施中任何人也不能自行其是，置法律于不顾，更不能享有法外特权。所谓"秃子打伞，无法无天"，在现代文明社会是行不通的。

此外，还需注重艺术与一般文化的差别。作为一般文化，既包括艺术，也包括其他方面，例如新闻出版等。其特性既有共同点，均属于文化领域的重要组成部分，具有精神活动的突出特点，同时又有一定的差异，艺术创造凸显其鲜明的审美特性，以及个人的独创性。将艺术政策、艺术法与一般文化政策、文化法相比较，更应突出对艺术工作者的尊重与保护，特别是对艺术家创作自由及其基本权益的保护。完全将艺术政策等同于一般文化政策与文化法，不利于艺术事业的发展。

及时处理文化艺术政策与法律法规之间可能出现的问题与碰撞，有助于推进矛盾的化解。

文化艺术政策与文化法有时可能出现抵触甚至矛盾，必要时，政策可指导法律进行矫正，甚至可能突破法律，但必须合理，不能恶性违法。一方面，我们不能将政策指导看作人治，有许多政策实际是人们共同智慧和集体领导的结晶。但是，如果过度使用政策，对政策作出各种不同的解释，并以此取代法律，难免出现理解的偏误甚至少数人说了算的现象。另一方面，也不能将一般法规代替法律。法律具有更重要的权威性、更广泛的适用性，如果过度重视法规的作用，忽略文化立法的重要性，长期呈现文化法律匮乏的状态，就易于导致文化建设制约机制的随意性和易变性。政策与人治有较直接的关系，法规既属于法律的范畴，又与政策联系密切，过度依靠政策、崇尚政策，就不可能依靠法治、崇尚法治。

有时，会出现有关政策性的"良性违宪"或"违法"。究其原因，一是当社会提出新的问题或出现新的矛盾时，需要以政策的方式适度调整；二是时机尚不成熟，执行现行法律有一定的难度。但是，对于这类举措必须慎之又慎。社会关系的变动性和调整的连续性是政策与法律互构及和谐变异的客观需要。决定实施良性违宪或违法，需要高层领导审时度势，高屋建瓴，对其实施过程和结果作出预测，并对可能产生的效应予以科学辨析与应对，以防止出现社会及大众精神的紊乱。特别应当十分警惕由于政策的变化，导致法律的完全失效。历史的教训需要铭记，"文化大革命"的发动及其后果，就充分显现其政策的偏执和法律的完全失效，因此就注定其不是任何意义上的革命。

三

文化艺术政策与法律法规共存于一个统一体中，均是推进文化建设与发展的动力性结构。其同一性与差异性，表现为政策与法律法规既是和谐的又是矛盾的，既是相对稳定的又是可以相互转化的。努力推进政策与法律法规的和谐共存、联动及相互转化，是当代文化与艺术管理者的重要任务。

（一）强调二者的和谐共存，是调节和推进文化艺术政策与法律法规健康发展的前提和基础

在当代文化建设中，政策和法律法规可以相互适应，同步发挥其作用，同时又存在一定职能及其适应性的不同，具有不同的品格。二者理应在保障国家民族和人民大众共同利益的基础上，实现和谐与统一。政策与法律法规内在特质的相异是客观的。政策往往体现一个领导群体或领导人的政治水平，而法律则体现出国家和政府的意志，均需要人们冷静而准确地把握政策执行的方式与尺度，作出必要的应变。正是在这方面，考量一个人的政治素质及政策水平。对于政策的贯彻执行，必须与相关法律和法规的实施相融合。例如，关于公共文化推进、文化产业推进、文化遗产保护的政策，均是属于政策与法律并行，既有一定的法律及法规作为法治保障，同时又有一定的政策加以规范，使人们既有基本的法律依据，同时又对一些问题有着政策性的理解与遵循。

在宏观层面，我们既应维护文化艺术政策与法律法规的权威性、严肃性，同时也应看到二者均有待于继续完善和规范化。在文化建设中，以文化领域的复杂性为由，过分强调对其调控的主观性及政策性，凸显过多个人化因素，容易冲击法治的权威地位和作用。在建设法治政府的进程中，更应当十分强调法治在行政及文化指导中的作用，而不应无视法治的存在及地位。在历史的特殊时期，政策可能会发挥决定性作用，而在历史发展的正常时期，法治的地位理应放在更为突出的位置。长期以来，在文化艺术领域同样一直存在有法不依、执法不严、违法不究甚至以权压法、徇私枉法等现象，特别是在文化的资源调配、资金分配、项目评审以及文化艺术工作者的权益保护等等有关文化艺术发展的重大事务中，时有偏离正确

导向的现象发生，因此更应突出强调法治的权威性，不宜以个别政策代替法律。仅仅依靠政策，远远不能获取足够的执行力。而当法治不够健全时，则应充分参照各种相关政策，这也正是对法治理念的坚守。

对于执行政策和法律，同样应具有和谐共存的理念。守法，首先应当是政府及其成员的守法，只有政府强化守法意识，方能做到良性执法。作为文化艺术工作者和从业者，在执行法律与政策方面也应具有高度的自觉。文化艺术政策具有积极的指导和引领作用，可以在充分调动人们的自由与创新精神的基础上，极大地发挥人们的创造能量；同时，对法律的实施应采取严谨与敬畏的态度，做到严格履行法律。而当二者产生一定的矛盾时，又应从严格执法的高度，对政策予以积极的和符合实际的把握。

（二）推进二者的相互支持与补充，是充分发挥文化艺术政策与法律法规当代价值的基本策略

在政策与法律法规的实施过程中，要想做到和谐共处与互动，更重要的是需要科学把握二者的作用与价值，使其相得益彰。当需要以法律或法规的形式出现时，理应充分借助法治的强大优势，及时推出相关法律法规。而在一些法律案及法规推出和实施的过程中，也应及时推出相关政策加以阐释和说明，使其得到相互支撑，一步步夯实法治的基石。

在政策或法律法规的制定中，应审视全局，从国家文化事业建设与发展的宏观视野来考察和确认，审慎地透视文化建设的轻重缓急，紧紧抓住其关键，将影响文化发展最为突出的问题和矛盾尽早解决。此外，还应充分考量哪些方面适宜制定法律案，哪些方面尚不具备制定法律案的条件和时机而应当以法规的形式来确认，哪些方面甚至不具备制定法规的条件而只能制定级别较低的规章。作为一般的政策，由于其特有的灵活性和非强制性，因此在推动文化建设与发展中，应当充分考量其如何作为法律的补充，发挥其积极的作用。

文化艺术活动具有突出的意识形态性，国家和政府必须在充分把握法律的同时，恰当掌控意识形态的尺度。国家不能听任意识形态方面的放任自流，那种认为只要不违背法律就可以随意而为的认知，是极为有害的。作为国家的宏观管理，在意识形态方面一定要有彰显主导方向的引领，这不仅是应当的，也是十分必要的。然而，社会主义的文化艺术又不能仅仅以国家意识形态为准绳，如果对文化创作过度控制，也将阻碍文化艺术的多元发展以及文艺家创造的自由，导致全国文化艺术的创作与生产趋于一个声音、一种模式。在当下，以社会主义核心价值观为基本准则，对社会和大众的文化与艺术活动予以引导，是十分必要且可行的。

政策通常不具有强制性。在对政策的执行中，有时人们习惯于对政策的依赖，特别是一些管理机构，感觉政策好用，其实，这正是易于产生弊端的所在。虽然政策的推出一般并非个人所为，多由集体制定（个别时期除外），不能简单地将政策看作人治，但是，当人们较长时间服从于一个领导者的意见，就会突显人治现象。应当控制人治现象在文化艺术活动管理及把握中的过度彰显，警惕此类个人代替政策，甚至文化专断等现象的出现。

在一些方面，依然存在法治比较滞后的现象。如关于文化从业者依法纳税的问题，至今仍存在一些掌控不严、不均衡的现象，甚至有的领域存在较大的失控等问题。这样既不利于社会的公平公正，也不利于充分保障纳税人的基本权益，甚至有的领域出现税收的空白点，致使一部分人可以长期游离于依法纳税之外，造成文化艺术各领域之间的不公平，出现艺术行业之间管理与市场掌控的不平衡，直接影响人们从事文化建设与艺术创新的积极性，值得认真对待。

（三）促进二者的相互转化，是深化文化政策与法律法规建设的重要路径

事实表明，政策和法律法规又是可以相互转化的。而在文化艺术领域，政策与法律法规的相互转化更为常见。

政策可以向法律方面变化，是指一些经过长期实践和验证充分表明十分适应的政策，可以提升到法律或法规的层面，或者首先以法规的形式予以确认，再经由一定时期的实践及完善，将其提升为法律案，使其具有更为普遍的适用性。我国一些文化法规及规章正是经过较长时间的检验，待其基本成熟，最终上升到法律的层面。近年来，我国积极制定有关文化艺术方面的法律案，显现出国家对依法治文的高度重视，这是前所未有的巨大进步。

有时，法律也可以向政策转化，主要是指当一些法律规范需要加以细化和具体实施时，往往会因为环境的不同，出现理解的差异，此时便需要以一些相关政策性文件加以阐释，使之作为法律的辅助，获得更好的应用效果。当国家推出某一法律案时，常常及时推出与之相关的政策性阐释，这正是对法律实施的具体化体现。另外，即使再完备的法律，当其实施一定时间之后，也会出现某种局限，显现其不够适应的方面。因此，便需要通过政策的制定加以调整，弥补法律的缺陷和局限，而当经过大量实践，获得相对完备的把握时，即可再向法律转化。无论政策还是法律法规，当有所过时及显现一定局限时，均需充分参照相关规范，加以灵活把握，实现和谐转换的良好效果。

推进文化政策与法治的相互转化，是一种创造性的体现。无论是宏观或者一般的文化艺术政策，还是法律法规，均应充分遵循艺术规律，既在宏观架构上令其具有普遍的适应性，同时又通过一般政策或专门性法规及规章，适时推出一些不同特色的规定性要求，以政策和法律法规相互交替和转换的方式加以调控。而当时机成熟时，则可以正式推出属于某一部类的专门法。例如2017年推出的《中国电影产业促进法》，就是由相关政策性指导，到法规规范，再到制定法律案，显现一个不断深化和转化的过程。

文化艺术政策与文化法律法规的长期共存和联动，既由我国国情所决定，又是适应文化艺术发展内在规律的客观要求。科学把握文化艺术政策与文化法律法规的同一性与差异性，有助于在文化艺术大发展大繁荣中充分发挥政策与法律法规的积极效能，也是将依法治文融入依法治国历史进程的重要举措。这首先是执政党和政府相关部门的重要任务，更是广大文化艺术从业者的共同使命。

艺术介入美丽乡村建设的逻辑机理和实现路径

谢仁敏　司　培①

摘要： 在新时代乡村振兴战略背景下，艺术应该成为一支特殊力量介入美丽乡村建设，实现乡村社会新文化的构建。艺术介入美丽乡村建设的过程，也是以乡村为主体，重新发现和构造乡村文化，实现与艺术双向互动的过程。乡村地区艺术文化资源丰富且具独特性，为艺术介入创造了更多条件；艺术也可以有效地将传统与现代、人与文化、乡村与外界相联结，从而激发出乡村社会再生向上的新活力。

关键词： 艺术介入；乡村建设；文化建构

在相当漫长的一段历史时期内，乡村社会作为中国社会的根基，具备供给知识和维系自身运行的强大能力。但近代以降，随着外来文化的冲击和社会的发展变革，乡村社会的旧有文化秩序不断遭到破坏摧毁。特别是进入现代社会后，经济与文化发展的重心迅速移向城市，乡村社会活力下降，颓势渐显。一方面，随着经济社会发展和国人文化需求的提高，不少人又开始对逼仄的城市生活空间渐生厌倦，而乡村作为旧梦与乡愁的符号，被想象成一个可以栖息的文化空间，又回到了人们的视野中，人们企图通过乡村找回自己。另一方面，乡村社会也需要通过创新发展实现价值的重构，提升经济与文化上的认可。近些年来，诸多艺术介入乡村建设的实践，本质上都是一种修复乡村文化的尝试，以此重新构建起人与自然、人与人、人与社会之间的文化联结，唤醒和提升乡村社会的活力。

---

① 作者简介：谢仁敏，广西艺术学院人文学院博士；司培，广西大学文学院研究生。

一、艺术介入视角的百年乡村建设历程

从近百年来的乡村建设历程看，艺术作为文化的重要组成部分，一直渗透于乡村社会的发展与建设之中——只是不同时期艺术的表现形式、所发挥的作用及介入的程度各有不同罢了。

（一）民国时期乡村建设：艺术作为道德教化的工具

20世纪30年代，以梁漱溟、晏阳初为代表的一批知识分子，根植于传统文化，倡导乡村建设运动。梁漱溟认为，乡村建设源于中国乡村的破坏，而造成这破坏的力量之一就是"文化属性的破坏——礼俗风尚之改变"[1]。在他所要积极构建的"新的礼俗"[2]社会中，艺术也占据着重要位置。首先，他看到了艺术对于礼俗秩序崩坏的乡村社会的道德指引作用，并将艺术纳入儒家传统的礼乐体系之内，共同作为建设新的礼俗社会的一支重要文化力量。他认为"根本地予人的高尚品质以涵养和扶持，其具体措施唯在礼乐"[3]，因为礼乐具有"美育"的意义，能够达到教化民众与修复社会秩序的效果。其次，他肯定了艺术的社会涵养功能，认为音乐"可以变化人的心理，激励人的人格"，而"中国之复兴，必有待于礼乐之复兴"，强调一个理想的社会组织"若没有礼乐，必成为至死的东西"[4]，并据此认为人类文化最淳美的状态当是"人生社会的艺术化"[5]。总之，在梁漱溟设计的乡建大格局中，艺术作为伦理关系的一部分，表现着秩序并在某种程度上维系着秩序，其以礼乐为表现形式，通过潜移默化、润物无声的方式，渗透进乡村文化底层，实现对乡村社会礼俗秩序的重构，承担着艺术教化功能。

与梁漱溟将艺术教化作用于礼乐秩序重构的理想化思路不同，晏阳初更注重的是艺术教育实践。他组织中华平民教育促进会在河北定县进行乡村建设工作时提出，"定县实验的目标是要在农民生活里去探索问题，运

---

① 梁漱溟. 梁漱溟全集：第五卷 [M]. 济南：山东人民出版社，1992：364.
② 梁漱溟. 梁漱溟全集：第二卷 [M]. 济南：山东人民出版社，1992：276.
③ 梁漱溟. 梁漱溟全集：第三卷 [M]. 济南：山东人民出版社，1992：751.
④ 梁漱溟. 梁漱溟全集：第二卷 [M]. 济南：山东人民出版社，1992：122.
⑤ 梁漱溟. 梁漱溟全集：第三卷 [M]. 济南：山东人民出版社，1992：735.

用文艺教育、生计教育与公民教育的工作，以完成农民所需要的教育与农村的基本建设"[1]，并希望借助"文艺教育以培养知识力"[2]。他所提倡的文艺教育包含了平民文学、艺术教育、农村戏剧共三个部分。在平民文学研究工作中，他主张"采集秧歌""采集鼓词"与"采集民间文艺"[3]，对定县特色的秧歌、大鼓、歌谣、歇后语、谚语等进行收录，为艺术教育做素材积累，以传统的乡村文艺来教育村民，重塑乡村的伦理秩序。

在民国时期的乡建中，艺术的道德指向功能颇为明显，梁漱溟以艺术构建新礼俗的美育思想以及晏阳初的文艺教育实践，都体现出艺术在乡建中所具有的社会教化功能。但由于当时的乡村经济基础与社会环境限制，艺术主动介入乡建的深度、广度、高度和效果都十分有限，但艺术作为一支特殊力量，一直存在于乡村社会之中，等待着时代唤醒。

（二）新中国的乡村建设：艺术的主体身份逐渐凸显

中华人民共和国成立之后，在重塑社会主义新乡村文化建设中，艺术同样扮演了特殊角色。而令人印象最为深刻的当是艺术作为宣传工具的强势介入，其中又以20世纪60年代后迅速占领乡村文化空间的"八大样板戏"最为典型。应该说，当时举全国之力创作的"八大样板戏"，无论对传统艺术的传承、创新，还是在雅俗兼容等方面的努力，都取得了不错的成果，使之整体达到了相当高的艺术水准。但将之放到乡村建设大背景下细加考察就不难发现，"八大样板戏"式的乡村艺术建设具有不可持续性。首先，政治过于强势的介入，即使在短期内可以取得立竿见影的上佳效果，但从长远看，由于艺术作为独立主体的作用难以有效发挥，其内在的发展动力不足，因此这种"运动式"的乡建活动终究是行而不远。其次，"八大样板戏"式的艺术乡建，往往具有排他性，以政治需要完全代替艺术发展规律，这对乡村的文化生态而言，并不利于乡村建设中文化多元的发展需求。

改革开放后的二十余年间，由于城乡二元结构的客观存在，使乡村逐渐处于弱势地位，经济基础相对薄弱，作为上层建筑的文化艺术发展缓

---

① 晏阳初. 平民教育与乡村建设运动［M］. 北京：商务印书馆，2014：81.

② 晏阳初. 平民教育与乡村建设运动［M］. 北京：商务印书馆，2014：100.

③ 晏阳初. 平民教育与乡村建设运动［M］. 北京：商务印书馆，2014：110.

慢，乡村文化甚至被视为经济的附庸而长期被边缘化。但从最近十多年来看，这种情况正在往好的方向改变。随着经济整体水平的提升，人们对精神生活有了更多的需求，这种对美好生活的期待，也激发人们对文化艺术投以更多关注。艺术也开始作为一种独立力量，积极主动地介入美丽乡村的建设之中。特别是近些年来，艺术介入乡村建设实验的案例越来越多，甚至成为艺术界一时风潮。例如，艺术家渠岩所主导的山西许村实践，就是其中维系时间较长、知名度较高的一个案例。与以往从上到下的介入模式不同的是，艺术介入许村的实践是采取以民间自发为主导的方式，并以重建人类的精神文明家园为目标。渠岩等人提出，"艺术介入乡村，其意义并不在于艺术本身，而是艺术与乡村之间的关系开始建立，从这时起，艺术会潜移默化地影响普通村民，影响他们的生活和行为"[①]。因此，在进行艺术乡建的过程中，他们并不急于求成，而是以一种温和渐进的方式，让艺术融入乡村之中，并逐渐改变乡村居民的生活面貌，塑造他们的文化世界。可见，许村的实践，重点关注乡村社会文化上的修复，让传统艺术融入时代，融入生活，并希望传统艺术能焕发出新光彩。另如欧宁、左靖等艺术策展人在安徽黄山碧山村启动的"碧山共同体计划"，艺术家黄药、张广辉等人筹建的"非常艺术小镇"，还有成都龙泉驿区洛带古镇的创客基地、福建建宁县溪源乡的上坪村等典型案例，都为艺术介入乡村并带动区域整体发展做出了有益探索。

总之，在近代百年来的乡村建设运动中，艺术作为一支特殊力量从未缺席。但与以往有所不同的是，在今天的乡村建设中，艺术被明确视为乡建的介入主体，发挥着越来越重要的作用。

二、艺术介入美丽乡村建设的逻辑机理

在近百年来的乡村建设历程中，艺术在不同时期扮演着不同角色，或隐或显地与乡村社会发生着多个方面的关联。艺术的这种在地性、互动性与关联性，逐渐形成了艺术介入乡村建设的一种重要模式。阿诺

---

① 渠岩，王长百. 许村，艺术乡建中的中国现场 [J]. 时代建筑，2015（3）.

德·贝林特在《艺术与介入》一书中对类似模式进行了解释："欣赏性的知觉并不仅仅是一种心理活动，甚至不是个人所独有的行动。它建立在人与对象相互之间的介入基础之上，而这里的人与对象双方都很积极而包容。"[①]"审美介入使感知者和对象结合成一个知觉统一体。"[②]他的介入理论表明"感知者和对象在审美情境中进行审美互动的参与模式的重要性"[③]。就此而言，艺术介入美丽乡村建设的过程实际上也是乡村主体介入艺术的过程，也只有当感知者也就是乡村主体进入了作为介入对象的艺术世界，介入艺术才实现了与乡村社会之间的联结，这也是艺术介入乡村建设的基本逻辑机理。

（一）乡村地区经济发展需要艺术提供助力

党的十九大报告已明确提出，我国已经进入中国特色社会主义新时代，目前我国社会主要矛盾，已经由"人民日益增长的物质文化需要同落后的社会生产之间的矛盾"转化为"人民日益增长的美好生活需要和不平衡不充分的发展之间的矛盾"。而艺术介入美丽乡村建设，显然正顺应了人民群众向往美好生活的实际需求。其中，经济发展问题是乡村问题的核心，也是艺术发展的重要前提条件；同时，艺术介入也可为乡村经济发展提供助力。艺术作为一种特殊的资源，可以在乡村经济发展中发挥特殊功用。特别是随着文化旅游产业的发展，具有丰富艺术资源禀赋的乡村，可以通过开发异质化的艺术形式与内容，满足观光者的体验需求，以此推动乡村经济的良性发展。这也是为何目前艺术介入乡村成功的案例，大都是艺术与乡村旅游结合的模式。

（二）乡村地区文化生态改造需要艺术介入

列维-斯特劳斯在《亚洲与美洲艺术中的拆半表现》中有过关于毛利人文身艺术的描述："在土著思想中，图案是脸，或毋宁说，图案创造

---

① 阿诺德·贝林特. 艺术与介入［M］. 周宪，高建平，译. 北京：商务印书馆，2013：64.
② 阿诺德·贝林特. 艺术与介入［M］. 周宪，高建平，译. 北京：商务印书馆，2013：65.
③ 阿诺德·贝林特. 艺术与介入［M］. 周宪，高建平，译. 北京：商务印书馆，2013：69.

艺术介入美丽乡村建设的逻辑机理和实现路径

脸。正是图案把社会存在、人的尊严、精神意义赋予脸。"①通过脸部特征，将人与族群、人与自然之间的关系表现出来。其实，从原始人描绘在洞穴或石壁上的巨幅画作，已不难发现人类一直试图以各种艺术符号表达自己。这种原始思维的表达方式，并没有因为时间的流逝而消散，相反它一直潜藏在人的心智之中，而乡村地区又是这种具有原始特征的前现代艺术保存最多最完备之地，从而为艺术介入乡村建设提供了便利条件。

首先，乡村社会中所遗留的前现代文化，能够为艺术提供滋养。"远古时代，甚至前史时代的某种制度、工艺以及信仰习俗等，在文明国的上层社会中，早经消失了痕迹的，却往往可以在村落民众的生活上找到它，正如在晚熟的种族中可以发现它一样。"②一些在城市中业已消失的原始文化，却不难在乡村中找到其孑遗。这种原生态文化可以从根性上滋养介入的艺术，也为艺术介入进行文化建构创造条件。其次，艺术介入美丽乡村建设，也是对乡村地区人与自然、传统与现代文化之间关系的一种协调。例如建筑艺术的介入，通过改造乡村自然环境，将艺术与生态建设联系起来，从而营造出更加亲善的居住环境，推进人与自然的和谐发展。同时，艺术介入还能对乡村的原生态文化进行当代性阐述，重新发掘它的价值，改造其落后与愚昧成分，将传统的乡村文化通过艺术与现代联结起来，焕发新的活力。

（三）乡村社会伦理重构呼唤艺术介入

在长期的发展过程中，乡村社会形成了一套维护自身稳定运行的伦理秩序。但进入现代社会之后，众多外来的新鲜文化理念涌入乡村，旧文化秩序受到冲击而衰退，但集体认同的新文化秩序又没法有效形成，由此造成了文化上的撕裂与秩序上的混乱。乡村文化伦理的重构成为维护乡村稳定发展的重要选择，而艺术的超越性、包容性与共通性，正可作为一支特殊力量于此间大显身手。从梁漱溟以礼乐构建新社会组织的思想，到晏阳初开展乡村艺术教育的实践，都体现出艺术对于乡村文化伦理的塑造功能。

"艺术是高于道德的，或者切恰地说，一切艺术都是合乎道德的。艺

---

① 列维-斯特劳斯. 结构人类学 [M]. 陆晓禾，黄锡光，等译. 北京：文化艺术出版社，1989：100.

② 钟敬文. 民间文艺谈薮 [M]. 长沙：湖南人民出版社，1981：227-228.

术具有极大的道德价值。"①艺术的这种道德伦理规定性，一大作用是有利于凝聚和强化社群的共同体意识。对于这种共同体意识的形成过程，马克斯·韦伯的阐释是"当结合体超越了功利主义，凝聚出情感时，就会形成共同体意识"②。换言之，艺术对于人的精神世界所特具的凝聚作用，能够激发出情感上的共鸣，形成新的相互联结，从而生成社群的集体意识，这无疑是构建乡村共同体文化伦理的重要基础。

总之，在乡村共同体伦理重构语境下，艺术可通过各种符号形式表达和激活礼俗秩序，建立起艺术与秩序之间的文化关联，唤醒并形成乡村文化伦理意识。艺术介入对于乡村群体而言有着双重含义，一是通过艺术的表现形式，让他们重新意识到自己文化传统的宝贵，这里的艺术可称为发现的艺术。二是通过艺术介入，将乡村群体与民间传统文化联结起来，激发他们对于传统文化的自信，凝聚群体情感，这里的艺术可称为联结的艺术。在艺术介入乡村建设的过程中，艺术主体与客体之间主要通过发现、联结等多种方式，实现乡村群体与外部的交流互动，逐步构建起维护乡村稳定运行的新文化伦理。

三、艺术介入美丽乡村建设的实现路径

美丽乡村建设是国家实施的一项推动农村发展的战略性工程，其目标是通过"千村示范，万村整治"，将乡村建设成"产业兴旺、生态宜居、乡风文明、治理有效、生活富裕"的幸福之地。"产业兴旺""生活富裕"意味着乡村社会在经济上的发展，"生态宜居"指向人与自然之间关系的处理，"乡风文明""治理有效"意味着在文化秩序上的建构。因此，艺术在介入乡建的过程中，应当指向经济、生态与文化，通过艺术的创造性转化，重新发现和阐释乡村社会传统文化，并创新性融入现代文化，构建起一个将传统意义与现代价值相统一的意义空间。当然，艺术介入的一个重要前提是调适和平衡好艺术与其他社会主体之间的关系，充分

---

① 克莱夫·贝尔. 艺术 [M]. 马钟元，周金环，译. 北京：中国文联出版社，2015：8.
② 马克斯·韦伯. 社会学的基本概念 [M]. 顾忠华，译. 桂林：广西师范大学出版社，2005：57.

照顾到当地村民的情感需要与利益诉求，才能真正葆有乡村艺术发展的持久生命力。

（一）以发现者的视角介入美丽乡村建设

"艺术并不追究事物的性质或原因，而是给我们以对事物形式的直观。但这也绝不是对我们原先已有的东西进行某种简单的复制。它是真正名副其实的发现。艺术家是自然的各种形式的发现者，正像科学家是各种事实或自然法则的发现者一样。"[①]艺术在介入乡建的过程中也是扮演着发现者的角色——从在地文艺需求去再度构建和重新认识艺术的价值，实现当代艺术与传统艺术的二元一体互动，并以此助推乡村文化伦理的现代重构。

吴天明导演的遗作《百鸟朝凤》，讲述了民间传统的唢呐艺术在现代西洋乐的冲击之下，逐渐丧失了其在乡村社会的功能、地位，不得不退出人们视野的故事。这其实是近十几年来乡村传统文化退缩的一个典型缩影。面对强势的现代艺术冲击，乡村在地艺术的存在价值往往被忽视甚至遗弃，亟须进行"解蔽"和"发现"。作为介入的艺术，除加入现代新元素之外，还要担任好"解蔽"的责任，让人们重新发现传统艺术的魅力和价值。换言之，现代艺术的介入，其一大使命是唤醒传统艺术的价值，使两者之间共通互融。艺术介入的完成，应当实现传统艺术的现代性转化，既发现了传统也沟通了现代，从而重新激发乡村文化的活力。

因此，面对乡村地区诸多独具特色的民间艺术，艺术介入就更需要处理好现代艺术与当地传统艺术之间的关系。如果艺术介入在美丽乡村建设的过程中，不能真正融入当地文化大环境，而是进行简单粗暴的文化大改造，那就如同将乡村当作一个大秀场，一场狂欢绚烂的表演过后，留下的可能是一个被搅乱破坏的文化生态，造成无法弥补的遗憾，这在当前一些所谓的"艺术改造乡村"中有不少失败案例，尤其值得警惕和反思。艺术家只有将在地民众视为乡村建设的主体，将自己调整为发现者而非掌握一切的缔造者，充分尊重他们的文化需求与文化情感，才能获得乡村新文化建构的成功。

---

① 恩斯特·卡西尔. 人论 [M]. 甘阳，译. 北京：西苑出版社，2004：154.

（二）以艺术创新意识构建乡村公共空间

就乡村社会而言，公共空间不单单是某个划定给村民活动的公共区域，而是含有多重寓意，承担着多种社会与文化功能。具有创意意识的艺术家们，正可以在乡村公共空间的打造方面大显身手。例如，在日本濑户内海诸岛的乡建中，艺术家们将其中一个岛屿上废弃的学校改造成具有展览室、会议室甚至食堂功能的公共空间；而在实用功能之外，他们更注重文化和审美上的提升，通过创意设计打造了一系列具有象征意义的标识，以此唤起村民的集体记忆，联结和凝聚起村民之间的共同情感，"废弃的学校具备的不仅仅是空房子的功能，它作为村落象征性建筑得以重生，学校又复活了"，"空屋和废弃学校有着极其重要的意义，它们可以以艺术为媒介，转变为具有重大意义的场所"①。又如，艺术家王军将山东寿光田柳镇东头村的一所老房子改建成一个名为"山东先生书院"的公共图书馆，设计时留住了20世纪70年代的老土坯房，特意开个天窗，把光引入室内，晚上点亮的是形如云朵与月亮的灯饰，村里的居民可以在这里喝茶、聚会，留守儿童可以聚在这里看书、看电影、学画画，成了全村老少最爱去的集会地。显然，濑户内海、山东先生书院的艺术改造颇具借鉴意义，因为乡村地区存在着大量可以改造利用的公共空间，例如部分农村人口迁往城市后留下的祖屋，集体经济时代遗留下的废旧广场、仓库，以及公共祠堂等。这些空间只要符合一定条件，则可结合当地实际情况，尝试通过艺术手段进行升级改造，变成具备现代功能的乡村公共文化空间，服务于乡村经济、社会和文化发展建设的需求。

（三）将艺术介入与乡村经济融通发展

艺术介入乡村建设，本身就是一个持续性与互动性的过程。在这一过程中，艺术主体显然需要协调好经济、文化与生态等方面的诸多关系。其中，艺术与经济之间的关系最具基础性和关键性。在现代社会，绝不应该将艺术与经济视作对立冲突的矛盾体，而应该在两者之间建立一种融通互动的关系。特别是在乡建的起步阶段，若完全抛开经济因素和条件谈艺术

---

① 福武总一郎，北川富郎. 艺术唤醒乡土：从直岛到濑户内国际艺术节［M］. 李临安，杨琨，张芳，译. 北京：中国青年出版社，2017：90.

建设，则脱离当下乡村的发展阶段，乡民对艺术乡建的热情度也会降低，造成难以持续的后果。那么，如何在艺术性与经济性之间寻找到一个合适的平衡点就显得至关重要。一方面，在艺术参与乡村建设的过程中，经济利益与经济条件当然是一个重要的考量因素，但艺术介入乡建往往是一个较为缓慢的过程，很难在短时间内产生巨大的经济效益，这是艺术建设者需要理性思考和对待的问题，就此而言，艺术介入乡建需要遵循基本的经济规律。另一方面，艺术介入乡建也要遵循艺术发展规律，否则就可能成为一个短期行为，无助于乡村问题的解决。毕竟，艺术介入乡村建设的核心目标是希望艺术能成为乡民日常生活的一部分，满足其对美好生活的向往，而不是单单为了短期经济效益。若为了迎合游客的猎奇心理，将乡村景观化或奇异化，简单粗暴地开发成"艺术农家乐"，刻意打造一个拟真化的艺术场所，则忽略了社会效益的初心。总之，艺术介入乡村建设，其基本原则是要实现经济、生态与文化的融合发展，以达成人们的美好生活愿景为旨归。

在新时代背景下，随着社会经济发展和人们生活水平的提高，随之而来的必然是对文化艺术的更大需求。乡村社会不应当是一处被忽视的文化孤岛，而应该有同等机会共享改革开放中文化大发展的成果和红利，并通过自身建设参与改革发展大业。当然，归根结底，文化艺术终究是为人生而存在的，艺术所当解决的是对人的文化关怀，使人乐享生活。就此而言，艺术介入乡村建设，以一种积极姿态主动唤醒乡村文化活力，为解决乡村问题和建设美丽乡村提供助力，实现具有新时代意义的乡村文化振兴，不仅具有正当性，而且也是时代发展的必然需要。

"洋货儿济南市井改造计划"

——谈艺术管理在城市发展中的责任

陈　凌^①

摘要： 党的十九大报告明确提出，当前我国社会主要矛盾是人民追求美好生活的需要与不平衡不充分的发展之间的矛盾。"美好生活"被作为一个非常重要的概念提出，既是对日常生活中的审美价值所带来的情感体验的充分肯定，同时又是对艺术管理在城市发展中的责任进行新的思考。"洋货儿济南市井改造计划"作为山东艺术学院艺术管理专业课堂的实践教学内容，通过深入开展公共文化服务的社会性调研、策划、设计、执行与传播等一系列动作，联动更多政府、媒体及社会资源，让学生有了在实战中锻炼自己专业技能的机会，更重要的是，对于艺术管理在城市发展中的责任，提出了具有社会实验性质的新诠释。

关键词： 艺术管理；城市发展；公共文化服务

艺术管理者在城市发展的过程中发挥何种价值，这个问题关乎艺术管理专业发展以及人才培养的最终方向。近年来，"生活美学""创意经济""文化经济"等术语在城市规划、艺术管理、经济发展领域成为热点。它们涉及各种存在以及跨界于艺术领域的视觉、表演、文学、建筑、设计等方面，也包括公共文化、市场营销、项目运营等应用领域。艺术管理者需要在时代的发展中不断创新角色使命，使文化和经济产生更加具有艺术创意属性的关联并产生社会影响、经济价值。随着人们对城市规划、经济发展以及艺术与文化领域之间相互作用的认识不断加深，艺术管理

---

① 作者简介：陈凌，山东艺术学院艺术管理学院教师。

与城市发展之间的关系愈加密切。必须承认，艺术管理在城市发展中肩负着重要的责任，尤其是在党的十九大报告明确提出当前我国社会主要矛盾是人民追求美好生活的需要与不平衡不充分的发展之间的矛盾之后，"美好生活"的内涵日渐丰富，成为一个非常明确并且动态发展着的目标价值观，让每一个存在的个体有了达成使命的幸福感。艺术管理专业的人才培养以及社会责任需要通过具有创新意味的方式进行呈现，公共文化服务领域需要更多艺术管理内容的介入与方式的辅助。

艺术管理通过提升区域的竞争力、吸引力，实现资源的有效整合以及持续发展。城市经济发展的传统成果包括创造就业机会、增加税收、增加财产价值、增加零售活动以及打造更持久的经济活力等。打造区域或地域文化品牌，整合艺术和文化内涵的经济发展方式通常以艺术体验服务为中心，以人才的培养输出为导向，以项目为基础进行或独立或分项的呈现。发生在2017年底的"洋货儿济南市井改造计划"系列活动，既是艺术管理专业工作室教学实践的落地成果，也是响应党的十九大号召，以高校师生为主体联动社会资源，打造城市文创品牌，创造美好生活体验的具体方式。

一、"美好生活、城市温度与青春力量"组合发力，艺术管理项目实践打造独特城市气质

以高校为代表的文化资源通过艺术管理的手段，结合政府支持、企业品牌形成创意力量的行为，将会带来更多的地域竞争优势，主要表现在城市人群生活质量尤其是文化生活消费需求的提高，社区吸引经济活动能力的提升，创新创意蓬勃发展氛围的构建等。将"美好生活、城市温度与青春力量"进行组合，通过艺术管理项目实践落地的方式，以推进公共文化服务为契机，为商业伙伴关系的建立、相关合作项目的推进、服务及文创产品的市场化提供了有利条件。

城市消费升级的本质是审美的升级，"美"与"好"被更多人强调出生活本真的意义。继腾讯倡导的一次设计师广告实践公益活动为社区便民

服务档口设计LOGO美陈改造之后，厦门、武汉等城市也相继出现了由高校师生发起并联合社会资源进行的多个菜市场美陈应用优化改造实践。这些"改造"不仅仅让日常生活中的普通呈现面目一新，更重要的是带来了来自艺术设计领域的青春群体对城市状态的创意解读。在这种"改造"行为的背后，更多反映出的是一种独特城市气质形成后所产生的文化及商业价值。

山东艺术学院艺术管理学院青年教师陈凌牵头，带领艺术项目管理课程班的43名学生走出校园，对济南城市中心文化西路CCPARK创意港向北向西两公里左右范围内的八家社区便民生活服务店铺进行优化设计改造，此项目被命名为"洋货儿济南——市井生活改造计划"。改造工作从筹备到落地历时两个月，包括对八家商户进行VI设计及延展应用、店内美陈、灯光及布局优化、提升消费体验、调整消费环境等内容。改造工作在不影响店主营业的情况下在最短时间内完成，大量的工作被放在前期沟通、设计、采购等准备上。这是由高校师生以专业实践课程的形式进行的一场深入济南市井生活的城市调研与设计落地活动，通过艺术改造的方式让济南市民感受到城市文明发展进程中更有审美情趣的一面。而对于济南而言，这种尝试具有创新性及突破性意义，尤其是在后创城时代，艺术管理课堂教学实践的落地应用，将持续为济南这座城市带来追求"美好生活"的具体表达。每个城市都有自己的特点和个性，有与众不同的美的呈现方式，而这种美的最主要构成是城市生活中人的体验。

最初的"洋货儿济南——市井生活改造计划"分为三个部分：（1）社区生活优化计划；（2）菜市场IP打造计划；（3）城市共享交通设施改造计划。从艺术管理专业工作室制教学中的一个城市公共文化项目的发起与实施，到发展成为立体的城市生存体验优化实验，艺术管理专业用实践体现出可以更好服务社会的能力。"洋货儿"作为济南本土方言，演变成项目名称以及相关文创周边的品牌，引发社会各界更多人的关注。作为艺术项目管理课程的实践考察方式，此类项目可以为学生找到机会和资源，用具体的行动影响一座城市的文化气质，形成品牌力量。

二、用公益的方式创造审美价值的商业可能

各种信息的高频交换对不同类型创造力的发挥都产生了巨大的推动作用。政府规划人员在针对城市发展的各种工作中，越来越重视公共文化与艺术创意的有效结合。创意行为以静态的设施改造或建立，动态的公共文化服务及产品设计生产落地等方式，进入城市居民的日常生活。以街道景观、社区乃至地区为改造目标的一系列艺术管理活动，以公益的方式切入，并通过商业资源转换，产生经济价值。城市公共文化提供了艺术创意行为与公众情感之间的交流平台，并为地域社区居民创造一种更强烈的地方认同感。

"洋货儿济南市井改造计划"采用公益的方式，改造的对象包括社区便民商店、菜市场、公交汽车……从项目策划、文案撰写、设计改造，到记录拍摄、传播等工作，高校师生群体都作为主体力量发挥作用。当然项目的实施必须依靠政府与企业的政策及资金支持，尤其是公益项目的开展，需要更多社会各界力量的支持与付出。

一千个读者就有一千个哈姆雷特。在该项目实施初期的社会调研过程中，很多人表示，大学生能够走出校园做这件事情的意义非常值得肯定，但对于项目的落地性持怀疑态度。更多人则表现出期待与观望。艺术管理专业学生的特长在于策划与组织、落地与传播。作为发起人与组织者，如何联动更多资源进行项目的落地推进十分关键。于是"洋货儿济南市井改造计划"需要以联合发起人的形式，汇聚更多资源投入到这场公益活动中。这个项目的目的在于，让审美的力量发挥价值，用艺术的方式挖掘城市气质的更多可能，用环保的意识优化生活环境，用传播的思维去号召，在济南这座城市，每个人都在努力地好好生活。基于这个能够与城市人群产生普遍共鸣的前提，通过媒体宣传项目意义，首先获得政府，尤其是改造对象所属的区域街道管理机构的认可。在济南的本土方言中，"洋货儿"的意思是一种让人感觉有趣的夸奖，曾经好的东西、高级的东西都是舶来的"洋货"。今天，国家从"中国制造"转向"中国创造"，城市相应也在积蓄自内而外的突破创新力，这些力量来自在每个城市努力生长、扎根的每一种力量。于是地域性品牌企业纷纷加入，成为提供更多资源与资金帮助的联合发起人。有了渠道与资金，本身就是以品牌的方式进行建设的

"洋货儿济南市井改造计划"同步推出一系列具有城市特色的原创周边产品设计，这些设计伴随项目实施过程中的制作落地进行传播，包括城市文旅伴手礼及联合发起企业定制礼品。

　　为了能够做出具有年轻气息的符合市场需要的产品，除了高校师生，本地的许多年轻设计师也参与进来。通过设计团队的共同合作，经过定位、包装，符合"洋货儿"气息且年轻人所喜欢的文创衍生品问世。该项目将艺术市场调研的理论知识与社会实践的具体行为相结合，利用公益的方式开展社会公共服务创新，而文创产品的市场落地，为该项目找到了一个很好的市场出口。

　　与社区商铺改造同时进行的，还有"济南菜市场IP打造计划"。从城市观察的角度来看，从菜市场可窥见最本土的食材、居民最真实的生活模样，以及代表地方特色的饮食结构和风情。"济南菜市场IP打造计划"通过打造属于济南的菜市场IP，以及设计、美陈的落地，将菜市场的市井气息与审美情趣相结合，在方便市民生活的同时，吸引更多城市人群，尤其是年轻人的目光，让更多人通过逛菜市场，体会在济南生活的趣味。首期城市菜市场IP打造计划中的衍生品，是由艺术管理专业学生、年轻设计师群体与幼儿园孩童一起，通过专题项目策划完成的命题创作。幼儿园孩童以"爱上菜市场"为题，画出了自己心中菜市场的模样。设计师提取画中的元素，制作环保袋、明信片、日历等产品，将童趣融合进城市气质，一并倡导环保购物的理念。这些衍生品一经推出，获得市场一致好评。

　　城市公共交通承载了城市中大部分年轻人的生活出行，上学的青春、下班的疲惫、同行的欢喜、一个人的孤独……车厢里承载着很多人在这个城市的心情。"城市共享交通设施改造计划"以公交汽车为切入点，对车体、车厢内部、车站进行改造，搭建具有这个城市专属性的线上有声平台，用"每一个人的声音"去讲述这个城市的故事，让市民在出行的路上能感受到这座城市的善意与温度。

　　整个项目实施的过程以采访配合纪实拍摄的形式记录下来。与改造工作同步完成的来自"洋货儿济南"项目的本土原创衍生品，有设计师手绘完成的2018年新春利是封、对联套装以及属于济南城市公交车的专属共享雨伞等。这些产品都是通过线上线下的方式全方位推广，有的选择众筹平台，有的使用社区文化用品采购，有的进入文创实体店面零售。公益项目

洋货儿济南市井改造计划

也能够实现审美价值的有效变现，这是该项目的又一个亮点。

三、充分挖掘城市艺术与文化资源价值，打造城市新名片

城市艺术和文化资源的商业价值挖掘是经济发展的重要前提，充分统合这些资源并有效进行相应管理，是建设美好生活的重要组成部分，同时也是促进经济发展的重要手段。为了促进区域文化和创造力发展，城市需要通过打造地域文化品牌提升区域知名度并创造商业价值。

艺术和文化创意活动对城市人群的辐射作用是注意力经济的实现路径。艺术和文化活动可以增强人们的注意力，城市文创周边衍生品能够吸引游客到访以及增加他们在此停留的时间及花费，从而促进经济的可持续发展。加强艺术和文化部门与其他部门之间的有机联动是实现优势共享的助推器，艺术管理以艺术创意实践项目落地的方式建立多方资源的伙伴关系是促进经济发展的一种特别方式。设计与传播相关领域的艺术家可以利用他们的专长来提高当地产品和服务的文化价值，增加传播的辐射范围。合作关系通常始于或依赖于与设计领域密切相关的社会价值与经济价值的共同实现，主要体现在市场营销、旅游、文化品牌传播等方面。创意策划机构、相关生产者、供应商、传播平台等内部组织可以利用相互合作、优势互补，实现利益共享、关系联动及经济倍增。

充分挖掘城市艺术与文化资源价值，打造城市新名片，让地域始终保有更加稳健的经济活力和竞争力，需要富有创意的艺术管理活动持续发生。城市发展的意义不仅在于给百姓带来生活的幸福感，还在于用艺术创意的方式打造一张张城市名片，形成城市的差异化审美，而这种差异化让每一座城市都具有独特的魅力，形成无法替代的存在感与难以消磨的凝聚力。

以济南为例，这座有着浓厚儒学背景、极速发展的城市，吸引了越来越多关注的目光，在日渐繁华的背后所藏匿的历史沉淀和文化内涵，更在不断传承与创新之间成就了济南的独特魅力。这座城变得越来越新鲜，越来越有趣。艺术管理承担着为城市创造趣味、提升审美水平的责任。而最初由艺术院校师生发起的"洋货儿济南"系列活动，能够迅速融合多方艺术力量及社会资源，经过活化变身为"城市温度×青春力量×美好生活"

的生存方式，在致力于推动本土原创艺术发展的同时，亦希望提升社会各界对艺术创意及创新的认知度和支持度。

从"洋货儿济南市井改造计划"的八家社区便民店铺视觉优化，到"济南菜市场IP打造计划"，再到"城市共享交通设施改造计划"以及2018年呈现的内容更为丰富的"城市关怀""自然课堂成长"方案，艺术管理与设计、创意产品与创新、体验经济与公益的融合发展，还有更多可能性。

该项目汇集城市及各地设计人才新颖而前卫的创意，并为年轻人、艺术家搭建创意交流平台；通过举办不同的文化艺术与创意活动，吸引更多人前来参与体验和学习成长。"洋货儿济南"致力于让社会各界提升对创新的认识，重视艺术原创的力量，通过艺术管理的方式打造一张有着鲜明艺术创意属性的城市名片。

城市不是只有鳞次栉比的高楼、川流不息的车流，还应该具备更加丰富的文化质感。每个人都可以用不同的方式在城市里找到归属感，对城市的拥有感体现在日常生活的细枝末节。作为城市的主人，应自然而主动地投入精力和资源去改善城市的审美状态，城市名片需要所有存在个体的共同打造。"洋货儿济南市井改造计划"的推广语为"我们在这里好好生活"。在一座城市里，每个人依赖着生活中的细枝末节，同时渴望美好生活发生在自己身边，感受存在境遇的不断改变，并愿意为这种改变付出，这样的社会就有了让每个人幸福的温度，城市更新的原动力也在于此。

2018年1月20日，"洋货儿济南城市生存体验优化"系列公益项目线下发布会在济南市中心一家民营美术馆举行，近200人参与，关注媒体包括传统媒体、新媒体近30家。线下发布会发布一系列即将在2018年推出的城市生存体验优化新内容，这些项目由十几家机构联合发起，在街道政府机构的大力支持下，整合更多社会资源，发挥企业优势，集合品牌势能，将产生更为广泛的社会影响，持续打造属于济南的城市新名片。

作为教学的特色项目，"洋货儿济南"将作为一个品牌由一届又一届学生接力做下去，这场由教学实践活动展开的、用艺术管理的方式打造的艺术创意社会实验，获得了社会各界的关注、理解与支持，已经具备了一定的社会影响力。将艺术管理专业学生的专业素质通过实干呈现给社会，这是教学形式的创新、教学内容的突破，更是艺术管理专业的社会责任所在。

艺术家个体在乡村社区的身份转换

——以信王军的"先生书院"为例

窦 雨[①]

摘要：艺术家在不同的时代都有推动文化发展的作用。本文以山东青年艺术家信王军的艺术作品发展历程为线索，剖析其艺术家的身份在乡村社区的转化问题，并以其作品"先生书院"为具体讨论对象，分析出艺术家身份转换的特点有从个体身份到集体创作、强调其作品的公共性、由艺术家主导传播途径的多样性，其目的是让艺术传播到偏远的农村，实现乡村的振兴和改善乡村社区文化生态。艺术家通过艺术项目实现其社会责任。

关键词：艺术家；乡村社区；身份转换；公共性

"艺术"承受了难以想象的救世功能，充当了人类进化史、宗教史、道德沿袭的重任，是一股重要的文化力量。随着新时代、新材料、新观念、新成果与新科技的融合，艺术逐渐打破其固有边界，不再是高高在上静置于博物馆的上流社会的宠儿或者画家画室里的孩子，而是越来越多地出现在大众的视野与社区环境之中。那些拥有敏锐洞察力的青年艺术家，把握住自媒体的发展趋势，乘势而上成为新时代的弄潮儿。

一、信王军艺术作品发展历程简介

信王军，男，原名王军，1983年出生于山东寿光，艺术家。2007年毕

---

① 作者简介：窦雨，云南艺术学院艺术文化学院讲师。

业于云南艺术学院。在艺术圈十余年的信王军，不仅做个人美术作品展、行为艺术活动，还曾经策划过2009年"798双年展"，亦是当年最值得关注的年轻艺术家之一且排名之首。他还"不安分"地参与各种艺术以外的事情，比如开过餐馆，担任和颐酒店的艺术总监，同时运营20多个公众号，在云南德宏梁河、云南曲靖和山东寿光创办"先生书院"。根据附件1"信王军艺术作品展览年表"可以将其作品划分为不同阶段。

信王军艺术作品发展的五个阶段：

2003—2007年，以架上绘画为主导和行为艺术的初探阶段；

2007—2010年，身体能承受的行为阶段；

2010—2013年，思想的拷问与身体的行为阶段；

2013—2014年，艺术家的思想重塑和架上回归阶段；

2014—2018年，公共艺术介入阶段——先生书院项目。

2003年9月，信王军考入云南艺术学院，在这里有引领他艺术思想的唐志刚[①]老师。自从进入云南艺术学院油画二工作室，他便开始了油画艺术的探寻，具备扎实的绘画基本功和善于思考的他很快就成为整个年级的焦点。2007年是其艺术行为开始的重要起点，这一年他做了两个行为艺术展，都在昆明闹市区，即《金钱与权力》和《昆明，我走了》。从那个时候开始，他就已很好地使用新闻媒体。昆明各大报社媒体记者争相报道他的行为艺术事件，信王军不仅上了报纸还上了电视新闻。在刚进入艺术圈的第一步，他就明白媒体的重要性和社会舆论力量，其行为作品中公众的参与度和体验感都很强。

2007年信王军的作品开始转入身体能承受的行为阶段，这时候他遇到人生重要的转折——成为何云昌[②]的助手而北漂，从一个学生逐步成熟转变为艺术家。可能受西方艺术思潮的影响或是受"阿昌"的影响，信王军此时的艺术表达还趋于身体的承受与重负。如作品《王军来了》把自己的身体变为人梯，每一个观展者要从其身上踏过。《雪人》则是用全身裸露的身体将雪融化，身体要承受巨大的挑战，给观者触目惊心之感。据他自己说，这种博人眼球的行为正意味着内在的空虚和荒芜。

---

① 唐志刚，中国著名当代艺术家，任教于云南艺术学院。

② 何云昌，中国当代著名行为艺术家，作品《威尼斯的海水》参加2013年威尼斯双年展。

2010年至2013年，信王军的作品进入思想的拷问与身体的行为阶段。此时的作品充满对社会的反思，显得更有思想和范围局限性，不再追求大场面叙事和现场众多的人数，而是以小空间作品呈现大的社会现象、社会群体和深度思考，如作品《减肥计划》《一张白纸》。此时，他利用微博、微信进行艺术作品宣传，并拥有巨大的粉丝量。

2013年和2014年其作品进入艺术家的思想重塑和架上回归阶段。这对于信王军来说是一个重要的时间段，他遇到了生命中重要的伯乐——贾廷峰先生，并成为签约太和艺术空间的艺术家。信王军开始以民国时期人物为绘画的题材，研究这些人物背后的故事。民国时期是一个特殊的年代，一批代表人物既不保守，又不割裂传统，也不完全效仿西方，所以他们将中国传统中最好的东西与西方最好的价值理念糅合在一起，成为尤为杰出的一群人。信王军受到了启发，回归到绘画本身，用自动铅笔描绘民国时期的百余位人物，并由太和艺术空间主办在全国范围内举办巡回展。一方面是致敬"民国先生"，另一方面在深挖民国时期的精神和力量的道路上实现自我成长。

2014年至2018年，"先生书院"项目的开展标志着其作品跨入公共艺术介入阶段。信王军改变了个体从事艺术活动的方式，而作为团队的引领者，开发公共艺术介入项目。"先生书院"是信王军前一个阶段思想的延续，展示了绘制先生形象"提笔自悟，由内而外"的过程。2015年11月第一个先生书院（图1）在云南德宏的梁河建立，并由栗宪庭①先生题写书院门匾。信王军在村里租了小院子，为当地孩子提供免费的艺术教育，也可作为当地人读书学习的空间，其初衷也不是做公共艺术，而是实现自己的艺术理想。随后，全国各地的画家、音乐人、舞者来到这里给当地孩子上艺术课，从此，先生书院进入公众视野。随后又在云南曲靖的赵樾故居和山东寿光东头村设立先生书院。他说"要把最好的文化艺术传播到最偏远的地区"，当地人因此受益。

---

① 栗宪庭，当代著名的艺术批评家，中国当代艺术运动重要的策动者，被媒体称为"中国当代艺术教父"。

图1　由栗宪庭先生为"先生书院"题写的匾牌

二、艺术家身份转化的特点

纵观信王军的艺术作品发展脉络，不仅可以看到个人艺术语言对西方艺术史的"传移模写"，也有自我的思考与顿悟，呈现"终得心源"的作品。艺术家在自我的实践过程中会发现，当代艺术家个体作品的力量微弱得不堪一击，甚至犹如无关痛痒的呻吟，而且艺术也没有像过去一样的精神家园的作用或者至高无上的地位。今天这种经济发达而精神家园缺失的现象，驱使艺术家改造社会精神现状，由此树立社会主义新的精神风貌。由于艺术家的作品具有阶段性和不稳定性，现主要对较为成熟的"先生书院"作品进行解读和分析，发现艺术家身份转化有以下几个特点。

（一）艺术家从个体身份到集体创作

艺术的生产者——艺术家改变了传统的艺术生产方式，由个体的艺术作品生产转变为集体性艺术生产，从而带来的是艺术作品的公共性和集体记忆。"个体"是区别于群体的，是能够独立设定的单个生物个体，也指在一定社会关系中，在地位、能力、作用上有别于他者的生命个体。从远古时代洞窟壁画的集体创作到画家独自完成的作品创作，是从集体经验的个体表达到个体经验的个体表达。信王军早期的行为艺术作品都是个体经验的创作，而本次作为"先生书院"项目的发起人，信王军邀约众多艺术家参与并在某一时间段进行集体的构思与创作，这是艺术创作群体性的表现，而这种群体性不仅表现在构思、创作过程方面，还表现在对当地社会他者的集体影响力方面。他作为项目发起者邀约100多位艺术家参与到山东寿光田柳镇东头村的"艺术改变乡村"首届涂鸦艺术节之中，110幅画作尺寸在100平方米左右的壁画被绘制出来，对于艺术家而言是一种集体的经验和行动，对于第一次见到这么大规模壁画的老百姓来说，也是一种群体的经验，甚至有的老乡还参与绘画过程的后勤保障、壁画题材和内容的选择，部分孩子还参与到创作中，这种集体性带来的是不可替代的精神享受和独特体验。艺术家个体通过艺术家集体或群体的力量，强化艺术对乡村社区的改造作用，增强当地村民的参与性和荣誉感，从而达到艺术对乡村文化的魅力重塑。

信王军从用自动铅笔描绘一个个"民国先生"开始，体验一群人的时代历史，感悟一代精英人群的共同经验，从此挖掘出艺术家个体对社会的责任感，甚至感受到架上绘画的局限性、当代艺术无关痛痒的呻吟，所以决定身体力行依托艺术承担起对社会的治愈功能和改造功能。信王军的第一个先生书院就是使用艺术的治愈功能——对社会弱势群体的心灵治愈，通过给留守儿童和希望小学的孩子们送去艺术课程，艺术家们给他们带来心灵的关爱。艺术家的个体身份也在艺术课程的推广中得到扩张，众多艺术家涌向乡村给当地的孩子上一堂艺术课，由此转化为集体性的付出与获得，乃至集体经验与记忆，当地孩童所记住的不是某一个画家或音乐人，而是从远方来的"先生"。

信王军是一位画家、行为艺术家、策展人、艺术项目发起者。艺术家的身份边界已经逐渐模糊，似乎更像一个艺术经纪人。通过努力，他让大家看到艺术更大的潜力与作为。如果把他的先生书院看作一件行为艺术作品，当代艺术作品所追求的互动性、体验性、参与性在这一作品中已经得到充分体现。艺术家由个体身份转变为集体性的创作，对于我国乡村社区的艺术推广具有前瞻意义。

（二）艺术家强调艺术作品的公共性

"公共艺术"这一范畴本从西方舶来，出现于20世纪中后期，在20世纪末伴随着对西方艺术的推介进入中国。"公共性"是公民群体自由交流、对话社会的状态，是一种开放性的表达与接受公民意见的公共机制。在这种社会制度和政治组织方式下的公共艺术，须以社会生活中的问题为对象和题材，才可称为有社会价值的艺术方式，才能彰显其公共性。因此，公共艺术是超越于普通艺术形式之上的一种思想方式，其理念首先是社会学的，然后才是艺术领域的。以前的城市中的公共艺术很多是大型景观、大型建筑、地标性建筑，它们激活了这一地区的经济和文化。现在这种艺术的表达更应该渗透到乡村的血液中，有更多的公众参与其中，更趋于社区化，走进人们的日常生活中。"先生书院"这个作品有着小知识分子"乌托邦"精神家园的寄托，尝试用个人的力量引领一个地区的文化发展。最早我们可以追溯到20世纪20年代晏阳初[①]的平民教育思想，到2011年"碧山计划"——艺术下乡活动，这一活动在延续民国时期的乡村建设思想的基础上，提出构建碧山命运共同体，通过对历史遗迹、乡土建筑、聚落文化、民间戏曲和手工艺进行普查和采访，拓展出一种全新的徽州模式——集土地开发、文化艺术产业、特色旅游、体验经济、环境和历史保护、建筑教学与实验、有机农业等多种功能于一体的新型的乡村建设模式，为农村带来新的发展机会。

随着城镇化的发展，农村空心化现象、乡土文化精神缺失、文化自信缺失等问题相继产生，而公共艺术应该用艺术的方式去解决这些问题，以实现地方环境、人文精神的重塑。2015年第一个先生书院在云南梁河建成。书院由一间藏书厅、两个阅读室、一个独立电影厅、一间艺术教室、一个展览厅以及两间客房、一个餐厅组成，相当于一个文化的综合体。艺术教育和文化空间的建设在云南偏远的山村落地，将艺术的光芒洒在当地的希望小学。信王军希望用艺术改变社区文化生态，甚至用艺术调整乡村经济结构，使农村能够留得住年轻人。信王军多次走访农村，发现年轻人大都离开农村到城里工作，剩下老人和孩子留在农村，而自己的家乡山东寿光也存在同样的问题，便用自己家的一间房子改建成"先生书院"。书院周围有110幅尺寸为100平方米左右的墙体绘画，而内容强调了"在地性"。这些富有传统和地方文化特色的涂鸦作品令人赏心悦目，有人们熟悉的门神，手里还拿着黄瓜和西红柿，充分彰显了寿光"蔬菜之乡"的特色；作为潍坊名片的大风筝（图2）惟妙惟肖，展翅欲飞；在农村生活了一辈子的85岁老奶奶成了画中手持红线的主角（图3），她是村里的"乡贤"，而这幅画就在老奶奶家院子门口；邀请寿光著名艺术家杨国春一起画他家的大门……艺术家通过公共艺术来提倡乡村的公共精神，强调艺术作品的"在地性"，增加人们对一座村庄、一个社区的认同感和归属感。

山东寿光田柳镇东头村成了热议的焦点，不少参观者来到这里，不少

---

① 晏阳初是世界著名的中国平民教育家和乡村建设家，被誉为"世界平民教育运动之父"。

外出打工者回到家乡，媒体也纷纷报道这个村子的巨大变化。信王军与当地政府部门形成联动，田柳镇政府以这个艺术活动为契机重点打造当地两个文化品牌："一塔一树一书院"历史文化旅游品牌和"将军故里—红色北岭—李植庭纪念馆"红色文化旅游品牌，带动民宿、餐饮及其他行业的共同发展，使乡村成为投资兴业的热土和故土，实现农村新的发展规划，带来振兴农村的机会。

图2　大风筝（图片由信王军提供，2018年）

图3　人物画（图片由信王军提供，2018年）

（三）由艺术家主导传播途径的多样性

互联网时代的传播速度也让一些年轻有为的艺术家迅速地成长起来，并很快进入公众的视野，在获得社会关注与社会资源的同时，也获得发声平台与话语权。信王军的作品在早些年就已崭露头角，他利用互联网平台大肆宣扬而成为第一批"网红"。随着微信时代的到来，信王军迅速成长为"自媒体"人，通过运营"前线""先生书院"等公众号，提高社会关注度，并实现盈利。在先生书院里长期教艺术课的教师们的工资全部是由信王军推广公众号的获利来维持。互联网是一个奇特的媒介剂，今天的所有常规行业都被杂糅其中，原来只能面对面实现的知识传授也开始转化为网络课程或网络点知识，越来越多的人开始接受这种知识消费方式。信王军的"前线"就是以传播艺术知识为主的公众平台，人们可以借助艺术事件了解艺术史，通过艺术家了解艺术的灵魂和思想，通过信王军的当代艺术活动洞悉今天的社会现象和社会问题。当代艺术让普通人可以跟随智者感知和领悟他们已经感知到的世界。而互联网时代的到来，让中国艺术传播的速度迅速提升，也变传播的窄口为宽口，在惠及大众的艺术需求的同时，还实现艺术家自我的价值，获得公众的关注。艺术家已经转化为公众人物或公知形象，并能够促进地方艺术生态与艺术结构的形成与发展。

三、结语

纵观中国社会发展历程，打着艺术和公益的旗号为自己谋得社会名声和大笔敛财的艺术家不在少数，艺术常被作为噱头嫁接在房地产业、金融业、酒店业、大型商场等领域，待实体正常运行后，艺术则被迫退出。急功近利的畸形发展让很多艺术家也乱了方寸，到底"先生书院"是否真的能够改善乡村文化生态圈，还需要时间考量，毕竟这是一个仅仅开始了四年的艺术项目生命体，但这样的思路是值得去探索和推广的。乡村振兴计划不仅是国家发展的大政方针，也是每一个艺术家的责任。艺术家身份转换的时代已经到来！

参考文献：

［1］解安宁．公共性：社会与政治视域中的艰难追求［J］．美术观察，2015（4）．

［2］林惠祥．文化人类学［M］．北京：商务印书馆，2016．

附件1

信王军艺术作品展览年表

序号	时间	作品名称	地点	项目负责人	策展人	艺术家	内容	作品意义
1	2018	"先生书院"项目	山东潍坊	√	√	√	在寿光建成"先生书院",开办首届涂鸦艺术节	用艺术改变乡村,提升地方经济发展和知名度
2	2018	《75cm:离地75cm》	泰国曼谷			√	5个小时里,卡车里的水不间断输送,把美术馆沉浸在深75cm的水中	探讨美术馆的非展览收藏状态
3	2017	《回归》	云南昆明	√		√	生活在一个房间里,不得出去,禁食23天	以艺术的名义,邀昆明的朋友一聚,聊这"十年"你我的变化
4	2016	"先生书院"项目	云南曲靖	√			"先生书院"搬进了曲靖的百年赵樾故居	用艺术改变乡村,提升地方知名度
5	2016	《自然》	云南菌子山			√	全身涂满绿色油漆,直到自然把绿色慢慢风化	回归自然,在山顶上寻找内心的纯净
6	2015	"先生书院"项目	云南德宏	√			搜罗了大量的艺术书籍,将德宏梁河的老房子变成"先生书院"	将艺术教育传播到最偏远的山村
7	2014	"民国先生"个人作品展	北京798	√			耗时两年创作的百余幅民国时期各个领域代表人物的肖像素描作品	体现了当代人重温"民国精神"后再度延伸的一种自觉自省的人文情怀
8	2014	《致敬》	云南昆明	√	√		站在铁杆上,从白天到傍晚	向生命与自然致敬
9	2014	《问答》	云南艺术学院	√			以问答对话的方式,针对学生的每一个问题,迅速提供解决方案,并记录存入档案	让学生体验行为艺术的过程美

序号	时间	作品名称	地点	项目负责人	策展人	艺术家	内容	作品意义
10	2013	"从未发生"信王军、石磊个展	天津泰达美术馆			√	信王军的民国时期人物系列素描小画	用非常朴素的素描形式，回忆整理了民国时期一些重要的学者及知识分子形象
11	2013	《一张白纸》		√		√	这张白纸经受过8吨重的压路机的碾压，还是完好无损的一张白纸	你能想象到的，或者想象不到的，一张白纸都能够承担
12	2012	《价值观》和颐艺术项目	北京798	√			此作品是由100张100美元真币制作而成的衣服，制作成本达7万元人民币	表达的是在全球化经济下人们习惯于把价值观转换为价格
13	2012	《减肥计划》	北京和颐酒店			√	以电子秤为原地，以24小时摄像机全程监控的方式记录减肥过程，详细记录每天减掉的重量以及一日用餐的详细数据	试图打破自己安逸的生活状态，此刻的决定无法改变过去对当下造成的时间和空间上的影响
14	2010	第三届前提行为艺术节	广东清远	√	√		发起"共助云之南"当代艺术家赈灾项目，百余位艺术家参与对云南旱灾的支持	保持独立策划、先锋新锐、不局限艺术种类，对当代更纯粹的艺术做形式和价值上的探究
15	2009	2009首届北京798双年展	北京		√	√	以"社群/CONSTELLATIONS"为主题，与国内外超过150位艺术家一起探讨关于"内部"和"外部"这种抽象的地理概念和新的观念	当代艺术不应只是私人性的，也不应只是市场游戏的一部分，而是要反映不同人群为社会生存和寻求自我改变而做出的挣扎

艺术家个体在乡村社区的身份转换

41

续表

序号	时间	作品名称	地点	项目负责人	策展人	艺术家	内容	作品意义
16	2009	宋庄艺术节"情景交叉"中德装置作品展	北京宋庄			√	打破现在的观念壁障，对艺术的价值取向进行重新定位，是一次精神性的注入	装置艺术作品在不断地拓展地域局部原有的文化艺术认知边界
17	2009	第二届前提行为艺术节项目《稻草人》	北京	√	√	√	王军全身披挂满稻草，扮成稻草人并同一群小鸟一起挂到木杆子的高处，作品实施4小时	童年的乐趣之反现代工业化文明
18	2009	《雪人》	北京草场地小树林			√	王军与一个雪人一起被雪覆盖全身，用自己的体温将雪慢慢融化	融雪行动，"暖男"称号
19	2008	澳门"以身观身"行为艺术文献展项目《草人借箭》	中国澳门			√	"以身观身"是澳门民政总署辖下澳门艺术博物馆在现当代艺术领域的重要品牌项目。王军的行为作品《草人借箭》实施2小时	行为作品
20	2008	"王军来了"个展	北京798		√	√	绘画、行为艺术、图片等作品的综合呈现	对自己这些年架上、影像、图片等作品的整理和小结
21	2008	"共同渡过"中国当代艺术界赈灾义拍				√	在汶川地震后,由东方视觉网和中国嘉德拍卖公司发起的当代艺术界赈灾义拍项目	通过网络向海内外当代艺术家发出捐献艺术作品倡议,以拍卖所得捐献灾区

序号	时间	作品名称	地点	项目负责人	策展人	艺术家	内容	作品意义
22	2008	上海证大"介入366"项目《牵线》	上海			√	将艺术家和女志愿者用五千米的红线连在一起，两人用黑布蒙上眼睛朝相反的方向行走，走到红线的尽头拆下黑布，再回头寻找对方	迷宫般的城市，让人习惯于看相同的景物，走相同的路线，到相同的目的地
23	2007	《昆明，我走了》	昆明			√	王军全身背负100块板砖，手持一个旅行箱，从麻园云艺校区出发至昆明火车站	用行为的方式背负着重担与昆明及昆明的朋友告别
24	2007	《金钱与权力》	昆明	√			王军身穿用面额100元人民币特制的"罪衣"，双手戴枷，步履蹒跚	金钱+权力=一切吗？
25	2007	《王军个人油画展》	昆明	√	√	√	从北到南，王军的风景画在"高级灰"和"纯色"之间徘徊，用油画记录生活	架上油画作品展，展示对云南的记忆和四年大学的整理

论南国社管理与组织的特征及影响

李　霖[①]

摘要：南国社及其戏剧运动在现代戏剧史上具有承上启下的作用。其管理与组织方式逐步克服了松散联盟所具有的自由、散漫风气，在管理组织制度、人员构成等方面初步展现出现代文化艺术管理特征，并最终过渡为管理组织较为严密的现代社团，不仅为中国现代职业戏剧团体开辟了道路，而且深刻影响了左翼戏剧运动。

关键词：南国社；管理与组织特征；戏剧社团管理

作为蜚声1920年代中国文艺界的社会团体组织，南国社所开展的戏剧运动已经自觉或不自觉地参与到文学、戏剧改革和艺术革命的实践中来，初步显现出现代艺术管理的特征，而这些管理与组织行为不仅直接影响了南国社戏剧运动的开展，更是在某种程度上促进了中国话剧的现代转型。由此，对于南国社社团管理的研究不仅应当成为研究现代戏剧社团管理最为重要的个案，而且也为当今话剧社团的管理提供了可资借鉴的历史经验。

一、南国社管理组织制度的特征

南国社作为现代艺术社团，它的管理与戏曲班社，乃至文明戏剧社都有着显著区别。尽管南国社在不同时期展现出不同的管理与组织形态，但

---

① 作者简介：李霖，上海大学新闻与传播学院博士后。

无论其社团性质和管理体制在各发展阶段如何变化，始终具有以田汉个人为主的特征，以及随之而来的非营利性和人情—制度并存的管理方式。

（一）个人化的艺术社团

现代文化管理学上的所谓个人化文化生产组织，具有两重含义：一是指以某一个核心人物为中心和主导的文化产品生产单位；二是指其文化生产及产品中具有与众不同的个性化追求的组织。①从这个定义出发，我们不难看出南国社是一个具有浓重个人化色彩的从事艺术创作的社团组织。

首先，田汉作为南国社的创立者与领导者，毫无疑问是南国社的核心人物。田汉的文艺思想、创作风格、政治态度都决定着南国社的戏剧品质与发展方向等关键问题，从而使整个南国社都呈现出田汉鲜明的个人特色。诚如董健先生所认为的那样："田汉是南国社的灵魂。他的道路就是本社的道路，他的风格就是本社的风格，他的代表作就是本社的代表作。"②其次，个人化文化生产组织往往以创作风格突出的文艺作品为旨归，呈现出小众化、先锋性、强调艺术性、排斥商业化的特点，这与南国社所呈现出来的特质更是不谋而合。南国社的戏剧是富于浪漫现实主义精神的，又是具有先锋性色彩的，为了高扬戏剧的艺术品格，很少考虑市场因素；而且其观众大多为接受过新式教育的学生和知识分子，这在当时无疑是小众的。再次，与同时期的其他社团相比，南国社在管理体制上有着个人化文化生产组织管理灵活的特点，管理决策权基本由田汉来掌握，运行经费多半也由田汉筹集。尽管1928年底南国社进行第二次改组时规定管理体制为委员制，执行委员已扩展为七人，但由于田汉在社团中德高望重的地位，仍具有较大的管理权。

（二）"非营利"的社团组织

一般说来，现代文化管理中以个人化为主的文化生产组织由于更关注个人艺术观念的自我表达，致使有时无法保证营利。而南国社在其发展历程中却表现得更为激进，它并不以营利为社团目标，是一个非营利的社团

---

① 田川流，何群. 文化管理学概论 [M]. 云南：云南大学出版社，2006：141.
② 贾植芳. 中国现代文学社团流派 [M]. 江苏：江苏教育出版社，1989：939.

组织。

南国社的非营利性，首先源于领导者田汉的"独立癖"和诗人气质。南国社的多次活动都是田汉的"心血来潮"，并没有成本规划或者财务预算，更不用说考虑回报问题，有时甚至表现为不顾现实与自身经济能力的"艺术空想"。其次，南国社是从学院研究室转而面向社会的组织，带有从学校演剧运动过渡为社会艺术运动的特征，社团成员大多为学生而非职业演员。这使其在一段时期内较少受到商业因素的干扰。再次，南国社戏剧的诗化倾向和先锋特征决定了其无法像旧戏与商业化的文明戏一般拥有广大观众。而与同时期的戏剧协社和剧艺社相比，南国社的演出成本高出许多，票价也随之超出了一般大众的承受能力。此外，南国社戏剧运动发生于爱美剧风潮时期，自然受到"非营业性"主张的影响。而倡导民众戏剧运动的南国社，更是以"一切演剧都不收票，艺术完全成为民众的"为奋斗目标。因此，无论是南国社内部因素，还是社会外部环境，都促使南国社成为"非营利"的社团组织，并最终开辟了一条"既不靠官府，也不靠资本家，更不被商业所左右"的戏剧运动之路。

（三）人情—制度的管理组织方式

南国社的管理和组织方式呈现出从"人情化"向"制度化"过渡的特征。在第二次改组以前，南国社的管理和组织方式以及人员的流转都与田汉的人情交往息息相关，可以说是"以感情结合的"。而在第二次改组时制定了简章，引入了制度化管理的方法，从中也反映出南国社后期管理与组织上的新想法和新特点。首先从社团宗旨来看，简章明确规定了此后的南国社应"团结能与时代共痛痒之有为的青年作艺术上之革命运动"。这意味着，改组后的南国社更为重视统一社员的艺术革命思想。其次，南国社明确了采取委员制为其管理制度，最高权力归全体社员大会所有。社团此后开展的各项活动需要由全体社员大会推选的执行委员会表决通过后才能加以实施，而不再是田汉的"心血来潮"。再次，简章还规定了社员的入社与出社，以及权利与义务。加入南国社不但需要艺术才干，更需赞同南国社艺术运动的主张，这与南国社前期"感情的结合"有了一定的区别。此前也并无取消社籍一说，很多社员都是由于感情、生活的变化迁移而离开南国社。最后，改组后的南国社在经费上也不再依赖田汉一人，而是收取入社费、常费、临时费和事业费。社员共同分担社团开支既有利于保证各项活动的开展，也可以有效避免由于个人财力支撑而导致管理上的独断倾向。

第二次改组后的南国社尽管依然保有一定程度的人情化管理组织方式，但制度化管理方法的引入的确促使南国社戏剧运动在1929年迎来了高潮，并直接推动了南国社向现代社团迈进的步伐。

二、南国社的人员构成及特色

南国社之所以成为中国戏剧史上影响最为深远的社团之一，一方面是由于南国社戏剧运动完成了中国戏剧从新剧向现代话剧的转型；另一方面则是源于南国社聚集、培养了一大批优秀的艺术人才，他们的出现不仅影响了20世纪20—30年代的中国文艺界，而且其中大多数人更是成为新中国文艺界的中流砥柱。

（一）南国社的人员构成

纵观南国社的发展历程，它的队伍经历了几次人员的扩容与流失，或是对南国社造成重大的打击，或是推动南国社的发展，或是促使南国社发生转变。可以说，南国社同人的聚合离散对南国社的发展有着不可忽视的影响。

南国社最初只有田汉和易漱瑜两人，到南国电影剧社时才能称得上是真正的社团。据唐槐秋回忆，"当时的全部社员的名字：田汉、唐槐秋、顾梦鹤、姚肇里、唐琳、唐越石、吴家瑾、阿土（工友）"[1]。此后，欧阳予倩、严与今加入南国社。而南国社的主要班底形成于上海艺大和南国艺术学院时期，"这班底来自两部分：一是田汉的新老朋友，如欧阳予倩、唐槐秋及夫人吴家瑾、万籁天、顾梦鹤、辛汉文、孙师毅等。另一部分就是'艺大'的学生，特别是新转学来'艺大'的能演戏或并不能演戏的学生，如唐淑明、陈凝秋、左明、张慧灵、王素等等"[2]。此外，画科的吴作人、刘汝醴、周存宪、吕霞光、黄若英、刘毅、金焰，文科的陈

---

① 唐槐秋. 我与南国（上）[J]. 矛盾月刊，1934（5）.
② 陈白尘. 少年行 [M]. 北京：生活·读书·新知三联书店，1988：141.

白尘、陈明中、陈幻依，以及音乐科的张曙等都加入了南国社。1928年南国艺术学院成立，除了上述人员外，新招收的学生有戏剧科的郑君里、阎折梧、裘怡园、吴湄等，文科有赵铭彝、马宁、陆惠之、叶翼衔等。[①]冼星海也由于参加学潮被迫从上海国立音乐学院退学，转入南国艺术学院。田汉的三弟田洪也在此时加入南国社，成为南国社的灯光、道具师。第二次改组后，南国社的老朋友洪深、周信芳、高百岁、严工上、严个凡等正式加入进来。而王芳镇、徐志尹、蔡楚生、杨泽蘅、吴似鸿、姚素贞、艾霞等则是南国社的新生力量。1929年可以说是南国社戏剧运动最蓬勃的一年，康白珊、白英、萧崇素、姜敬舆、俞珊等人都是在这一年加入的南国社；在年底筹划建立了南国社南京分社，社员有吴作人、廖沫沙、王平陵、赵光涛。

南国社发展的六年间，先后有许多文艺界人士流转其间，从参与南国社的社员成分来看，大部分是"无恒产"的知识青年，小部分则是从事戏剧研究、创作与表演等工作的专业人才。南国社为中国培养了一批青年艺术家，他们不仅成为20世纪30年代"左翼文化运动"的中坚力量，更可谓新中国文艺界的中流砥柱。

（二）专业、职业、业余人才层次构成

纵观中国早期的戏剧组织，没有哪一个剧团能像南国社一样聚集了文艺界的诸多人才，从而使南国社的人才层次呈现出专业、职业、业余三个层次的显著特色。所谓"专业"指的是南国社具有一些专门从事艺术研究或者主修戏剧专业的人才。领导者田汉在日本留学时主修英文专业，曾研读过大量西方及日本的戏剧、小说，并开始进行剧本翻译与创作，是一位专业的剧作家；后期加入南国社的洪深更是在哈佛大学主修戏剧专业。南国社的大部分成员都是南国艺术学院的学生，而戏剧概论则是他们的必修课，从这个意义上说，他们都接受过专业戏剧教育。由此，南国社聚集了一批专业戏剧人，为南国社戏剧运动提供了有力支撑。除了具有专业戏剧背景的成员，南国社还汇集了职业戏剧人。欧阳予倩可以说是同时具备京剧演员和文明新戏演员的双重身份，这样的职业经历使得其深知旧戏与文

---

① 陈白尘. 少年行［M］. 北京：生活·读书·新知三联书店，1988：178.

明新戏的自身局限性。欧阳予倩给予南国社的不仅是职业戏剧人的舞台经验，更是切合舞台实际需要的戏剧改良方案。而京剧名伶周信芳的加入更增添了南国社开展"新国剧运动"的可能。欧阳予倩与周信芳不仅是南国社成员中职业戏剧人的代表，还兼具继承与革新传统的意义。

有些南国社成员既不具有长期研修戏剧专业的背景，也不以戏剧表演或导演等为职业，而是业余从事戏剧运动，因此可以将其称为"业余"戏剧人。比如唐槐秋作为南国社的"元老"，基本参与了南国社的全部活动，但他留法期间学习的却是航空；在参与南国社期间，也多次辗转从事其他职业。值得玩味的是，正是他成为中国现代职业剧团——中国旅行剧团的创立者。此外，南国艺术学院停办后，虽然学生们"相依不去"，但有的转入其他院校继续学习，有的则另谋其他职业，在当时都是以业余身份参与南国社戏剧运动的。如吴作人、张曙先后转入南京中央大学、上海国立音乐学院；陈白尘、吴似鸿等在这时已经开始卖文为生等。

基于此，笔者认为构成南国社的人员可以划分为专业、职业、业余戏剧人三个层次，相对于更为职业化的文明新戏剧团和偏向业余化的爱美剧团来说，南国社在人才构成上可以说更为完善。

三、南国社社团管理与组织的影响

南国社各个时期的管理与组织基本上适应于社团各时期的发展，保障了南国社戏剧的品质，促进了南国社戏剧运动。但也应当看到，其管理与组织不可避免地带有转型期的局限，体现出早期现代社团管理上的稚嫩与游移，并在某种程度上消解了南国社走上现代职业剧团的可能。而南国社所开创的"既不靠官府，也不靠资本家，更不被商业所左右"的戏剧运动之路，则对中国现代话剧的发展产生了深远的影响。

（一）保障南国社的戏剧品质

文化艺术管理同一般管理行为有着相同之处，那就是通过一系列有意识、有计划的协调活动以达到文化艺术团体的特定目标。南国社一系列的管理组织行为都是为完成其艺术创作而服务的，保证了南国社戏剧作品的较高品质。

首先，南国社强烈的个人化倾向使其作品保持了一以贯之的艺术性和创新性，这在当时的戏剧界是很难见到的。更为重要的是，南国社的戏剧表现了现实社会的黑暗与腐朽、大革命失败后的苦闷与彷徨，易引起当时小资产阶级知识分子的共鸣。其次，南国社一直奉行的"既不靠官府，也不靠资本家"的艺术运动理念也可视为其管理组织上的原则，使其不被商业利益所左右，在独立自由的前提下进行艺术创作，避免了重蹈文明戏因过分追求利润而衰落的覆辙。再次，虽然相对自由的管理组织方式易造成自由散漫的缺点，但也有利于激发出创作灵感。正因如此，南国社的戏剧才能在表演、舞美、音乐等各个方面具有闪光点，为中国现代话剧体系的形成打下基础。而南国社后期引入的制度化管理则在保证创作自由的基础上强化了社员的共同信仰和现代戏剧理念，使得南国社此后的每次公演都能有所进步。

（二）消解职业化的可能

南国社呈现出来的诸多管理组织上的特征具有从传统戏剧组织向现代艺术社团转型的印记，在适应其艺术创作需要的同时，也消解了南国社向现代职业戏剧团体发展的可能。

首先，南国社长期以来没能摆脱以田汉为中心、"以感情相结合"的管理组织方式。尽管有些学者认为南国社在管理方式上类似于传统戏曲班社，但实际上南国社与传统戏曲班社既有联系又有区别。传统的戏曲班社是在小农经济体制基础上生存发展的，往往以家庭为单位，由家长亦即班主统一领导，等级森严，带有很强的宗法意味。而南国社除了具有以田汉为"家长"的某种倾向，其早期的管理组织十分自由。其次，无论是传统家班、戏曲班社，还是文明戏剧团，它们均以演出获取商业利润为旨归，而无论是田汉，还是其他成员，都未将获取经济利润作为社团目标的第一位。当然，南国社"重艺术，轻市场"的管理理念和方式也在一定程度上阻碍了南国社的长期稳定发展。再次，第二次改组后的南国社在管理组织上有了较为明确的规章制度，带有相对开放、民主的现代特征。然而，简章并没有上升为契约化的管理组织方式，况且人情化的管理组织方式依然存在。

综上所述，南国社在管理组织上的三大特征凸显了其从松散联盟向现代社团的过渡性，它一方面具有一些传统戏曲班社中家长制管理的意味，另一方面又带有现代社团相对自由、民主的氛围。南国社虽然未能走上西方现代职业剧团的发展道路，却为中国现代职业剧团的出现埋下了伏笔。

（三）对左翼戏剧运动和中国旅行剧团的影响

南国社的影响是全面的、深远的，其在管理组织上的实践及斗争经验不仅影响了左翼戏剧运动，而且孕育了中国第一个现代职业剧团——中国旅行剧团。1930年，由上海艺术剧社、摩登社、剧艺社、南国社、辛酉社、上海戏剧协社、紫歌剧社共同发起了"上海戏剧运动联合会"，也就是"左翼戏剧家联盟"的前身。南国社被查封后，大部分成员并入"左翼戏剧家联盟"，继续从事左翼戏剧运动。在这一过程中，不仅南国社戏剧运动的奋斗目标和倡导的戏剧演出形式为左翼戏剧运动所吸收，而且其训练的一批戏剧人才更是成长为"红色30年代"左翼戏剧运动的中坚力量。

尽管南国社的管理与组织在一定程度上消解了自身走向现代职业剧团的可能，却在某种程度上孕育了中国第一个现代职业剧团——中国旅行剧团（以下简称"中旅"）。中旅是南国社元老唐槐秋、吴家瑾夫妇在1933年创立的，依靠市场与观众经营了14年之久。中旅也是一个突出的以个人化为主的剧团，唐槐秋在剧团中的地位与田汉在南国社的角色相类似，均带有一定的"家长"色彩；在管理与组织上同样具有类似于南国社人情—制度相交织的特征，只不过维系中旅的"人情"是家庭亲情，而南国社则来源于友情和师生情谊。中旅在吸取南国社管理经验的同时，采用了较南国社更进一步的雇佣劳动制、薪酬制等契约化的管理组织方式，走上了职业演剧的道路。但其管理组织上具有稳定的以个人化为主和人情—制度（契约）相交织的两大特征却显示出南国社对中旅的影响。

南国社作为20世纪20年代的戏剧先锋，它在管理与组织上的实践显示出早期戏剧团体在面对戏剧形态、市场与观众、社会环境逐渐转变的过程中的变化及选择。其管理与组织总体而言是适应于南国社戏剧运动的发展变化的，并且在某种程度上规定着南国社的戏剧形态，足见艺术管理行为对艺术本体所产生的影响和作用。从某种程度上说，南国社的管理与组织从外部推动了南国社最终完成中国话剧的现代转型。更为重要的是，田汉与南国社同人共同开创的"既不靠官府，也不靠资本家，更不被商业所左右"的话剧发展进路及其实践经验值得当下戏剧管理者思考和借鉴。

当代城市文化展示中的可读性原则及其管理特征

王智洋①

摘要：作为地点概念的城市与作为精神概念的文化具有长远而密切的联系，通过文化展示，城市与文化彼此绑定并互相作用。在当代，可参观性的文化生产、互动性的文化体验和虚拟礼俗社会的快速发展，使以可读性为基础的城市文化展示管理在政治、经济和社会层面成为实现城市文化复兴、产业升级和公共领域发展的重要推动力。但同时，其也因虚假视野、排斥差异性、同质化倾向和全球化下文化帝国主义的侵蚀等问题招致质疑并引起讨论。

关键词：文化展示；可读性；当代城市；艺术管理

在语言学研究中，"城市"（city）与"文明"（civility）有着相同的词源；而从文化地理学的角度看，城市与文化则持久地纠缠在一起——文化是一种具有鲜明地方特征的现象，而城市则是聚集人际关系并孕育文化的场所。在当代，城市的核心竞争力越发表现在人文环境、社会氛围和历史内涵等层面，而文化展示作为一种表现媒介，对其则具有重要的意义。

从狭义的艺术展览到广义的节庆事件，从静态的文化奇观到动态的主题公园，越来越多的当代城市将自身的经济基础、产业结构和对外形象与文化绑定在一起。无论是处于产业转型期的传统城市（如电影业之于洛杉矶、动漫业之于东京、时尚业之于巴黎），还是正在崛起的新兴城市（如拉美文化之于迈阿密、会展旅游之于迪拜、乡村音乐之于纳什维尔），文化展示均是其城市政策治理、经济规划和社会互动的重要分支。通过在文

---

① 作者简介：王智洋，南京艺术学院文化产业学院博士。

化遗产、文化产业和公共文化服务中的呈现、推广和包装，文化展示将城市文化价值与创意、历史、民族、传统、自然等主题相结合，使城市自身成为一种综合性的文化传播载体。

一、城市文化展示的可读性原则

（一）城市文化展示简史

17世纪以前，"展示"的概念还只存在于少数统治阶层人物的行为中，对文化的展示作为殖民主义的纪念碑和"奇珍室"（Cabinet of Curiosities），更多地担负着城邦领袖和社会精英炫耀战利品及品位的功用，从各地劫掠来的文物和私人定制的艺术品并未按特定秩序排列，而是单纯地表现自然奇迹的多样性和个人喜好。18世纪，在工人阶级革命的影响下，为了巩固权力并炫耀财富、知识和品位，城市中的贵族开始有限地开放其藏品。但此时，"新的阶级虽然已在政治层面出现，但在共同体初成之际，却并未创造出一种对自身的体认（identity）……这个时代的公共领域与私人领域泾渭分明"①。因此，这种展示的本质依然是家族收藏空间或私人社交活动，而并未完全向大众开放以求理解的普及。19世纪，新建博物馆的浪潮推动了公共展示观念的发展；1851年在英国水晶宫举办的首届伦敦国际博览会，则标志着将文化与政治目的、经济消费相结合的当代城市展示观念雏形的出现。

20世纪起，剧院、画廊和博物馆等传统文化机构突破以往围墙的限制，进入城市的消费主义空间中。20世纪70年代末，在产业转型和逆城市化的背景下，城市管理者开始意识到单一的办公区及零售业已不足以让人们于夜晚和周末逗留在市区中。由此餐饮、传媒和百货业开始致力于创造美观、欢乐和安全的都市文化休闲区，并期望通过展示文化的多样性、新奇性并延伸其历史和内涵所指，来促进都市消费的不断发展。20世纪80年代初，纽约、伦敦、东京等"全球城市"的兴起，证明了城市作为独立的

① 衡寒宵. 亲密的壁障［A］.//杨宇振. 城市与阅读：第二辑［C］. 上海：同济大学出版社，2013：150-152.

主体可以在国际性的金融、信息和政治领域中成为具有支配地位的空间枢纽；其在文化层面，也相应地推动了在这些全球城市中产生一种独立于一般城市的"特权城市文化"。

（二）当代城市文化展示中的可读性原则

福柯认为，"物件、场所和艺术品似乎越来越多地通过它们与人类关系这一视境来呈现"[1]；以此为基础，贝拉·迪克斯（Bella Dicks）进一步指出，在当代城市文化的生产和接受中，其过程必须是"可理解、可以接近的"[2]，而非意义含糊、定位矛盾的。由此"可读的城市"这一概念表明，城市文化需要展示，且这种展示的基本原则必须是"清晰的"（legible）且"可读的"（readable）。

可读性是当代城市文化展示的核心，提倡对文化的感知和领悟并非少数群体的特权，而是应让所有人都得到体验。在这一区别化的竞争下，城市文化开始从封闭性的、单一用途的剧院、博物馆和遗址公园中走出，进入更广阔的街区、购物中心和互联网空间等多途径、互动性的展示渠道中。自此，城市空间被有意识或无意识地分割成具有多重活力的文化区域，并被改造成可读性的展示空间。

二、当代城市文化展示可读性的表现与建构

（一）可参观性的文化生产

渴望体验他人生活的现代观念，催生了可参观性的产生。19世纪下半叶，西方社会开始关注保护、发掘并向大众传播历史，继而掀起新建博物馆的浪潮；而20世纪80年代的第二次文化遗产热，则开始反思早期公共博物馆等文化机构在运作中的保守说教形式和精英性本质，转而以一种大众

---

① 贝拉·迪克斯. 被展示的文化：当代"可参观性"的生产 [M]. 北京：北京大学出版社，2012：2.

② 贝拉·迪克斯. 被展示的文化：当代"可参观性"的生产 [M]. 北京：北京大学出版社，2012：2.

活动方式去表现膨胀的历史和争取更多的观众。在这种文化展示景观的平民化潮流下，为了适应新流行的平民史，城市中的精英文化场所也不得不开始关注大众的历史和下层民众的生活。

参观性的力量将城市文化场所化，将当地故事、文化遗产、社群理想等锚定于特定的地理环境之中。都市中的文化生产和传播被修饰为各种"可参观的空间"，以连贯性场景、整体化环境和排除干扰的沉浸式体验等形式，来构建城市空间的潮流，增强城市整体的文化活力；这些城市文化场所以连贯可读的信息去刺激人们对城市时空中真实生活场景的兴趣，并以一种放大观察但又不必担心受到谴责的视角，来窥伺或比较其他社会或个体的生活方式与文化活动。

（二）互动性体验

活态历史与文化间互动性的体验成为当今城市文化展示的核心，借助新技术辅助、戏剧化现场、双向性媒介传播，以克服游客的距离感，并借此营造出幻想和对他时他地的直接体验。互动性体验策略允诺观众得以获取有关城市历史和社群文化的直接体验，而非如传统般让观众围绕在橱窗前进行单向性说教。

此外，互动性的城市文化展示广泛地从官方仪式形式外的民间"反倾向性"文化中获取元素，将各种形式的艺术形式和展览娱乐整合在一起，并借助复制和大众传媒予以推广。此时，文化展示本身更加倾向于发问而非定义或阐释，它放弃规划固定参观路线而给予观众更多的选择自由和思考空间。由此文化被视作可根据参观者自身背景、阅历而从中选择、组合并生成意义的元素片段，是一种割裂的和局部化的信息，而非传统意义上先设定预期结果再对特定主导思想赋予社会合法性的"元叙事"或"大叙事"。

（三）虚拟礼俗社会

在当代城市中，建筑、技术、科学和文化间的相互依赖性日渐增强，而虚拟网络的发展则构建了更为开放的交流空间。作为一个存在于社会和地理范畴之外的、自由的、没有固定位置的场所，网络是一种天真的"后现代时代的乌托邦愿景"。同时，建立于比特基础上的虚拟世界也使建立于原子基础上的现实世界依照互动性、易接近性等原则重新构建，在城市中生成奇观异景的沉浸式幻想与视觉浓缩性场景。

作为城市地理空间的延伸，虚拟空间使用城市的隐喻、话语、神话去影响和建构信息交流和交换市场。因此，"与'真实的'城市不同，虚拟城市被概念化为更多地具有礼俗社会的特征，而非法理社会的特征"[①]。相较于报纸、电视、电影等预先建构一个完整世界模型的传统媒介，互联网提供了民主多样的解读可能性；通过虚拟游览、电子游戏、移动媒体等方式，允许城市中的个体创造一个可以由人高度掌控的"自我空间"，并通过模仿各种外形、图像来逼近真实世界。可以认为，当今处于城市空间自然状态下生态领域的"第一自然"、技术领域人工建造的"第二自然"和数字状态下虚拟世界的"第三自然"在不断增强联系，且让各种文化得以交融。

三、可读性下当代城市文化展示的意义

在政治诉求、商业利益和公民意识的交互作用下，城市文化展示成为一种夹杂着政治、经济与社会利益的场域。因此，城市文化展示不仅在政治和经济上充斥着潜在的利益冲突与分割，也在文化和社会层面表现出单纯的"编码"与"解码"意义无法被直接决定或理解。

（一）异托邦内的表演政治学

当代城市中的各领域层次都被普遍存在的象征性元素和符号化展示所支配，将文化艺术主题化、自然化则使其走出特定空间，扩大成一种三维的、普遍的浸入式城市体验。因此，国家和城市管理者通过精心制造一种特定的"表演政治学"来生产挽救性民族志、展开文化保护和完成公共教育——城市文化展示不仅是迪士尼模式下巨大的、伪装的旅游贩卖机器，也是通过服饰、宗教、传统、音乐等关键元素向城市内外部公众明确社会意义、塑造群体身份及表达文化认同的重要途径。

---

① 德波拉·史蒂文森. 城市与城市文化［M］. 北京：北京大学出版社，2015：162.

在这一过程中，技术发展、文化消费、大众媒介等的协同作用，整合了原本彼此分离的旅游、娱乐、广告、公共关系等领域。作为一种特殊的异托邦，可读性主导下的表演政治学让城市中的个体主动地参与到一种角色扮演和制造幻境的游戏中；虽然其表面上充斥着消费因素和阶级冲突，却不会产生明显的社会竞争，并规避了可能产生的矛盾风险。

可见，城市文化展示不只涉及对文化自身的储存、保护和消费，也是在政治层面关于知识、身份和文化地位的展台，体现了一种由各主权与利益群体所共构的社会和等级秩序。

（二）后福特式地点的文化经济

文化、地点与经济间彼此共生，"文化属性与经济秩序越浓缩于地理环境之中，它们就越有地点垄断力量"[①]；地方文化有助于塑造城市内部经济活动，而经济活动也有助于提高特定地点文化生产与创新的能力。

区别于关注生产效率、产品成本、标准化与规模经济优势的传统"福特式地点"，作为"后福特式地点"的当代城市更加重视差异化、碎片化与符号化；而各种工艺、时尚、艺术也在经济领域蔓延，以满足消费者品位和需求的变革。因而，文化成为政策干预地方经济管理的主要工具，更多的城市将目光投向以文化为基础的消费、娱乐和旅游活动。

对于商业资本而言，城市文化是一种有利可图的资源。商业资本希望去开发一个具有可读感的关于艺术、历史或时尚的利基市场，以吸引城市内外更多的消费者在此进行集中性的消费。单用途的艺术机构正被多元性的展示复合体快速取代，后者将富历史感的城市空间改造为多用途的购物娱乐区，通过海报、装饰、街头即兴表演等文化形式制造狂欢气氛并推动获利。

对于城市管理者而言，为了应对制造业的崩溃和土地的荒废，城市亟须以文化为筹码以外部吸引资本投入。城市文化展示和许多设施用途都围绕购物、消费与商业投资来运作以增加本地的市场竞争力，并培育消费者和模范市民。

---

① 斯科特. 城市文化经济学［M］. 北京：中国人民大学出版社，2010：6.

（三）景观社会中的社会公共空间

在关注个体身份诉求的当代，人们开始将自我意识视为可以积极形成或自主构造的资源，而非某种稳定的、固定的继承性角色。作为一种可供自我定义的跨群体符号资源，城市文化使个体摆脱了传统阶层的定义与控制，并使不同文化群体成为城市景观构建的一部分。

城市文化展示为自我提供了公共舞台，并为自我身份的发声和获取公众认可提供了渠道；借助不断变化和可供修改的表演，城市文化展示将所有参观者带入可读的景观社会中，为公共话语和私人空间的交错提供了场所——它不但在地理空间上穿越了展览规划的行走路线，也在时间轴线上构成参观者象征性的旅行叙述或家族性的内部记忆。

作为城市空间的公共社会生活领域可使具有不同背景的个体能够从人性的角度重新得以彼此发现；而城市文化展示则将私人性的个体意识转变为公共叙事，直至转变为一种戏剧化的情景和人们普遍认可的共识。因此，城市公共空间中的文化展示作为一种"人间戏台"（Theatrum Mundi），"将美学问题与社会生活这一背景结合起来"①，它赋予人们公民文化身份并允许自我意识登上公共舞台，以戏剧的方式去演绎个体、重现历史，并最终提供了一个与破坏传统环境甚至导致社会消失的"涡轮资本主义"相抗衡的想象空间。

四、艺术管理视域下对可读性城市文化展示的质疑和讨论

纵然可读性已成为当代城市文化展示的重要原则和主流趋势，但其在艺术管理领域依旧引发了诸多质疑。一部分反对者坚持，可读性原则将文化简化为一种城市公共管理的工具，并会忽视艺术自身的发展规律和本质诉求，因此必然导致文化表达形式的浮躁和变异。而另一种更加激进的观点则认为，当代城市的本质就是不可读的，其特点是迷失：不同于18—19世纪那种空间规划明确、阶级等级森严的传统城市，碎片化的当代城市中

---

① 衡寒宵. 亲密的壁障［A］.∥杨宇振. 城市与阅读：第二辑［C］. 上海：同济大学出版社，2013：150.

无数不同文化元素相互呼应、对抗、妥协和融合,而非呈现为某一中心化的可读性原则。

具体而言,相关的讨论主要呈现于如下几个方面。

(一)城市文化展示中的虚假视野

批评者认为,城市文化展示的热潮中充斥着荒谬的崇拜和狂欢的假象,而其本质上则是公共政策与文化资本共同创造出的可供人为阐释的虚假舞台。

首先,可读性技巧将文化变成构成展示的物件和参观的场所,它将生动、活态、多样的城市文化简化为向游客表演特定历史和生活的仪式,而文化展示的保存和教育功能仅仅用于诱惑消费者。这种伪造的城市文化通过神话传说、民族主义、意识形态、市场诱导等方式将文化加工为商品,而缺乏对文化自身应有的客观性、公平性和普遍性的认知与体现。简言之,城市文化展示难以将"真正的当地文化"与"人造的旅游文化"完全清晰地区隔开来,而参观者面对的常常也是"被表达的当地文化"。展示业作为文化掮客,试图在所提供的共通性和差别性、异质化与标准化之间寻求平衡,但在实质上游客想要的是亲身参与文化交流,而非置身于外的、以高度浓缩和集中表现为特征的"文化密封舱"和"注释景点"。

其次,以政府诉求和商业需求为导向的政治、经济视野,与以呈现社会认同与历史资源为旨归的文化主张形成了紧张关系。民族归属、集体身份、自然资源等与城市文化间的纠纷,造成以可读为导向的文化展示对亚文化的驱逐、压迫和控制。特别是在异质性较强的多民族各阶层混合聚居城市中,文化展示很容易滑向一种危险,即不同文化群体的要求不断增强,但对自我定义的渴望又无法得到一致表达和公平对待。由此引来对政治、经济制度的重新划分要求,并使得城市核心文化价值观的完整性和集体性受到冲击。

最后,城市文化展示,特别是对文化遗产的展示,往往陷入一种美化过去、逃避现在的怀旧主义之中。对传统仪式的复制和对历史的追溯,容易使人陷于虚幻的历史符号与模拟中,并降低了分辨历史史实与实际情况的能力。所以,其盛行终将导致一种幻想的破灭感,成为迎合保守力量或民族主义的避难所,从而使城市丧失处理当下问题的动力。

（二）对差异性的不平等排斥和"堡垒文化"

城市规划者为达成政治业绩和吸引经济投资，在对城市文化展示作出规划的同时，也包含着对城市边缘群体的强制迁出和集中规划。换言之，城市文化展示固然从宏观上提升了城市的面貌与活力，却难以在微观上完全关注所有居民的情感诉求。

毋庸置疑，可读性城市文化展示推动了居民身份、个体认同和文化消费的发展，并创造了一个多向、流动、后现代的世界和文化消费场界；但在此过程中，也人为地导致城市陷入一种文化不平等关系下的紧张局面。"空间是包罗万象的，反映的是空间化在不同历史时期可能产生的影响，而不是对某个特定时间或场所的空间化进行简单的定义和限定"[1]；对都市空间的硬性规划和对边缘文化的排挤，促使一种"堡垒文化"逐渐形成。"原有的多样性被单一的叙事泯灭，变成了一种单义性"[2]；文化的保护、恢复和投入为私人及社会团体所利用，成为他们基于特定家族、历史、社会荣誉、阶级权利等方面的考虑而做出的"有选择性"的行为。

一方面，城市中的部分个体被有目的性地塑造为一种可读的"他处"以供探索和猎奇，他们被要求远离科技发展和现代性交换，并以一种夸张性的方式去表演特定身份角色——在一定程度上，该群体被剥夺了文化休闲与艺术消费的机会与权利，其存在往往只是为了满足游客群体在普通自我和幻想自我间动态"逃离"转变中对城市绿洲的体验欲望。

另一方面，所有被展示的文化艺术都带有社会含义，作为社会标记被制造出来并维持社会关系。对某个文化项目的选择并不是由个人品位决定的，而是一种社会差别系统的表现。城市本身即存在中心和边缘，并非每一个地区或项目都可从文化展示中获取公平的资源和关注度；而看似包容的城市文化展示，在本质上只赞赏鼓励"无秩序文化"本身的产物，而对其制造者和制造过程则予以限制——但在实质上，只有"有秩序的"社会活动和"值得尊敬的"文化消费者才能够得到允许。城市展示被视作一种监督空

---

① 罗伯·希尔兹. 空间问题：文化拓扑学和社会空间化［M］.南京：江苏教育出版社，2017：28.

② 罗伯·希尔兹. 空间问题：文化拓扑学和社会空间化［M］.南京：江苏教育出版社，2017：30.

间，权力为有钱人隔离出重要的消费区域，并确保将其他人排除在外；公共演出、视觉规划和建筑风格成为都市空间管理与秩序维护的工具，其造成了城市文化多样性的丧失，并隔离和割裂了都市生活和文化形象。

无论是关注由城市内部层级化权力不平等与资源分配而导致冲突的城市管理主义（韦伯学派），还是研究城市结构中由集体消费物品与服务供应而导致紧张状态的城市政治经济学（马克思主义学派），均强调了市场力量、生产方式因素下文化发展对城市形态的作用。正如马尔库塞所言，城市的分区应是经济功能、文化功能和权力关系反映的共同作用结构，但当代城市的文化展示不仅没有促进多样化，反而加剧了社会、文化和经济的不平等状态，并突出地表现为视觉表达与文化飞地的差异性发展。城市展示中对广场、公园等公共空间的私人占有，导致了空间对立的产生：曾是不同社会阶层与种族背景的人们自由交往的场所，但现在贫困人口和边缘群体则被间接排斥于外。而中产阶级对边缘群体文化的怀疑，则促使城市管理者去规范、搬迁甚至清理那些被"不当使用"的空间——监控社会发展、确保穷人远离富人、将边缘文化群体隔离于主流之外。

综上所述，"现代城市主义的历史就是一个'修建围墙'的过程……现代城市空间使得城市生活变得琐碎，实际上是将人们与对外部世界的体验隔离开来了"[①]。城市文化展示在实质上令城市演变为规避差异的空间，不同的社会阶层被固定在相异的空间轨迹上，而对城市中差异的态度则被限制于特定文化飞地和社群警觉中。

（三）迪士尼化与传送带城市

消费主义的兴起，将文化变成了可引用和拼接的文本片段；相应地，可读性目标驱使下的城市文化展示，则淡化了文化内在的复杂内涵和多样的意义组合，而是以"场所—神话"作为代表性阐释来表明所谓的文化多样性。

但在实质上，当个体前往目的地去探索不同城市的文化面貌、民族标签和地方特征时，更加倾向于体验由多彩习俗所代表的具有当地本来状态的"活态"文化，而非由仪式、图片和纪念碑所构成的具有兜售性质的

---

① 德波拉·史蒂文森. 城市与城市文化 [M]. 北京：北京大学出版社，2015：128.

"死"文化——在当代，城市文化更具戏剧性并穿越一般感官，而非某种抽象性的概念准则。

因此，大多数城市文化展示具有相当程度的同质性，"常见的结果是，人工建造出来的城市景观模仿别处，既缺乏内涵，也与周围环境格格不入"①。在宏观政治诉求和特定经济利益的引导下，决策者大多习惯于套用在其他城市获得成功的标准化案例和模式化开发规划，而很少结合城市自身的历史、地理、人文、区位特点进行针对性的差异化定制。由此，一种由诸多特定元素所组合而来，具有复制性、相似性特征的"迪士尼化"（Disneyfication）城市文化，和雷同的、可相互替代的"普世一律的城市主义"（urbanism of universal equivalence）成为当代城市文化展示的主流。"这种城市'复兴'的许多方面都受到资本、公司策略的驱动，其行动的设想和效果都超越了地方的公司。这是一种带有'欺骗性构成'的新城市主义"②，规行矩步的创意街区、千篇一律的旅游景点、如法炮制的宣传手段，使本该各具特色的城市文化复兴项目被视作流水线传送带上的工业化产物，最终带来一种标准化的"看似特殊的普遍性"。

（四）全球化视域下城市文化的特殊主义

在理想状态下，全球化使地方性的文化特殊主义成为可能，其建构的世界由"文化拼图"构成，并充满了种族与文化差异。而可读的文化展示业则力图形成一种文化地理的世界观，精准明确地使各种文化身份在不同地方得到展示。因此，全球化视域下的城市文化是无序且去中心化的，由来自不同群体的游客流、移民流、理念流、资金流和信息流等构成，而绝非一种单一等级秩序。

但在实质上，文化展示不可避免地将城市文化呈现为表演。文化展示掩饰了西方模式下全球单一文化以现代性为名对传统文化和本土风俗的破坏性改造。展示性文化被设计成用来为外部参观者提供进入内部的视角，但在很多时候导致处于前殖民地边缘的人口被迫成为西方文明补集性的"他者"文化。此时，城市文化展示并不是对自身真实状况的展示，而更

---

① 德波拉·史蒂文森. 城市与城市文化 [M]. 北京：北京大学出版社，2015：128.

② 艾伦·莱瑟姆，德里克·麦考马克，等. 城市地理学核心概念 [M]. 南京：江苏教育出版社，2013：163.

多地是一种在宏观、预设规划下对现代性空缺填补需求的屈服。这种现代圈地潮流要求参观者于场外去注视"被架构"的其他"非现代"时空，并将一种"脆弱的"或"落后的"标签贴在被参观者的文化之上，而将"现代""标准"和"主流"等留给自己。

　　"全球化的进程将会不断延续，开放的双向市场和日益激烈的国际竞争将持续为地方和区域的文化创意产业生产者带来压力"[①]；其局限性在于过分依赖全球化视野下宏观的节庆活动，却未能真正尊重与促进地方性文化的保护建设——可读性的城市展示虽然催生了大量的公共文化奇观，但也生成了由等级制度支配下后殖民主义所构建的社会秩序和文化话语。

---

① 克劳斯·昆兹曼. 城市发展与更新中的创意产业未来［A］.//唐燕. 文化、创意产业与城市更新［C］. 北京：清华大学出版社，2016：204.

现代公立博物馆的职能转换

张温温[①]

摘要： 随着知识经济时代的到来，信息技术日新月异，传统公立博物馆的收藏、展览、研究、教育等职能将无法满足国家、社会、民众及自身发展的时代需求。现代公立博物馆应顺应时代发展，在坚守其历史使命及社会责任的同时，进行创新性经营，积极拓宽发展思路，由传统的文物收藏、公共教育、实体呈现等向衍生品开发、教育服务的组织、多媒体呈现等职能转换，以此来更好地实现公共文化服务。

关键词： 公立博物馆；职能；转换；责任

目前，我国的博物馆主要分三大类：综合性博物馆、纪念性博物馆和专门性博物馆；按博物馆经营部门的性质，可分为私立博物馆和公立博物馆。本文主要以公立综合类博物馆为研究对象，研究在新时代背景下博物馆发展中的职能转换。公立博物馆一方面应满足广大民众的新时代精神文化需求，坚守自身职责，拓宽发展思路，推进可持续性发展；另一方面，博物馆应响应国家号召，多渠道融资，多元化发展，实现新时代的职能转换。

一、传统博物馆的基本职能

传统博物馆的基本职能主要包括藏品的收藏、陈列展览、科学研究与辅助教育四项职能，将人类社会遗留下来的文物进行收集、整理、保存、

---

① 作者简介：张温温，山东艺术学院艺术管理学院艺术学理论硕士研究生。

研究，同时将科学研究、历史文化服务于社会，并以陈列展览、社会教育的方式实现对传统文化的保护与传承。

（一）收藏

收藏是博物馆一以贯之的职能，主要是对自然界存在的历史文物或典型文物的收集整理及保护收藏，以此给予民众认识历史、了解自然信息的机会。藏品是博物馆的根基，是博物馆进行科学研究及教育的物质基础，应被保藏好，以展现民族或文化系统的历史文明，完成历史文化的系统连接。

（二）陈列展览

陈列展览是博物馆在收藏保护的基础上承担的职能。博物馆需将收集来的藏品以展现时代发展或历史特性的方式陈列，陈列可以按照某个时代、某种文化、某个城市或某种藏品的历史变迁等方式，进行有历史意义的展览，让观众体验历史穿梭之感，以传承传统历史观。

（三）科学研究

科学研究是博物馆的重要职能之一，正如马克思在谈到实物资料对科学研究的重要性时曾说过的，"工艺揭示人类对待自然界的关系，揭示出人类生活以及人类生活所处社会关系和由此产生的种种观念的直接生产过程"[①]。博物馆通过对藏品的研究，探索藏品中蕴含的政治、经济、军事、工艺、科学技术、民族风俗、思想观念、语言方式等的历史文化，以呈现人类文明的发展进程。

（四）辅助教育

博物馆的教育职能是最受重视的职能，博物馆应在陈列展览及科学研究的基础上向社会受众开展以博物馆藏品、建筑、陈列为载体的教育服务，展示其精神文明的形式、内涵，历史文化的思想、信仰与观念，古代的民族风俗、文化传统与文化的发展之路等。

---

① 王宏钧.中国博物馆学基础［M］.上海：上海古籍出版社，2006：49.

二、现代公立博物馆职能转换的时代需求

随着世界发展形势趋于经济全球化、政治多极化、文化多元化、社会多样化，以高质量发展建立创新和谐共享的超级连接博物馆已成为时代的趋势，时代发展对博物馆的社会价值和历史责任提出了更高、更广、更深的要求。博物馆应紧跟时代步伐，迎接困难和挑战，以国际视野、世纪目标、科学理念和实践精神为指引，在对自身文化资源与整体形式实现优化的基础上，积极寻求与国际先进理念和时代需求对接的策略。

（一）国家的要求

博物馆作为公共文化服务机构，在展示人类文明、促进文化交流、提高人民群众思想品德和科学文化素质等方面发挥着重要作用。结合2015年《博物馆条例》、2016年《"互联网+中华文明"三年行动计划》和2018年《关于加强文物保护利用改革的若干意见》来看，国家为博物馆出台优惠政策的同时也对其提出了要求，主要分为以下几点：对国有及非国有博物馆的设立、变更及终止方面的要求；对加强建设文物安全、保护、管理、督察、交流合作等体系方面的要求；对博物馆的社会服务要求，即对馆内环境、陈列展览、讲解人员、科技使用以及关于藏品的开发研究、活动服务、社会教育等方面的要求；对博物馆自身的要求，即对创新文物价值传播推广体系、推进文物合理利用、健全社会参与机制、激发博物馆创新活力、加强科技支撑等方面的要求；对博物馆发展传播与互联网相融合的要求，即对文物信息资源开放共享、文物博物馆用"活"文物资源的积极性、激发企业创新主体活力等方面的要求。

（二）社会的需要

与国家对博物馆展开社会服务的要求一致，社会需要博物馆为人民服务、为社会主义服务，努力做到贴近实际、贴近生活、贴近群众。博物馆应设计多样式展览，丰富人们的精神文化生活，培养良好社会风尚，从而推动社会和谐与社会文明的发展。社会需要博物馆进行科学知识普及和优秀文化传播等社会教育，来提升人们的科学文化素养。博物馆应利用藏品及科学研究发现等资源对学校、科研及社会民众开展多形式、多方法的社

会实践活动和教育教学活动，并建立网上信息渠道，让民众享有文化滋养的均等机会，以此促进社会文化的丰富。

（三）消费者需求

在以消费者为主的社会环境下，博物馆应该"以人为本"，把观众需求放在首位，借由藏品、文化资料、文献资料等架起博物馆与观众沟通的桥梁，将知识变为常识，使博物馆融入普通民众的生活，以满足观众的社会性需求和精神文化需求。在社会、经济、知识水平普遍提高的同时，民众对精神文明的追求也在稳步提升。博物馆作为传承中华五千年文明的载体，必然应当成为文化、精神、思想、信仰、观念的领航人，为消费者提供具有文化价值和科技含量的、富有特色的社会服务。一方面，消费者需要博物馆提供代表本馆特色的文化展览及教育服务，对博物馆的精神文化产品及古文物呈现形式感兴趣；另一方面，消费者需要体验交互式的展览，因此博物馆应多进行展览传播交流，并将先进智能技术用于博物馆，给观众创造独特的遇见历史的机会，以引发观众的主观能动性，使其进行自主参观，自主受教育。

（四）博物馆自身发展需求

博物馆应紧随时代步伐，实时进行发展策略调整，在自身独立发展上研究其定位，建立其品牌；重视观众消费需求，开发藏品进行文化传承或利用藏品及科技手段进行新形式展览；引入营销观念，让品牌打造深入人心；开展教育活动，广泛地融入社会；注重馆际融合，增强博物馆的独特性；加强博物馆的教育服务，倡导文化传承与精神继承观念；精心设计藏品的陈列展览，提升博物馆的休闲娱乐功能；注重对藏品、建筑的开发研究，改变博物馆在人们心中的严肃印象，让博物馆"火爆"起来，赋予藏品以"活力"，打破时代的隔膜、空间的壁垒，使其走进观众心里。

三、现代公立博物馆的职能转换

发展至今，博物馆已经不仅仅作为社会文化机构存在，而是作为一种文化现象存在，传递文化内涵及价值，连接历史、现在与未来的文明，给观众营造遇见历史的氛围。大多数博物馆都在尝试跟随社会脚步，但依然存在诸多问题，如落后于时代发展，无法满足国家的要求，未能提高社会教育与公共服务质量，管理力度不够，展览陈列不够新颖，科学技术应用不到位，资金短缺，对消费者及自身的定位不准确等。正如美国博物馆学者G. B. 古德曾说的"博物馆不在于它拥有什么，而在于它以其有用的资源做了什么"①，笔者把这理解为博物馆的职能所在，并据此认为，可通过对其职能的转换，加快博物馆的发展，以期解决现存的问题。

（一）由文物收藏向衍生品开发转换

博物馆的收藏功能在其诞生之日就存在了，但仅对藏品进行保存、修复与整理，已经不足以满足社会、观众及自身发展需求。随着文化创意产业的兴起，国家有关鼓励博物馆与文化创意、旅游等产业相结合，挖掘藏品内涵，开发衍生产品，增强博物馆发展能力等条例的发布，突显了国家对文化创意产业的重视，显示出对藏品文化内涵的挖掘与开发是博物馆跟随时代发展的一项任务，也是博物馆的一项职能所在。自此，藏品和博物馆同时成为一种文化IP（知识产权）。在这个消费升级和设计驱动的风口上，博物馆的职能便是如何将IP进行有效开发和利用。博物馆可进行创新开发，在传承中国传统文化的基础上打造博物馆文创品牌。文化创意品的开发，应着眼于中国人的思维共识和审美习惯，利用中国文化传统的特色符号，用现代艺术形式表现传统文化。博物馆应根据本馆馆藏文物进行文化创意开发，包括文化+创意+设计类，其主要分为将历史与社会生活相结合的文化创意产品和将工艺与技术相结合的高仿类文创产品，还包括文化+创意+市场类、文化+创意+科技类等文化创意产品。

（二）由教育内容的提供向教育服务的组织转换

教育职能是博物馆的基本职能之一。现代博物馆的教育活动是多元化的，可通过科技展览、创新研究、学术讲座、互动讲解等新颖的形式更好地实现教育职能。新时代的教育职能不应仅限于传统博物馆的被动式教

---

① 陈同乐. 后博物馆时代［J］. 东南文化，2009（6）：2.

育，而应将关注点转向"人"，由原来的教育内容的提供向现在的教育服务的组织转换，以此达到更好的教育传播效果。

体验式教育：博物馆应根据自身特点、条件，改变原来形式单一的陈列，运用现代高新科技，尽可能组织多样化和创新性的展览。将博物馆展览变静态为动态，将特定的历史场景、历史故事与展示技术相结合进行展演，给观众提供一个亲身体验式的展览教育，例如2018年7月故宫博物院就曾推出黑科技版《清明上河图》3.0，一经上线就格外吸引大众；变实物为虚拟，对于历史场景、历史文物或藏品展览，利用扫描品营造相对真实的场景或者利用虚拟数字技术及全息投影技术将其进行3D展示；变固定地点为灵活地点，经常性地举行巡展活动或引进展览活动，并设计成集内涵和活泼于一体的陈列展览。上述三种方式也可充分运用互联网技术，将实地真实地或虚幻地利用3D或4D技术在网上进行精彩展览，由此让到访者体验由有限的实地探访到无限的虚拟探索的奥妙，让网民感受由虚幻到真实的奇妙转换。

互动式教育：博物馆除组织实体展览外，还应举办一些有关藏品历史、文化故事、历史知识、观念信仰、伦理道德、思想活动等历史文化方面的教育活动，进行文化教育的传播，比如组织学术或历史讲座，组织历史文化故事视频播放或大讲堂，组织参加讲解活动，组织历史文化知识的竞猜等游戏，组织历史主题沙龙，组织青少年教育课堂，组织历史书画研习班等一系列的教育活动。据国家文物局官网的行业资讯显示，山西博物院在2018年打造了"古建筑研学游"经典教育课程，将"城市记忆""流光溢彩""众里寻塔""百态民居""近水楼阁"等游学课程整合成"中国古建筑"专题课程，形成了"馆内体验+馆内互动+馆外游学"的教育活动新形式，让参观者在与讲解者互动或参观者彼此间的竞争合作中接受历史文化教育。

合作式教育：博物馆的教育服务不应仅仅面向流动的参观者，还应当为学校、社会、科研等机构或团体提供科研教育服务。博物馆与高等学校、科研机构和专家学者等合作，组织开展科学研究工作，借助多方专业力量，实现对历史文化的完整呈现，支持与帮助相关专业学生的学术研究，将研究成果、审美性的藏品或展览在高校进行展示，对高校学生进行学术启发和审美教育，以引起高校学生对博物馆的兴趣和热爱。与中小学合作，将博物馆打造成学生的"第二课堂"，例如2016—2018年中原五省设计并拓展的五门青少年教育课程，利用博物馆的文化优势，根据不同年龄层次青少年的心理特征、知识水平和接受能力设计组织灵活的教育活动，让学生在参观展览感受历史文物中学习；经常组织学生参观博物馆，进行爱国主义和文化传统的教育，帮助他们提高思想道德素养。与旅游合作，为国内外游客提供相应的生动的讲解服务，组织游客参与展览，参与教育活动，加强国际间、民族间的文化交流，为游客提供丰富的纪念品服务以及具有中国传统文化内涵的文化创意纪念品。与社会合作，组织开展形式多样、生动有趣的社会教育和服务活动，参与社区文化建设，多进行社会实践活动等；担负起社会教育的任务，对社会成人进行终身教育，即"后教育"，开展社会分层教育服务，对于文化水平稍低的成人进行思想教育及文化素养提升的教育，为社会专业人员设立讲座、研讨等科学研究教育，为游客提供各种形式的历史文化教育，例如录音录像教育、电影史料教育、光盘和幻灯片等视听资料教育等。

（三）由实体呈现向多媒体呈现转换

现代社会是信息社会，网络把世界紧密联系到一起，博物馆也开始向信息化职能转变，向网络化、数字化和智能化方向迈进，将展览或展品与互联网技术、多媒体可视化技术、数字化技术、人工智能技术等新科技相融合，以孕育出互动式展览、沉浸式展览与智能化展览。例如，将展品与多媒体可视化技术整合，开发多媒体可视化展览；结合展品与数字化技术，开发数字化展览，打造人工智能及智能化展览。博物馆应努力为观众提供新形式展览，将科技运用于文物，让历史说话，打破以往严肃沉闷的氛围，增强展览观赏的全面性、审美性、互动性。2018年"5·18国际博物馆日"全国数字博物馆地图一期上线，AI技术在秦始皇帝陵博物院、苏州博物馆等的应用，上海博物馆打造的"智慧上博""数字上博"等都是利用信息技术所进行的虚实结合的展览，利用虚幻的形式展示历史场景，为观众提供全面的观赏角度和体验"科技+历史"的机会，以带给观众新体验、新感触及新认知。

新时代博物馆的传播应该由实体传播转向多媒体传播，通过大众传播广泛地影响受众，提升其社会影响力。博物馆应使用网络传播，冲破博物馆与观众两者在空间上的距离，以视频或综艺形式，拓宽观众对博物馆的视野；利用微信公众号、微博、官网等用户平台引导观众理解与欣赏藏品，激发公众参观博物馆的兴趣；利用移动互联网的普及和社交平台，建立和观众线上互动的渠道，借助有关展品或展览的图文、视频形式的信息与广大网友进行互动讨论，通过打造属于网友的博物馆艺术文化等方式，提高民众的关注度，拓宽展品与展览的限度，增强传播效果。例如，故宫博物院的发展就是一个很好的例子，利用具有历史工艺文化意义的纪录片《我在故宫修文物》《故宫新事》及具有教育和文化传承意义的综艺节目《国家宝藏》在央视播放打响社会影响力，在全网移动APP上播放扩大受众范围，并利用官网进行藏品展示、文化内涵呈现、学术教育信息发布及新展览的引导等，将关于博物院的全面信息都呈现于官网，给观众一个便利的搜寻网页，利用微信公众号及微博等增加与观众的互动，以展示藏品的历史文化精髓为主，以扩大博物院的社会影响力为辅，利用与淘宝、天猫合作的挂牌仪式造势，将博物院的文创产品推向民众，通过各种方式的传播策略，打造属于自己的品牌，从而获得良好的文化效益和社会效益。

现代公立博物馆的展览组织形式主要包括馆内展览、藏品外借展、巡回展、邀请展、馆际合作展等，博物馆应积极联合各馆组织藏品精品展览，同时也应将优秀展览与信息技术结合，举办线上线下相呼应的体验式、互动式与参与式展览，为到访观众提供高质量展览，也注重为艺术爱好者提供优质的网上展览服务，打造网络实地一线通，为展览提供一个实现全民欣赏的机会，以取得良好的文化品牌效应。

（四）由国家资助向多渠道融资转换

随着经济全球化的发展，博物馆必须转换计划经济下全靠政府资助的想法，应跟随社会主义市场经济发展思路，为社会及社会发展服务，依靠社会力量办馆。例如，上海博物馆新馆在国家投入资金的同时，积极探索依靠社会力量办馆的新途径，拓宽思路，转换观念，采取政府拨款与本馆自筹、社会捐助等相结合的办法，终于在四年后建成了造型庄重典雅且具有全面自动化管理系统的现代化新馆。

我国博物馆应焕发活力与光彩，依靠自己及社会力量，打造属于国家、属于社会的历史文化的信息中心。博物馆应进行多渠道多方式的融资，笔者归纳为以下几点：建立博物馆会员制，给予"博物馆之友"优惠，每年收取一定额度的年费；开发藏品文化及文化创意产品，通过授权与公司进行合作，所销售的日用品、复制品、画册、杂志及纪念品全都由博物馆设计部门制作，其产品应制作精美且具文化色彩；打造集吃喝玩乐游学教于一体的博物馆，开展相应服务；提供多形式展览，组织巡展、馆际展、外借展等展出，收取合适的门票；拓展出版业务，为专有产品和博物馆及其展览制作宣传图册，或者将博物馆内精美的图画制作成册，或者结合市场需要制作出版物，或者将学术论文、科研成果、历史故事等结集出版，例如故宫博物院制作的《紫禁城》《清宫佳丽三十人》《故宫画谱》《故宫日历》等；利用空余场地进行出租，利用博物馆的场所为文化公司的文化活动提供场地，收取场地费；与传统文化形式合作，设计创作历史意义与现代形式相结合的戏剧、戏曲等，并进行非物质文化及历史文化的传承展演；开设博物馆研习班，进行书画等的研修，或者对非物质文化传承人进行培训等。

四、现代公立博物馆职能转换中的责任坚守

博物馆是社会文明程度的标志，在传承历史文化、促进社会文化发展、加强公共文化服务、提高公众科学文化素养等方面发挥着重要作用。在经济全球化、文化变革发展中，博物馆应紧跟时代步伐，进行创新性发展，但也要坚守自身责任，坚持对具有历史、艺术、科学、文化价值的文物进行征集、收藏、保管、陈列、展示；利用科学手段对藏品进行管理修复；增强全民族全社会的文物保护意识；发挥博物馆的社会文化教育职能，传承历史文化，促进社会文化发展，加强公共文化服务，提高公众科学文化素养；在坚守传统责任的基础上，还应举办新藏品、新形式、新方法的展览，发挥文化传播与交流窗口作用。正如习近平总书记反复强调的，要让收藏在博物馆里的文物、陈列在广阔大地上的遗产、书写在古籍里的文字都活起来。

博物馆应发挥现有优势，在责任坚守中不断进行创新式经营，结合信息技术力量，真正做到在保护好世界及民族文化遗产的基础上，跟随时代

步伐，转换博物馆职能，为观众提供更好的教育服务、公共文化服务、科学技术服务、展览服务、藏品开发服务等，以凝聚民族团结力、培育具有世界化的民族精神和时代精神为目标，进行跨国文化交流，成为服务于民众和社会的博物馆。博物馆还需强化自身功能，增强文化传播力，提升博物馆创造力，提高民族及国际影响力，将博物馆做成人民的博物馆、社会的博物馆、国家的博物馆、世界的博物馆。

参考文献：

［1］段勇. 当代中国博物馆［M］. 南京：译林出版社，2017.

［2］单霁翔. 关于新时期博物馆功能与职能的思考［J］. 中国博物馆，2010（4）.

［3］李健文，孟庆金，金淼. 旅游视角下的博物馆职能演变［J］. 科普研究，2010（2）.

［4］尹凯. 博物馆教育的反思：诞生、发展、演变及前景［J］. 中国博物馆，2015（2）.

［5］马健. 社会治理视野下博物馆价值、职能再定位［J］. 重庆行政（公共论坛），2016（4）.

［6］黄华乐. 新时期背景下博物馆社会服务职能创新思考［J］. 文物世界，2017（3）.

［7］项欣，祁彬斌，朱学芳. 图博档馆藏实体多模交互式呈现的可用性评估［J］. 图书馆论坛，2018（5）.

［8］李冰，辛春. 信息化时代的博物馆功能与职能探讨［J］. 佳木斯职业学院学报，2018（6）.

新媒体对公共文化的影响及发展研究

靳晓琳①

摘要：公共文化以非营利性来满足广大人民群众文化层面的需求，具有一定的社会效益。不过，在文化产业成为国家支柱型产业的当下，公共文化的发展水平相对落后，相应的文化基础设施有待改善，文化产品和服务市场中的供求矛盾日益激化，这在很大程度上限制了人们享受公共文化的权利。如今，随着信息技术的普及和新媒体的应用，公共文化建设迎来了新的机遇，新媒体打破公共文化原有壁垒，为其提供优质平台，努力实现效益的最大化。本文基于"互联网＋"的时代背景，通过分析新媒体对公共文化的影响与发展，探寻现代公共文化发展现状，同时根据其呈现出的问题，提出改善发展对策。

关键词：公共文化；新媒体；数字化发展

一、新媒体对公共文化的影响

美国《连线》杂志认为，新媒体是"所有人对所有人的传播"。联合国教科文组织把新媒体定义为"以数字技术为基础，以网络为载体进行信息传播的媒介"②。具体来说，狭义的新媒体是指与报纸、广播、电视等传统媒体不同的新的媒体形态，包括互联网媒体、移动互联网媒体、数字电视、博客、微博、微信等形态。随着我国社会经济结构的调

---

① 作者简介：靳晓琳，山东艺术学院艺术管理学院艺术学理论硕士研究生。
② 李东临. 新媒体运营［M］. 天津：天津科学技术出版社，2018：8.

整与优化，新媒体催生出新的经济增长点，为公共文化的改革与创新带来了新的发展。

（一）公共文化机构的数字化转型

1. 图书馆的变革

2017年11月4日，第十二届全国人大常委会第三十次会议审议通过了我国首部《公共图书馆法》，自2018年1月1日起正式实施。这部法律明确提出了要促进公共图书馆向数字化、网络化方向发展。在以制度为保障的同时，图书馆也已经借助媒体技术和网络通信，打造线上线下信息和文献高效共享的服务平台，更好地推进全民阅读。

与传统图书馆相比，数字图书馆具有极大的虚拟性，它能够为用户提供更为高效便捷的智能化信息检索服务，且不受时空限制。数字图书馆包括传统图书馆的线上分支型，如中国国家图书馆等，这类图书馆已借助各类新媒体如微博、微信等打造线上服务平台，最大限度实现了线上线下共享运营的管理机制。在对国家图书馆和31个省级公共图书馆的调研中，截至2018年9月，75%的公共图书馆开通并认证了自己的官方微博，其中粉丝数最多的是国家图书馆（近25万），这些图书馆借助微信、微博平台发布活动预告、馆藏推荐、咨询解答等实时内容，也为用户提供图书预定借阅等服务。除此之外，其他数字阅读系统类型还包括像"超星数字图书馆"等学术资源数据库和社交软件开发商推出的读书频道（如"微信读书"）等新的业态，实现了资源互补，让用户灵活地享受自助知识服务。

2. 博物馆重获生机

博物馆作为承载文化和精神积淀的公共文化机构，由于受原来仅定位为公益性社会组织的理念及其管理体制机制的限制，其行业系统是一种相对的闭环系统，发展中也面临开发意识淡薄、运营模式单一的问题。随着新媒体行业在机构中的应用融合，博物馆也在逐步推进改革与创新，赋予文物新的生机。

当前，文博行业借助数字采集和建模技术，实现立体化的展示方式和逼真的场景还原，使原本常年保存在库房里的文物得以"重现"。2017年末，国家文物局与腾讯、百度等互联网企业签订了战略合作协议，并落实了首批合作项目。博物馆借助百度平台打造百科数字博物馆，截至2016

年，已有1611家博物馆在该数字平台上入驻，当前已上线的博物馆共计221家①，其中包括国家博物馆、园林博物馆及三星堆博物馆等。而以微信、QQ等聊天工具闻名的腾讯与故宫博物院共同合作，研发推出了故宫端门数字馆，同时二者也达成了长期合作的协议。2017年腾讯线上推出的"你好，兵马俑"游戏产品，是借助人工智能技术比对游客与秦俑面部，为游客寻找前世秦像。此外，腾讯也致力于文物保护并制定了详细的布局规划。不仅如此，腾讯旗下公益项目与我国文物保护基金会发起保护长城的资金公募活动，为修复长城募集了2000万元资金。在新媒体和数字技术的共同推动下，博物馆的建设与管理工作逐步从政府主导的框架下走出来，文博产业迸发出了新的发展活力。

（二）"国家公共文化云"开启数字服务新时代

2017年，由文化部公共文化司指导、文化部全国公共文化发展中心具体建设的国家公共文化云正式开通。国家公共文化云是以文化共享工程现有六级服务网络和国家公共文化数字支撑平台为基础，统筹整合全国文化信息资源共享工程、数字图书馆推广工程、公共电子阅览室建设计划三大惠民工程升级推出的公共数字文化服务总平台、主阵地，包括国家公共文化云网站（www.culturedc.cn）、微信号、移动客户端等，突出手机端服务功能定制。国家公共文化云借助新媒体技术，进行共享直播和资源点播，实现"生鲜文化节目"全国同步共享，同时依托公共数字文化工程的丰富资源，开设艺术视界等专栏，形成方便公众"按需点单"的"超市式"资源平台。除此之外，平台汇聚了各地公共文化服务和活动，实现线上预览、预约和线下参与的有机结合。具有七项核心功能的国家公共文化云平台，以高品质的公共文化服务满足了人民群众过上美好生活的新期待。

目前，国家公共文化云处在应用推广阶段，官网平台已整合北京、山东、新疆等31个省份的公共文化资源和信息，供人们获取阅读。据介绍，此服务体系计划在2020年底前逐步拓展应用至全国。

---

① BAT巨头来了！文博行业你准备好了吗？［EB/OL］. http://www.sohu.com/a/196974941_488371，2017-10-09.

二、新媒体下公共文化的特征分析

（一）线上模式开启，资源共享进一步加强

公共文化的公益性实质是指文化的共享性，社会及个体平等参与并享受公共文化是国家文化发展的目标所在。数字化背景下信息传递的方式，在理论上为用户提供了覆盖全球范围的线上资讯库，用户借助线上平台可以更为便捷地获取资料信息，由此来提升整个社会的信息资源服务能力。传统的受时空限制的媒体逐步被开放性、共享性的媒体平台所取代，如数字图书馆，用户除了在线借阅图书资源，还可以享受图书推荐、读者互动等服务；与公共图书馆一样，博物馆也实现"线上线下"的运作模式，建设虚拟博物馆，收录馆藏信息，以图片、文字、视频等方式展现在公众面前。2016年，河南博物院的志愿者借助线上渠道组织了系列化的展览活动，其中推出的"新石器时代的黄河中游彩陶艺术""禁止出国64件"一经上线就分别创造了50.1万次、853.6万次的点击量，带动博物馆展陈开启了新的发展时代。同时，国家博物馆及故宫博物院等纷纷开启了公众号，借助微信、微博等具有广泛影响力的媒体实施传播，颠覆了以往获取博物馆信息的单一路径与方式。新媒体作为实现公共文化共享强有力的助推剂，其传播影响力可见一斑。

（二）内容提供者不再单一，传播平台多元化发展

对公共文化持刻板印象者认为，公共文化是以政府为主导的公益性文化，社会群体只是其中的参与者，受众群体往往只能被动接受，且内容大多以政府官网、文化馆这种单渠道输出。随着新媒体渗透到公共文化领域，社会群体的参与感明显增强，甚至在一些文化创新方面起着重要的引领作用。除此之外，公共文化作为有价值导向的大众文化传播体系，有些情况下政府不能及时提供资讯，导致新闻的时效性有所削弱，而作为新媒体的分支——自媒体，因它的灵活性和互动性而弥补了这一欠缺，"人人皆媒体"的时代，只要连接网络，运用手机、电脑等电子设备，就可随时随地发布或接收文化信息。不仅如此，内容提供者的多元性也扩宽了传播渠道，除了上述提到的政府官网和一些文化机构，还增添了社交平台，其

中影响力较大的为"两微一端":"两微"指的是微博和微信,"一端"指的是客户端。目前,国内各大传统媒体与各级地方政府都在借助新媒体转型,打造属于自己的信息传播体系。

(三)公共文化服务升级,受众人群明显增加

公共文化因社会进步而呈现出动态发展过程,以不同形态向公众提供文化服务。在互联网和全媒体的语境下,公共文化由原来单一化输出方式逐步转向差异化发展,其中,新媒体行业以个性独立的传播特点使得公共文化得以垂直细分。在数字化阅读领域,开放的文献信息系统能够为用户提供更为主动的定向、定人及定题服务方式,在满足用户基础性需求的前提下,追求个性化、定制型服务。过去实体图书馆因设有固定场所,地域受限,行动不便者享受不到公共文化设施提供的公民文化权利。如今,数字化阅读打破时空限制,受众人群也比以前有明显增加。截至2018年6月,我国网民规模为8.02亿人,上半年新增网民2968万人,较2017年末增加3.8%,互联网普及率达57.7%。我国手机网民规模达7.88亿人,上半年新增手机网民3509万人,较2017年末增加4.7%。网民中使用手机上网人群的占比由2017年的97.5%提升至98.3%,网民手机上网比例继续攀升。[①]互联网用户的普及为公共文化数字化发展创造了有利的客观条件。

三、公共文化发展的问题与对策

尽管新媒体对公共文化的资源整合和信息传播方式有了一定的更新与完善,但是机遇与挑战并存,利用新媒体发展公共文化,势必会在文化领域出现多重价值导向等问题,这还需要政府等相关机构的共同努力。

---

① 中国网信网. 第42次〈中国互联网络发展状况统计报告〉(全文)[EB/OL]. http://www.cac.gov.cn/2018-08/20/c_1123296882.htm, 2018-08-20.

（一）新媒体下公共文化的现存问题

1. 自媒体内容娱乐化降低了公共文化价值内涵

由于公共文化如博物馆、文化馆中的历史文化与大众的心理距离、文化审美距离较远，在某种程度上导致人们产生了排斥心理。在这种情况下，网络平台结合时下网络流行趋势，打造文化机构的亲民形象。例如，近年来，北京故宫博物院通过"朕""本宫"等戏谑话语，发布搞怪表情包、趣味软文，颠覆大众心中博物院"高大上""可远观而不可亵玩"的认知①。但是，新媒体在对文化馆新形象构建的实践中，疏忽坚守文化底线，一味走"网红"路线、迎合互联网受众的倾向，有违公共文化传播主流文化价值的初衷，降低了优秀传统文化的权威性。

2. 信息传播数字化加剧城乡公共文化的不平等

当前公共文化服务的数字化建设覆盖面不足，导致有些地区难以同发达城市享受均等文化服务。据第42次全国互联网发展状况统计报告显示，截至2018年上半年，我国城镇和农村地区的互联网普及率分别为72.7%和36.59%；在非网民规模方面，62.2%的人口规模来自农村地区。从现状来看，线上公共文化服务体系仅在发达地区得到较好推广，这在很大程度上又拉开城乡经济、文化差距，难以实现地区平衡发展。

3. 资源共享下公共文化产品版权意识薄弱

目前打造的线上公共资源平台，大多支持无偿借阅服务，但是无偿调阅并非完全无条件的自由获取，而是在作者授权的前提下平等、自由、免费供用户使用。但在互联网和新媒体的当下，面临着公共文化资源被非法传播或恶意窃取的风险。此外在文博行业中，在开展藏品互动体验服务和开发创意化博物馆纪念品时，许多博物馆对其藏品照片、视频、音频、绘图以及衍生出来的新兴产品及展览等存在的知识产权和所有权问题并未明确界定，导致媒体人不标明出处肆意撰写转发，这种版权意识的薄弱给提供资源共享的机构造成了巨大伤害，而非法使用的平台却已获取不少利益。

---

① 叶朗. 中国文化产业年度发展报告2017［M］. 北京：北京大学出版社，2017：248.

（二）公共文化发展的对策

1. 优化新媒体传播平台

与传统媒体不同，新媒体改变了单向性的信息传播方式，形成了当下媒体与受众之间双向交流的特点，这种交互式技术在为人们提供便捷服务的同时，也存在信息真假难辨、用户意志以公共媒体为导向的潜在问题。作为公共文化的线上传播平台，必须把握社会主流文化方向，在宣传行业、传播公共文化的同时，谨防出现平台过度娱乐化、低俗内容绑架用户等现象；新媒体平台则要保留官方平台作为主要传播途径，在经过团队严格审核下推送科普、文化介绍、历史典故等优质内容，注重与用户互动，兼顾社会效益。

2. 完善地区公共文化数字化

改善城乡公共文化服务差距，首先要完善互联通信网和数字化设施的全方位建设工作。农村及贫困地区人口因上网技能缺失、文化水平限制以及网络使用设备缺失等原因无法享受线上公共文化，因此，政府及相关部门要加大公共文化发展的投入力度，在客观上完善满足数字化发展的硬件设施。此外，要深入群众，进行垂直化服务，对上网技能缺失等人群开设学习讲座，让更多的人感受线上公共文化的多样性与社会现代性，同时与"人人皆媒体"的时代挂钩，让人们最大程度地享受公共文化带来的社会公益性。

3. 明确政府职责，加强公共文化人才建设

公共文化是以政府为主导的公益性体系，即便顺应数字化趋势，投入市场运营，政府也要发挥监管作用，既要管控新媒体平台对公共文化服务的不实之言，营造良好的线上服务，又要加大力度完善公共文化体系构建，利用专项拨款推广数字化工程。在提高公共文化服务的效果上，专业团队最为重要。建设公共文化团队，政府一方面应当实行鼓励机制，留住人才；另一方面还需开展有计划、有针对性的高科技培训，使原有机构人员在具备专业知识储备下形成跨领域的数字化创新型人才，从而更好地为公众提供文化服务。

新媒体下的城市形象传播与营销

——以西安为例

周　宁[①]

摘要：城市旅游是城市形象的重要组成部分，城市形象的生成是城市与大众通过媒体进行相互沟通的过程。自2017年以来，音乐短视频社交APP——抖音的兴起为打造新城市形象和推动城市旅游发展提供了新途径。抖音本身具有的四大商业价值，即巨大流量与智能分发能力、品牌传播能力、平台渗透引导能力以及用户转化能力，都在实现流量的变现，为城市旅游带来巨大利好。本文将以古城西安为例，探讨如何利用新媒体打造、传播与营销城市形象。

关键词：抖音；城市形象；西安；传播

一、城市形象的传播与营销对城市的影响

好的城市形象对于一个城市来说是十分重要的。在传统媒体占据主导地位的过去，北上广深的城市形象传播和营销可以说是非常成功的，除历史、政治等因素形成的先天基础和条件以外，还有就是占据了传统媒体的大量资源，所以在电视普及的时代，大众最先感受到的就是北上广深繁华的都市形象，给小城市人群特别是年轻人的内心带来极大的冲击，并且这种影响一直持续到现在，年轻人才一直被这种繁华的城市形象和丰富的资源所吸引，进而形成了城市发展的良性循环。

---

① 作者简介：周宁，广西艺术学院人文学院硕士研究生。

如今随着社会经济的发展和科技的进步，新媒体已经逐渐成为广大人民群众生活中不可或缺的一部分。而抖音作为最近两年炙手可热的新媒体传播平台，在城市形象宣传、景点宣传、旅游推广、旅游体验与营销中起着至关重要的作用。其中以西安为首的新一批"网红"城市利用新媒体宣传新城市形象，一跃成为蜚声全国的旅游热门城市。从统计数据看，2018年春节，西安共接待游客1269.49万人次，同比增长66.56%，实现旅游收入102.15亿元，同比增长137.08%[①]；2017年五一假期西安接待游客人数共600.1万人次，总收入为18.84亿元，而2018年五一假期西安接待游客人数攀升至1014.56万人次，总收入为45.05亿元[②]。这些数字的变化主要在于城市形象的传播以及城市营销的成功。

二、传统媒体下城市形象传播的障碍

作为十六朝古都的城市，西安是一座具有深厚历史文化底蕴的城市，拥有丰富的人文历史城市景观，但是一直以来过于保守的城市定位固化了外地人对这座城市的印象，特别是在常规媒体介绍西安的宣传片中，因其本身特有的历史和自然风貌、文化与市井形象，开篇便以嘹亮的秦腔和厚重的古城墙为第一个镜头，向大众展示这座城市。在经历了中国经济社会和城市面貌翻天覆地的变化之后，已经发展成现代化大都市的西安仍然被固化为以兵马俑、钟鼓楼为代表的传统形象，在这几年中西安曾经提出建设国际化大都市的口号，但是因为城市形象固化而没有被市民和外界所认同和接受。

近年来，城市之间的竞争越来越激烈。为了在经济建设、社会发展、旅游推介、人才引进等方面走在前列，各大城市都在竭尽全力对外展示城市的多元性和包容性，这也是西安近两年来发力城市形象重塑与推介的一个重要原因。但是由于新城市形象的打造和传播需要耗费长时间、大资

---

① 2018年春节假日西安旅游接待人数创历史新高［EB/OL］. http://travel.haiwainet.cn/n/2018/0222/c3542456-31262990.html, 2018-02-22.

② 2018年清明假期旅游工作综述［EB/OL］. http://www.sohu.com/a/227532652_351156, 2018-04-07.

金，且被杭州、广州、成都等城市抢占先机，所以其他城市很难在传统媒体上有所作为。而近两年备受年轻人喜爱和获得广泛应用的音乐短视频社交平台——抖音，为西安新城市形象的塑造和推介带来了新途径。

三、新媒体为城市形象塑造宣传带来的机遇

2017年可以说是西安城市形象重塑的元年。由于抖音用户多以年轻人为主，85%的用户为"90后"，95%的主力达人为"95后"，并且7%以上的用户来自一、二线城市，且本科学历以上用户超过60%，同时有超过1000万的抖音用户在陕西，所以最初拍摄西安短视频上传到抖音的是西安的年轻人，他们以年轻人的视角和表达方式在新媒体上对外展示着所看到的西安，正是在这种情况之下让大众看到了不一样的古都西安。目前西安仍是抖音上被提及次数最多的城市之一。截止到2017年4月底，抖音上关于西安的视频量超过61万条，总播放量超过36亿次，总点赞量超过1亿次，而在抖音海外版中发起的西安挑战总播放量也已超过1200万次，其中西安肉夹馍贴纸表情上线3天就有超过6万外国人使用。

1. 西安在抖音上的发展历程

在抖音上，西安热度逐渐攀升至爆发的过程主要经过了三个阶段：第一阶段是偶然阶段，在抖音上最初出现西安城市全貌的短视频是来源于航拍挑战。一群西安年轻人在晚上用无人机进行城市景观航拍，再加上"航拍挑战"的专属动作和专属音乐，抖音的受众看到了这个城市的新面貌，并且产生了千万次级别的点赞量。后来，西安的年轻人纷纷模仿，为抖音受众从各个角度和时间段展示了西安的城市风貌。第二阶段则是城市网红景点的爆发。2017年以来，抖音上突然出现了一大批网红美食、网红景点，并且出现了一批属于各自网红城市专属的BGM（背景歌曲）。就西安来说，《西安》和《西安人的歌》两首歌曲让所有关于西安的抖音视频有了"家"的感觉，搭配着"摔碗酒""毛笔酥""舌尖上的肉夹馍""大雁塔灯光秀""老城墙""大唐芙蓉园"等一系列带有浓厚西安历史文化特色的人文景观和美食的短视频，正好与第一阶段现代化的都市西安相呼应，对外宣传了西安这个古老而又迸发着年轻力量的新一线城市，同时这

一系列的高热度短视频吸引大量的游客前来旅游"打卡"网红美食和网红景点，前来打卡的游客又以短视频的形式发到抖音上，形成了一个良性循环，吸引更多的人来西安旅游，让西安的城市旅游找到了新的发展方向，也让更多的人"走进"西安了解现在的西安，"走出"西安向外界展示现在的西安。第三阶段则是政府介入阶段。与前两个阶段最大的不同就是由用户的自发性转到了政府介入。一方面是"陕西旅游"和"西安旅游"纷纷进驻抖音，建立了官方宣传的抖音账号，所发布的视频也与以往的常规视频不同。这些官方账号发布的短视频内容也同样以年轻人的视角向大众展示年轻的西安，内容是大众喜闻乐见的，不再局限于以往只展现西安历史的厚重感，同时官方账号也在评论区积极地与受众互动，并且与抖音进行合作，设立不定期的抖音挑战赛，维持西安的城市热度，比如推出"肉夹馍"贴纸、"秦将军"VR拍摄打卡等。另一方面西安也通过抖音向大众展示自己的古老文化，其中最具影响力的就是与包括故宫博物院、陕西历史博物馆在内的全国七大博物馆合作发起的"博物馆奇妙夜"活动。该活动创造了4.27亿次播放量的神话，其中展示各个博物馆文物的《第一届文物戏精大会》视频累计播放1.18亿次，西安兵马俑的"98K电眼"和"拍灰舞"动画形象十分受大众喜爱。

2. 西安市政府在城市形象传播中的后续做法

在经历了以上三个阶段的发展之后，带来的最大且最直接的改变就是西安游客接待量的快速增长。在21世纪经济报道统计的10个主要旅游城市中，西安排在第9位，人均每日消费为902元，成功地将外省游客"请进来"并"留下来"，通过历史文化景点与网红景点相结合拓宽城市旅游链条，提高了游客的"过夜率"，增加了西安当地的旅游收入，让西安一跃成为全国最受欢迎的热门旅游地之一。可以说，西安在利用新网络媒体来宣传和营销新城市形象上面做的是非常成功的。借着这股"网红风"，2018年4月19日西安市旅发委与抖音携手，在当地举办了题为"从西安出发，向全世界讲好中国故事"的发布会，双方基于抖音全系产品向国内的年轻人进一步宣传推广西安的文化旅游资源。2018年5月，奥美被正式聘任为西安城市形象塑造与传播合作伙伴，由奥美承担西安城市形象的海外传播项目。在21世纪经济报道中可以看出，西安面向海外宣传总预算为2000万元，分为两个标段，奥美主要负责第一标段1500万元的推进西安城市形象在国内外的整体塑造和传播工作，而第二标段主要是推进西安城市形象在年轻人群体中的塑造和传播，让更多的年轻人愿意来西安学习、就业、创业、生活。从西安市政府一系列的动作不难看出，西安市想要打造"一带一路"向西开放的桥头堡，无论是和抖音合作，还是和奥美合作，都是借助"年轻"的宣传方式来吸引年轻的人才，所以呈现出来的西安形象古朴但不保守，展示了西安富有活力的一面。

3. 西安城市新形象的影响与启示

通过西安在网络上的"走红"，可以总结出新媒体在城市形象塑造和传播中的积极影响有以下三点：第一就是促进城市旅游经济发展。前文中所提到的数据变化可以非常直观地体现出抖音给西安的旅游经济带来的积极影响。西安旅游业借助"网红景点"铺开，以点带面辐射周围相关配套旅游产业，给当地居民收入带来十分可观的变化，不仅提升了当地居民的幸福指数，也让来打卡"网红景点"的游客产生了"使用与满足"所带来的满足感。第二是丰富城市形象内涵。过去城市形象塑造更多的是靠官方主导，利用主媒体平台宣传城市文化旅游资源，为了做好城市宣传首先要打造有特色的地标性建筑，然后耗资耗时请专业团队拍摄，但是最后的成片往往千篇一律，虽然包罗万象却没有给观众留下深刻印象。而短视频拍摄的主体是年轻人，他们按照自己的喜好来记录城市，展现的是这一代人对城市的理解和体验，往往更能激发认同和产生共鸣。例如另一个"网红"城市重庆，也是借助抖音摆脱以往的固化认知，由过去的"山城"转变成如今的"魔幻6D城市"，同时借助"网红"的力量为游客提供不同于传统的旅游攻略，让游客在不断摸索中丰富对城市的印象。第三则是能够生动展现城市的人文历史。在城市旅游中，旅游景点是一个城市地方文化和历史文化的体现，每一个城市都有属于自己的独特旅游景点。一些传统文化在年轻人的视角下，通过与抖音等新社交媒体的趣味性结合和传播，生动地向大众展现出它贴近生活、轻松活泼的一面，让传统工艺及民俗文化焕然一新，展现了移动应用与文化旅游的完美结合。

从过去单一、传统的媒体到如今多元、便捷的媒体，从过去政府主导的城市形象宣传片到如今全民参与的短视频宣传，从过去的气势恢宏、千篇一律到如今的年轻活泼、焕然一新，借助科技发展带来的新媒体优势，城市形象传播更多地体现了年轻人对其生活居住的城市变化发展的自身体验。就像西安这个城市在抖音上的爆火，火的不仅是西安的文化，更是西安这座城市的气质与日新月异的面貌。除了西安，更多的"网红"城市在不断地出现，比如成都、重庆、青岛、南宁等。年轻人自主参与其中，为自己生活的城市发声，表达对城市文化的认同感和归属感，这也是像抖音、微博这样的开放度较高的新媒体平台在实践中推动城市形象塑造和推介的更深层次意义和先进性所在。

四、结语

虽然"网红"一词现在贬义居多，但是西安这个"网红城市"的新城市形象宣传推广可以说非常具有借鉴意义。毕竟当下"流量经济"大行其道，而如何把线上流量与线下经济进行合理的、高效的转化，西安为其他城市做出了示范。在这场新的城市文化推广战中，西安的"红"开始是个偶然，但是在吸引游客之后，游客体验的舒适度和满意度颇高则是西安市努力的必然结果。这已经为西安新城市形象的宣传提供了良性循环的基础，也为西安吸引年轻人才打开了宣传窗口。相信在不久的将来，西安会以更加年轻化的城市形象被世界所了解。

参考文献：

[1]周慧.古城西安不只做"网红"：要用城市新营销吸引年轻人[N].21世纪经济报道，2018-05-31.

[2]朱妍.西安城市形象传播研究[D].西安：西北大学，2012.

[3]梁红仙.国际化大都市背景下西安城市形象的定位与塑造：从"文化自觉"的视角分析[J].渭南师范学院学报，2015，30（21）.

[4]王启宏.探析新媒体传播中旅游形象的打造[J].新闻窗，2018（3）.

[5]邓昭明，向文雅，李旭."抖音短视频"对旅游营销的启示[J].中国旅游报，2018，5（22）.

第二部分

艺术管理与文化产业的
融合和转型

基于消费者虚拟社区的表演艺术机构营销探究

陈勇军[①]

摘要： 消费者虚拟社区对企业的市场营销管理具有重要的战略价值。结构性交互与体验性交互理论描述了两种不同的信息交换方式，相较之下，体验性交互具有更好的消费体验。表演艺术机构在构建、维护、管理消费者虚拟社区的过程中存在过于关注信息传播的广度、过于关注共性需求等问题。表演艺术机构要重视并积极投入资源建立高质量的消费者虚拟社区，要专注于协作关系的构建，积极创造有影响力的内容，要以观众的高黏性和高参与度为重要目标，在技术进步迅猛发展的时代背景下认真研究消费者虚拟社区形态的变化及其对市场营销的影响。

关键词： 消费者虚拟社区；表演艺术机构；营销

虚拟社区（virtual community）是一种网络时代的人际交流方式，它包括BBS（网络论坛）、网上帖吧、基于“群”的即时通信（如多人聊天室）、博客群（其中包括微博群）、电子邮件群、微信、网络直播、音/视频等。这种虚拟社区所提供的消费信息资源可以带来直接或间接的商业价值。在相关营销过程中，为什么一些组织虽然拓展了虚拟社区却没有收到良好的经济效益？为什么虚拟社区支持某些类型的业务活动而不支持其他类型？这些都是虚拟社区运营中所面临的问题。表演艺术机构利用虚拟社区进行营销与业务扩展，是表演艺术机构在市场化的浪潮中认真思考改变自身的营销管理模式所进行的有益尝试。本文主要针对消费者虚拟社区这一互联网沟通与交往方式研究它对表演艺术机构营销管理的增益价值。

[①] 作者简介：陈勇军，南京艺术学院人文学院教授。

一、消费者虚拟社区的形成

在欧美学界，虚拟社区的概念于20世纪90年代就已经成型，随着互联网技术的发展，围绕消费者利益构建的网络虚拟社区一直在快速增长。和购物网站基于数据库驱动（database-driven）的营销方式不同，虚拟社区中的消费更富于人性化，其中的消费者具有三个特点：（1）更积极更挑剔；（2）较难进行一对一的沟通；（3）会提供大量有价值的文化信息。[1]这种经营方式被称为"关系营销（relationship marketing）"，需要提供一种更高层次的"人性化"服务。[2]为了做到这一点，有必要使用适合其现有和潜在客户的期望和预期的宣传方式。在虚拟社区这种流行的社交环境中，人们通过交换资源（如信息、观念和有关其共同利益的建议）进行交互，如何能在其中使用户加强对某一文化产品的认识并促成消费意愿是现在中国网络营销生态中极具现实意义的论题。这个问题涉及两种资源传播交换理论，即结构的（structural）与经验的（experiential）交互体验理论。[3]

结构性交互体验指将媒介自身的结构的组织者（如网站）确定为交互能力的关键信息发送与编码者。[4]信息因素（内容丰富性、信息可访问性）和导航性因素（快速搜索）等结构性因素成为对虚拟社区进行评价的关键因素。结构性交互具体表现为社区中显示的留言的结构性特征，如信息搜索引擎的便利性、发布更新的效率、组织归档的可靠性、审查制度等。[5]这些特征反映了虚拟社区结构性交互的核心组成部分，有助于消费者获取有效而丰富的信息资源，从而参与并展开互惠互动的信息交流。在

---

① Copulsky J R, Wolf M J. Relationship marketing: positioning for the future [J]. Journal of Business Strategy, 1990, 11（4）: 16-20.

② Hausman A V, Siekpe J S. The Effect of Web Interface Features on Consumer Online Purchase Intentions [J]. J Bus Res, 2009, 62（1）: 5-13.

③ Wasko M, Faraj S. Why should I share? Examining social capital and knowledge contribution in electronic networks of practice [J]. MIS Quarterly, 2005, 29（1）: 35-57.

④ Burgoon J K, Bonito J A, Bengtsson B, et al. Testing the interactivity model: communication processes, partner assessments, and the quality of collaborative work [J]. J Manage Info Sys, 2002, 16（3）: 33-56.

⑤ Wasko M, Faraj S. Why should I share? Examining social capital and knowledge contribution in electronic networks of practice [J]. MIS Quarterly, 2005, 29（1）: 35-57.

结构性强的网络环境中，媒体提供了更多信息并促进了快速反馈，这使得大量的信息交换成为可能。

经验性的交互体验指消费者与他人建立的关系纽带以及个人体验是通过在线互动来获取的。在现代消费中，消费者需要社交空间，通过社交互动可以获得亲密、安全和有趣的体验。而且在线互动提供了亲密的虚拟社群支持，有助于解决问题并提供情感依托。这种关系反过来成为遇到消费问题时的社交资本，消费者在需要帮助时会利用这些资本，获得社区支持的消费者则更主动地反馈以表达他们的感激。更有西方学者进一步提出，具有更高网络中心性（更强的社区联系）的人通过帮助其他成员（如与他们分享知识）为消费行为的发展作出更多贡献。[1]快乐和愉悦的社区情绪显然会增强人们参与社区的意愿，反过来人们从社群中获得快乐就更有可能为该网络贡献可能的资源，更有甚者会因为情感因素进行消费。总之，从在线互动的经验性交互中获得资源（社区支持和情感交流）的消费者更有可能产生消费行为。

在某种意义上，结构性交互可以看作垂直模式，而经验性交互可以看作水平模式。结构性交互是从上到下进行的，而经验性交互则是一种平面化的横向交流，其中某些结点交互更为密集。实际上，中国企业或组织在网络社区中所进行的营销，目前几乎都以垂直的结构性方式为主，而缺乏平面的经验性交互方式所具有的人性化体验。如果企业或组织要成功地参与虚拟社区运营并产生商业价值，应该对社区进行明确的定位，这些定位包括利益型导向、关系型导向、幻想型导向等，这种价值链会提供一种指导性背景，也决定着哪些活动可以被纳入该虚拟社区。而虚拟社区的成功则取决于其中成员的数量、成员的积极性、资源的丰富性以及匹配社区与数据服务等。建设优良的虚拟社区需要转变思维模式，将垂直的信息传达与平面的信息交互融合起来，才能进一步架构相应导向的虚拟社区，达到预期的营销效果。

基于消费者虚拟社区的表演艺术机构营销探究

---

② 唐兴通. 引爆社群：移动互联网时代的新4C法则［M］. 北京：机械工业出版社，2017：252.

二、表演艺术机构在构建与管理消费者虚拟社区中存在的问题

虚拟社区具有越来越重要的影响力，许多表演艺术机构在运营过程中都在试图创建、维护与管理虚拟社区，并试图在营销管理中发挥积极作用。需要说明的是，这里所说的虚拟社区的成员绝大多数是作为消费者的观众，当然其中也有一些暂时没有成为消费者的人员，他们构成了潜在的消费群体，我们视这样的社区为消费者虚拟社区。为了说明问题的方便，下文中所说的观众和消费者，我们视为同一概念。表演艺术机构借助各种虚拟社区发布各类演出信息，宣传演出节目，与社区成员实时沟通交流，组织各类线上线下活动，甚至直接通过平台进行票务促销等。有些机构取得了较好的营销效果，尤其是那些与市场结合紧密的更加注重经济效益的民营艺术机构，但大多数机构管理的虚拟社区并没有达到预期的成效，存在的问题主要包括以下几个方面。

（一）关注信息的广播甚于关注关系的构建与对话

据调查，几乎所有的表演艺术机构都创建了各种类型的以观众为主体的虚拟社交平台，大都是依靠第三方平台搭建的，如各种类型由会员组成的微信群。由于单个微信群的人数限制，有的机构建立了多个微信平台，表面上看似乎拥有大量的观众群体，但是由于缺少对观众心理、行为的分析与研究，机构的营销仅仅停留在信息的单向传递层面。平台大多属于营销部门管理，后台管理人员所做的工作仅仅是拉人凑人数、发广告，把线下的信息传播搬到了网络社区，而不考虑所发布的信息是否有针对性，是否能激发观众的情感共鸣，是否能激发观众的想象力，大多数观众仅仅是匆匆浏览信息，这也是为什么许多社区的活跃度很低，导致大多数用户成为潜水用户或僵尸用户，有的用户甚至不堪其扰而直接退群。有的社区尽管有少数几个活跃分子，吐槽的内容也大多与营销的产品无关。

在新媒体和互联网营销的新时代，企业建立消费者虚拟社区的目的不是投放广告，而应该是构建企业与消费者彼此之间的信任。消费者虚拟社区努力的方向应该是建立情感连接，提高用户黏性与忠诚度。企业应该将主要精力放在与观众关系的构建及有效的对话层面。

（二）关注信息传播的广度甚于关注信息传播的深度

一般来说，表演艺术机构比较关注通过尽可能多的渠道将信息内容快速撒向大众，但是很少关注所传播的内容是否能真正击中观众内心敏感的神经，因而营销的效果大打折扣。比如，只要加入了某一剧院团的微信公众群，观众每天都会接触到大量的信息，这些信息的供给方一方面是营销部门，如演出预告、观演注意事项、票务销售等，这类信息一般会非常及时，但都是按照机构的时间节点和喜好发布的，没有细分观众的需求，有时机构也会把微信公众号的评介性内容发布到群里，但是很少有观众会打开仔细阅读。信息供给的另一方面是观众自身，如各类评介信息、各类吐槽信息等，这类信息有些与演出有关，也有许多与演出无关，这类信息都是零散的、杂乱的、无序的，也是即兴发布的，营销人员大都保持沉默，不会去有意进行营销导引。这实际上还是一种广告式的思维，其用意是先让用户熟悉，再考虑建立忠诚关系。现如今网络信息琳琅满目，每一个消费个体每天接触的社群不计其数，消费者的注意力难以集中，缺少魅力的内容、单一的广告式的宣传与推介难以吸引消费者的眼球。企业应该认真研究营销内容的制作，并做好高质量的营销导引，才能使信息传播真正进入消费者的心灵深处，才能真正实现消费者与企业的互动，最终获得商业价值。

（三）关注共性的需求甚于关注个性化的需求

人类社会进入互联网时代之后，精准细分市场从而满足个性化需求成为商品与服务营销的必然趋势。在信息充盈的社会，人们需求的层次逐渐上移，由最基本的生活需求的满足逐渐转向寻求尊重的需求，人们的需求被尊重在本质意义上就是立足于个性化需求，也就是用最直接、最廉价、最快速、最简单的方式满足人们所需要的东西。随着数据库服务、人工智能以及智能数控技术的兴起，满足人们的个性化需求成为可能。人们的个性化需求对产品与服务的营销提出了较高的要求。表演艺术机构的产品供给在质和量上存在较大的差异性、动态性和不确定性，应该说产品的异质程度较高，在一定程度上满足了部分观众的需求，但是信息化时代观众需求较之以往发生了较大的变化，观众需求的精细化、独特性、差异性特征愈加明显，这就要求产品的供给更加切合不同群体的个性化需求并且需要独特的市场营销策略。而实际上，许多机构并没有充分认识到观众个性化需求的重要性，一些综合性的表演艺术团体提供的舞台艺术产品丰富多彩，每一类产品都有特定的观众群体，虽然有针对性的细分，但是如何通过一次又一次的内容植入从而引爆这些群体，企业做得还很不够。

（四）关注客户甚于关注用户

用户和客户有什么区别？一般认为，客户就是买你的东西的人，客户与企业的关系是一次性买卖关系。例如，传统的票房销售就是一锤子买卖，客户买到一张票，观看完演出，消费过程结束，客户与企业的关系也同时终止，这就是客户思维。

而用户是长期使用你所提供的服务的人，企业与用户之间拥有稳定的连接（服务、情感等层面）。客户买票欣赏演出，演出公司在售前、售中、售后提供一系列良好的服务，使客户在消费的全过程中始终保持愉悦的消费体验，客户与演出公司的关系从弱连接转向强连接的过程就是客户转变成用户的过程。表演艺术机构的营销应该始终关注这一转变过程，因为互联网的发展历程告诉我们，互联网的游戏规则已经发生变化，从以前的注重流量转向注重构建持续且黏度高的人际关系。

三、消费者虚拟社区对表演艺术市场营销的启示

互联网社会化已经成为时代发展不可阻挡的趋势，线下的真实社交场景逐渐被互联网社交所取代。互联网技术的迅猛发展将促使网络社交变得越来越便捷，人们借助虚拟社区的活动可以满足大部分社会需求，而需求本身就是消费的动力。表演艺术机构要实现自身的使命和目标，必须紧紧抓住观众的需求，认真研究观众在网络虚拟空间中的心理与行为特征。消费者虚拟社区对表演艺术市场营销的启示体现在以下几个方面。

（一）重视并积极投入资源建立高质量的消费者虚拟社区

当前，互联网经济以无孔不入、无所不能的态势向传统产业深度渗

透，并使过去行业中的生产、运营与管理产生革命性变革。美国哈佛商学院教授迈克尔·波特指出，互联网是几乎适用于任何行业、任何计划的有力工具。我国的表演艺术机构身处互联网技术变革的大潮中，要学会运用互联网思维，借助互联网工具改革旧的营销模式。互联网社会化的发展要求营销管理关注消费者的需求变化以及需求变化方式的转变。表演艺术机构提供的是非标准化的产品，是体验型产品，这类产品比较适合互动交流，因此经验的分享显得特别重要，而虚拟社区恰好提供了经验分享、交流的平台。表演艺术机构要重视消费者虚拟社区的建立，要成立专门的社区运维部门，制定社区运营计划，加大经费投入，培养或引进一批新媒体营销推广人才。消费者虚拟社区的维护与管理要纳入机构的战略层面进行统一规划。

（二）建设消费者虚拟社区必须专注于协作关系的构建

表演艺术机构要加强营销传播的深度研究，通过理解观众的社会偏好、习惯，进行有价值的信息互动，从而创造利润。机构需要关注如何构建一个复杂的、结构最优的关系网络。机构应该深入分析观众的心理和消费行为，抓住观众的最核心需求，在此基础上建立与消费者的情感关系，只有建立了紧密而融洽的情感关系，兴趣社区才能发展成为粉丝社区。

相较于兴趣社区，粉丝社区具有更强的组织性和关联性。粉丝会员对社区具有强烈的认同感，这种认同感是社区维护与发展的第一推动力，也是最牢固的黏合剂。一个由大量粉丝构成的社区具有较强的品牌效应，其价值不仅仅在于维系社群的活力，同时还具有巨大的潜在价值。机构应该进一步挖掘粉丝观众的关联需求和价值，这是互联网技术发展到网络社区时代的新的商业规则——用社区去定义用户，通过经营与管理社区去挖掘基于核心产品的衍生需求。

（三）建设消费者虚拟社区必须积极创造有影响力的内容

优秀的内容才是互联网的根本。很多用户对虚拟社区中的广告十分反感，其实这并不是广告这种形式出了问题，而是广告自身的内容出了问题。许多广告作品华而不实，没有击中观众的痛点，没有激发观众的情感共鸣，因此其影响力大大降低。表演艺术机构在建设消费者虚拟社区的过程中要关注内容的影响力和优化。首先，移动互联网兴起的碎片化阅读让观众的专注力下降，内容的"精简"显得尤为重要；其次，我们提供的内容是否紧扣特定观众的口味与需要也是一个问题，我们需要了解观众真正关心的是什么，然后将他们的需求、渴望或担忧表现在内容中；第三，内容自身的价值也很重要，我们提供的内容要能够帮助观众解决问题，辅助他们作出购买决策。什么样的内容是观众真正想要的呢？观众真正想要的内容应当包含以下因素：内容清晰，引人注目；高质量；有真情实感；内容聚焦、垂直化；内容呈现方式要求多样性，如文字、图片、音视频结合等。[①]

（四）建设消费者虚拟社区要以观众的高黏性和高参与度为重要目标

建设高黏性和高参与度的社区很不容易，它需要管理者的决心、资源的支持、合理的社区策略、优秀的团队等诸多因素。结合一些成功社区的管理经验，有以下几个方面的策略值得艺术表演机构的营销人员借鉴。[②]

第一，了解观众的需求，熟悉观众交流的热点话题。信息的集中对于观众来说更具有吸引力，为此，平台管理人员和专业编辑要时刻关心关注观众的所思所想，精心设计、制造话题，吸引观众经常回社区看看。

第二，构建相互信任、自由交流的良好社区生态环境。让社区内的每一名成员都能自由讲话，在没有特殊情况时不干预，也不会删除发帖人的信息。

第三，发现并培养"意见领袖"。意见领袖是网络社区中的信息和影响的重要来源，他们往往消息灵通、精通时事，或足智多谋，在某方面有出色才干，或有一定的人际关系能力而获得大家认可。研究表明，消费者意见领袖在宣传推广企业产品、帮助其他消费者更好地选择和使用企业产品、提升企业产品／品牌的口碑等方面具有不可替代的作用。他们一般具有以下特征：登录网络社区的累计时间（天数）比较长，发帖数量特别多，发表评论的数量也特别多，获得的累计积分特别高。除此之外，

---

① 唐兴通. 引爆社群：移动互联网时代的新4C法则［M］. 北京：机械工业出版社，2017：172-177.

② 唐兴通. 引爆社群：移动互联网时代的新4C法则［M］. 北京：机械工业出版社，2017：304.

在他们发帖之后，跟帖和采纳其意见的其他社区成员也特别多。表演艺术机构应当加强网络社区的设计和管理，培育、识别观众群体中的"意见领袖"，并利用他们向其他观众正面宣传机构及其演出服务产品，形成良好的口碑。

第四，建立适度奖励机制，彰显社区力量和效能。鼓励用户积极参与社区的管理活动，并适当给予奖励。奖励可以是物质的，比如发红包奖励、票价折扣奖励，也可以是精神层面的，比如等级排名、积分排名、各类荣誉称号等等。总之，要让参与者产生浓厚的兴趣，才能激活群体身份，形成群体的集体意识。

第五，重视负面评价的作用。在社区建设过程中，表演艺术机构不仅要关注正面评价，而且要高度关注负面评价。营销调查表明，有80%～90%的用户在遇到不尽如人意的体验时，不会向产品或服务提供商透露这类信息，但是他们会向社群中的其他成员诉苦埋怨，这虽能缓解情绪，却可能严重影响社群氛围与营销效果。企业在面对消费者的过程中，出现错误是不可避免的，这需要我们经常鼓励用户，让他们在遇到问题时一定要通知我们。社区平台一旦出现哪怕是些微的不满，也要引起重视，及时帮助用户解决问题，同时适时开展一些主动的调查和访谈也是解决潜在问题的有效办法，对主动纠错的用户、员工要提供精神和物质的奖励。在建设虚拟社区的过程中，我们需要时刻关注用户的评价，积极应对负面的评价可以及时化解矛盾，降低营销风险，从而获得社区用户的理解和支持。

（五）应关注和研究技术进步趋势下消费者虚拟社区形态的变化及其对企业市场营销的影响

随着互联网技术快速发展，消费者虚拟社区的形态在不断发生变化，由过去的网上论坛"一家独大"，发展到今天微信、微博群的广泛运用。微信、微博群在同时利用有线互联网、无线互联网和手机移动通信网络进行信息传播方面比网上论坛更具有灵活性和便捷性，再加上手机的普及率远远高于个人电脑的普及率，以及媒体融合的趋势日益凸显，给企业的市场营销管理带来了新的机遇和挑战。基于以上形势，表演艺术机构的营销管理者要认真研究微信、微博时代的信息传播的特点以及引爆社群的方法与技巧。未来随着5G技术以及人工智能技术的应用，消费者虚拟社区将会呈现许多新的特点。表演艺术机构要有技术变革的敏感意识，在研究基于消费者虚拟社区的营销管理时，应当更多地关注和研究技术进步趋势下消费者虚拟社区形态的变化及其对自身市场营销的影响。

（六）消费者虚拟社区必须与其他有形展示的因素融合运用

表演艺术机构提供的是演出服务，服务具有无形性，消费者看不到服务，但是能看到服务工具、设备、员工、信息资料、其他消费者、价目表等，所有这些有形物都是看不见的服务线索。消费者在作出购买决定前，一般都会对有关服务的线索格外注意。服务的7Ps营销理论（The Marketing Theory of 7Ps）提出要在传统市场营销理论4Ps的基础上增加三个"服务性的P"，即：人（People）、过程（Process）、有形展示（Physical evidence）。有形展示的因素包括实体环境、信息沟通和价格。消费者虚拟社区是消费者信息沟通的平台，而且仅仅是线上沟通的平台，除此以外还要加强线上线下的融合，虚实结合。线上沟通可以充分调动观众的参与性，提高社区的活跃度，而适当开展线下沟通活动可以加强观众对产品和服务的认可度，强化其忠诚度。线上活动和线下活动相互融合，将线上用户的能量现实化、线下化、消费化，可以极大拓展机构的营销空间，增强产品与服务的衍生效应。实体环境包括的范围更加广泛，如服务企业的地理位置、交通条件、环境状况，员工的精神风貌、人文素养、人际交往等等，这些条件都会对营销产生影响。价格是消费者看重的另外一个有形展示的线索，敏感的消费者会对物有所值的产品价格产生信任，同样这种信任也有可能降低。表演艺术机构在营销过程中，恰当地定价十分重要，因为演出是一种无形服务，而价格是服务水平和服务质量的可见性展示。

互联网技术的迅猛发展改变了人类的生活方式和工作方式，信息传播的方式也从过去的大众传播时代进入人际传播时代。[1]虽然大众传播在信息传递方面具有规模效应，但是人际传播更具有说服力，营销中的传播就是人际关系网中所发生的传播过程。消费者虚拟社区可以充分发挥人际传播的优势，如充分表达意见、多元话语体系的构建、等级森严的传播层级

---

① 唐兴通. 引爆社群：移动互联网时代的新4C法则［M］. 北京：机械工业出版社，2017：304.

的消解等等。表演艺术机构要研究互联网变革的新特点，改变传统的营销思路，高度重视消费者虚拟社区的建设，重视研究社区文化、社区结构、社区生态，充分发挥虚拟社区的营销功能，为实现自己的目标服务。

解构与重构：文化资源开发的新维度

唐月民[①]

摘要：解构与重构是文化资源开发理论和实践中的新维度。这一新维度具体表现为观念、内容、形式三个方面。只有把观念、内容、形式结合起来思考，文化资源的开发才有可能呈现出更多的可能性。文化资源开发的观念需要在"旧"观念中"解构"，然后再"重构""新"观念，以提升文化资源开发的品质与效率。文化资源开发，只有解决了内容解构与重构的问题，才能具有不断的创新能力，使文化生产充满无限生机。"文化"的隐性价值并不能被直接消费，它必须通过显性的文化资源形式才能实现被消费的可能。文化资源的开发需要打破既有成见或偏见，同时需要建构出新的理论框架与实践指针。这一现实诉求充满着挑战，却昭示着中国文化产业发展的无穷生机。

关键词：解构；重构；文化资源；文化产业

文化资源的开发是文化产业发展中遇到的一个普遍性难题。通过文化资源开发，来带动某区域文化经济的增长，被认为是有效的捷径。然而，"文化资源诅咒"现象却在一定程度上是普遍的存在。这种情况给文化资源开发的理论和实践造成了极大的困扰，迫切需要新的解释和实践探索。本文试图通过解构与重构的视角审视文化资源开发的问题，通过观念、内容与形式三个方面的探讨来构建文化资源开发的新维度。

---

① 作者简介：唐月民，山东艺术学院艺术管理学院教授。

一、观念的解构与重构

文化资源开发的前提取决于先行的观念。不同的观念导致了不同的研究范式和实践路线。由此可见，文化资源开发虽然既是一个理论问题，也是一个实践问题，但归根结底，观念问题更为根本。

文化资源开发的观念和文化的复杂性直接相关。"文化"作为一个术语出现以来，对"它"的讨论和争议就没有停止过。迄今为止，得到认可的"文化"概念就有200种左右，足以说明文化问题的复杂性。在对"文化"的理解没有取得一致的情况下，"文化资源"其实也是一个颇为复杂的问题，但文化资源的复杂性却很少被注意。"文化资源的开发"实践进程远比人们认为的复杂和困难。在对文化资源开发实践梳理不足的情况下，理论的解释与创见就显得捉襟见肘。

文化资源开发的实践正轰轰烈烈地展开，各种观念在碰撞、纠缠与相互补充。在这些观念中，有几个争议性的话题需要特别注意。

第一，文化资源开发中的"文化资源"是有限的还是无限的。这个问题之所以重要，在于它会造成两个取向。如果认为文化资源是有限的，那么就需要对文化资源进行配置，以求达到资源配置最优。如果认为文化资源是无限的，那么文化资源就是取之不尽、用之不竭的，这样一来，就不需要对文化资源进行配置，它就不再是一个经济学讨论的问题。实际上，对文化资源开发的讨论是无法回避经济问题的。因此，文化资源的有限性或无限性问题的重要性就凸显出来。

第二，文化资源开发是"无中生有"还是"有中生有"。"无中生有"大概是在文化资源开发中最常提到的观念，也是认可度最高的。如果此观念是一个真理，那么文化资源自身的价值就可以几乎忽略不计，因为文化资源的开发完全可以"再造"出来"新"的文化资源及相应的各种文化产品。如果认为文化资源开发是"有中生有"，那么"有中"的"有"是什么，"生有"中的"有"又是什么，就会变成一个扑朔迷离的问题。

第三，文化资源开发是强调"文化资源"的"原真性"还是"创新性"。无论物质性的文化资源，还是非物质性的文化资源，其实都会遇到这个问题，不过非物质性的文化资源开发更为突出。如果强调"原真性"，那么"原真"到何种程度才算"原真"？严格说来，保持不变才算

"原真"。如果按照这个逻辑，文化资源只能保护，而不能进行开发，这样文化资源的"保护"和"开发"就构成不可调和的矛盾关系。如果强调"文化资源"的"创新性"，那么"创新"和"原真"是什么关系，二者的界限在哪里就变成无法回避的问题。

回答以上三个问题无疑是迫切的，但同时也是艰难的。当我们试图从理论上回答的时候，发现从不同的学科视角得到的结论可能会引发冲突。实际上，这也是目前研究文化产业遇到的一个难题。比如，从历史学、政治学、经济学、文化学、传播学、管理学、艺术学等方面都可以介入文化产业的研究，不得不承认，每个角度都有其价值，但实际上探讨的又似乎不是一个问题，这种困扰看上去还有扩大的趋势。

指出上面三个观念问题，旨在陈述一个事实，即文化资源开发的观念需要解构和重构。也就是说，文化资源开发观念需要重新建构，而不是单从某一视角去观察和讨论。正如前面谈到的那样，文化资源的开发是一个非常复杂的问题，而这一复杂性很可能被严重低估了。因此，现有的观念需要被重估，文化资源开发的观念需要在"旧"观念中"解构"，然后再"重构""新"观念，以提升文化资源开发的品质与效率，这大概是文化资源开发观念更新的价值所在。

二、内容的解构与重构

文化资源开发要解决的是文化资源的产品转化问题。文化资源本身其实也可以直接作为产品被"售卖"。比如文化景观就可以作为观光产品直接创造经济效益。这种情况不应该作为文化资源开发的重点，或者也无须去讨论。客观地讲，文化资源作为文化产品被直接"售卖"的情况在现实中大量存在，但它不符合文化资源开发的根本诉求，这种情况只能是简单、粗暴的浅层次开发。文化资源开发之所以作为学术界讨论的热点和实践中密切关注的对象，是因为对文化资源的充分开发，既可以创造极大的社会效益，也可以创造可观的经济效益。对于文化资源开发的社会效益和经济效益的追求，比较有效的解决方式是对文化资源内容和形式的解构与重构。其中，文化资源形式的解构与重构是受制于文化资源内容的解构与重构的。

对文化资源内容的解构与重构在实践中已有成功的尝试。在某种程度上讲，成功的文化产品都是对文化资源内容的解构与重构做得比较好的。比如，我国的经典文学作品《西游记》讲述的本是一个佛教故事，即师徒四人历尽千辛万苦方修得正果的神话故事。《西游记》作为文化资源，有着确定的主题、清晰的内容呈现。对它的开发，最直接的方式是印刷《西游记》文本，这样才能够保证《西游记》文本内容的完整性和"原真性"。实际上，《西游记》的文本也确实被多次印刷，有多种版式，但内容却没有被改变。从解构与重构的角度看，《西游记》文本可以有着多种解读，也即内容可以有着丰富的解读可能性。事实上，《西游记》文本作为文化资源也的确被解读成不同的内容，开发出异彩纷呈的文化产品。在电影方面，《大话西游》系列就把西游记的故事解构成一个爱情故事，从而被影迷津津乐道。而日本的《七龙珠》动漫作品则是另一种对《西游记》的解读。日本漫画家鸟山明借用了《西游记》中的孙悟空形象，但完全颠覆了西游记的故事架构，与中国古代的龙珠传说相结合，创造了日本最负盛名的漫画代表作之一《七龙珠》。该作品围绕主角孙悟空与七颗可以实现愿望的龙珠，以主角孙悟空为中心展开，描述"梦""友情""战斗"等主题，出版成册后不仅在日本引起轰动，而且在世界各地广受欢迎，单行本加完全版的漫画发行量在日本达到1.5亿部以上，在全世界达到3.5亿部以上，动画版在亚洲以及欧美等40多个国家播放，成为在西方世界最获成功的一部日本漫画。[1]可以说，《大话西游》系列和《七龙珠》的成功关键因素都是对《西游记》这一文本内容的解构与重构。其中，《七龙珠》的成功值得注意。这主要是文化资源既具有地域属性，也具有世界意味。《七龙珠》颠覆了《西游记》中唐僧师徒四人西天取经的故事框架，仅仅保留了孙悟空这一主角的名字和猴子形象，金箍棒和筋斗云等特征，将其他文化元素加以提炼，并重新赋予新内容，如唐僧的形象被替换成少女布尔玛，故事情节也变为寻求龙珠的故事。这一案例说明，同一文化资源，由于对其文化元素的解构，再加以其他文化元素，重构出新的文化内容，不仅大大提升了文化资源开发的广度，而且对于主题的探讨更加

---

① 唐月民. 文化资源的解构与重构［J］. 中国文化产业评论，2015（2）.

深入，引发了人们更多的思考与感动，相应地拓展了市场空间，最终提高了文化产品的世界影响力。[①]对于致力于实现"社会主义文化强国"的我们而言，需要深入思考并解决的问题是，我国是文化资源最丰富的国家之一，如何通过对文化资源内容的解构与重构，讲好"中国故事"，生产出一大批颇具世界影响力的文化产品。

文化资源具有丰富的文化信息。对文化信息的解读和接受与消费者的个体特性有很大的关联。这里面既有个性的成分，也有共性的因素。成功的文化产品就在于激发了消费者的审美欲望与趣味。文化资源开发，只有解决了内容解构与重构的问题，才能具有不断的创新能力，使文化生产充满无限生机。

三、形式的解构与重构

任何文化资源都具有内容与形式两个方面。文化资源内容的解构与重构只是文化资源开发的一面，与它相应的另一面则是文化资源形式的解构与重构。文化资源内容的解构与重构固然重要，文化资源形式的解构与重构也同样不可或缺，甚至更受消费者的注意与青睐。

对同一文化资源内容的使用可以通过不同的形式去实现。实现内容的形式的解构与重构有时候会带来商业上的巨大变革。以媒体为例，在新媒体出现以前，传统媒体，如报纸，都有其固定的编辑队伍和办报风格，通过差异性赢得了不同的读者消费群。每家报社通过阅读人数的多寡从广告主那里获得数量不一的广告费，至于报纸本身的价格则基本维持出版成本或略低于出版成本，这是一种稳定的商业模式。报纸登载的文章是报社的文化资源，一家报社利用其文化资源的做法除报纸印刷外，其他方式乏善可陈。然而，在互联网出现以后，互联网企业面对同样的文化资源，通过文化资源形式的解构与重构创立了新的商业模式，比如门户网站模式，如新浪等。这些企业一开始自己并不生产内容，只是把别人的内容拿过来，重新按类别和层次排列，后来融入了自己编辑的内容。这是一种典型的文

---

① 唐月民. 文化资源的解构与重构 [J]. 中国文化产业评论，2015（2）.

化资源形式的解构与重构。解构是对传统媒体编排方式的改变，它不再是按报纸或其他内容提供方原封不动地提供给用户内容，而是按主题提供给用户内容，这是一种对传统内容提供形式的颠覆；重构是按主题分类并遵循一定的逻辑重新编排内容，从而生产出一种新的文化产品形式，即在这里，用户根本不需要关注某一内容来自何处，从而使原有的内容生产商消失了，如品牌、风格、结构统统瓦解了。这是一种巨大的革新，一个一开始并不生产内容的文化企业，只是借助一个新的平台形式便实现了巨大的商业利益。[①]

文化资源形式的解构与重构关键在于对文化资源内容的合理呈现与有效表达。不考虑文化资源内容，而只考虑形式的变革几乎可以断定是失败的文化资源开发。比如，一部动画的衍生品开发，形式的展现是众所周知的。图书、服装、文具、玩具、主题公园等形式对一个动画企业来讲并不陌生。只要资金到位，这些衍生品的生产轻而易举。问题恰恰在于，这些形式的解构与重构无论多复杂、多新鲜，都不是决定这些产品取得成功的关键。衍生品被称为"衍生品"的原因就在于它是后产品开发。与"后产品"相对的可以称为"前产品"。"前产品"和"后产品"的关系就在于前者具有先决性。如果"前产品"不成功，没有被广大文化消费者认可，那么"后产品"被消费的可能性就很低，即使有消费行为发生，也很难抵消"后产品"的经济投入。

当然，文化资源形式的解构与重构作用并不能被低估。文化资源内容是隐性的，而文化资源形式却是显性的。文化资源的核心价值在于"文化"的隐性价值，但"文化"的隐性价值并不能被直接消费，它必须通过显性的文化资源形式才能实现被消费的可能。因此，文化资源形式的表达是首先引发消费者注意的因素。比如，建筑美必须通过建筑物呈现，戏曲美必须通过演员的服装道具与唱腔等表演动作呈现。在文化资源开发方面，故宫博物院就是通过形式的解构与重构，开发出丰富的文创产品，带动了故宫博物院文化资源内容的消费，并提升了故宫博物院的世界影响力。据统计，2017年，故宫博物院所有的文创产品总收入

---

① 唐月民. 文化资源的解构与重构 [J]. 中国文化产业评论, 2015（2）.

达15亿元，这超过了1500家A股上市公司的收入。[①]故宫博物院文创产品的成功从深层次上讲，得益于其丰富的藏品具有深厚的文化内容，但不可否认的是，琳琅满目的文创产品形式吸引了消费者的注意力，有效击中了消费者的购买神经。

综上所述，解构与重构是文化资源开发理论和实践中的新维度。这一新维度具体表现为观念、内容、形式三个方面。只有把观念、内容、形式结合起来思考，文化资源的开发才有可能呈现出更多的可能性。应该说，文化资源开发是文化产业发展的核心。对文化资源开发的探讨会是一个永久性的问题。时代在进步，观念在更新。特别在新时代，文化产业承载着更多的使命。文化资源的内容需要与时俱进，文化资源的形式需要喜闻乐见。文化的重要性不言而喻，文化资源开发的成效自然是衡量文化资源开发成败的一个重要指标。文化资源的开发需要打破既有成见或偏见，同时需要建构出新的理论框架与实践指针。这一现实诉求充满着挑战，却昭示着中国文化产业发展的无穷生机。

---

① 任明杰. 故宫首晒"账本"：文创收入15亿 超过1500家A股公司［EB/OL］. https://finance.stockstar.com/IG2019021900000254.shtml, 2019-02-18.

"互联网+音乐产业"格局变迁观察

曹军军[①]

摘要：本文主要探讨了"互联网+"对音乐产业格局的影响问题。针对互联网与音乐产业的融合发展，本文结合近年来的"互联网+"以及O2O模式的出现，探讨了"互联网+"和数字化、数据思维的关联问题，进一步对"互联网+"对线下音乐集聚的回归问题进行了论述，从而形成对产业格局变迁的整体观察与综合评论。

关键词：数据思维；结构化；音乐产业基地园区

当下音乐产业面对着"互联网+"[②]的反哺，促使其传统局面发生变革，在融合发展中发挥集聚效应，从而提高效率与推进创新等。可以说，"+"就是融合创新，是将互联网媒介的传播方式及技术机理与作为内容的音乐融合。围绕"互联网+"，我们可以从以下四个方面逐层递进地观察音乐产业的格局变迁。

一、有互联网而没有"+"的时代

音乐产业早已有之，而和互联网共存，则可以追溯到21世纪初的"百度mp3"现象。但当时的音乐产业还谈不上因互联网而有所"加成"，那是一个有网而无"+"的时代：互联网为数字音乐提供了土壤，这样，一

---

① 作者简介：曹军军，中国传媒大学音乐与录音艺术学院教师。

② "互联网+"：传统企业通过互联网新思维、新技术和新模式降低生产运营成本，优化资源配置效率和提升客户服务体验，从而使得企业原有价值兑换模式升级和转型。

方面破坏了原有的唱片版权运营和生产模式，另一方面又导致互联网企业利用音乐换取流量的模式大肆横行，是一种粗放的基于"需求侧"的"用音乐做互联网"的初级模式，音乐是手段而不是目的。

二、"互联网+"的内涵与宏观O2O模式

伴随着人口红利流量经济的趋于饱满、内容为王的回归和版权环境的改良，近年来才提出了"互联网+"这一具有政、产、学、研特点的倡议。如前所述，这个"+"在于传播方式和技术手段对内容的"反哺"，产生1+1＞2的效果，是对传统行业的复兴。互联网是线上虚拟空间，而传统的行业包括它的营销多是发生在实体空间的，即所谓"线下"，所以，与"互联网+"密切关联的概念便是市场营销中的O2O模式。O2O，即Online to Offline，是指将线下的商务机会与互联网结合，让互联网成为线下交易的平台。这两个概念有相通之处，它们强调了互联网、Online作为平台和手段，对作为目的的传统产业模式的回归式的服务功能，实际上也承认了传统业态的某些不可替代的特点，如它的实体性、体验性、场域特征等。

音乐产业是从产业经济的角度运营和管理音乐创作、音乐表演、音乐传播等行为。而"互联网+"对其融合，却产生了非常丰富的新音乐业态。结合中国音数协音乐产业促进工作委员会委托中国传媒大学音乐与录音艺术学院历届调研与发布的《中国音乐产业发展报告》，"互联网+"对音乐产业的如下板块皆产生了积极的渗透，笔者在此谨以关键字段和热点话语作关联枚举的方式简陈如下。

（1）图书与音像业：传统意义上的唱片业（包括企业）对外融合局面的拓展，作为"内容型"，与作为"平台型"的互联网公司的对接；黑胶业的复兴，暗含着反互联网数字化的倾向；音乐图书（曲谱）与纸媒铺设二维码应用的结合；出版社以线上营销带动线下图书售卖和音乐培训

（2）演出业：线上直播联动，带动线下场域表演；Livehouse注重场域体验

（3）版权经济与管理：内容型公司与平台型公司的数字音乐版库授权及版库共享

（4）数字音乐：三种思维——用户、平台、社群思维，以及大众文化范畴下的"粉丝音乐"模式

（5）智能乐器与音响装置："物联网"特征——互联网的进一步实体化

（6）数字音乐广播：移动互联网和车载收音系统（"车联网"）

（7）基于网络平台的在线KTV——"线下迷你KTV"

（8）"游戏+音乐"产业融合：网络游戏本身就具有的 "互联网+"特质，其互动性对音乐的创作传播产生极大的促进

（9）音乐产业基地园区的建设问题（待下文再议）

……

在如此纷繁的各类板块中，我们认定的仍然是音乐本身，也就是说，"+"的关键在于肯定当下侧重"供给侧"的"用互联网做音乐"的高级模式。所以，借学者赵志安[①]对音乐产业格局（如图1）所做的整合阐释如下。

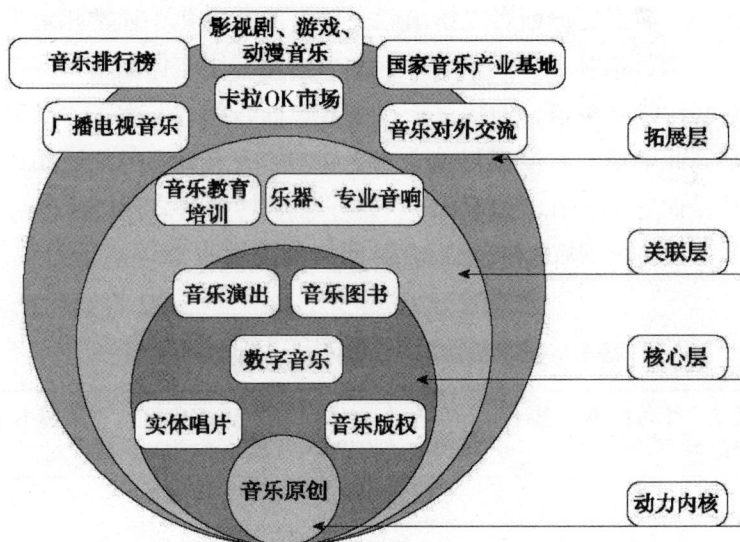

图1　音乐产业格局示意图

---

① 赵志安. 中国音乐产业发展报告2015［M］. 北京：人民音乐出版社，2016.

如图所示，一方面，音乐产业属于文化产业范畴，强调"内容生产和版权"[①]；另一方面，确实地，互联网也绝不能动摇传统意义上的音乐内容的核心地位。

三、"互联网+"与微观数字化理念

宏观的"互联网+"可具体表现为O2O模式，而微观的"互联网+"则可从其作为音乐的技术传播链[②]的数字化着眼。关于数字化技术理念对产业模式的影响，笔者试从《中国音乐产业发展报告2017》中的《图书与音像板块》构建的层面展开论述。

（一）数字出版与互联网出版的对比交互分析

该板块其实主要就是对应于现实中的音乐图书与音像的出版业及其融合发展，亦是"互联网+"的经济模式最容易切入的领域，即让纸媒出版加上互联网和数字化的翅膀。这是一对俗称比翼双飞的概念，二者既有联系又有区别。简言之，前者多指出版介质上的数字化，通常相对于纸媒出版，即"虚拟"相对于"实体"；后者多指相对于实体图书音像销售终端而言的互联网终端渠道，即相对于"线下"而言的"线上"。数字化与互联网也是彼此融通的，前者与前文关于O2O的宏观层面的描述相比，显得更为微观，而它们都在"互联网+"这一理念的范畴之内。这些产业观察的维度在音乐出版领域，可以通过表1予以演绎说明[③]。

表1　数字出版与互联网出版的交互业态

实体/线下：实体图书与唱片架销售终端等	实体/线上：互联网平台上的图书与唱片销售终端等

---

① 范周语。

② 曾遂今语。

③ 曹军军. 图书与音像板块［A］.//中国音数协音乐产业促进工作委员会. 中国音乐产业发展报告2017［C］. 北京：人民音乐出版社，2018.

虚拟/线下[①]：实体产品上的二维码、"刮刮卡"秘钥，再如实体音像店与唱片、音乐类电子出版物、数据光盘等	虚拟/线上：数字唱片专辑、数字乐谱、音乐APP等多种广义的数字音乐范畴下的服务

可见，"互联网+"在各个层面的渗透使得核心层的音乐出版业发生了很有层次结构的调整，服务与产品的形式也变得丰富起来。

（二）"虚拟—实体唱片"融合现象的出现

"互联网+"背景之下的音乐产业中最值得一提的就是唱片业，它的变迁实际上是世界范围内的现象，它也同样如"有互联网而没有'+'的时代"部分所描述的那样，先是受到冲击，然后随着"互联网+"的兴起，出现了融合发展。值得一提的是"虚拟—实体唱片"的出现[②]，它是在数字唱片专辑的基础上，进一步对实体内涵的回归。该案例首先出现在北京数字实体科技有限公司研发的数字—实体唱片业的理念的孵化中，即通过数字化平台复原传统的实体唱片的功能与体验感，复原它的消费情境。[③]它更是一种"用互联网做音乐"的范式。

进而，观察"互联网+"时代的唱片业，根据融合的程度、角色变迁与定位，不妨结合表2（见下页），供读者知其一二。

（三）数据思维：结构化

"互联网+音乐"，除了前述关于数字音乐的用户、平台、社群三种思维，业内有学者认为，还应强调数据思维。就文化产业而言，数据技术过于微观，但从中提取的技术理念却是具有时代意义的，此处简要介绍数据思维的关键——结构化。结合笔者《结构化文本格式MusicXML对音乐编

---

① 此领域尚未得到多数人确证，待考究。

② 曹军军. 音像出版产业模式的突破：以中国文联音像出版公司全媒体试点为例［J］. 音乐传播，2017（3）.

③（1）复原作为出版物的音乐的本体地位——经过甄别、编辑的优质音乐；（2）复原"专辑"的"出版物/产品"特征：包括虚拟空间的"封套\CD外观\写真\歌词本"，"辑"充分体现了质重于量的品位；（3）复原唱片作为一个产品自有的属性特征：作为封装好的"专辑"，不易复制，有妥善的版权保护，且是多媒体的；（4）以二维码作为重要端口，但回归唱片时代的营销模式"DJ分销计划"。

表2 实体、数字以及数字实体融合的现状①

名称	子形态	传播特征	产品性	购销方式	音乐版权关系	价值取向	营销策略与模式	终端与受众特征
实体唱片（专辑）		复制性较弱、交互性即弱	产品性强（比如在现在包装性），定价较高	整张购买，捆绑性（指所收录的曲目的"捆绑"在一起）强	版权属于作者与唱片公司	音乐内容，可收藏性，可拓展至版权交易等增值业务	自身亦可是一种营销媒介，作为增值产品，比如音乐会结合音乐谱出版物；通用分销模式	CD、DVD播放设备，音乐播放器；偏向于专业性受众
	黑胶	复制性弱	产品性一般	复兴阶段的黑胶"跨销"购销特征明显	版权属于作者与唱片公司	收藏性，产品音质高（频响宽，声场丰满，仪式与品位象征）	重视终端，可能具备增值产品和收藏品的双重特征	黑胶唱机，"发烧友"
	EP	复制性较弱	产品性强	整张购买，捆绑性较强	版权属于作者与唱片公司	试验性，流行、时效性	自身亦可是一种营销媒介产品；通用增值品分销模式	
数字唱片（专辑）	（EP也即将出现）	复制性一般，交互性强	产品性较弱	捆绑性弱，可"单曲"购买	多是"平台型""内容型"公司对扩张的一种表现，因而发布数字唱片购买大音乐平台独家/非独家版权，或分销给其他平台	流行，推广音乐人	投资小，收益快，通常为实体专辑的发布做铺垫	数字化，偏向于流行受众
"数字实体"唱片	多媒体的"数字"	复制性弱，交互性强	产品性强（比如在现在包装性）；价位跨度较大	捆绑性强	"内容型"公司（唱片公司等）多将发行权移交给"数字"平台，实体唱片公司	音乐内容，便携	用户思维；通过二维码体验，符合音乐APP等平台营销方式；适度回归DJ营销	移动终端，蓝牙音箱，"3D耳环绕系统声"

① 参考曹军军等著《图书与音像板块》，部分引用有改动。

辑出版思维的影响》①一文，在大数据时代，信息本身的内容价值与权威度让渡于对信息检索与整合的能力的价值，这表现出一种结构主义的"从事物之间的联系的结构来定义事物的本质和意义"的立场。就音乐产业而言，原创固然重要，但是音乐价值性的评判标准变得复杂了，不再是原创的作品本身，而是对诸种涉及产业的模块做信息的梳理与整合。这些模块，可以从音乐传播学的5W着眼②。

信息即数据，数据（库）本身是有不同的结构化水平的；愈是结构化水平高的数据，就愈容易以数据库、信息系统和统计学的各种技术对其进行分类、聚类、检索、整合以及各种其他人工智能的处理等。音乐的特殊性还在于作品本身（如乐谱）就是一种典型的半结构化数据。这种半结构化状态是大数据时代信息的普遍状态，而"如何将定性的标引与定量的数据处理"结合起来是数据思维的一个关键。就此，音乐产业领域目前兴盛着热门的Music Information Retrieval音乐信息检索应用课题。打个比方，通过基频提取的技术（这就是一种标引）识别非结构化的音频中的旋律，从而将其结构化，再实现对这样的数据的索引，并实现各种用户需求——这是数据思维的一种体现。

音乐融合编辑、结构主义及其方法论、信息系统和音乐的信息论美学等问题，都与数据思维有较大的关联。可以预计，结构化技术理念的普及与深化将会对各种文化产业从宏观到微观产生涉及本质的重要影响。

四、"互联网+"对国家音乐产业基地园区建设的演绎

"互联网+音乐"的一个较高级的状态便是国家音乐产业基地园区的建设。之所以这么说，是因为：它处在音乐产业格局最外侧的拓展层，还涉及城市规划等多学科与实践领域；它涉及国家与政府的文化战略层面，投资巨大；它最充分地体现了对"实体"与"线下"的传统行为与价值的回归。不止如此，不妨援引李季在《中国文化产业园区评价体系研究》中就国内文化产业园区发展趋势与前景的一些观点如下。

---

① 曹军军. 结构化文本格式MusicXML对音乐编辑出版思维的影响［J］. 音乐传播，2016（4）.
② 王耀华，乔建中. 音乐学概论［M］. 北京：高等教育出版社，2006.

　　文化创意集聚区需要自身与孵化器、云计算等数字技术融合，实现网络市场与物联网的融合——这也是"互联网+创意产业"的范畴。它一方面激发了虚拟创意产业集聚区或文化创意信息数字交易港的建设，另一方面又促进了与很多实体领域的融合，例如：（1）与城市发展相融合；（2）与商场相融合；（3）将生产、生活、生态融合，打造集休闲、娱乐、观光、旅游、体验为一体的综合业态。①

　　具体到国家音乐产业基地园区，我国目前已有的四个国家音乐产业基地分别基于四座城市区位与发展规划的战略而成立——北京、上海、广东、成都，与此相适应的音乐+演艺、+旅游、+音乐小镇建设等又是具体化的"线下"发展特色。例如，2016年成都市出台《成都市人民政府关于支持音乐产业发展的意见》，明确地对建设中国音乐之都和国际音乐名城等方面作出安排；北京基地的天桥演艺园区以不断完善的公共服务设施和环境整治为依托，展开天桥市民广场地下文化展示空间项目、天桥演艺区艺术惠民系列活动；北京基地的中国乐谷园区以建设休闲公园为核心；河北衡水武强县周窝音乐小镇，则是乡村结合音乐创意产业的城市化建设，发展旅游与生态经济的一个典型案例。②这些例子在本质上反映了"互联网+"的时代其实是对线下和实体经济的回归、复苏并彰显其优势，也是"反哺"外延的最大化；线上与实体对线下和虚拟的融合，是通过艺术、文化以及泛娱乐等实现的对国家发展宏观格局的重要支持。它也应当能称得上"互联网+"文化产业经济的一种高级综合的发展阶段。

　　综上所述，"互联网+"背景下的产业融合，是在经历了一段有互联网而无"+"的时期后，因互联网的新思维、新技术、新模式，在宏观方面表现出"线上"与"线下"融合，在微观方面表现出"实体"的产品、服务体验与数字化虚拟的融合，而又尤其集中体现在国家各文化创意产业基地园区的建设格局中。音乐产业发展的格局也比较充分地演绎了这四个递进的层面，本文对理解"互联网+音乐产业"的内涵与外延的变迁、把握"互联网+音乐"策略的导向或能具有一定的参考意义。

---

　　① 李季. 中国文化产业园区评价体系研究［M］. 北京：经济科学出版社，2016.

　　② 李小莹，宋欣欣. 国家音乐产业基地板块［A］.//中国音数协音乐产业促进工作委员会. 中国音乐产业发展报告2017［C］. 北京：人民音乐出版社，2018.

"重工业电影"形态下电影民族主体性
表达的再思考

荆　婧①

摘要：电影的民族主体性一直是中国电影人孜孜以求的议题，当前中国电影市场面临再次升级，电影工业化体系建设被提上议程。随着"重工业电影"概念的提出，在新的产业形势下正确表达中国电影的民族主体性将成为时代的必然，同时新的电影形态也给中国电影民族主体性的表达带来新的讨论空间。在"重工业电影"的创作中，可结合其自身特点，利用视效优势建立电影的民族影像风骨，在类型化创作中把握民族审美心理，并在叙事中回归故事本身，表达民族精神及情感，从而达到民族主体性与"重工业电影"的有机结合，实现民族话语的准确表达。

关键词：重工业电影；民族主体性；身份认同；海外传播

中国电影自诞生之日起，便深深扎根于中华传统文化之中，在百余年的发展历程中，一直以民族文化主体性为出发点，不断创新，并几度创造出了辉煌的成绩。由于电影与经济与生俱来的密切联系，决定了其发展不可避免地要借助于工业文明。进入21世纪以来，随着中国电影产业结构的重组，中国电影产业的发展经历了由"国产大片时代"到"后大片时代"的转型。尤其在近两年，借政策之东风及资本之便利，中国电影产业再次进入新的拐点，迎来新一轮产业升级。"重工业电影"便在此背景之下成为当前我国电影创作的重要关注点。全球化语境下电影重工业形态的到来

---

① 作者简介：荆婧，临沂大学历史文化学院教师。

必然有助于在跨文化交流中实现民族文化与世界文化的对接，同时也有助于内向性民族文化自信的建立。《捉妖记》《鬼吹灯之寻龙诀》《战狼2》《红海行动》等重工业影片强有力的市场表现，既为当下我国电影在工业美学探索及电影供给侧改革方面提供了良好的范本与经验，同时也以前所未有的强势之姿展示了我国优秀的传统文化与时代精神。

一、"重工业电影"概念由来及发展定位

其实"重工业电影"一词并非新语，可视为21世纪初所流行的"大片"这一概念的再次升级。中国式"大片"源于对好莱坞高概念电影的移植，典型特点是视觉效果溢出形式内容。21世纪初，"大片"曾一度风靡华语电影市场。以《英雄》在商业上的成功为伊始，"大片"成为当时电影市场票房的"保障"。不可否认的是，这些"大片"在当时不但为华语电影品牌的建立提供了有力的范式，同时也跟进了华语电影美学及产业与世界电影潮流的同步。但在接下来的发展当中，由于叙事能力的薄弱、文化内涵的苍白、价值理念的扭曲以及题材选择的单一，使得"大片"一度落下了"重特效、轻内涵""重技法、轻叙事"等诟病。后来张艺谋导演以同样模式制作的《十面埋伏》《满城尽带黄金甲》等影片，虽然市场表现力依然可观，但在叙事方面却形成明显软肋，与同一时期的《无极》《夜宴》以及后来的《赤壁》系列等影片在票房和口碑上形成了鲜明的倒挂，最终导致观众审美疲劳。

与此同时，一些以喜剧片、爱情片为主的"轻工业电影"开始发力，在以《疯狂的石头》《失恋三十三天》《人在囧途之泰囧》为代表的低成本喜剧片不断刷新票房新高后，在讲故事方面明显更为"走心"的中小成本喜剧电影俨然有取代"大片"成为国内电影市场主力之势。

而"大片"再次以"重工业电影"的概念重新引起人们的关注是在2015年。从陈凯歌导演在2015年拍摄《道士下山》时公开的导演创作手记中可以看到这样一段记录："不想吹制作多大，花费多少，片子多好，只想请人帮我过'工业关'，不过这个关，看不到中国电影的新曙光。"张艺谋导演在《长城》上映后也曾表示："电影是标准的工业化产品，要把

所有的信息浓缩到故事中。"《鬼吹灯之寻龙诀》导演乌尔善也对"电影工业化"发表了自己的观点："工业化应当是工业流程和系统在起作用，不是某个人、某个环节。中国电影还处在手工业阶段，某些导演、某些制片人、某些监制、某些演员起到了核心作用，而不是整个流程、整个体系起到决定性作用，所以称不上工业。" 2015年10月，随着《捉妖记》的上映，国家新闻出版广电总局副局长张宏森明确提出电影有"重工业"和"轻工业"之分，认为"《捉妖记》标志着中国电影重工业刚刚开始"，并指出"中国电影要形成重工业产品推进，轻工业产品跟进，大剧情影片镶嵌在中间的格局，这样作为产业体系才是相对科学的，才能保证可持续发展"[1]。由此，"重工业电影"这一概念逐渐走入了人们的视线。

但"重工业电影"在当下并非严格意义上的学理概念，"它作为多元力量相互博弈下的产物，注定要在纵横交织的立体视野中筛其多重面貌面相。其指涉范畴与'高概念电影''主流商业大片''中国式大片''国产新大片'多有重合之处"[2]。"重工业电影"强调的是工业化，并具有高度专业化、流程化、资金密集、技术密集、类型化创作等特点，制作成本高，影片在全球发行，是电影工业高度发达的产物。比之"中国式大片"等概念，"重工业电影"这一提法明显更符合我国的现代化进程与工业化道路。加之电影作为基于科学技术发展而诞生的艺术门类，其本身自带"工业"基因，未来我国的电影产业发展必然会遵循产业结构的发展演进规律，提升"重工业电影"的发展水平。

2015年首届中国电影工业技术交流会确认了中国电影以大制作、大视效为发展主流，带动中国电影工业化产业升级的大趋势。2017年北京国际电影节期间，业界专家达成了"重工业与回归故事是行业突破点，定制与整合是营销未来方向"的一致认知。《战狼2》和《红海行动》等影片口碑和票房的双丰收，更加印证了构筑电影工业标准、创立电影工业美学、提升电影工业化水平必将成为民族电影有力抗衡好莱坞电影冲击、实现电影强国梦的有力保障。

---

① 何小沁. 独家对话张宏森：国片崛起不应该靠保护主义［EB/OL］. http://ent.sina.com.cn/m/c/2015-10-26/doc-ifxizwsi5604679.shtml, 2015-10-26/2018-05-26.

② 饶曙光，李国聪. "重工业电影"及其美学：理论与实践［J］. 当代电影, 2018（4）：102-108.

二、"重工业电影"形态下再提民族主体性议题的必要性

中国电影的民族主体性这一议题由来已久，最早可追溯到电影传入中国之初。20世纪80年代之后，电影学界曾就"电影民族化"这一议题展开过激烈争论，虽正反双方各持己见，但最终，中国电影应当有自己的民族性却得到了探讨者的一致认同。对于在全球化语境下的华语电影来说，电影重工业形态的到来源于自身市场转型及产业升级的内驱动力，是电影界基于供给侧改革的自觉努力，同时也肩负着我国从"电影大国"向"电影强国"迈进的时代使命。

（一）内向化的民族认同

"重工业电影"形态是"文化自信"及"中国梦"等理念在电影界实现的重要途径，是内向性民族文化认同建构和增强民族精神凝聚力的有效助力。一般来说，在观看电影的过程中，观众往往受到感知、理解、想象、情感等心理机制的影响，以视听为基础在环境的作用下产生联想，并在电影人物的身上产生移情作用并寻找代入感，最终达到心理上的满足。观众在观影过程会形成专注的注意力，在影片视听传达的带动下于无意中降低自我意识。根据雷纳·克莱尔所说，"电影观众所特有的精神状态，那是一种和梦幻状态不无相似之处的精神状态"[①]。一旦观众在视听传达中找到了自身观影需求的认同感，便会达成基于满足自我心理诉求的价值认可，而这种价值认可便是影片所传达的价值观念。反观"重工业电影"，其自身"大体量、大制作、大场面"的特点在一定程度上满足了中国观众的银幕"安全感"。客观上说，自1994年我国以票房分账的方式引进首部好莱坞大片开始，其间绝大多数分账片均属于高概念电影。二十多年来，好莱坞电影模式已在潜移默化中对我国主流电影观众的观影倾向与审美趣味形成了巨大影响。而"重工业电影"给观众带来的视听高峰体验，可将"我国人民日益增长的美好生活需要"转化为可视化的银幕表达，激发观众的民族认同感与民族自豪感。拉康在其提出的"镜像阶段"

---

① 雷纳·克莱尔. 电影随想录：1920至1950年间电影艺术历史材料 [M]. 邵牧君，何振淦，译. 北京：中国电影出版社，1962：89-90.

理论中指出，"镜像"是人在婴儿期获得"自我"概念的重要手段，婴儿通过对镜中自我的认同而获得身份的认同。在电影艺术中，影像作为流动的"镜像"，同样可以让观众产生认同心理。从已上映的《捉妖记》《鬼吹灯之寻龙诀》《战狼2》《红海行动》等影片来看，"重工业电影"在传播力、影响力等方面形成了前所未有的覆盖效果，这种覆盖效果结合观众在观影机制下所形成的心理认同，可在文化自信的树立及民族文化认同的建构等方面产生巨大影响。

（二）走出去的国家形象

对外，"重工业电影"形态的到来是中国电影与世界电影工业接轨的具体表现，有助于提升中国文化和中国价值观海外传播的对话语境，有助于建立全球华语电影的传播体系，提升国家软实力，树立强有力的国家形象。早在2005年，比利时著名电影评论家路易·丹维尔曾在第62届威尼斯电影节上表示，"全球化缩短了世界之间的距离，人们突然发现中国的迅速崛起，而电影则提供了一个了解中国的极好的窗口"[①]。在电影工业体系语境下，"重工业电影"大投入、高概念、重技术的特点理应成为我国经济硬实力及文化软实力的集中表现。

在文化传播领域，电影作为一种媒介成为国家文化及国家形象传播的重要载体。根据文化传播理论中跨文化适应的双维度模型理论，跨文化适应同时拥有保持传统身份的倾向性，以及和其他文化群体交流的倾向性两种维度。遗憾的是，在跨文化交流中，中国电影既未能很好地保持自身的传统身份，同时在寻求"和其他文化群体交流"的过程中也长期处于"失语"状态，能够在国际市场赢得利润与口碑乃至形成价值输出的影片寥寥无几，与之相对的，是好莱坞大片的强势来袭。多年来，"国产大片亦步亦趋于好莱坞大片的工业模式，被嵌入全球电影产业价值链的资源密集型附加值环节，自身主体性尚未成型，遑论拓展其海外市场竞争力"[②]。众所周知，在电影工业体系完备的美国，好莱坞电影依托强大的电影工业基

---

① 尹鸿，唐建英. 走得出去才能站得起来：全球化背景下的中国电影软实力 [J]. 当代电影，2008（2）：10-14.

② 聂伟，杜梁. 国产新大片：站在电影供给侧改革的起点上 [J]. 当代电影，2016（2）：4-9.

础和成熟的商业运作机制，将民族文化及价值渗透于影像之间，显映出"在娱乐中提炼文化经验，将政治诉求内化为影像肌理"的创作境界，其商业美学显现出巨大的辐射力和号召力。多年来好莱坞电影票房在全球范围内始终保持前列，庞大数字背后隐藏的实为美国在全球范围内主流价值观的输出及文化的渗透。1998年9月，英国的《经济学家》杂志在发表的《文化战争》一文中提及，在美国所有文化产业部门中，只有电影是无可置疑的全球霸主。究其原因，"高概念电影"所蕴含的重工业因子至关重要。其"大视效""高概念"的特征能够在很大程度上满足不同国家、不同民族观众的期待视野，同时把握主力观众（年轻观众）的审美需求。虽然如今我们所提出的"重工业电影"与好莱坞的"高概念电影"在指涉上并不完全相同，但这并不失为中国故事国际表达的有效途径，同时也在中国电影从以往被动接受的单向传播转化为适应未来国际交流形式的双向传播过程中起着不可忽视的作用。

可以说，"重工业电影"的兴起对中国电影与世界接轨、民族文化的对外传播以及本民族文化自信的树立都有着重要的意义。但我国的电影工业化之路依然处在探索起步阶段，电影工业基础薄弱的事实必然使得"重工业电影"的发展需要面对产业升级和美学升级的双重考验。在这个过程之中，如"重工业电影"再次重复"大片"时代影片价值结构分裂、过度商业化倾向以及过分追求"视觉好莱坞"等方面的弊病，必然不利于国人形成基于自我文化肯定的身份认同，也不利于对外文化交流中的民族共同体意识的形成。所以，在"重工业电影"兴起的背景之下，应再提电影民族主体性之议题，并在新的行业背景之下继续挖掘电影民族主体性建立之路径。

三、"重工业电影"民族主体性表达路径初探

自从电影传入中国，中国电影人对于电影民族性的探讨与实践从未停歇。面对中国电影产业的升级，"重工业电影"迫切需要探索并建构一种具有中国特色的电影工业美学。技术的提升、产业的升级固然可以创造视听奇观，但电影作为一种文化产品不仅需要满足娱乐性需求，同时也需

要满足观众更深层次的心理需求。重工业的外衣下需要蕴含情感的传达、精神的凝聚、思想的引领、价值观的引导，而所有的这一切，需要有一个根，这个根便是民族性。根据马克思的观点，民族性是一个民族在物质、精神和文化等方面所独有的、能够区别于其他民族的特性，是在长期的形成和发展过程中逐渐凝结起来的。反映到电影艺术当中，主要指各民族的影视作品都要反映本民族的社会生活与民族精神，尤其是以反映本民族的文化—心理模式为主，并且注意创造鲜明的民族风格和民族特色[①]。"重工业电影"应在传统与现代之间、历史与现实之间、艺术与商业之间准确把握民族主体性，以创造性思维、创新性手法着力挖掘文化资源，打造民族特色鲜明的工业美学气质。

（一）利用视效优势建立民族性影像风骨

"视觉奇观化"曾一度成为"大片"时代的诟病。中国式"大片"带来的视觉刺激和感官消费并未能与民族精神内核实现有机衔接，碎片化的叙事、扭曲的价值以及牵强的情感隐于镜像之间，无法引起观众的共鸣，这使得原本应作为电影本体核心构成的影像语言沦为"大片"之殇。但视觉奇观并不应该成为电影发展的阻碍，两千多年前亚里士多德就曾说过奇观是展示情节演进的一种方式，一百多年前电影成为新兴艺术之初带给观影者的就是"奇观"效应。人类第一次电影观赏经验便是被一种强大的奇观效应所深深地笼罩。在某种意义上，可以肯定地说，被奇观效应所浇铸的电影初始经验深刻地影响了电影本性的确立[②]。

"大视效"是"重工业电影"的突出特点之一，CG 视效、VR 虚拟、MOCO 等技术的发展为"重工业电影"视效的提升提供了有力保障。但技术的进步所产生的意义并不仅仅在于生产"奇观"，还应表达出关于信仰、生命、宗教等问题形而上的思考。詹姆斯·卡梅隆曾说，"一切技术的目的都是为了让它本身消失不见"。"重工业电影"的视效优势可以前所未有地营造出具有真实感的空间，让观众忘记银幕，全身心地置身于影像所展示的空间之中。《捉妖记》中源出《山海经》的妖界，《鬼吹灯之

---

① 彭吉象. 影视美学 [M]. 北京：北京大学出版社，2009：79.
② 王侃. 电影的奇观本性及其构成 [J]. 艺术广角，1999（4）：31-35.

重工业电影 形态下电影民族主体性表达的再思考

121

寻龙诀》中基于《周易》设计的古墓，《妖猫记》中再现大唐盛世的唐城，这些瑰丽恢宏的画面可贵之处在于不仅仅是元素的组合，而是能够让观众置身其中引起文化的想象。许诚毅曾表示，他在制作《捉妖记》时没有想过这些中国元素要怎样解释给国外观众去了解，反而觉得影片里的东西让中国观众看后有亲切感是最重要的[①]。这种"亲切感"的传达恰恰使得《捉妖记》在视像层面带给我们的展示不再局限于元素的拼贴，而是源自文化的传达。

"大视效"的优势并非仅仅用来创造"奇观"，而应在于建立影像风骨。保罗·莱文森在谈及技术文化的变迁时曾提出"玩具、镜子和艺术"三阶段论，并认为"技术生成并促进大众文化和艺术，生成和促进的方式是复杂的、多面的，可惜常常被人过分简单化，或者被人视之为理所当然"[②]。"奇观化"的出现便是这种"过分简单化"的具体体现。中国古典文论有"艺道观"，"重工业电影"应追求一种"技道合一"或"艺道合一"的境界，为我国电影民族性的建立确立影像风骨。这里所说的"道"可以体现在现实、生活、伦理、人生的规律、秩序、和谐真谛等方面，是一种体现"真、善、美"的内在力量[③]。

（二）在类型化创作中把握民族审美心理

"重工业电影"的另外一大特点就是类型化创作。一般来说，类型电影的出现是电影工业追逐票房的结果，但反过来讲，这种以程式化生产来驱动票房的做法恰恰又说明类型片是观众心理认同的产物。类型电影在创作过程中不断探索关于影片观念、内涵、风格、叙事等方面与观众期待视野的契合度，最终激发他们的集体无意识。"类型理论暗含的哲学观点应该是，从现实性上把握人，认为人的性质只能在人的活动中确认，类型电影理论因为注重观众作为集合的反应，可以研究社会大众对多种艺术元素的感受力、对其结构形式的喜好和适应并作出更有科学意义的规定。"[④]

---

① 孙琳. 源自东方的世界公民：许诚毅和他的《捉妖记》[J]. 影视制作，2015，21（8）：16-18.

② 保罗·莱文森. 莱文森精粹 [M]. 河道宽，译. 北京：中国人民大学出版社，2007：14.

③ 陈旭光. 新时代、新力量、新美学：当下"新力量"导演群体及其"工业美学"建构 [J]. 当代电影，2018（1）：30-38.

④ 郝建. 影视类型学 [M]. 北京：北京大学出版社，2002：33-34.

从这一点来看，既然类型化创作要注重观众作为集合的反应，那么必然要遵循民族审美心理。民族审美心理会在很大程度上影响观众在观影时所产生的心理认同，正如普列汉诺夫所说，"任何一个民族的艺术都是由它的心理所决定的"[①]。以《九层妖塔》和《鬼吹灯之寻龙诀》两部影片为例，作为同样基于天下霸唱所写的《鬼吹灯》改编的影片，前者不论在票房表现还是在口碑评价方面都远低于后者。二者都可归为类型电影，但分属不同的类型。《九层妖塔》对影片类型的界定相对比较模糊，更大程度上可归为魔幻电影，而《鬼吹灯之寻龙诀》明显属于夺宝冒险类影片。盗墓题材的电影可谓是展示民族文化的绝佳媒介，中国人所讲究的"入土为安"在一定程度上带动了中国的墓葬文化，与墓葬文化紧密相连的民族神话、民风民俗、宗教信仰等民族文化皆可融入其中。《九层妖塔》并未让中国观众看到自己所熟悉的文化基因，反而另外衍生了一个未知种族——"鬼族"，以及一群类似西方魔幻电影中所塑造的"怪兽"的生物群体。加之叙事上所表现出的断裂感、价值传达的空洞感，让观众无法在观影过程中形成心理认同。反观《鬼吹灯之寻龙诀》，虽然在模式上借鉴了好莱坞寻宝电影的创作手法，但是不论在情节设置还是在视听表现方面都以中国传统文化为切入点，甚至逼真地再现了只存在于传说、典籍当中的画面，让了解中国文化的观众产生巨大的亲切感和满足感，同时也能满足异文化群体的猎奇心与探索欲。

同样因本土化创作失败而遭受重创的还有2018年上映的国产魔幻电影《阿修罗》。这部耗资7.5亿元、历时6年的鸿篇巨制，却最终只获得不足5000万元的票房，被迫紧急撤档。虽然我们不可否认《阿修罗》在视像创新、产业类型升级方面所做的探索，但影片所呈现出的"文化失语"无疑是影片本土化道路上最大的失败。影片所展现的依托佛教原型而创作出的架空世界，以及充斥在影片中的诸如"打天""六界轮回""我可是你们的王啊"等中西杂糅的概念和台词，加上西方魔幻电影风格明显的服装布景，使其呈现出的东方文化似是而非，给观众带来的是文化传递的割裂感。在电影产业升级的过程中，魔幻电影所追求的视觉奇观化以及所擅长的动作冒险题材无疑是"重工业电影"类型化创作的首选题材，但魔幻电

---

① 普列汉诺夫. 论艺术 [M]. 曹葆华，译. 北京：三联书店，1964：47.

影的兴起根植于欧美流行文化，"东方魔幻"的打造亦应符合东方文化语境，仅以高价引入制作团队为噱头、简单模仿西方成功作品明显难以让观众买账。

（三）回归故事本身传递民族精神及情感

"重工业电影"的商业性决定了故事成为影片是否能够获得成功的关键。观众走进电影院希望看到的不仅仅是声色光影，还有一个好的故事。故事是叙事类电影的根本，正如亚里士多德在2300多年前所指出的，如果连故事都讲不好了，其结果将是堕落与颓废。然而现实是，电影技术的进步成为讲述故事的双刃剑。美国著名编剧罗伯特·麦基在谈及故事的衰落时曾表示："漏洞百出和虚假的故事手法被迫用奇观来取代实质，用诡异来取代真实。脆弱的故事为了博取观众的欢心已经堕落为用亿万美元堆砌而成的炫目噱头。"[①] "故事艺术是世界上主导的文化力量，而电影艺术则是这一辉煌事业的主导媒体。世界观众都钟爱故事却只能渴慕。"[②]乌尔善在接受采访的时候也曾表示："电影的价值还是以讲一个动人的故事为主……我们看到的是一个完整的故事、一段精彩的表演，然后，被他们的感情打动。"[③]

电影作品想要实现价值精神的传递，想要引起观众的情感共鸣，首先要"讲一个好故事"，同时必须"讲好一个故事"。印度电影《摔跤吧！爸爸》在中国获得12.95亿元的票房表现正是以故事取胜的有力证明。在工业体系下制作生产的"重工业电影"同样不可违背这一原则，否则便如无源之水、无本之木，观之犹如大厦将倾。影像奇观只是叙事元素，讲好故事才是根本。大制作与讲故事并非二元对立，而应相互依托。《战狼2》在纪实主义基调下，以经典的线性叙事方式、多重时空的交错、鲜明的叙事节奏感，传达出了强烈的爱国情怀，契合了当下中国观众的情感需求，同时也满足了国人对大国形象的银幕期待。《红海行动》在多条线索交织下促进情节的发展，在集体叙事中不仅塑造了英雄群像，也彰显了个人魅力，不仅有热血，也有温情，以坚定果敢的军人形象展示出了当代中国军人的

---

① 罗伯特·麦基. 故事［M］. 周铁东，译. 天津：天津人民出版社，2014：6-8.
② 罗伯特·麦基. 故事［M］. 周铁东，译. 天津：天津人民出版社，2014：6-8.
③ 杜思梦. 所有特效都要藏在故事背后［N］. 中国电影报，2015（13）.

责任感和精神风貌。《捉妖记》以经典的戏剧化叙事，用简单的情节讲出了不一样的人妖情，表达出的是中国传统文化中的普世价值观。《鬼吹灯之寻龙诀》巧妙地运用套层结构使多个叙事层次环环相扣，悬念迭起，将中国传统文化中对生死的参悟、对自然规律的敬畏融入其中，让不同文化背景的观众可以通过"死亡"这一故事母题产生情感上的共鸣。《阿修罗》的失败除了在魔幻电影本土化道路上的探索失败，在故事讲述方面同样也有硬伤。在华丽的视效之下，我们看到的是人物、叙事及视听元素毫无逻辑的堆砌，对文化元素的拆解运用并未顾及受众心理，对于凌驾于多种文化之上所构建的架空世界也未能自圆其说。一个好的故事可以让民族文化不再仅以元素拼贴的形式出现，对于影片来说，拼贴出的元素仅仅局限于符号本身的能指范畴，但讲述一个好故事则可以让文化符号的所指得到继承与更新。虽然以上提到的影片各自也会或多或少地存在缺憾，但比之"大片"时代苍白的内涵、扭曲的理念、空洞的价值等弊病，它们共同的优点便是讲了一个值得讲且世人愿意听的好故事。

四、结语

一个民族屹立于世界民族之林，总要有区别于其他民族的鲜明标志，电影亦是如此。建立民族文化主体性是中国电影永不过时的议题，在我国电影产业再次升级的背景之下，电影民族性的建立在"重工业电影"的创作中对于民族电影身份的确认、化解西方文化的冲击以及民族文化的海外传播依然有着重要意义。在新的市场机制下，在新的电影形态下，电影的民族主体性也将面临新的建构方式。把握"重工业电影"自身的特点，有机结合民族元素、民族审美以及民族精神，不失为"重工业电影"民族性表达的有效尝试。

当代艺术产业管理的发展路径探析

张　钦[①]

摘要：艺术产业作为文化产业的主要成分，为我国社会经济的发展注入了蓬勃旺盛的生命力。然而随着文化产业边界趋于模糊，不同行业间相互交叉、渗透与融合，艺术产业管理的发展模式也受到了挑战，难以适应快速变化的市场形势。因此，本文试图从审美维度、人才培养、跨界融合等角度探索当代艺术产业管理发展的路径与对策，为我国艺术产业有序发展提供一些学理上的建议与对策。

关键词：艺术产业；审美维度；人才培养；跨界融合

近年来，文化产业的边界不断模糊，范围不断扩大。尤其是从IP（知识产权）全域产业链的打造，到"互联网+""文化+"等思维的提出，文化产业渗透与融合的力度也在不断加强。作为文化产业的重要组成部分，艺术产业在瞬息万变的国内外形势下，也亟须找到适合自身发展的路径与对策。不可否认，我国艺术产业管理，不管是规模、条件，还是模式、素质等方面，相较西方发达国家还有一定的差距。因此，面对西方发达国家艺术产业的强势侵袭，我国艺术产业如何调整自身的管理对策，并以此来应对全球化带来的文化威胁，缩小与国际艺术产业的差距，进而推动我国艺术产业的有序发展，是一个迫在眉睫的重要问题。针对这一问题，本文试图从审美维度、人才培养、跨界融合等角度探索当代艺术产业管理发展的路径与对策，为当代艺术产业的发展提供一些建议与启示。

[①] 作者简介：张钦，山东师范大学文学院博士研究生。

一、审美维度：艺术产业管理的基础

当代艺术产业管理的首要问题是艺术产业的审美因素与经济因素的不均衡。在后现代社会，文化消费已成为不可阻挡的趋势，尤其是近年来社会大众对文化的消费能力不断提高。因此，艺术产业对市场经济效益的不断追求使大众认为，艺术产业早已变成市场的宠儿。这一现象使艺术产业管理者产生一种忧虑：艺术产业如何去平衡审美与经济之间的关系？毋庸置疑，艺术产业是区别于一般产业的特殊产业，它最直接的目的是获取最大化的经济利益。因此自身的审美因素不可避免地卷入商品市场之中，并在此过程中扮演重要的角色。但艺术的本质是提高大众的审美能力，最终目的是彰显强大的社会效应，即通过艺术和审美的途径交流思想、传播文化，为构筑社会主义核心价值体系服务。[1]因此，审美特性才是艺术产业发展的基本维度，也就是说在保持艺术作品审美特性的前提下，追求经济效益的最大化才是艺术产业发展的基本逻辑。然而在唯经济论的消费时代，艺术产业确实会陷入艺术性与经济性两难的尴尬处境。一方面，艺术产业本身须以提高人们的审美意识为己任，传递社会核心价值观；另一方面，艺术产业作为产业的一种形式，必须遵循市场规律，创造经济效益，才能持续生存下去。正如西北师范大学王建疆教授所说："当代艺术产业化应遵循艺术生产的辩证法，既要生产，又要私密；既要规模，又要个体；既要数量，又要质量。"[2]

笔者认为，艺术产业需要在审美因素与经济因素之间找到平衡点，甚至艺术产业的社会效益应该优先于经济效益。一方面，审美性是艺术作品的基本属性，可以提高大众的审美品位；另一方面，审美因素可以延长艺术作品的生命力，持续提高艺术商品的知名度。例如近期引起热议的电影《我不是药神》，整部电影既没有美国好莱坞科幻电影的高科技、高投资，也没有枪林弹雨的激烈场面，有的是能够引起观众共鸣的社会现实事件，艺术性使电影的口碑与票房双赢。这就像李波在《中国当代艺术产业现状分析》中所说："艺术产业应以艺术的审美性及其内在逻辑的维护作

---

① 李骏. 我国艺术产业管理的对策 [J]. 东南大学学报（哲学社会科学版），2015，17（1）.

② 王建疆. 论艺术的产业化 [N]. 甘肃日报，2012-03-05.

为前提，艺术产业化应遵循艺术价值与商业价值相结合的审美优先原则。艺术家要始终处于艺术产业的中心，根据情感逻辑关注社会民生、展示人类思维困境、批判或建构现实。"[1]

因此，即使在改革开放40周年市场经济高度发达的当下，艺术产业的审美维度依然是艺术产业管理的基本要素。习近平总书记在文艺工作座谈会上强调："文艺不能当市场的奴隶，不要沾满了铜臭气。"这句话是说艺术产业的经济效益与审美效应之间需要调控与平衡，甚至有时更需要艺术的审美性。但是近年来的艺术创作显然难以静下心来，造成艺术作品产量与质量的不匹配。拿电视剧行业来说，为了追求市场利润，有的出品商一个月拍出大概40集的电视剧，更有甚者仅用一个星期。文化产业供给侧改革关注的是文化（艺术）商品质量上的提高，而不是数量上的追求。质量的提升需要审美特性的展现，西方法兰克福学派阿多诺等人在批判文化工业的弊端时着重强调，当艺术商品的审美性被破坏时，大批量的商品生产会造成大众主动性的缺失，给社会带来诸多不利影响。因此，审美维度仍然是后现代社会发展艺术产业的基础。

二、人才培养：艺术产业管理的核心

艺术产业管理作为管理的一种形式，需要人与人之间的沟通与交流，最终体现的是人与人、人与物之间的关系。因此，艺术产业人才的培养是艺术产业管理的核心。顾名思义，艺术管理人才是可以在艺术产业与市场之间发挥交流与沟通纽带作用的专业人才，进而完成艺术市场价值的体现，满足公众不断增长的文化艺术需求，并创造良好的社会效益与经济效益。[2]这就要求艺术产业管理人才既要有较高的艺术审美品位，又要有出色的市场经营能力；既要懂得艺术市场营销，又要具备人际沟通与交流的基本素质。然而目前我国大量开设艺术管理专业的高校，培养了大批懂艺术不懂产业、懂营销不懂沟通的单一专业人才。换句话说，专业复合型人

---

① 李波. 中国当代艺术产业现状分析 [J]. 社会科学家，2008（12）：22-25.
② 陈伟亮. 艺术管理人才素质特征及培养模式 [J]. 大众文艺，2014（6）：253.

才比较匮乏。究其原因，很多高校缺少系统的艺术人才培养体系，艺术理论指导与实践经验相对薄弱。因此，对于为社会输出大量优秀艺术人才的高等学校来说，艺术产业管理人才的培养模式需要创新与转变。

艺术人才的培养作为艺术产业管理的核心元素，不仅需要培养模式的创新与转变，而且更需要一些基本的前提条件。第一，较强的艺术鉴赏能力。艺术产业管理本身难以脱离"艺术"这一基本元素，所以管理者要接触相对较多的诸如书法、绘画、戏剧、电影、音乐等不同类型的艺术作品。但是不同类型的艺术作品数量众多，需要根据大众的审美需求进行筛选，这就需要艺术产业管理者具备出色的艺术鉴赏力。换句话说，艺术产业管理人才本身要有深厚的艺术积淀，能对不同类型的艺术作品提出自己的见解，以此充当观赏者与作品之间沟通与交流的桥梁。

第二，综合广泛的专业知识。从字面上讲，艺术产业是艺术与产业两个词语的相互结合。一方面艺术的门类众多，需要对各大艺术门类都有所涉及，这就需要管理者具备历史学、艺术学、美学等相关专业知识；另一方面艺术产业必须遵循市场规律，这就需要管理者拥有经济学、管理学、社会学、心理学等学科知识。如果只是对各大艺术门类的概念、特点等烂熟于胸，而缺乏经济学、管理学的知识，那么充其量是一个对艺术本体研究透彻的人才，算不上艺术管理者。相反，如果只是混迹于艺术商品市场，而对艺术缺乏一定的了解，甚至缺乏审美情趣，这样的人也难以助力艺术产业的发展。

第三，高屋建瓴的视野。关于艺术的起源，众说纷纭，如巫术说、游戏说、模仿说、劳动说等。但有一点可以断定，艺术不管起源于哪种学说，都是历史文化发展的产物，展现的是不同时代文化的不同特征。因此，艺术产业管理人才需要高屋建瓴的历史观，也就是说，艺术产业管理人才能站在历史的角度分析问题，把握艺术市场的基本规律。同时，要有大局意识。比如在现代文明加快发展的今天，需要深入思考如何解决传统文化的保护问题，而不能陷入一味追求经济利益的漩涡之中。

第四，出色的人际沟通能力。人际沟通能力是现代产业必不可少的要素之一，艺术产业也不例外。艺术作品的受众需求及心理不断变化，艺术产业管理者除了需要敏锐的市场观察能力，还需要出色的沟通能力来推广宣传新的艺术商品。甚至在艺术创作方面，艺术产业管理人才出色的人际沟通能力往往也能够达到不错的效果。因为艺术创作者对于市场的变化往往不太注意，更多的是专注于艺术作品的创作，所以这就需要艺术产业管理者积极与之沟通，建立良好的人际关系。此外，艺术产业管理者需要积极收集市场反馈信息，与消费者建立密切的交流互动关系，以便生产更多符合艺术市场需求的优秀作品。

第五，现代企业的经营管理意识。现代企业需要管理者具有先进的经营理念与管理方式。放到艺术市场来看，艺术产业管理者需要在把握市场供求关系与受众需求的基础上，利用现代化的经营理念管理艺术产业，力求为艺术产业健康发展营造良好的氛围与环境。同时，艺术产业管理者还需要具有创新意识，时刻关注艺术产业的最新发展形势，紧跟时代发展，更新产业发展观念。

三、跨界融合：艺术产业管理的趋向

跨界融合作为当前文化产业领域最主要的特征和发展趋势之一，对于调整优化经济结构、促进产业转型升级和业态创新具有重要作用，其融合的形态突出表现为跨门类融合、跨要素融合、跨行业融合、跨地域融合和跨文化融合等。[①]作为文化产业重要的组成部分，艺术产业更重要的是在跨界融合中探索艺术产业的衍生性以及艺术产业价值链的塑造，以便推动艺术产业市场持续健康发展。

（一）跨行业融合——"互联网+"思维

所谓互联网思维就是在（移动）互联网、大数据、云计算等科技不断发展的背景下，对市场、用户、产品、企业价值链乃至整个商业生态，进行重新审视的思考方式。[②]这种思维方式对于艺术产业管理模式的创新与发展有重要的指导作用。

[①] 李凤亮, 宗祖盼. 跨界融合：文化产业的创新发展之路 [J]. 文化发展与文化产业研究, 2015（3）：49.

[②] 李君. 互联网思维下创新发展中国艺术品产业的策略研究 [J]. 产业经济, 2016（2）：145.

例如，利用互联网思维把内容与平台两者结合。在互联网2.0的时代，三大公司——百度、阿里巴巴、腾讯（简称BAT）已成为内容与平台融合的独角兽企业。如百度近年来主打百度视频的内容生产、糯米电影的线下生态演出以及百度贴吧的粉丝经济等泛娱乐生态圈。阿里巴巴凭借强有力的资本为纽带进行资源整合，同时以优酷土豆、新浪微博、阿里文学等为核心打造泛娱乐全产业链的生态圈。腾讯始终以IP授权为核心，以游戏运营和网络平台为基础，推动网络文学、网剧、电影、动漫等不同领域共同发展。由以上所述可以看出，虽然三大公司经营业务有所不同，但都在利用互联网思维以及强大的技术资本、人才资本推动内容与平台的融合，引领文化产业（艺术产业）强势发展。

（二）跨要素融合——"艺术+"模式

"艺术+"是由"文化+"派生出来的以艺术为主体或核心元素的一种跨要素融合的新经济形态。其重心在于融合，并把艺术的元素渗透于社会各个产业领域中，带动不同产业间的碰撞与交流。与此同时，"艺术+"在推动不同产业之间相互渗透与融合，产生新型社会经济形态的同时，也使艺术产业呈现出新的特点。

首先，"艺术+"以艺术元素为根基，进而与相关产业进行跨要素的深度融合。其次，"艺术+"唤起了传统产业的活力。在互联网信息技术快速发展的时代，传统行业的发展急速下滑，甚至有些行业濒临灭绝，而"艺术+"推动了传统行业诸如餐饮、旅游、工业等产业要素与艺术的深度融合，打破了不同行业间的壁垒。再者，"艺术+"中的审美元素美化了大众的社会生活，在不同产业要素融合的过程中具有至关重要的作用。另外，"艺术+"的模式还能够拓宽艺术产业发展空间，激发艺术产业创意的活力，提高艺术产业的竞争力，优化艺术产业结构等。因此，"艺术+"是艺术产业管理未来发展的重要趋势之一。

（三）跨门类融合——IP的打造

IP是Intellectual Property的缩写，直译是知识产权，是一种无形的财产权，也称智力成果权，指权利人对其所创的智力成果享有的专利权利。[①]

---

① 张岩，李景平. IP开发热颠覆我国文化产品经营传统模式 [J]. 青年记者，2016（35）：92.

传统的IP打造是对文学作品的改编，在泛娱乐化的时代，IP被广泛用于网络小说、影视动漫、主题公园等不同门类之中并进行产业价值链的延伸，但需要一个过程。具体来说，首先，获取原创文本的版权，如天下霸唱的小说《鬼吹灯》的版权。其次，把IP扩散到影视动漫等领域，如改编自小说《鬼吹灯》的电影《九层妖塔》与《鬼吹灯之寻龙诀》。最后，以IP为核心打造产业链的形式，如迪士尼将自己原创动漫电影中的卡通形象开发成玩具、服装、主题公园等不同形式，形成了一个以迪士尼动漫形象为品牌的产业链条。因此，在跨门类融合的形势下，IP打造就是把艺术资源与其他不同的行业门类相融合，打造具有市场延伸性的艺术产业链条，提高市场占有率。

因此，在数字创意时代，艺术产业管理必须找到适应跨界融合的战略举措，并深入研究这种产业结构的内在机制与逻辑起点，建立完善的艺术产业价值链，尤其是以IP为核心打造的产业价值链。而在"+IP"驱动与产业链整合的过程中，至少还有两个路径：一是"互联网+""文化+""+IP"，主线是抓好 IP 源头、IP 开发与 IP 衍生；二是"互联网+""文化+""+国际化""+IP"，主线是以IP 为中心，跨界整合并进一步在国际艺术衍生品产业链重塑中准确定位。[①]

近年来，世界各国都在注重文化软实力的提升，中国也不例外。艺术产业作为提高我国文化软实力的核心力量，任重而道远，尤其是面对以美国为首的西方文化的侵袭。因此，如何发展我国的艺术产业是一个亟待解决的问题。本文从审美维度、人才培养、跨界融合等三个角度探索当代艺术产业管理的发展路径，还远远不够。除了因为艺术产业管理本身的交叉性、复杂性和丰富性，更重要的是艺术产业管理如何与当代紧密结合，如何创造出既能满足市场需求又能提高大众审美能力的艺术作品，这才是艺术产业最终的追求。

---

① 西沐. 用传统文化创造力催生艺术衍生品新业态 [J]. 人文天下，2016（9）：8.

重庆电影生产现状与发展策略研究

盛帅帅[①]

摘要：目前，我国各个行业都在进行着产业供给侧的改革，合理利用资源，优化产品质量，是推动下一轮经济增长的关键。在快速扩张的电影产业中，提升供给侧的生产制作能力迫在眉睫。长期以来，重庆市电影生产环节一直是弱项，每年投资拍摄的电影数量极少，甚至找不到一部在全国范围内具有广泛知名度的本土影片。本文从重庆市电影生产活动中的融资、拍摄、后期制作等环节入手，梳理重庆电影生产的发展状况，并探析其中存在的问题，旨在为重庆电影生产制作以及整个电影产业的良性发展找寻一条道路。

关键词：重庆电影生产；现状；问题；策略

电影产业是围绕影片的生产—发行—放映—衍生品开发这一完整产业链而形成的经济活动的集合。生产环节处于整个产业链的上游，是电影产业的基石，同时也是整个电影产业产生经济价值和社会效应的前提和基础。电影的生产环节包括电影的筹资、拍摄、后期制作等活动。多年来，重庆市电影产业的发展重心一直放在放映环节，如院线规模的发展、影院数量的扩张等，而对于供给侧的电影生产制作环节明显重视不够，这种发展思路亟须转变。

———————
①作者简介：盛帅帅，山东师范大学文学院文学与文化产业管理专业博士研究生。

一、重庆电影产业发展概况

近年来，重庆市电影市场体量与日俱增，电影院和银幕数量逐年增长，年度票房也屡创新高，呈现出一片繁荣景象。2016年全市票房总量达到12.64亿元，同比增长1.15%；共放映城市电影238.72万场，同比增长34.60%；观影人次为4064.74万人次，同比增长7.85%。[①]截止到2016年6月，在渝开设放映终端的城市电影院线24条，城市影院161家，影视制作机构188家。[②]截止到2017年6月，全市共拥有经常性营业影院197家，数字银幕1398块，银幕覆盖率为每2.29万人一块，并实现了区县小厅多厅化数字影院全覆盖。[③]

电影产业的发展离不开政策的支持。2010年7月，国家电影行政主管部门响应简政放权号召，将电影剧本（梗概）备案和电影片初审权限下放至省级广电部门。此后，国家相关部门和重庆市相继出台了一系列的政策法规来支持电影产业的发展。2015年8月，重庆市发布了《关于扶持重庆电影产业发展的意见》。该《意见》提出，对于在重庆市备案、立项且把重庆作为第一出品方的获奖影片给予一定奖励或补贴；扶持重庆本土优秀原创电影，对于采购原创剧本、完成拍摄并获得《电影公映许可证》的重庆电影企业给予资助；鼓励有条件的电影企业上市融资；支持引导有条件的区县建设电影产业基地，并优先安排建设用地；等等。这为重庆市电影产业的快速发展提供了政策保障。

2017年，我国电影界自上而下开展促进电影创作质量和电影市场规范专项行动，文化产业领域首部法律《电影产业促进法》亦于2017年初开始实施。该法对于电影创作、摄制、发行、放映、保障措施、法律责任等内容进行了详细的阐述。电影产业被正式纳入国民经济与社会发展规划当中，成为推动国民经济增长的重要产业。同时，《电影产业促进法》还降

---

① 重庆市文化和旅游发展委员会官网. 2016年我市城市电影票房持续稳定增长［EB/OL］. https://www.cqwhw.gov.cn/content-2487-971-1.html, 2017-01-06.

② 重庆市文化和旅游发展委员会官网. 2017年上半年我市城市电影放映市场平稳发展［EB/OL］. https://www.cqwhw.gov.cn/content-2487-993-1.html, 2016-06-28.

③ 重庆市文化和旅游发展委员会官网. 我市广播影视综合实力大幅提升［EB/OL］. https://www.cqwhw.gov.cn/content-2487-919-1.html, 2017-07-06.

低了电影行业的准入门槛，并在金融、财政、税收、土地等方面全方位扶持电影产业。《电影产业促进法》的适时出台，为开拓中国电影新境界铺平了道路，也为重庆市电影产业提供了一个良好的发展契机。

在重庆市众多的影视制作机构中，规模较大的有重庆电影集团有限公司、重庆魏王影业有限公司、重庆北方影视公司、重庆意动影像文化传媒有限公司等。其中，重庆电影集团有限公司成立于2011年10月，属于国有企业，主要从事影视文化项目的投资与开发、大型电影活动策划、影视设备服装道具租赁、影视场景设计、后期制作、电影发行等业务。该公司自成立以来，参与投资制作或发行的电影作品有《我最好的朋友江竹筠》（2011年，宁敬武导演）、《一九四二》（2012年，冯小刚导演）、《走过雪山草地》（2012年，王才涛导演）、《私人订制》（2013年，冯小刚导演）、《京城81号》（2014年，叶伟民导演）、《闯入者》（2014年，王小帅导演）、《开罗宣言》（2015年，刘星导演）、《摇滚藏獒》（2015年，艾什·布兰农导演）、《幸福马上来》（2016年，冯巩导演）、《欧洲攻略》（2016年，马楚成导演）等。

重庆魏王影业有限公司成立于2016年6月，是一家集影视投资、IP孵化、影视策划、影视制作、影视发行、数字技术研发、影视教育于一体的影视内容生产公司。2016年8月，魏王影业投资创建了重庆魏王电影制片厂，这是西南地区目前唯一一家具有"好莱坞标准工艺生产体系"的电影制片厂。在电影制作方面，运用好莱坞工艺体系理念和操作模式，实现电影产业向产量化、品质化、工业化等方向发展，打造"实体+金融+互联网"的全产业链模式。

目前，重庆有白象街影视基地、两江国际影视城、白沙影视基地、万灵影视基地等多个影视基地，这些影视基地充分体现了重庆的特色，尤其是民国时期的人文风貌。每年都有大量的影视剧在这里拍摄，如《周渔的火车》《好奇害死猫》《三峡好人》《疯狂的石头》《日照重庆》《一九四二》《失孤》《火锅英雄》等多部国内知名影片都在这些影视基地完成拍摄。重庆铜梁的安居古镇也投资6亿元，正在着手打造西南地区首个具有完备产业链的影视城。该影视城总占地2000亩，包括4条街道和1座百姓电影公园。重庆市文化发展"十三五"规划明确提出，要重点打造发展两江国际影视城、老重庆影视外景区、东方梦工厂、钓鱼城影视文化主题公园及影视制作产业基地等四大影视产业工程。2016年5月，华谊兄弟传媒集团与重庆签约，将在重庆两江新区悦来小镇投资20亿元，建设一座集电影拍摄、后期制作、休闲体验、旅游购物、餐饮住宿于一体的多功能电影小镇。

二、重庆电影生产中存在的问题

重庆市电影产业虽然取得了一定的成就，但在整个中国电影市场中，所占的份额还很小，和北上广等城市相比还有很大差距。重庆电影生产主体规模小、融资难，电影作品缺乏创新且数量少、质量低、无高原无高峰，制作人才匮乏等问题仍然是制约重庆电影产业发展的主要瓶颈。

（一）企业规模小，融资难

电影产业属于资本密集型产业，电影前期的生产制作需要大量的资金投入。据统计，好莱坞七大电影公司投资的电影平均成本为每部8000万美元左右，其中前期摄制成本约为每部5200万美元（占65%左右）。目前，我国能够进入院线的中等制作水平影片成本也大都在每部5000万元以上，大制作的电影成本都在每部1亿元以上。2016年有10多部投资超过2亿元的国产电影上映，其中《美人鱼》投资3亿元，《西游记之孙悟空三打白骨精》投资4.5亿元，《长城》制作成本甚至高达8亿元。并且，随着高科技制作设备和技术的引入、演员片酬的提升，电影生产对于资金的需求还会持续上升。

重庆市电影产业化发展时间很短，电影生产制作企业规模小，实力较弱，在近200家影视制作机构中，固定资产规模超过1000万元的仅有重庆电影集团有限公司、重庆重视传媒有限公司、重庆魏王影业有限公司、重庆北方影视公司等，其他的均是小微型影视制作公司。由于重庆市影视制作公司整体规模小、资本有限，很难引进高新技术设备和高层次人才，也无力独自投资拍摄制作成本较高的电影作品。

电影产业同时也是高风险产业，投资金额大，投资对象无形，且风险控制体系不成熟、不健全，这就使得很多企业在电影投资项目的选择上慎之又慎。目前，重庆电影融资渠道较为单一，融资难度也很大。大制作的商业电影因为投资高、风险大，企业无法筹集到足够的资金进行生产。制作成本相对较低的文艺片、独立电影又由于其商业价值不被看好，难以得到投资企业的青睐，只能更多地依赖政府资助、电影基金和个人融资等方式筹集资金。

2012年，由重庆师范大学影视传媒学院教师郑正编写的电影剧本《爸爸的晚餐》获得中国电影文学最高奖项——"夏衍杯"优秀电影剧本奖，该作品在2013年启动拍摄，由郑正导演。郑正坦言，电影遇到的最大困难就是资金，影视公司都认为影片没有市场，投资风险太大，不愿意投资。最后通过个人投资和市委宣传部以及亲戚朋友的资助陆续筹得近300万元资金，才使电影得以完成拍摄。由于资金的限制，在电影的拍摄和制作中都留有不少缺憾。虽然这部温情的文艺电影得到很多观众和专家的认可，但又因为宣传力度不足、院线排片少等原因，该电影在2015年上映时仅取得3.84万元票房。

（二）影片数量少，原创力不足

据统计，2016年我国共生产电影故事片772部、动画电影49部、科教电影67部、纪录电影32部、特种电影24部，总计944部，其中公映数量为417部。[①]与之相对的是，2016年重庆市电影备案45部，完成拍摄12部，电影产量仅占到全国的1.27%，远低于平均水平，可以用惨淡来形容。而且这些影片基本上是反映重庆人生活状态的小成本电影，能够进入院线放映的寥寥可数。重庆市文化发展"十三五"规划电影产业发展指标显示，2016年至2020年重庆电影产量为50部（年均10部），本土主流电影每年进入院线放映影片的指标值仅为5部（详见表1）。由此也可以看出重庆市电影生产能力之差、产量之低。

表1 重庆市"十三五"规划电影产业主要发展指标一览表①

序号	指标项	指标值
1	电影产量	50 部
2	全市人均年电影观影人次	1.5 次/人
3	电影票房年均总收入	10 亿元
4	打造全国票房收入百强影院	5 家
5	城市影院银幕总量	1200 块
6	本土主流电影进入院线年放映量	5 部
7	新建电影拍摄制作基地	3 家

除了生产能力差，重庆电影原创力也明显不足。原创是电影产品的核心竞争力，电影的原创主要体现在剧本创作上。剧本是一剧之本，好的影片一定离不开优秀的剧本，优秀的剧本肯定也离不开好的编剧。纵观21世纪以来的重庆电影编剧行业，整体数量较少，有创作经验的编剧大都涌向北京、上海等电影产业较为发达的城市，本土优秀剧本常常是"一本难求"。

（三）后期制作技术落后，高端人才匮乏

随着数字技术的迅猛发展，后期制作在电影产业中的地位越来越重要。电影后期制作属于知识密集型、创意密集型行业，主要包括画面剪辑、特效制作、音效制作、调色、后期合成、制作母版等，是一项庞大、复杂且精密的系统工程。长期以来，重庆影视后期制作一直是"短板"，虽然近年来重庆市相继成立了多家影视制作公司，但由于主体规模小，技术、设备落后，这些公司的主要经营范围大都局限在企业宣传片、视频广告、电视栏目、电视剧、动画片等对技术、设备和质量要求相对较低的业务上，而主要从事电影后期制作的公司可谓凤毛麟角。重庆市多数影视制作机构，难以胜任精细的后期剪辑、复杂的特效制作以及高端的后期合成

---

① 重庆市生产力发展中心. 重庆市文化产业发展综合研究［M］. 重庆：西南师范大学出版社，2016：112.

等工作，因此，就出现了有很多电影在重庆拍摄完成之后，需要把视频素材送到北京、上海或者国外进行后期制作的尴尬局面。

除了技术、设备的落后，高端后期制作人才的匮乏也严重阻碍了重庆影视后期制作行业的发展。2015年，重庆市九龙坡职业教育中心在重庆市范围内进行了一次针对影视后期制作行业人才状况的调研。此次调研在重庆市随机抽取10家影视动画制作企业，来统计从业者的相关数据。调研结果显示：在从业人员中，中职学历的占40%，高职学历的占17%，本科及以上学历的占43%；工作年限在1年之内的占41%，1～2年的占34%，2年以上的占25%。[①]此外，调研数据还显示：在影视后期制作从业人员中，工资收入为1000～2000元的占28%，3000～4000元的占24%，4000元以上的占10%。[②]由此我们可以看出，重庆市影视后期制作人才学历整体不高，有经验的专业技术人员也很少，且工资普遍较低，高端影视后期制作人员尤其缺乏。

造成重庆市高端电影后期制作人才匮乏的原因主要有两个：一是由于后期制作行业准入门槛相对较低，很多没有通过专业系统的学习，只是经过短期培训，掌握一些简单的后期制作技术的人员进入行业，这些人员大多没有足够的能力胜任烦琐的电影后期制作工作；二是由于重庆市电影后期制作行业发展较为落后，工资待遇较差，大量有专业经验、能够熟练运用先进的数字技术和制作手法的高端人才纷纷"逃离"重庆，到北京、上海的影视制作公司寻求更好的发展，重庆的高校和影视制作企业成了为北京、上海等城市培养影视制作人才的摇篮。高端电影后期制作人才的缺失严重制约了重庆市电影制作的整体水平，阻碍了重庆电影产业的快速发展。

三、重庆电影生产发展策略

推动重庆电影生产的发展应以整合本土的资源优势，引导社会资本注入电影生产环节，逐步形成多元化的融资模式为基本手段；以制定相关优惠政策，引进大型企业和高层次技术人才为保障措施；根据自身的发展状况，凸显特色，找寻一条适合自己发展的路径。

---

① 罗颖. 影视后期制作行业人才需求调研报告 [J]. 现代职业教育，2015（12）：64.
② 罗颖. 影视后期制作行业人才需求调研报告 [J]. 现代职业教育，2015（12）：65.

（一）引导社会资本，形成多元化融资模式

电影产业常规的融资方式有以下几种：金融贷款、风险投资、版权预售、个人融资、电影基金、政府资助、间接赞助、广告投入以及海内外企业投资等。重庆市电影产业相对单一的融资模式无力支撑大制作的影片，只有通过引导社会资本流入电影生产制作环节，整合投资力量，形成多元化的融资模式，才能促使重庆电影制作走上良性发展的道路。

拓展电影的融资渠道应以加大金融贷款、风险投资、广告投入、版权预售、企业投资和网络众筹等市场化资本运作手段为主。其中，网络众筹是随着互联网技术的发展而产生的一种新型的融资模式。据不完全统计，截至2016年8月，全国影视文化众筹平台共有62家，包括京东众筹、苏宁众筹、聚米众筹、众筹网、影视宝、娱乐宝等。这些众筹平台众筹成功的项目共655个，成功投资人次为14.3万人次，筹资金额达4.06亿元，其中，网络大电影项目最多，占到30.23%，院线电影筹资额最高，达1.50亿元，占筹资总额的36.96%。①网络众筹打破了常规的融资模式，让普通大众都成为电影投资者，大大拓展了融资渠道并提高了融资效率，为电影的融资开辟了新的天地。目前，重庆市还没有一家知名的网络众筹平台，相关企业应尽快成立自己的网络众筹平台，使本土的电影企业和项目可以通过网络来筹集更多资金。

此外，影视企业发行债券募集资金也是一种重要的融资渠道。2014年6月，财政部等部门下发的《关于支持电影发展若干经济政策的通知》提出，要大力推进电影企业多渠道融资，鼓励电影企业发行企业债、公司债、中小企业私募债等非金融企业债务融资工具，引导各类投资机构投资电影产业；同时，该《通知》还指出，中央财政将通过电影事业发展专项资金安排补贴资金，重点支持中西部地区及东部困难地区电影产业的发展。

（二）重视二级市场，制作中小成本电影

近几年来，我国的电影产量逐年攀升，高投入、大制作的商业电影大

---

① 盈灿咨询. 2016年中国互联网影视文化众筹发展报告［DB/OL］. http://zhongchou.hexun.com/2016-09-20/186098706.html，2016-09-20.

量涌现，然而，能够取得高票房收回成本或赚钱的电影不足10%，同时，还有半数以上的影片根本无法走进院线公映，没有在市场上竞争的机会。有鉴于此，鼓励目前发展还很羸弱的重庆电影企业大力投资生产主流商业电影的风险太大，且不利于重庆电影产业的长期稳定发展。未来几年时间内，重庆电影生产企业的整体发展思路可以是：一方面，根据自身的发展状况，适当地投资拍摄一些大制作、能在国内外产生一定反响的主流商业电影；另一方面，要重视本区域二级市场，为其生产制作一些符合市场需求的中小成本影片。

中国最大的市场是二级市场，即二、三线城市和广大的农村地区。这一市场目前还是整个电影市场的"蓝海"区域，处于放映环节的各大院线早已嗅到商机，把这些区域作为下一步扩张的方向。鉴于重庆市乃至整个西南地区的城市格局特征——大城市带动大农村，以及二级市场的巨大发展潜力，重庆电影制作机构完全可以抓住二级市场发展的契机，重视和准确把握这一群体的电影消费需求，针对二级市场生产制作中小成本影片，成为二级电影市场的内容供应商。

低成本电影的制作费用一般在500万元以内，中小成本电影的制作费用一般在500万元到2000万元之间。由于制作经费的限制，重庆电影制作机构往往会把聚焦点更多地放在当地，围绕着重庆或整个西南地区拍摄、制作相关的内容，运用这种模式生产的影片会更容易被当地受众接受，也更容易进入二级市场获取各方面的利益。此外，中小成本电影制作风险相对较小，对重庆市整个电影制作行业的人才梯队建设、市场培育、题材选取、文化诉求乃至品牌建设等都有不可估量的效果。同时，一定数量的中小成本影片也是小型电影制作企业试水商业市场的必经之路。在这种情况下，适时地推出一批针对二级市场的中小成本电影，在满足市场需求的同时，也将占领这一市场的高地，在未来的市场"争夺战"中抢得先机。当然，这些影片也有一定概率出现像《疯狂的石头》一样的逆袭之作，在国内电影市场上掀起一股观影热潮。

目前，我国电影二级市场还处于发展初级阶段，对其培育和建设需要长期的资金投入。然而，重庆电影生产企业一旦抓住电影市场中这块最大的蛋糕，将会为电影产业带来持久、稳定的经济效益和社会效益。

（三）凸显特色，大力发展网络电影和动画电影

随着移动互联网技术的高速发展，互联网普及率和网络视频用户呈现出高速增长态势，大量资本和机构进入网络电影制作行业。数据显示，2015年爱奇艺视频平台共上线网络大电影612部，分账超百万元的网络大电影达到35部。网络电影内容新奇、题材多元化，深受年轻人的追捧，如《深宫遗梦》《山炮进城》《道士出山》等影片点击量均破亿次（如表2所示）。2016年国内上线网络大电影数量约2500部，同比增长高达263%，总播放量高达216亿次；网络大电影市场规模达到10亿元，同比增长近10倍，且拥有巨大的发展空间。[①]网络电影具有门槛低、制作成本低、拍摄周期短等特点，重庆市中小型电影制作机构可以利用现有的技术、设备拍摄制作网络电影，借助互联网渠道播放，获取收益。

表2　2015年至2016年上半年热门网络电影播放情况[②]

网络大电影	播放量（亿次）
深宫遗梦	1.9
山炮进城	1.8
欲罪	1.42
道士出山2伏魔军团	1.4
山炮进城2	1.2
道士出山	1.2
二龙湖浩哥之狂暴之路	0.82

此外，近年来重庆市动漫产业发展迅速，在整个西部地区一直处于领先地位，重庆市可以利用这一优势，积极发展、制作动画电影。据重庆市生产力发展中心统计，2014年重庆市动漫产业资产总额达到2.017亿元，利

---

① 中国产业信息网. 2017年中国独播网络大电影行业发展现状分析［EB/OL］. http://www.chyxx.com/industry/201703/504549.html，2017-03-17.

② 中国产业信息网. 2017年中国独播网络大电影行业发展现状分析［EB/OL］. http://www.chyxx.com/industry/201703/504549.html，2017-03-17.

润总额为1614.2万元。^①截至2016年，重庆市动漫企业数量为255家，动画片年产量近5000分钟，有多个国家级或市级的动漫产业园区和基地，并连续8年成功举办了"西部动漫文化节"。重庆市原创知名动漫品牌有《缇可讲故事》《东方少年》《乐乐熊》《魔盒与歌声》《嘻哈游记》《神魄》《可儿历险记》等，其中，2013年重庆视美动画艺术有限公司与广州奥飞动漫公司联合制作的动画电影《巴拉拉小魔仙》在当年取得了5177万元的票房。在《大圣归来》《大鱼海棠》《熊出没》《喜羊羊与灰太狼》等国产动画电影取得良好口碑和票房成功的背景下，重庆市影视动漫企业可以整合本土的优势资源，努力打造属于本土品牌的动画系列电影。

（四）发挥本土资源优势，把重庆打造成为西部地区影视制作中心城市

目前，好莱坞电影后期制作成本占到总成本的三分之一左右，而国内电影后期制作成本仅占到总成本的五分之一左右。随着我国电影产量的持续增长，科学技术的快速革新，以及对影片质量和视觉冲击力要求的不断提升，国内电影后期制作市场规模将会越来越大，成为电影产业发展的重要推动力。当下，国内电影的后期制作绝大部分在北京和上海两个中心城市完成，其他地域性电影后期制作企业占有较少的市场份额。全国各地的影片都送到北京、上海进行后期制作。这一方面大大增加了电影的制作成本；另一方面，由于高水平制作机构有限、影片数量多等原因，使得电影后期制作的周期加长，且质量难以得到保障。这样的发展方式不利于我国整个电影产业的均衡发展。以北京、上海、广州、长春、重庆等城市为中心，分散形成多个高水平、市场化、综合性的影视制作中心是我国电影产业理想的发展模式。

近年来，重庆市建立了多个影视基地，但这些影视基地基本上是以提供影视拍摄场地、群众演员和服装道具等相对低端的服务为主，且都是各自为战，没有实现集中化、产业化和规模化。在数字化、全球化的大背景下，我国影视制作行业已经进入一个向集中性、整合性、规模性转变的时期。重庆市政府相关部门应抓住历史机遇，加强宏观调控，统筹规划，让

① 重庆市生产力发展中心. 重庆市文化产业发展综合研究［M］. 重庆：西南师范大学出版社，2016：199.

众多独立但相互关联的影视企业在政府支持辅助下形成聚集效应，并通过生产制作优质的影视产品打造企业品牌、区域品牌，形成核心竞争力，努力把重庆打造成为西部地区集影视拍摄、后期制作、文化旅游于一体的影视制作中心城市。

当然，把重庆打造成为西部地区影视制作中心城市不是一蹴而就的，政府相关部门和影视企业需多措并举。

一是充分发挥重庆的本土资源优势。重庆又被称为"山城""雾都""桥都"，城市风景独特，且拥有三峡文化、巴渝文化、抗战文化、陪都文化、红岩文化等丰富的历史文化资源。影视企业应充分利用重庆得天独厚的自然资源，挖掘城市的文化内涵，让影视基地成为文化的重要载体，创作出具有重庆文化特色的影视作品。同时，还要充分利用重庆原有的制造业与科技优势，不断促进影视产业与数字内容产业、旅游业、设计业和制造业的深度融合，提升重庆影视基地的市场化与综合化程度，壮大本土影视制作企业整体实力，形成品牌效应。在人才资源方面，重庆市有重庆大学、西南大学、四川美术学院、重庆邮电大学等10余所院校开设了包括表演、摄影、戏剧影视文学、数字媒体技术、影视制作、动画等影视相关专业，在校生人数近万人。重庆市应利用好本地人力资源优势，并适当提高从业人员的工资待遇，最大限度地减少人才流失。

二是积极出台财税扶持政策和招才引智政策。重庆市政府相关部门应完善扶持政策，加强扶持力度，以财政补贴、减免税收、优惠用地等多种方式吸引更多国内外知名影视制作企业入驻重庆；加大力度培养和引进编剧、摄影和影视后期制作人才，组建高水平制作团队，创作出一批有知名度的影视精品，并以此不断提升在行业内的地位和影响力；充分发挥重庆本地高校的人才培养优势，鼓励企业与学校展开广泛合作，联合培养符合社会和市场需求的专业人才，建立稳固的影视剧本孵化基地和影视制作人才培养基地，逐步形成"政产学研"协同创新发展模式。此外，重庆市政府相关部门还应设立市级电影精品工程专项基金，加大对电影创作项目的资助。

三是加强科技引领支撑，深化与国内外大型影视企业和金融机构的合作关系。引进高新影视摄制设备，能更好地与时代同步、与国际接轨，制作出高质量的影视产品；加强与国内外影视公司的合作，可以吸引更多的影视公司主动来到重庆拍摄和制作电影；加强与金融机构的合作，打造高效的金融服务平台，并建立影视制作企业的评估体系和信用担保体系，可以使金融机构在为影视制作企业提供资金支持的同时，共同分担风险。

四、结语

电影产品的质量决定着发行、放映、衍生品开发等后续活动实施的效果。若没有生产，消费就无从谈起。因此，推动电影产业快速、健康发展，应把提升高质量电影的生产制作能力放在首要位置。目前，重庆市电影制作行业还处于起步阶段，我们要认清自身的发展状况及存在的问题，根据这些问题制定合理的发展目标与策略，并出台相关的政策法规保障其顺利实施。推动重庆市电影生产，使其走向良性的发展道路，这是一个漫长的过程，需要政府、电影制作机构和相关的从业者付出长期的努力。

参考文献：

［1］重庆市文化和旅游发展委员会官网. 2016年我市城市电影票房持续稳定增长［EB/OL］. https://www.cqwhw.gov.cn/content-2487-971-1.html.

［2］重庆市文化和旅游发展委员会官网. 2017年上半年我市城市电影放映市场平稳发展［EB/OL］. https://www.cqwhw.gov.cn/content-2487-993-1.html.

［3］重庆市文化和旅游发展委员会官网.我市广播影视综合实力大幅提升［EB/OL］. https://www.cqwhw.gov.cn/content-2487-919-1.html.

［4］李蕾.中国电影迎来理性发展转折点［N］.光明日报，2017-01-03.

［5］重庆市生产力发展中心.重庆市文化产业发展综合研究［M］.重庆：西南师范大学出版社，2016.

［6］盈灿科技网. 2016年中国互联网影视文化众筹发展报告［EB/OL］. http://www.chyxx.com/industry/201703/504549.html.

［7］罗颖.影视后期制作行业人才需求调研报告［J］.现代职业教育，2015（12）.

［8］中国产业信息网. 2017年中国独播网络大电影行业发展现状分析［EB/OL］. http://www.chyxx.com/industry/201703/504549.html.

图书网络营销的现状及路径探究

孙晓雪[①]

摘要：随着互联网在全球范围内的普及，越来越多的人开始通过网络平台购书，图书开始由传统营销向网络营销转型，图书网络营销正在以便捷、高效等多方面的优势给传统图书营销带来革命性的冲击，这对于图书出版业来说既是机遇也是挑战。但是，图书网络营销在发展过程中也衍生出一系列问题，出版业只有正视这些问题，及时找出应对策略，才能在复杂多变的市场环境中占有一席之地。

关键词：出版社；图书网络营销；营销模式

互联网的飞速发展使得传统图书企业的营销策略发生了颠覆性的变化，图书营销也突破传统的营销模式进而向图书网络营销转变，读者利用网络购书成为一种新趋势。利用互联网这一先进的科技手段进行图书的网络化销售，使人们对图书的消费习惯、获取渠道和评价方法发生了质的变化，在给企业带来巨大经济利益以及为人们带来极大便捷的同时，也不可避免地衍生出营销方式、网络信用、图书物流等方面的问题。出版社只有积极正视这些问题，不断创新营销思路，及时解决问题，才能在复杂多变的网络环境中得以生存和发展。

---

① 作者简介：孙晓雪，山东艺术学院艺术管理学院艺术学理论硕士研究生。

一、图书网络营销概述

（一）图书网络营销的概念

互联网技术的迅猛发展使得图书市场销售打破传统的营销模式，由此，图书网络营销应运而生。所谓图书网络营销，就是指利用现代信息技术，通过互联网，以新的方式、方法和理念实施的图书营销活动。[①]

（二）图书网络营销的平台

1. 网上书店

网上书店是出版社进行图书网络营销的主要模式，各大出版社在网络营销方面的主要任务就是占领网上书店的首页宣传，使读者在浏览页面时可以一目了然，从而在日益激烈的市场竞争中获得优势，拔得头筹。出版社建立合作的网上书店主要分为专业书店和综合书店两种。专业书店专门销售各类图书而不包含其他商品，如新东方图书网；综合书店则除了销售图书，还销售服装、音像制品、日用品等其他商品，如淘宝、当当网等。

2. 论坛和社区

有关图书的论坛和社区已经成为读者之间相互交流感受、发表评价的重要途径。出版社可以根据消费者的实际情况，在适当的社区和论坛中发布关于图书信息的帖子，读者可以就有关该帖或图书的看法发表自由言论及评价，这样可以迅速地将图书信息上传到网络，从而达到极佳的宣传效力。

3. 官网

为了将图书的信息和内容更好地展示给读者，大部分出版社都建立了自己专门的图书网站，由网站编辑人员控制网站的页面布局，通过提供样章试读、自由评论、意见反馈和建议征集等个性化服务，向读者充分展示图书的主旨、内容和潜在价值。这类官网所发布的信息更加具有官方性和权威性，便于读者对图书的整体结构有一个大致的了解，从而增强读者对

---

①厉亚，欧阳旭清.互联网时代的图书网络营销策略［J］.出版广角，2007（8）：53.

出版社图书品牌的信任和认可。

（三）图书网络营销与传统图书营销的联系与区别

1. 图书网络营销与传统图书营销的联系

图书网络营销和传统图书营销都是为了实现一个共同的目标，那就是通过一系列的营销活动，包括图书的推广和销售等来实现图书企业的利润最大化，并且在实际的营销活动中都需要把多种营销策略加以组合，因为在图书市场中，图书整体的营销活动需要多个环节的支撑才能完成。

2. 图书网络营销与传统图书营销的区别

（1）图书网络营销具有时空的无限性。与传统图书营销相比，图书网络营销可以更加快速地实现全球图书资源共享。在实体书店中，消费者总是要在规定的营业时间内购买图书，并且还不能保证这个书店里有自己需要的那本书，受时间和空间的约束较大；而在图书网络营销中，读者只需要通过网络手段，在众多的图书产品中随时随地自主购买所需要的书籍，不受任何时间和空间的束缚，能有效增加出版社的图书成交量。

（2）图书网络营销具有沟通的畅通性。读者可以在网络上第一时间看到出版社发布的最新图书信息以及其他消费者的产品评价，通过筛选出对自己有用的信息来确定自己的购买需求，还可以通过在线聊天室与专业的网络营销人员进行实时的对话与沟通，使出版社能够及时地获取读者的反馈信息和各类需求，有利于出版社不断完善图书的营销策略，真正贯彻"顾客就是上帝"的服务理念，做到以读者为中心，积极地促进消费者的消费行为，从而提高经济效益。

（3）图书网络营销具有销售成本的低廉性。在传统图书营销中，图书发行商往往会购进一定数量的图书，如果这些图书无法顺利全部售出，则会导致图书库存积压，损失成本，还要支付一定的店面租金；而图书网络营销不仅节省了发行商的店面租金成本，而且利用电子货币在线支付的方式可以使发行商在读者下单的第一时间收到应收款，减少了可能因种种因素导致的应收款损失，同时节省了相关的渠道费用、存储费用和交易费用，从而将这部分资金让利给读者，发行商在读者体验优惠服务的同时无形中提高他们的忠诚度，保证了图书交易的稳定性。

因此，图书网络营销相较于传统图书营销而言，能够紧随时代发展的步伐，在充分利用丰富的网络资源基础上，为读者提供更加便捷、周到和人性化的服务，全方位地满足读者的各类需求，在提高图书销售量和增加出版发行商效益方面起到积极的促进作用。

二、图书网络营销的现状及问题

我国的图书网络营销与国外相比，一方面发展时间较为短暂，另一方面受国内政治和经济制度以及国民传统观念的影响，其发展进程也较为迟缓，且在发展的过程中还存在着营销方式、营销内容、信用、物流等方面不容忽视的问题，这也严重阻碍了图书网络营销的发展进程。具体来说，主要表现为以下几个方面。

（一）营销方式及营销内容单一，缺乏新意

在互联网的大力驱动下，传统图书营销逐渐向图书网络营销过渡，网络成为图书营销的重要工具和手段，但是，这并不意味着图书企业在进行图书网络营销时要照搬传统图书营销的内容和方式，如果仅仅是这样，图书网络营销的存在将变得毫无意义。顺应时代潮流，充分利用网络多媒体平台转换新的营销方式和营销内容，成为大多数图书企业首先要思考和解决的问题。然而，在传统媒体向网络媒体转变的过程中，出版社进行图书网络营销的方式普遍呈现出千篇一律的现象，诸如新书发布、图书连载、促销活动、书评等传统的图书营销方式依然被出版社生搬硬套在图书网络营销中。当然，在图书网络营销过程中也有新的营销方式出现。例如，互联网催生出智能手机，它的普及应用使得图书网络营销拥有了手机客户端，诸如当当、淘宝等，读者在这些客户端上可以依自身需求随时随地与出版社进行在线互动、沟通与交流，因此，这也可以认为是一种全新的营销方式，而这种营销方式也只能依托于智能手机这一新型营销渠道的存在而存在。另外，出版社也不重视开发独具创新的图书网络营销形式。受从众心理影响，举办的新书宣传推广活动来来回回也就只有记者招待会、新书发布会、新书签售会和读者见面会几种，既传统守旧又缺乏创意，完全脱离了网络这一大资源优势。如果出版社继续坚持如此缺乏创新的营销方

式及营销内容，最终将会导致图书在激烈的市场竞争中逐渐归于平淡，从而淡出读者的视野。

（二）网络信用制度不健全，缺乏保障

一方面，众所周知，网络是一个背离现实的虚拟世界，图书网络营销就是要把发生在现实世界里的一系列交易活动搬到这一虚拟世界中，买卖双方对于对方的真实情况都一无所知，因此不乏风险的存在。虽然网络的飞速发展大大促进了国民经济的增长，但是随之而来的网络诈骗也肆意横生，加之科技手段的发达使得网络账户资金极易被有心之人盗用，个人诚信和企业信用都普遍偏低。大量的网络诈骗案例在严重损害人们的人身财产安全的同时，也在一定程度上阻碍了图书网络营销的发展，但这并不绝对意味着图书网络营销遭遇瓶颈。对于读者来说，在网上购书的时候往往会选择信赖那些规模和知名度都比较大的网络平台，比如当当网、亚马逊网等等，这就抑制了一些中小型的图书网络营销企业的发展，从而影响了图书网络营销整体的发展水平。

另一方面，图书网络营销也为盗版图书的市场走向提供了捷径。图书的盗版现象一直以来都屡见不鲜，这对于作家和正版图书网络营销企业来说都是一个令人十分头疼的问题，也导致了我国在国际文化交流与文化对峙中的弱势地位。据有关部门不完全统计，近两年仅版权行政管理部门查处的侵权盗版案件即达3400余起，平均每天4.66起，盗版与正版的比例保守估计为1∶1，而电子图书的盗版比例则更高。[1]盗版图书在对作者造成严重侵权的同时，也导致我国经济、税收损失重大。尽管我国也就打击盗版图书采取了一定的措施，例如图书的防伪标识和对售卖盗版图书的人进行一定程度的惩罚等，但由于打击力度不够大、覆盖面不够广等多种原因，导致结果不尽如人意。如果再任由盗版现象往日趋严重的方向发展，最终的结果也只能是盗版图书以其低成本和低售价的"优势"将正版图书挤出市场而称王称霸，这将严重阻碍图书网络营销的正向发展。

网络诈骗和网络图书的盗版现象这两方面都涉及网络信用问题，无论对于出版社还是消费者来说，都存在着或多或少的弊端，阻碍了图书网络

---

① 黄丽娟. 中国图书网络营销的现状及对策研究［J］. 江苏商论，2006（5）：67.

营销的发展。

（三）图书物流成本高、效率低，缺乏完善

我国的图书物流社会化程度较低，且存在物流成本较高这一问题，这对于我国图书网络营销的影响主要体现在以下两个方面。

第一，我国图书物流的标准化和自动化程度较低。我国物流行业从业门槛较低，物流活动中各个环节的自动化和标准化程度都比较低，这就使得物流的运行以人工为主，而如今我国的劳动力成本却不断上升，造成图书网络营销整体成本较高，同时由于标准化和自动化的缺失使得图书物流工作效率较低。

第二，我国图书的逆向物流体系不完善。目前，我国图书购销主要采用经销包退的方式，一些图书零售商往往倾向于购进尽可能多的图书，当图书销售不出去的时候，他们会选择退给出版社，退货率持续走高成为出版社直接面对的结果。由于我国对图书的逆向物流缺乏足够的重视，那些被退回的图书不能及时到达出版社的手中，图书"论斤称"的现象屡见不鲜，大量仍有潜在市场需求的图书没有得到有效的市场再分配及利用。

三、图书网络营销的路径探析

（一）由传统营销观念向现代营销理念转型

由传统图书营销过渡到图书网络营销，最重要的一点就是出版社要从思想上转变传统的营销观念。首先，在图书的网络营销过程中，出版社和发行商双方都应该牢牢树立将营销放在第一位的观念，在发挥自身工作能力的同时，还要领导全体员工参与到工作中来，鼓励他们增强营销意识、培养营销能力，形成全员上下一同营销的战略。在国内图书企业现状日趋严峻的影响下，出版社在考虑如何获取市场的占有率、获得更大的图书销量、激发读者的购书欲望等问题时，都需要转变传统的营销观念，转向现代营销理念。其次，发挥创新思维、开发全新的营销方式、开拓新的营销渠道以适应复杂多变的网络环境。最后，新的营销方式的开发与营销人才

的培养息息相关，因此，出版社应当广纳优秀的复合型人才，学习先进的营销思路和营销理念。出版企业可定期组织相关优秀人员进行网络营销知识学习、交流与培训，为图书网络营销的发展储备后续力量，切实提高竞争水平，增强竞争能力，增加市场占有率，以达到刺激读者购书欲望、提高图书销量的最终目的。

（二）发挥政府宏观调控作用

政府的宏观调控作用对于市场来说一向是一个必杀技。在网络环境下，部分读者由于对网络的信任度较低和自身的购书习惯等因素，仍然倾向于传统的购书方式，消费习惯比较滞后。如果政府充分发挥其对图书网络营销的宏观调控作用，则会在一定程度上转变消费者的行为习惯，使之向现代化消费行为过渡。另外，从社会精神文明建设的层面上来说，政府一方面需要进一步加强网络的基础设施建设，营造一个安全、可靠的网络环境供读者使用，另一方面还应该不断建立健全图书网络营销法律法规，严厉打击图书盗版、图书侵权等不法行为，在对图书产品质量进行严格把关的同时，用实际行动提高消费者对网络的忠诚度和信任度，使消费者可以完全放心地通过网络购书，进一步促进图书企业营销业绩的实现。

（三）提高图书物流水平，重视图书物流逆向管理

一方面，传统的图书物流管理模式已经不能很好地适应互联网背景下图书物流的常规化运营，既无法发挥为图书网络营销而专门设立的图书物流中心应有的作用，又不能带动线下图书产业链的整体发展。出版社在运用图书物流进行图书网络营销中的产品运输与配送，首要任务就是改变出版社传统的物流运作理念及管理方式，结合实践经验从整体的电子供应链这一角度对物流的结构与运营进行不断的创新、规划与优化。也就是说，出版社应该转变传统的物流运行机制，开发创新思路，实行新的物流管理模式。具体来说包括三点：第一，重新整合图书产业的电子供应链体系，在实现供应链上各个企业之间信息互通与资源共享的基础上，达到互利共赢；第二，增强图书物流中心的科技化程度，使各个部门相互间的信息交流与信息传播更加快速；第三，强化图书物流系统中各个环节的运作流程，对组织结构或者部门划分进行合理的再设计和重组。出版社应汲取国

外先进经验，尽可能快地实现图书物流的标准化与自动化，降低因人工作业而带来的劳动力成本，在提高图书物流系统整体运行效率的同时，减少因图书物流运作不当而带来的高成本。

另一方面，近年来随着图书库存积压越来越多，加之退货率逐年上升，关于图书逆向物流的管理和完善的重要性渐渐凸显。而在环保几乎已经成为全民意识的21世纪，图书企业的外部经营链是否足够环保和节约资源就变得非常重要，甚至可以成为市场竞争力的一部分。一个滞后的逆向物流流程所经历的环节更多，需要投入的资金也就更多，一旦落入这种落后的程序里，图书就只能被遗弃，并被打回原形成为纸浆，而对于企业来说，纸浆的收益远远比不上图书的收益，这就会造成极大的资源浪费。一个完善的逆向物流应该是功能齐全的、有序的、能够有效利用资源的，图书被退回并不意味着被人们遗弃而成为无用的垃圾，事实上很多垃圾都是放错了地方的宝贝。出版企业应该做好市场调查，把被退回的图书重新投入它该去的市场，这样不仅可以减少逆向物流的环节，降低成本，而且还能给企业带来二次效益。因此，出版企业应该好好开垦图书的逆向物流这块肥田，处理好它带来的机遇和挑战，为自身和社会谋福利。

四、结语

在网络环境的影响下，出版社传统的图书营销模式已经不能完全适应激烈的市场竞争，图书网络营销便由此应运而生。图书网络营销在给出版社带来便捷和效益的同时，也存在着一些不可避免的问题。出版社只有正视现实，认真审视不足，利用网络新技术手段，勇于突破陈旧的思维模式，激发创新意识，发挥创新能力，充分适应环境和读者需求的不断变化，才能在激烈的市场竞争中站稳脚跟，这对于提高图书销量也具有十分重要的理论和现实意义。

参考文献：

［1］何露露. 大数据时代我国图书网络营销的困境与出路［D］. 武汉：华中科技大学，2014.

［2］张晓蒙．近五年来图书网络营销研究综述［J］．江苏经贸职业技术学院学报，2011（2）．

［3］高浩杰．浅谈我国图书网络营销的现状［J］．科技创新与生产力，2017（276）．

［4］史海娜．图书网络营销研究［D］．武汉：武汉大学，2010．

［5］梁瑞仙．网络环境下的图书市场营销分析［J］．出版广角，2016（1）．

我国公共图书馆的文创产品开发

黄明琦①

摘要： 近年来，各国越来越重视文化创意产业的发展，公共文化机构通过文创产品开发，找到了创新公共文化服务的发展方向。图书馆作为公共文化机构的典型，相比于其他公共文化机构，其文创产品的开发较为缓慢，如何开发好文创产品成为一项重要的课题。本文在总结我国公共图书馆文创产品开发现状的基础上，探讨了我国公共图书馆在文创产品开发中存在的问题，并且提出了一条具有图书馆特色的文创产品开发之路，希望能够对公共图书馆开发好文创产品有所启示。

关键词： 公共文化机构；公共图书馆；文创产品

文化创意产品（以下简称文创产品），属于知识产品的范畴，和一定民族与地区的文化背景相联系，源自个人才情、灵感或智慧，是人类的知识、智慧、灵感、想象力的物化表现。②文创产品开发，就是从文化资源中挖掘出文化内涵，运用具有创意的现代手段，开发出具有文化价值和经济价值的产品。

为了推动公共文化机构的文创产品开发，2016年5月，国务院办公厅转发国家发展改革委等四部门制定的《关于推动文化文物单位文化创意产品开发的若干意见》（以下简称《意见》），对于促进我国博物馆、图书馆、美术馆等公共文化机构文创产品的开发作出了相应的部署和指

---

① 作者简介：黄明琦，山东艺术学院艺术管理学院艺术学理论硕士研究生。

② 姚林青，卢国华. 文化创意产品的经济性质与外部约束条件 [J]. 现代传播，2012（5）：106-110.

导。①我国公共文化机构的文创产品开发工作逐步开展，公共图书馆作为公共文化机构中的重要构成，必须积极参与到文创产品开发中。公共图书馆文创产品的开发，是依托馆藏资源，利用创意手段，开发出体现图书馆深厚文化内涵，起到传达图书馆教育功能、经营理念及传播图书馆文化作用的产品。公共图书馆进行文创产品开发，是我国文化事业单位改革的有益实践，对于增加发展资金、提升图书馆知名度等具有重要的意义。公共图书馆如何基于馆藏资源进行文创产品开发成为当前引人关注的课题。各地公共图书馆文创产品开发水平不一，可借鉴经验较少，仍需探索一条具有中国特色的公共图书馆文创产品开发之路。

一、我国公共图书馆文创产品开发现状

2017年1月，文化部确定了国家图书馆为文化文物单位文化创意产品开发试点单位，并且备案了首都图书馆、湖北省图书馆、武汉图书馆等36家省市级公共图书馆为文化文物单位文化创意产品开发试点单位。②文创产品开发对于我国公共图书馆来说还是一个较为新鲜的事物，随着《意见》的出台和文创产品开发试点工作的开展，全国图书馆特别是37个已经被确立为试点单位的公共图书馆，对文创产品的开发充满热情，并不断进行尝试和探索。

在我国，公共图书馆相比于博物馆等公共文化机构，在文创产品开发方面起步较晚，正处于萌芽阶段，但"全国图书馆文创产品开发联盟"为公共图书馆文创产品开发工作保驾护航。2017年9月"全国图书馆文创产品开发联盟"在北京成立，该联盟提出"以弘扬中华优秀传统文化为目的，以引领和推动行业文创产业发展为宗旨，为图书馆界文创起步晚、规

---

① 国务院办公厅. 国务院办公厅转发文化部等部门关于推动文化文物单位文化创意产品开发若干意见的通知［EB/OL］. http://www.gov.cn/zhengce/content/2016-05/16/content_5073722.htm，2016-05-16.

② 文化部办公厅. 文化部办公厅 国家文物局办公室关于开展《关于推动文化文物单位文化创意产品开发的若干意见》落实情况阶段性总结的通知［EB/OL］. http://www.mcprc.gov.cn/bnsjdt/whcys/201701/t20170117_477682.html，2017-01-09.

模小、资源较为分散、品牌效应不强等问题提供解决方案,指导各成员通过文创研发、营销渠道、人才培养等资源的共建共享,提高图书馆文创研发整体水平"[①]。该联盟的成立,对于我国公共图书馆提升文创产品开发水平、促进文化教育职能和文化产业职能的双重发展起到重要作用。

我国各省市级公共图书馆抓住新机遇,依托馆藏典籍,提取出人们耳熟能详的传统文化元素,在开发文创产品时将传统与创新融合,推出了丰富多样的文创产品,获得了一定的社会效益和经济效益。目前我国公共图书馆开发的文创产品种类主要有馆藏资源类文创产品、体验类文创产品、图书馆文化创意APP类产品等等。其中,位于北京的国家图书馆成为我国公共图书馆界文创产品开发的"领头羊",为我国公共图书馆文创产品开发工作提供了宝贵的经验。一方面,国家图书馆依托丰富的馆藏资源,积极与社会力量合作推出了复仿品、衍生品、体验式文创产品等等,充分体现了文化价值与实用价值的统一。例如国家图书馆推出的"庆赏升平"系列公交卡、钥匙扣等产品深受大众喜爱。另一方面,国家图书馆开创了线上线下营销模式,线上经营主要分为淘宝"国图旺店"和典籍博物馆官网两部分,线下经营以国家图书馆内的实体文创产品商店为主。除此之外,各地公共图书馆也做了很多有益的尝试,比如河南省图书馆将馆内文化资源与旅游相结合,开发出"研学旅游"的文创产品。可以说,当前我国图书馆文创产品在新机遇下呈现出蓬勃发展的态势。

二、我国公共图书馆文创产品开发中存在的问题

国家相关部门出台了一系列政策、文件,鼓励和推动了公共图书馆文创产品开发的健康、可持续发展,但是,公共图书馆在文创产品开发之路上仍然存在着诸多问题,比如公共图书馆对文创产品的内涵认识不足,文创产品创意不足,产品种类同质化,文创产品开发成本高,资金短缺,文创产品营销体系薄弱等。

---

① 杨崇海.“全国图书馆文化创意产品开发联盟”成立大会在国图举办[EB/OL]. http://www.cssn.cn/wh/wh_hdzl/201709/t20170912_3637883.shtml,2017-09-12.

（一）对文创产品的内涵认识不足

文创产品的开发需要基于对文创产品的正确认识。联合国贸易和发展会议在《创意经济报告》中指出：文创产品分为创意货物产品与创意服务产品。创意货物产品与创意服务产品都以文化、创意为核心，是在生产制造的过程中明显消耗了创意想象力和创造力的货物与服务。①可以看出，图书馆文创产品既包括实物产品，也包括无形产品。

当前，我国公共图书馆纷纷开展了文创产品开发工作，但是通过分析图书馆推出的文创产品可以看出，相当一部分图书馆对文创产品的内涵认识不足，简单地将文创产品等同于文创实物复仿品、衍生品等物质产品，仅仅注重物质文创产品的开发，忽略了体验型文创产品、服务性文创产品等非物质文创产品的开发。

（二）公共图书馆文创产品创意不足，产品种类同质化

与博物馆、美术馆等公共文化机构相比，图书馆的馆藏资源大多是馆藏典籍，馆藏品种少，因此公共图书馆文创产品的开发比较困难。一些公共图书馆对文创产品的理解还只是停留在围绕馆藏内容开发复仿品、衍生品等产品的层面，缺乏创意深度，产品种类同质化严重。一是公共图书馆文创产品开发缺乏创意深度和文化内涵，馆藏文化特色不明显。很多图书馆文创产品只是对馆藏资源进行模拟复制，仅仅把馆藏资源的元素直接印制在笔记本、丝巾等物品上，设计转化程度低，无法展现文创产品所蕴藏的地域特色，使图书馆的文化内涵浮于表面；部分文创产品与普通旅游纪念品相似，创意不足。二是图书馆的文创产品种类同质化，缺乏新鲜感。图书馆文创产品开发跟风严重，种类雷同，如书签、钥匙扣、手机壳等类似产品屡见不鲜，使图书馆文创产品对公众的吸引力大打折扣。

（三）公共图书馆文创产品开发成本高，资金短缺

文创产品本身也是在经济市场的刺激下所出现的产物，文创产品想要在市场中占有一席之地，必须具备数量上的优势和品种上的多样化，然而大部分公共图书馆文创产品开发由于资金短缺以及高额的开发成本，无法

---

① 白远，刘雯. 文化创意产业与产品贸易［M］. 北京：经济管理出版社，2017：2-3.

大批量地生产多样化的文创产品。正所谓经济基础决定上层建筑，政府部门出台的《意见》在一定程度上推动了公共文化机构文创产品的开发，但是地方财政上缺乏相应的法规政策，导致大部分图书馆缺乏明确的专项资金。图书馆文创产品开发正处于萌芽阶段，项目的不成熟和开发阶段的隐形成本导致企业望而却步，从而影响社会资本的投入。与此同时，文创产品的开发需要大量资金投入，在产品开发、制作、打样和批量生产的过程中，文创产品的损耗大于一般商品，一般的生产厂商难以符合要求，图书馆需要大量地筛选符合要求的生产厂商，进一步加大了图书馆文创产品的开发成本。因此，文创产品开发成本高和资金短缺成为公共图书馆文创产品开发的一大障碍。例如2014年河南省图书馆开发"老家河南方言"系列明信片，虽然与社会力量合作开发，大大弥补了前期的设计成本，但仍无法投入生产，不仅因为核算定价过高，还因缺乏多样化的衍生产品，满足不了市场需求。

（四）公共图书馆文创产品营销体系薄弱

想要开发出"爆款"文创产品，市场营销是关键。图书馆作为公共文化机构，市场化运营受到诸多限制，公共图书馆界文创产品的营销体系薄弱，几乎处于半空白阶段。在图书馆文化创意产品开发试点单位中，拥有文创产品实体店铺的图书馆共有9家，其中仅有国家图书馆同时拥有线上和线下销售渠道，通过馆内定期的展销活动维持原有的客群活性，利用线上网店的销售和多重推广方式提高消费的便携性和消费者的新鲜感。[1]其余绝大多数图书馆都没有文创产品的基本销售渠道，而是依靠与其他机构开展代销或经销合作，甚至还有一些图书馆的文创产品并不售卖，仅作为展品和礼品。当然，仅仅做好文创产品的设计制作工作，并不意味着就能拥有广阔的市场，后续营销的无力是现在很多公共图书馆开发文创产品存在的普遍问题，在一定程度上造成了图书馆文创产品的销售困境，进而造成了许多口碑良好的文创产品无人问津的尴尬境地。

---

① 陈魏玮. 试点图书馆文创产品开发的研究与探索 [J]. 图书馆理论与实践，2019（1）：21-26.

三、我国公共图书馆文创产品开发的路径选择

（一）深入挖掘图书馆文化元素

深入挖掘图书馆文化元素是图书馆文创产品开发的基础环节。现阶段，公共图书馆可以从馆藏资源、地方特色文化、图书馆品牌及活动项目方面进行文化元素挖掘。一是从馆藏资源方面挖掘文化元素。公共图书馆拥有丰富的馆藏典籍资源，各省市级图书馆应系统梳理并分类整理馆藏资源，提取出具有代表性且适于表现、通俗易懂的文化元素。例如国家图书馆开发的"芥子园画传"系列文创产品，其设计元素即来自国家图书馆典藏的中国画技法入门教程《芥子园画传》。国家图书馆以《芥子园画传》中的花鸟虫草图案为灵感，设计制作了以《芥子园画传》中的图案为元素的明信片、便笺纸等系列产品，深受好评。二是可以结合地方特色文化，挖掘相关文化要素。各地图书馆馆藏资源丰富程度不一，除了挖掘馆藏资源中的文化元素，也应挖掘当地文化中的特色文化元素。例如，四川省图书馆将馆藏资源和地方特色文化结合，推出了"杜甫与熊猫"系列文创产品，颇受大众欢迎。三是从图书馆本身及项目品牌中挖掘文化要素。各地图书馆都有自己的馆舍、馆训等，有各自的阅读推广、公益活动等活动项目，例如深圳读书论坛、金陵图书馆的"朗读者"公益活动等。公共图书馆可借助自身品牌，结合活动项目内涵，提取特有文化元素，开发品牌相关衍生产品。这样除了可以缩短设计周期，也可以扩大图书馆的知名度，还可以利用原有品牌的影响力，增加产品的市场接受度，同时也便于结合原项目进行推广。

（二）创新文创产品设计开发

如今，我国公共图书馆文创产品开发主要采取三种形式，分别是：自主开发、合作开发、选购贴牌公开市场采购及授权开发。[①]各地公共图书馆开发文创产品可根据自身条件选择任一形式，但无论采取哪一种开发生

---

① 郭慧玲. 面向用户创新驱动的图书馆文化创意产品开发模式探究［J］. 图书馆工作与研究，2017（10）：91-95.

产形式，其文创产品都需要体现出各图书馆馆藏资源的文化特色，同时文创产品设计开发还需遵循以下理念。

一是创意与实用相结合。在图书馆文创产品设计开发中，需要兼顾创意与实用，图书馆文创产品不应该是普通的纪念品、手工艺品，不能简单地将文字和图案印到产品上，摇身变为文创产品，而是需要深入挖掘和提炼文化要素，经过创意设计转换成有实用价值的现代产品。二是结合当前大众喜好。在今天的自媒体时代，人们将微博、微信等自媒体应用作为获取各种信息的主要方式。图书馆文创产品开发者应该分析和理解大众在日常生活中喜欢哪些文化符号和文化元素，比如近年来在互联网上流行的"萌"文化。在图书馆产品设计开发中，结合这类趣味元素，发挥"萌"的特点，使文创产品更容易被大家接受。三是物质类文创产品与非物质类文创产品并重。在图书馆文创产品开发中，将图书馆文化资源与科技、旅游等跨界融合，除开发物质类产品外，也要注重体验型文创产品、服务型文创产品等非物质文创产品的开发。例如，国家图书馆不仅依托馆藏资源，开发出"庆赏升平"系列、"甲骨文"系列、"芥子园"系列等实体文创产品，同时，国家图书馆在文化创意产业服务方面进行了探索，推出了一系列研学旅游项目。

（三）构建多元化文创产品营销体系

开发文创产品是我国公共图书馆提供公共文化服务的新方式，其推出的许多文创产品还没有被大众知晓和接受，公共图书馆应积极构建多元化文创产品营销体系。图书馆可以建立线上线下融合的多元化文创产品营销体系：一方面线下图书馆可以利用自有空间来开发独立的文创产品店铺，用于文创产品的宣传、展示和销售。图书馆还可以和同样具有文化气质的独立书店、文创产品聚集实体店进行合作，将自己的文创产品置于它们的空间来进行展示、售卖。文创产品的线下营销不能仅仅限于室内，要进行流动推广营销。例如美国洛杉矶公共图书馆文创产品商店将产品营销从室内走到了室外，把改造好的卡车用于文创产品的展示和销售，成为一个"车轮上的图书馆商店"。[1]另一方面，图书馆应该重视线上平台的营销。

---

① 王毅，柯平. 美国公共图书馆文化创意产品开发实践研究［J］. 图书馆建设，2017（9）：69-77.

各图书馆可以利用电子商务平台来进行网络营销，扩大销售覆盖面，如国家图书馆在淘宝平台开设"国图旺店"。同时公共图书馆应运用自媒体进行宣传，可以借助微信、微博、Facebook等社交媒体来发布文创产品的信息、即将举办的活动以及分享读者对文创产品的看法等内容。此外，图书馆还可以根据节庆、热点等举办主题活动和折扣活动。

四、结语

图书馆作为公共文化机构的重要构成，积极试验和探索文创产品开发，盘活馆藏文化资源，丰富公共文化供给内容和形式，以满足人民群众不断升级的物质文化需要。我国图书馆文创产品开发处于萌芽阶段，发展过程中存在一些问题，图书馆应抓住机遇，迎接挑战，走出一条具有中国特色的图书馆文创之路，为大众提供种类丰富且高质量的文创产品，从而传承和弘扬中华优秀传统文化，促进图书馆事业的发展，实现公共图书馆教育职能和文化产业职能的共同繁荣。

第三部分

艺术管理与文化遗产的
保护和利用

基于"振兴传统工艺四川高校联盟"的审思

——高校在非遗保护中角色探赜

赵崇华　邓思杭[①]

摘要：在非遗的保护、传承和发展之中，除了需要传承人、政府、商界、科研机构等角色的介入，高校也是其中不可忽视的重要组成部分，他们共同为非遗形成了有机的文化传承机制。2018年5月，四川高校联合发起了"振兴传统工艺四川高校联盟"。"联盟"成立前后进行了多项非遗工作，并颁布了联盟相关章程、规划方案，对四川省乃至西南地区传统非遗文化的生态发展起到了积极的作用。这是一次非遗发展模式的探索，不仅为非遗可持续保护和传承提供了相关实际操作案例参考，也为高校与民间文化进行多维度资源的优质配置、两者共生发展提供了更为广阔的思考空间。

关键词：高校；非遗保护；传承机制；传统工艺

一、趋势：高校参与非遗传承、保护、发展的必然

非物质文化遗产（以下简称"非遗"）的传承、保护及发展并非仅限于原生环境中传承人所承袭的传统式单一机制，更是包含政府部门、媒体、学界、商界、普通受众等诸多方面的共同参与。在传统社会结构中，民间工艺可以不必借助学界的力量而得以活态传承；但面临着当下社会环

---

① 作者简介：赵崇华，四川音乐学院教授；邓思杭，四川音乐学院教师。

境的转型、物质生产方式的革新、大众审美观念的复杂化、生活方式的改变等因素的影响，非遗的保护、传承及发展很难在其原生文化环境中得以自主、原生和活态传承。这时，便需要学界承担起文化保护、传承及发展的历史重任，进而唤醒整个社会的文化遗产保护意识。近年来，学界在参与非遗教育、研究、传承发展等活动时所发挥的作用越来越大，越发受到重视，同时也对民间工艺的当下生存及未来发展产生了较大的影响。

在日本、韩国、意大利等国家和地区的非物质文化遗产保护工程中，均随处可见学界参与的身影。比如日本的《文化财保护法》、美国所立的《民俗保护法案》、联合国教科文组织所颁布的《保护民间创作建议案》和《非物质文化遗产保护公约》等，这些法案的提出均源于一批学术精英对于非遗研究的重视及长期呼吁，同时，法案在执行的过程中也常常能够获得学界的有效监督及修订，以保证其传承机制的正确实施及未来的长远发展。我国非遗保护工程启动时间相对较晚，但在国内学界的共同努力和积极推动下，政府以极高的效率开展了大量相关工作，如20世纪80年代《中国民族民间文艺集成志书》的搜集整理、2002年中国民间文化遗产抢救工程与2003年中国民族民间文化保护工程的开展、2017年国务院办公厅《中国传统工艺振兴计划》的颁布，以及各类学会、工作委员会、专家智库的设立等等，从中均可窥见学界在咨询、决策、普查、申报、运营、管理等方面所发挥的积极作用，不仅促使政府向联合国教科文组织申请、批准多项非遗项目，也对自身非遗体系脉络有了更为清晰精准的梳理把握。从中国民间传统工艺的研究进程来看，钟敬文、王文章、冯骥才、张道一、乌丙安、苑利、马知遥等大批学者均为其付出了诸多研究心血，在学界、政府以及所有非遗工作参与者的共同努力下，许多古老、濒危的民间工艺得以妥善保护及活态传承至今，并在当代实现着其含有的多维度综合价值。

在当前的文化发展趋势中，作为学界重要组成部分的高校积极参与非遗的相关工作便成了必然——这既是其必须承担的义务，也是其义不容辞的责任。高校对于民间工艺而言，其优势主要体现在这几个方面：高校并非以商业营利作为首要目的的组织机构，其关注学术性、文化性、历史性的特征，使其工作的开展可以尽量避免业缘关系对非遗的过度介入所导致的一些干涉、破坏作用；高校可以为各方搭建一个高效的信息交互平台，并可积极整合多方资源、促进经验交流；高校拥有较好的学术理论基础，可以为工作的构设与开展提供建设性的指导意见，并为其发挥引导、监督、咨询等关键作用；等等。2018年"振兴传统工艺四川高校联盟"的成立便是顺应这样的发展趋势而产生的，从成立之时便已经拥有许多优势：立足于四川这一文化大省的地缘优势，从政府政策、高校与研究机构到社会公众普遍具有较强的非遗保护意识；该联盟的成立聚合了多所高校的优质学术资源，摈弃了传统研究范式的诸多局限性（如本地区各高校独立研究所带来的信息不畅、资源配置偏差、地方院校研究力量相对薄弱等问题）；各高校成员拥有不同的研究资源倾向，多所高校共同参与可以让多个地区的传统民间工艺获得多维度、多层次的研究视野，引入数字媒体、3D建模、立体影像呈现等新兴技术，这样在拓展共有研究空间的同时，也扩大了其影响力；该联盟可为各成员搭建起高校、民间工艺美术工作者、文化机构与市场之间的高效信息交互平台，可为民间传统工艺的发展提供更多助力和规范；联盟可为地区民间工艺的人才培养、普查申报、活态传承、合理运营等活动的开展发挥积极作用；等等。

由此可见，高校角色对于非遗文化的发展而言确实不可或缺，也可于此大有作为。有了高校的积极参与，民间工艺等非遗的未来发展将由此获得更为科学长远的理论助力，它们也可在高校所作的资源整合中实现更多的价值——这从振兴传统工艺四川高校联盟的诸多实操案例中可窥见一二。但必须要注意的是，这样的交互与结合并非只是进行短期的田野考察、邀请民间工艺大师讲座、将非遗放置于高校中展览等措施就可达到预期目标，在实际案例中，高校更应关注如何基于这些非遗之优势，以期获得多维度、深层次、长远的研究和活态、原生的成效。这在下文中将进行阐释。

二、作用：高校可对非遗发挥的作用

高校对于非遗所发挥作用的对象主要集中于保护主体、传承主体、发展主体三个层面，而在现有的应用实践和理论研究情况下，许多案例却只是将民间工艺作为课堂内容的丰富拓展或作为地方特色课程进行开设，基本都采用"邀请民间大师入课堂""田野考察及艺术创作采风""召开讲座及学术研讨会""文创产品研发"等较为普遍的方式。相对而言，这些方式更多关注的是民间工艺的艺术层面和教育层面，实际上他们主要关注的还是非遗传播与普及效果；但这样相对较为短期、并不深入的单一方式，却很容易忽略这些民间工艺作为"非遗"的层面界定，这是非常可惜的。另外，许多非中心城市的高校尽管拥有得天独厚的丰富地域文化资源，但受限于其科研条件、资金、技术、人员等方面的弱势，不仅很难形成系统的研究成果，且这些非遗研究的理念和方式仍存在着很多问题，这就浪费了其具备的地缘文化优势。质言之，高校对于传统民间工艺所发挥的作用不应仅限于此，而是在交互中理应为二者共同营造一个有机长远的传承、保护及发展环境，其交互方式和工作角度更应兼顾不同规划层面和实施目标。

振兴传统工艺四川高校联盟的成立便是希望基于"非遗"和"艺术"的双重视阈，聚合本地区的优势资源，提供好的发展平台，由此来发挥其最大化作用。解读《振兴传统工艺四川高校联盟章程》，其中多次提到联盟主要工作内容及发挥的作用。例如，"第九条：以互相尊重、共同发展为原则，在传统手工艺传承、创新、学科建设、人才培养等方面搭建一个资源共享平台，同分享、共发展"；"第十条：以传统工艺设计大赛为载体，以'创新产品巡展'活动为依托，打造传统工艺孵化、巡展、交易和生产的平台"；"第十一条：积极提供传统与创意工艺产品的交易、科研项目推广、知识产权转化等方面的便利和保护机制"。[1]在二者共有的范畴中，高校除了可以对民间工艺进行传统意义上的理论研究和推广展示，还能在科学研究、资源整合、人才培养、咨询监督、传播普及、合理运营等方面提供诸多助力。从联盟所拟定实施的《振兴西部传统工艺四川省高等艺术院校行动计划策划方案》中可以发现，无论是设置关于中国西部振兴传统工艺百人计划的"双百计划"、培养大学生工艺美术人才的"千人计划"，还是举办专业性较强的作品制作赛事、获奖作品巡展，这一系列的活动若得以顺利实施，将会在多所高校之间形成"政府+学者+传承人+市场"的高效信息交互合作平台，亦可促进川渝地区工艺美术传承人才、创

---

[1] 参见《振兴传统工艺四川高校联盟章程（草案）》，2018年5月。

新人才培养机制的形成，为本地区民间工艺的传承和发展发挥积极作用。值得注意的是，联盟尤为关注科技元素在非遗中的重要融汇价值，提倡非遗与数字信息等科技密切结合，同时着眼于打破传统非遗"口传心授"的固态模式，使其保存整理与呈现交互获得更多行之有效的技术助力。

聚合本地区多所高校的力量可以以更高的效率整合各项资源、扩大其影响力，同时可以借此平台去整合各自拥有的专业及地缘优势，让高校对非遗的保护、传承和发展实现助力。在振兴传统工艺四川高校联盟今年所举行的学术研讨会上，许多川渝地区地方院校提出了一些实际问题。比如，甘孜州、阿坝州、凉山州等地拥有极为丰富的藏、羌、彝民间工艺遗产资源，唐卡、羌绣、彝族银饰、藏族锻铜等多项工艺均被列为国家级非物质文化遗产，而四川夹江年画、绵竹木板年画、自贡扎染等地方性民间工艺更是作为各地区民间艺术的优秀代表而扬名国内外。这些非遗凝结了巴蜀人民千百年来的生活智慧和审美情趣，具有极高的综合性研究价值，但囿于所在地区高校的研究条件限制，对其所进行的相关研究工作仍然面临着诸多困难，理念和方式亟待更新。阿坝师范学院、西昌学院、宜宾学院、四川理工学院、四川文理学院等地方院校的学者们在会上呼吁，希望能与四川大学、四川美术学院、四川音乐学院等拥有较好研究条件和丰富研究经验的高校联手协作，为地方引进前沿的学术视野、成熟的研究体系和高新科技手段，同时也将借助这些高校的影响力对这些非遗进行普及推广，以期共同为各地区民间工艺的保护、传承及发展提供更多宝贵的综合资源。

高校作为现代教育的主要载体，人才培养是其首要工作目标，这对于民间工艺人才的培养而言亦可发挥极大作用。高校可以基于民间工艺的发展沿革及未来需求，为其培养一批地方性非遗的研究、评论、保护、创作人才，对其传承、保护及发展主体产生积极影响，亦可缓解非遗断层、传承机制无序、研习人员缺少、研究体系混乱等当下所面对的传承"濒危"问题。在联盟会议上，与会代表、亚太及国家级工艺美术大师郝淑萍基于自身作为蜀绣技艺代表性传承人的角度，多次提出希望能够让许多人所误解的这些"难登大雅之堂"的民间工艺走进"庙堂之上"的高校，以此来打破二者之间的诸多隔阂；高校可以为传承人"正名""正身份"，尊重民间工艺匠人、提高待遇和完成身份认同，借助联盟内诸多高校所能提供的场地、人员、物质保障等举办学员研习班并将传统工艺融入高校的教学特色课程之中，由此共同培养出一批兼具专业性及文化内涵的综合性人才，对这些宝贵的民间工艺进行传承保护研究及地方性文创产品研发，让传统艺术在当下"活起来""用起来"。关于这点，四川师范大学、西南民族大学与四川音乐学院的多位学者对于联盟所拟定工作计划中关于"传承人才""文创人才"培养的相关内容也发表了看法，他们尤其对培养模式、课程及侧重目标提出了很多争论性建议。从客观角度观之，所有与会代表均希望高校对于民间工艺所发挥的作用是积极、促进的，而非过度干涉，避免对其造成原生文化破坏、业缘关系介入的负面影响——这也是民间工艺作为"非遗"和"艺术"双重身份时所面临的"原生"及"发展"悖论，关乎人才培养机制的构设践行，也关乎高校角色在其中的正确定位。

三、规则：共同所面临的问题及处置方法

张道一先生曾经提出，中国传统艺术的类别从群体上来看大致可以分为四类：宫廷艺术、文人艺术、宗教艺术、民间艺术。放置于当下，曾经的"文人艺术"群体大致可与如今的"学院艺术"（或者叫"学院派艺术"）群体相呼应起来，而传统的"宫廷艺术"群体则大致能和如今的"官方艺术"相呼应起来。[①]在当代中国的文化语境中，这几类艺术的边界似乎已经模糊，它们之间已呈现出相互影响和指向不明的特征。尽管其中的各个门类还是有独立存在的情况，但在当下很多时候，学院艺术、官方艺术与民间艺术已然密不可分（也无须分割）。其中，尤其是对于民间工艺类的非遗而言，随着它们传承机制的整体改变、社会结构及使用功能的变化，若还想在原生文化环境中保持纯粹的传统"民间性"（如口传心授制、家族内传制）似乎不太容易，但在高校等外缘因素介入传承机制之后，这些非遗是否还能保持原生性和活态性？在"学院派"艺术的影响下，它们在这样的文化背景下又当如何构设合理的传承机制？基于这样的思忖和实操案例反馈来看，高校对于传统民间工艺的介入目前已经存在着许多问题，需要公众的共同关注。

---

① 张道一. 张道一论民艺［M］. 济南：山东美术出版社，2008：83.

"非遗热"促使各大高校开始热衷于对此展开研究，这也促使许多非遗走出原生文化环境，进入"学院派"的艺术视野，但介于民间和高校两个不同角色立场之间的非遗在现实里时常面临着关于其工作倾向的两难权衡处境。有的高校在开设关于民间工艺的非遗传承人研修班的时候，加入了过多侧重于文化创意开发、市场经营乃至西方美学方面的课程，在传承人尚未厘清非遗保护概念之前便极力地鼓励他们做创新、改革、融汇，这会对非遗的原生性和真实性造成负面影响；有的高校在校内开设民间工艺大师工作室、学院研习坊，长期将传承人完全抽离于原生文化环境之外、频繁介入市场，因此固化了传承人自身的创作思想，甚至还会因过度趋利而带来产品质量低劣、造假、集体沉默、传承机制僵化等问题；文化自信对于非遗而言非常重要，但部分高校在其中经常会出现"文化太自信"，过于强调高校本身的作用而忽略了传承机制的活态规律，将民间工艺当作束之高阁的"形象工程"、校园文化建设的"面子工程"，而很多民间工艺的传承人又会显得"文化不自信"，唯"学界权威"马首是瞻，有时他们会过度依赖高校的作用而忽略了自身原生活态的传承机制，这些现象都非常容易导致非遗的保护主体和发展主体取代其传承主体，也容易产生文化的过度异化、僵化、符号化、复刻化——这有悖于民间工艺本身的发展规律。

　　作为振兴传统工艺四川高校联盟的成员，四川地区很多高校已经开始计划和开展了许多类似活动。四川理工学院将自贡扎染引入特色教学体系、西南民族大学把羌绣列为民间工艺课程、四川文理学院带领学生向民间艺术大师学习传统工艺、国家级非遗传承人郝淑萍在四川华新职业技术学院开设大师工作室及开设蜀绣专业等案例，均是对"高校+民间工艺"模式的探索，但具体实施中也有许多问题已然初步显现。借振兴传统工艺四川高校联盟成立的契机，所有成员高校基本在联盟章程中确立了他们关于民间工艺类非遗文化的工作规则，比如秉持"异人、异地、异品"的平行式发展模式[①]，让非遗的传承及发展在并行不悖的两个方向上各自作为，这样既避免了高校对于民间工艺传承机制的过度介入，保持了文化

---

① 苑利，顾军. 非物质文化遗产保护干部必读［M］. 北京：社会科学文献出版社，2013：304-306.

的原生性和活态性，同时也可为其发展引入文化创意和产业资源，进行多元的产品研发及生产，使这些民间工艺可以得到生产性自救，而非固化在原生地域或者高校等单一的文化环境中自我发展。联盟在相关的活动中不仅帮助许多非遗传承人确立了正确的传承理念和增强了知识保护意识，也为高校、地方政府和文化企业确立了传统工艺的创新发展思维，这样双管齐下的发展规则旨在让传统工艺和当代审美、科技发展得以更为恰当地结合，"让创作落地、让作品普及、让非遗活态"，以期在和谐共存的非遗发展法则中为四川地区传统的民间工艺实现多维度的文化价值、市场价值与科学理论价值。在联盟章程试行期间，四川师范大学、西南民族大学和四川音乐学院的许多学者提出联盟应该认真思考各成员高校专业开设、人才培养的目标及模式（比如如何合理培养非遗传承人、学生毕业之后的就业、非遗传承与创新的平衡、专业设立与课程安排等问题），这对于联盟未来活动开展的规则制定而言亦显得至关重要。

总的来看，目前高校对于非遗所面临的问题、处置方法尽管有较为统一的共识，但放眼不同地域的不同非遗品类，仍需具体问题具体分析。譬如针对年迈体衰的传承人、人员较少的传承群体、过度商业化开发的民间工艺，高校更应发挥其学术优势和影响力，呼吁政府和社会各界对其进行抢救性的传承保护工作，尤其是需要注重传承人的口述史、传统工艺技法、工艺作品形制等方面的记录；对于被认定为"封建迷信"、没有太多商业价值的民间工艺要慎重为其厘清概念；应关注非遗研究中常常被忽略的诸多元素，如行业神、行规、制作工具等。相关的规则制定并非一成不变，工作的具体开展也很难一蹴而就，为了保持科学长远的传承、保护和发展思路，联盟还应对此建立合理的监督及批判机制，才能制定出因地制宜、因时制宜、因事制宜的合理规则，并对各成员高校实行有效监督引导，尽量避免上述诸多负面问题的出现。

四、余论

近年来，多所高校的活动开展可以为振兴传统工艺四川高校联盟提供很好的借鉴，他们对于高校在民间工艺发展中的正确定位、应当发挥的作用、工作规则与范式等方面进行了深入的探赜并取得了较好成效。比如2018年天津大学所举办的非遗研究培训班系列活动，将"布老虎制作技艺"与"葫芦雕刻技艺"等传统民间工艺引入高校，一方面为其技艺传承人进行非遗知识和理念的普及，唤醒他们的非遗传承意识和文化自觉，另一方面则为天津大学师生带来高附加值的民间艺术体验，让他们以极大的热忱参与到布老虎技艺与葫芦技艺的多维度研究中。在本次研培班的产品成果展览、推介活动里，各种形制的布老虎、葫芦作品吸引了多家媒体争相报道，在媒体和民众传播过程中，这些宝贵的民间工艺获得了更多的关注，这样的成效不仅让参与高校活动的非遗传承人获得了来自政府、媒体、企业、社会团体、民众等多方位的共同关注，也由此使之拥有了更好的传承机制、意识和文化自信，但在整个过程中并未让他们忘却初心、一味逐利，也没有让传统工艺的原生性和活态性受到过多干涉和负面影响，反倒实现了并行发展的良好局面。可见，天津大学和各传统民间工艺由此探索出了一个关乎非遗传承、保护和发展的长远机制，所实现的价值对于二者而言应是双赢——这对各高校而言可作为重要的参考案例。

振兴传统工艺四川高校联盟作为西南地区首个针对地域性民间工艺而成立的大型高校聚合团体，对于四川乃至整个西南地区非遗保护与传承机制、资源及信息交互、科技及工艺创新、艺术及文化产业发展等均发挥着极为重要的作用。联盟主席牟文虎教授在学术讨论会中总结道：通过此番契机，振兴传统工艺四川高校联盟中各个高校成员、政府、媒体、商界和非遗传承人、社会公众可以在这一平台中完成关于民间工艺的信息交互、资源共享、有效整合、系统研究、长远发展，使之发挥应有价值。今后，联盟的执行中一定会面临着诸多问题，但由此所产生的工作方法及经验教训可以发挥更多超出地域的综合价值，联盟所制定的章程、开展的活动和执行经验等可以作为中国其他地域民间工艺的传承、保护及创新工作的案例参考，最终为助力文化遗产的有效传承、实现大众文化自信及自觉、推动社会主义文化繁荣而奉献联盟的合众聚力，为弘扬中华民族优秀传统文化发挥联盟应有的巨大效力。

质言之，非遗保护视野下的高校角色不可或缺、愈为重要，"非遗+高校"模式既是顺应时代发展趋势的必然，也关乎未来发展中如何权衡好发展与传承、保护之间的关系。诚然，振兴传统工艺四川高校联盟作为一个尚缺乏协作经验的新生团体，是否能够对民间工艺等非遗文化发挥其应有作用，各个高校在此联盟之中又应当如何平衡好各自的关系、较好完成资源优化配置，非遗传承人和传承机制又应如何构设，这些都还有待时日考证，更需要公众对此予以审思。综合来看，基于非遗保护唤起全民文化认同感、实现艺术与审美多元性、传承民族集体文化精神等目标，高校对于民间工艺的发展还需要做更多深入的具体工作，未来依然任重而道远。

参考文献

[1]苑利，顾军.非物质文化遗产保护干部必读［M］.北京：社会科学文献出版社，2013.

[2]李倍雷，赫云.艺术批评原理［M］.南京：南京大学出版社，2014.

[3]张道一.张道一论民艺［M］.济南：山东美术出版社，2008.

[4]马知遥.非遗保护的困惑与探索［J］.民俗研究，2010（4）.

文化遗产专业实践教学方式探索
——以山东艺术学院文化遗产专业为例

仝艳锋[①]

摘要： 山东艺术学院文化遗产专业作为实践性强、与社会发展同步、技术实践教学内容较多的专业，在专业实践教学环节中探索出了以基础理论为载体、以技术实践为发展、适应社会不同需求的实践教学方式。文化遗产专业实践教学的教学目的主要包括补充理论教学、拓宽学生视野、服务社会建设、促进就业创业和培养科研能力。

关键词： 艺术院校；文化遗产；实践教学

高等艺术院校培养学生的主要途径是教学，实践教学是教学环节中检验专业理论、拓展教学范围、验证教学预期效果的重要组成部分。大力加强实践教学，切实提高学生的理论吸收内化能力和专业实践操作能力，是高等艺术院校实现人才培养目标、建设应用型高校的重要途径。过去八年来，山东艺术学院文化遗产专业作为实践性强、与社会发展同步、技术实践教学内容较多的专业，在专业实践教学环节中不断尝试，探索出了以基础理论为载体、以技术实践为发展、适应社会不同需求、适合艺术院校学生特点和专业特点的实践教学方式。文化遗产专业实践教学的教学目的主要包括补充理论教学、拓宽学生视野、服务社会建设、促进就业创业和培养科研能力。本文就这五方面的实践教学方式结合山东艺术学院文化遗产专业实践的具体工作来分析艺术院校文化遗产专业的实践教学方式。

---

① 作者简介：仝艳锋，山东大学历史文化学院中国史博士后流动站出站博士后，山东艺术学院文化遗产系主任、副教授。

一、以补充理论教学为目的的实践教学

文化遗产专业的基础理论课程多是依靠课堂讲授理论知识来完成，这就需要学生利用课余时间在教学理论的指导下进行以自我为主的理论消化吸收实践学习。这种理论内化为自我知识体系的实践过程，以课堂理论知识为依据，着重于理论知识的重复验证，把书本上抽象的文字、图片知识与文化遗产专业实验室设备、标本、文献资料互相对照，加深对理论知识的理解和记忆。这类补充理论知识的实践教学过程涉及了文化遗产专业的大部分基础理论课程，包括《考古学概论》《文化遗产概论》《非物质文化遗产概论》《文物学概论》《中国工艺美术史》《博物馆学基础》《文化遗产法律法规》《美术考古概论》《古建筑艺术专题》《中国文化遗产通览》等课程。补充理论性质的实践教学场所及实践对象以本专业的实验室为主体，以校内图书馆、美术馆、博物馆和其他学院的文献、标本资源为辅助，部分课程需要在山东博物馆、济南市博物馆、济南市长清区博物馆、长清区灵岩寺等地结合文化遗产标本和收藏场所的管理实况进行讲授。

文化遗产专业已建成"非物质文化遗产专题教学实验室""图像资料采编室""物质文化遗产鉴定评估教学实验室""造型基础训练室""文化遗产保护技术教学实验室""文化遗产转化利用教学实验室/艺术品镶装保护技术教学实验室""物质文化遗产专题课教学实验室/物质文化遗产教学标本陈列室""文物保护技术研究室/文物修复技术教学实验室"等八个实验室，征集了一批民间文物藏品和非物质文化遗产标本，可基本满足大部分文化遗产理论课实践教学需要。民间文物藏品包括具有山东地区特征的龙山文化和大汶口文化时期陶器，碑刻，古建筑砖雕和木构件，各历史时期瓷片、瓷器，青铜器，汉代铁器，明代山西皮影等。非物质文化遗产标本有面塑、泥塑、泥玩具、锡器、木雕、糖贡、剪纸、纸扎等极具山东地方特色的民间美术、手工艺类标本。

文化遗产专业理论实践教学使用本专业实验室资源，不出实验室即可零距离或近距离接触到文化遗产标本，部分标本可直接反复接触，这样就可以在课堂上或课间直观地、形象地实现理论知识与标本相结合的便利快捷认知消化，最大限度地降低教学时间、经济成本，提高师生教学效益。基于这样的认识，在专业理论实践教学过程中，可最大限度地

发挥本专业实验室文化遗产标本的作用。《考古学概论》《文化遗产概论》《非物质文化遗产概论》《文物学概论》等专业必修理论课程都是在实验室内讲授的，课堂上就以实验室四周橱柜中的文化遗产标本为例子同时进行现场教学。

二、以拓宽学生视野为目的的实践教学

尽管文化遗产专业有一定数量的实验室设备、标本和文献资料，但是相对于社会上数量繁多的文化遗产标本，这些教学对象只可满足文化遗产教学的基本需求。对于尚有余力深入学习理论知识或对某一方面知识内容特别感兴趣、有志于继续深层次探索的学生，校内教学标本所提供的知识广度和深度就显得力不从心了。为了拓展学生的专业知识广度，拓宽学生的专业视野范围，发掘学生对专业理论知识的理解深度，文化遗产专业有必要通过实践教学的方式与课程理论教学相承接，延伸专业教师个体所掌握知识的边界范围，延续课程教学的知识传授体系。以拓宽视野为目的的实践教学适用于文化遗产专业的所有课程，其中以社会中具有明显文化遗产保存和管理的社会现象尤为显著。拓宽学生视野的文化遗产保管、管理机构目标以校外为主，目前省内的文化遗产管理单位有山东博物馆、山东省美术馆、山东省文化馆、山东省古建筑保护研究院、济南市博物馆、济南市长清区博物馆、济南市英雄山文化市场、山东省民俗学会、济南市文物保护与收藏协会和山东省人文艺术研究院等单位。

文化遗产研究与保护具有多学科交叉的特点，通过文化遗产研究与保护相结合的实践教学，促使学生掌握不同时代、不同类别文化遗产的特征和文化意义，把不同课程的理论知识在实践过程中加以融会贯通，起到初步掌握本专业理论知识的目的，达到"厚基础、宽口径"的人才培养效应。《文化遗产概论》在讲授过程中，就把即时发生的文化遗产现象和社会中的热点问题作为实践内容，结合理论知识的传授，利用基础理论来解释和阐述学生自己身边的文化遗产现象并提出自己解决问题的方法。在《考古学概论》《文物学概论》和《博物馆学基础》的课程教学中，实践教学的内容放在山东博物馆中，考古学中各种文化序列出土的器物特征

在课本中是分散的、抽象的，而在博物馆藏品陈列中就有考古出土陶器按照时间顺序来展览的基本陈列，一目了然的实地教学效果可提高学生的专业学习兴趣。同样，《文物学概论》关于馆藏文物的分类、命名、价值分析、保管措施、保管环境等内容，只要认真对照博物馆公开展出的文物就可以对某类文物的相关知识有大致的了解，并且能够结合其他课程的内容关联到这一处文物管理机构中。《古建筑艺术专题》的理论知识极为抽象，仅凭课堂上短时间的讲授很难将庞杂的关键知识内容传递给学生，而在长清区灵岩寺中的现场实践教学就能够把古建筑的构造、唐宋以来古建筑的特征在现场找到大致相对应的实物证据，有助于学生更好地吸收、消化知识。

三、以服务社会建设为目的的实践教学

高等艺术院校拥有设备、技术、人才、文献等各方面资源的优势，为艺术院校服务社会文化建设、发展文化产业、传承优秀传统文化和提升社会文化水平提供了保障。山东艺术学院与潍坊、滨州等地市签署了战略合作框架协议，利用高校的资源优势与地方在文化艺术人才培养、文化建设、文化遗产保护等方面加强合作，做好当地优秀传统文化的挖掘、研究、整理和利用工作，为发展公共文化服务和文化产业、建设文化强省作出实际贡献。文化遗产专业顺应校地合作、校企合作的发展趋势，利用本专业的文化遗产检测、影像采集等方面的设备，结合本专业在非物质文化遗产保护、文物科技检测、文物修复等方面的技术优势，及时组织学生为服务文化、经济社会建设贡献文化遗产专业的力量，也为本专业的实践教学提供了广阔的发展空间。

文化遗产专业服务社会建设教学着重解决当前文化遗产保护中迫切的现实问题，比如艺术品的鉴定、非物质文化遗产的整理发掘保护、脆弱文物的保护修复、文化遗产的利用规划等内容。这些工作就需要本专业的基础理论和实践类课程相结合来作技术支撑，涉及《非遗项目申报实践》《文化遗产转化利用》《陶瓷器保护修复技术》《书画保护修复技术》《拓片拓制技术》《壁画保护修复技术》《金属文物保护修复技术》《古

代艺术品科技鉴定》等课程。

2015年7月，山东艺术学院承接了文化部主办的非物质文化遗产传承人群的研修研习培训工作，开办的"剪纸"和"草柳编"两个非遗传承人群培训班取得了圆满成功，文化遗产专业的师生作为具体承办工作人员参与了其中的实践教学工作，积累了一定的培训实践经验。2016年5月、7月和11月，艺术管理学院承办的非物质文化遗产面塑、琉璃烧制技艺和泥面塑传承人群培训班圆满完成培训任务。2017年4月、5月、10月和11月，文化遗产专业承办的非物质文化遗产泥面塑、泥塑技艺、雕刻技艺和风筝扎制技艺传承人群培训班又圆满完成培训任务。文化遗产专业的师生主持了其中的实践教学工作，教师的授课、管理、业务水平得到进一步提升，学生的专业服务能力和学习机遇得到极大的扩展。

文化遗产专业利用自身的实验室资源积极与地方文化遗产单位和文化企业合作，承担了多个横向科研项目，由专业教师派出学生进入文化遗产管理单位实践，既锻炼了学生在实践工作中的积极应变能力，又解决了文化遗产单位技术人员不足、设备缺乏、技术水平欠缺的难题。2015年和2016年，文化遗产专业与文化企业签订了古代艺术品科技检测、艺术品保护修复的合作科研项目，为这些文化企业提供技术开发服务。2015年国庆节期间，文化遗产专业学生在济南非物质文化遗产博览园展示拓片制作技艺和书画装裱技艺，扩大了非物质文化遗产技艺的社会影响力和山东艺术学院文化遗产专业的社会贡献力。2016年3月，由文化遗产专业教师带领学生发掘整理申报的泰安市非物质文化遗产名录项目——肥城尚氏铜艺，被列入山东省第四批省级非物质文化遗产代表性项目名录。2017年4月，文化遗产专业教师带领学生为沂源县栖真观壁画做了病害调查工作。2017年9月—12月、2018年4月，文化遗产专业师生为章丘大圣寺壁画做了病害调查和部分保护修复工作。在专业教师的指导带领下，文化遗产专业师生分别与山东省文物考古研究所、山东博物馆、山东大学博物馆、济南市长清区文物管理所、平阴县博物馆、菏泽定陶博物馆、江苏徐州博物馆等单位合作开展了青铜文物检测、陶瓷文物检测、壁画颜料分析、陶器保护修复、石刻佛像修复、拓片制作等实践工作。

四、以促进就业创业为目的的实践教学

目前艺术院校的毕业生就业形势异常严峻，根据统计，全国范围内艺术类毕业生选择创业的比例在所有学科的毕业生中是最高的。现在各文化遗产单位的录用门槛每年都在提高，大部分文化遗产专业的学生如果不能考取硕士研究生，则很难找到专业对口的工作岗位。虽然现在山东省内外对文化遗产保护事业都给予了特别的重视，但是毕竟长期以来形成的接收应届毕业生的就业紧张局面不是一时半刻能够扭转过来的。因此，文化遗产专业在日常的实践教学中，就有意识地引导学生把专业课程在以后就业、创业、考研和研究生学习以及从事其他文化事业工作中的用途都给予了重点阐述，让学生意识到课堂上学到的技术知识能够通过自己的钻研和深入学习达到满足自己就业、创业和考研方面的需求。

就业创业的教育工作不仅仅是通过简单的理论学习就能使学生领会到的，需要把文化遗产专业的优势资源发挥出来，结合当前社会上对于专业技术的需求，寻找艺术院校文化遗产的专业优势并使学生利用这种优势为将来的就业创业服务。这些课程包括少部分理论课程和大部分实践操作课程，比如《文物摄影》《文物鉴定》《古代艺术品科技鉴定》《陶瓷保护修复技术》《文物测绘技术》《拓片制作技术》《书画保护修复技术》《金属文物保护修复技术》等课程就属于在山东省范围占据相对优势地位的课程和实践技术。学生只要精通其中的某一门技术，假以时日，依靠单独的一门或几门技术去创业或从事这方面的研究是完全可以在社会上立足的。

依托山东省委宣传部发起的高校文化创意产业孵化和人才培养项目——"金种子"工程，山东艺术学院作为"金种子"工程确定的试点院校之一，积极贯彻落实有关工作要求，将教学创作成果与实践工作相结合，支持学生在校内成立了多个文化艺术类的经济实体。文化遗产专业的研究生和本科生在专业教师的指导下成立了文化遗产整理、发掘、开发、利用方面的公司——济南市长清区博古阁文化创意工作室。目前，该工作室的业务涉及非物质文化遗产作品、民间艺术品征集、拓片制作、书画装裱、艺术品修复工具材料制作销售等内容，工作室的成员在产品开发、技术服务过程中将文化遗产产品策划、设计、生产、营销、展示的理论知识

融入实践，明晰了企业运作的管理模式，锻炼了学生将专业理论知识运用到社会实践中的本领，不仅使学生直接进行专业实践，面对和学校不同的环境以早日适应真实的社会工作状态，也使得文化遗产实践教学的方式得到扩展延伸。

五、以培养科研能力为目的的实践教学

文化遗产专业学生科研能力的培养为将来有志于从事文化遗产研究事业的学生提供了科研素养训练的基础工作，为这些学生继续在本专业范围自主科研、考取研究生延续科研工作提供了铺垫，也为文化遗产保护事业的发展提供了新的人力资源和新鲜思想。文化遗产的专业课程在课堂教学中，把每门课程的当前热点问题结合专业理论进行分析，提出解决社会现实问题的方法，引导学生发挥自身的想象力和结合专业知识体系来培养初步的科研意识。每门课程都会遇到一些当前社会中无法解决的难题和技术困境，这都是需要继续深入研究的专业方向，也是专业发展的空间所在。在专业课程讲授和从事科研任务过程中，专业教师有意识地指出这些可能取得突破的科研点，把现有的理论缺陷和技术局限逐一为学生列出，引导学生自主思考并激发他们的灵感，让学生从此时起就进入科研的思想萌芽状态。

以培养科研能力为目的的实践教学主要包括开展学生自主创新项目、参与教师科研项目或参与相关科研单位的研究工作等形式，不仅把专业课程知识与实验操作技能直接运用到科研项目实践中，还直接利用实践所获得的第一手资料进行科学研究，完成实验报告、毕业设计或学术论文。大部分形式的实践教学是围绕专业教师的科研项目进行的，部分对科研感兴趣的学生帮助老师搜集相关资料，充分利用假期或周末时间，去实地调研，参与文化遗产问卷调查，到图书馆、档案馆查阅资料，或者进行相关文献资料的数据库建设。已经参与的科研项目内容涉及山东地区非物质文化遗产保护利用研究、山东地区建筑文化遗产保护利用研究、文物艺术品科技检测分析、脆弱文物保护修复材料和工艺研究等，这些研究工作提高了学生的科研能力和理论素养。

文化遗产专业学生在综合实践的教学环节中，多次参加了由艺术管

理学院教师申报的国家级、省级、厅级、校级的科研项目。在国家社科艺术学基金项目《我国改革开放以来文化建设指导思想研究》中负责整理文化遗产方面的资料，学习了改革开放以来我国在文化遗产方面的制定政策法规、抢救保护、开发利用的指导方针的演变过程。参加了山东省社科规划项目《山东非物质文化遗产中的吉祥镜像》《文化创意和非遗保护——加快我省文化创意产业发展研究》，在实地调查、文献整理过程中了解了当前山东省非物质文化遗产的文化内涵和保存现状，为拓宽山东省文化产业的发展思路提出了自己的见解。参加了山东省文物局文化遗产保护重点课题《植物源杀虫剂在壁画害虫防治中的应用研究》和《山东半岛沿海文化遗产保护社会贡献率指标体系研究》，从事植物源杀虫剂施用于壁画前后对壁画颜料的影响效果评价以及山东各地文化遗产社会贡献的普通人群问卷调查、数据统计分析等工作。参加了山东省教育厅项目《民俗学视域中的现当代文艺研究》和山东省文化厅项目《山东地区乡村建筑文化遗产保护研究》《齐长城沿线历史文化古迹调查研究》《山东省文化产业发展机制研究》，从事实地调研、文献整理、数据分析等工作。参加了山东艺术学院校级重点科研项目《基于成分分析的山东地区出土瓷器断源研究》《山东地区古建筑壁画保存现状调查研究》《山东民间美术的历史与现状研究》《关于山东民间戏曲生存状况与文化发展策略的研究》《山东省文化产业结构调整对策性研究》，参与实地调研、样本测试、文献整理、数据分析、研究报告撰写等工作。另外，文化遗产保护方向研究生还参加了《山东省民间艺术志》《鲁民藏瓷》《民族档案文献遗产保护研究》和《山东地区古建筑壁画保护研究》等著作的资料整理、文本校对、数据分析等工作。

六、结语

在以实践教学为主的艺术院校文化遗产专业教学体系中，由理论拓展逐步深入过渡到培养学生自主思考的实践能力，体现了艺术院校文化遗产专业对于实践教学方式的深刻解读和顺应学生认知体系规律的积极应变能力，为全面把握实践教学的本质和内涵提供可资借鉴的诸多方式。从初期的以补充理论教学、拓宽学生视野为目的的实践教学，到在服务社会建设的实践中加以锻炼，最后到为学生走出校门后的出路着想的促进就业创业、培养科研能力的训练，处处体现了实践教学的最终目标是提升学生的社会适应能力，提高学生的综合素质。

参考文献：

［1］黄可佳，宋蓉. 文物博物馆专业实践教学体系建设的若干思考［J］. 现代教育技术，2010（8）.

［2］胡郑丽. 文化产业管理专业实践教学模式探讨：以四川文理学院为例［J］. 四川文理学院学报，2014（6）.

［3］张宏彦，凌雪. 文化遗产实验（实践）教学体系的探索与建设［J］. 实验室研究与探索，2012（8）.

［4］刘俊勇. 高等学校博物馆学专业实践教学的探索：以辽宁师范大学博物馆学专业为中心［J］. 博物馆研究，2008（2）.

文化遗产专业实践教学方式探索

节日文化视域下山东民俗舞蹈发展研究

孟　梦　范文昊[①]

摘要：民俗舞蹈根源于人民群众的日常生活，是广大劳动人民的精神寄托。传统节日是民俗舞蹈与群众联系的桥梁，山东地区的民俗舞蹈也大多集中在春节期间，是山东节日舞蹈形态的主要体现。春节是中华民族最重要最盛大的传统节日，在欢度佳节期间（从正月初一至元宵节），舞蹈不仅仅是广大群众聚集、狂欢的重要形式，更成为各地市特有的文化符号。随着社会政治经济的发展，山东春节文化下民俗舞蹈的风格特征、表现形式、社会功能、艺术价值、传承方式等方面均发生了一系列的嬗变，不仅体现了民俗舞蹈与时俱进的发展状态，更诠释了传统节日变迁对舞蹈发展的深刻影响。

关键词：节日文化；山东民俗舞蹈；发展；衍变

山东，因居太行山以东而得名，先秦时期隶属齐国、鲁国，故而别名齐鲁，是儒家文化的发祥地，其历史背景、文化底蕴深厚，自古以来备受关注。其中，山东的舞蹈艺术发展历史久远，依附于各民族传统风俗活动的民俗舞蹈更是多姿多彩，舞蹈表演艺术自古以来在丰富的岁时节令活动中占有重要地位。

山东地区的舞蹈种类丰富、特色鲜明，按照社会功能可分为祭祀求雨、驱鬼逐疫、祈福平安、群众自娱等类别。据不完全统计，历史上流传于山东各地的传统舞蹈共216种，除了被社会淘汰和名存实亡的舞种，

[①] 作者简介：孟梦，山东艺术学院舞蹈学院副教授；范文昊，山东师范大学文学院博士研究生。

现存的仍有140余种，遍布山东16个地市，并深深植根于当地的传统文化中，是齐鲁文化的重要组成部分。而民俗舞蹈根源于人民群众的日常生活，是广大劳动人民的精神寄托。传统节日更是民俗舞蹈与群众联系的桥梁，正所谓"百日之劳，一日之乐"，山东地区民俗舞蹈的表演也大多集中在春节期间，即大年初一至正月十五前后，这一时期的舞蹈表演成为山东节日舞蹈形态研究的主要对象。

一、表演形式——从"走街串巷"到"集体会演"

时至今日，山东地区春节期间民俗舞蹈的表演，已深深植根于山东地区春节习俗之中，成了山东人民庆祝春节时一道必不可少的"家常菜"。春节作为中华民族最为隆重的节日，具有广泛的群众基础，而民俗舞蹈的注入，更将节日欢庆的氛围推向高潮。春节期间民俗舞蹈走街串巷的表演通常与广大群众相互拜年的习俗相结合，甚至在多地均有以民俗舞蹈的形式登门拜年的传统。如山东新泰市民俗舞蹈逛荡灯中的串街表演，堪称民俗舞蹈与节日主题的完美契合。串街表演多于晚上进行，表演时，十二面大旗开路，逛荡灯随后，高跷、狮子、龙灯、旱船、秧歌队等故事队跟进。逛荡灯所到之处家家户户门前烧纸放鞭炮，作揖叩拜，而逛荡灯则按照锣鼓点逐一还礼三拜（前跪拜、左跪拜、右跪拜），场面甚是隆重。又如济南长清区的手龙绣球灯舞，更能说明民俗舞蹈与拜年习俗相结合的传统。早期的"绣球灯"只是给群众拜年的一种形式，预示着新的一年的开始和对人们的祝福，龙从门前过，要用鞭炮迎送。后在老艺人的创造下，将传统的"绣球灯"配合上肢体动作，将传统的"静物"动了起来，既保存了传统的拜年寓意，又丰富了原有单一的表现形式，强化了表演性与观赏性。此外，还有一些民俗舞蹈于节日期间游行于各村镇进行表演，所到之处，百姓共同起舞，相互祝福，热闹非凡。例如，山东潍坊高密民俗舞蹈高密地秧歌，每年正月初三至正月十五进行表演，场面盛大，演出队伍多达百人，以东南西北为序，挨村游行，队伍途经40余个村庄，所到之处，村村起舞，相互祝贺，形成了村村耍秧歌的热闹景象。

通过调查研究，目前山东地区春节期间的民俗舞蹈按照表演惯例大体可归为两类。一类是串街表演的民俗舞蹈，通常于正月初一或正月初三开始，正月十五元宵节结束，其间十余天走街串巷进行表演，既可在本村表演，又可赴外村巡演，其演出场地并不固定。如山东新泰市南谷里镇的民俗舞蹈逛荡灯，每年正月初三开始表演，正月十五结束，在本村及邻村进行走街串巷的表演，既给百姓带来了精彩的表演，又送去了节日的祝福。又如，莱芜地区民俗舞蹈花鼓锣子，正月初一过后开始演出，先于本村表演三天，随后再按请帖顺序到外村和集镇上演出，直到正月十六"偃旗息鼓"，花鼓锣子的演出方告结束。另一类则是固定时间表演的民俗舞蹈，通常于固定的一天或连续几天进行表演，其表演范围多于本村进行，而该类舞蹈于春节前后开始操办准备，大部分表演时间集中于元宵节前后。如枣庄地区的鲁南花鼓，通常于元宵节前后进行演出，不但地方特色鲜明，接近生活，能够渲染节日气氛，而且能够体现出鲁南人民的秉性以及浓郁的民风，深受老百姓的欢迎。又如聊城冠县柳林花鼓，在古代作为娱神的表演活动，现今则成了元宵节群众自娱的文化活动。滨州惠民鼓子秧歌，更是于每年正月十四、十五、十六三天，在全县范围内选调秧歌队进城表演，全县城都会置身于秧歌的欢乐海洋。诸如此类在元宵节期间进行表演的民俗舞蹈不在少数，如烟台福山雷鼓、德州德平大秧歌、聊城柳林降狮舞等。（详见表1）

表1　山东地区春节期间民俗舞蹈演出时间举要

舞蹈名称	地理位置	表演时间（以近期表演时间为准）
海阳秧歌	烟台市海阳市	正月初一至正月十五
胶州秧歌	青岛市胶州市	正月初一至正月十五
鼓子秧歌	济南市商河县	正月初一至正月十五
百寿图	泰安市新泰市	正月初一
踩寸子	淄博市临淄区	正月初一
陈官短穗花鼓	东营市广饶县	正月初一
德平大秧歌	德州市德平镇	正月十五

舞蹈名称	地理位置	表演时间（以近期表演时间为准）
福山雷鼓	烟台市福山区	正月十五
高密地秧歌	潍坊市高密市	正月初一至正月十五
逛荡灯	泰安市新泰市	正月初一至正月十五
花鼓锣子	莱芜市钢城区	正月初一至正月十五
惠民鼓子秧歌	滨州市惠民县	正月十四、十五、十六
加古通	济南市平阴县	正月初一至正月十五
柳林花鼓	聊城市冠县	正月十五
柳林降狮舞	聊城市冠县	正月十五
鲁南花鼓	枣庄市台儿庄区	正月十五
绣球灯舞	德州市齐河县	正月初一
手龙绣球灯舞	济南市长清区	正月初一
抬花杠	德州市武城县	正月初一至正月十五
羊抵头鼓舞	菏泽市东明县	正月初一至正月十五
王皮跑灯秧歌	济南市平阴县	正月十五前后

　　在中国历史上，以舞达欢、载歌载舞早已成为传统习俗的重要元素。早在远古社会时期，当氏族成员狩猎归来，或战争凯旋，成员便欢聚一堂，相互庆贺，情到深处往往情不自禁，载歌载舞。此外，在当时社会，舞蹈作为重要的艺术形式之一，承担着交流情感、增进友谊、强身健体、陶冶情操、表达爱慕、庆贺丰收等重要作用，是社会生产生活中不可或缺的重要部分。而在当代社会中，逢年过节，歌舞游乐，百姓既可作为观众欣赏，更可加入表演队伍载歌载舞，增添了节日期间热闹的氛围。在历史的演进中，民俗舞蹈很长一段时间均在相对狭小的范围进行传播，其受众也多为本地百姓。随着时代的变迁，在国家政策的支持下，在文艺工作者的努力下，越来越多的民俗舞蹈开始走出深闺，走上舞台，面向更多的观众。

　　目前，山东地区春节期间的民俗舞蹈，除了在春节期间进行固定表

节日文化视域下山东民俗舞蹈发展研究

187

演外，在一些重大活动、文艺汇演、文艺晚会中也能捕捉到它们的身影。通过近几年对春节期间全省民俗舞蹈的观察，不难发现，政府部门的主导作用对民俗舞蹈的表演具有重要意义，政府主办的民间舞蹈节日会演形式占据重要地位，尤其是一些在全省及全国范围内已经产生较大影响的舞种表现更为突出，如济南市商河县的鼓子秧歌、烟台市海阳市的海阳秧歌、青岛市胶州市的胶州秧歌等。随着非物质文化遗产保护措施和政策的不断完善和推广，全省各地市不断加强对民俗舞蹈的传承和发展，以"山东三大秧歌"之首的鼓子秧歌为例，商河县的鼓子秧歌在每年春节期间已经举办了35届会演。2015年3月4日（农历正月十四）上午，商河县第35届鼓子秧歌会演在全民健身广场举办。十余个乡镇代表队参加展演，省文化馆、团市委、市群艺馆、市编办等领导以及县委、县人大、县政府、县政协相关领导同志出席活动。演出场面宏大、秩序井然，观演群众达千人。诸如此类由政府组织举办的会演还有多种多样的形式，由此可见，政府的参与和支持使得在节日期间表演的民俗舞蹈逐步形成常规化的排演机制，在某种意义上将更有利于舞蹈的传承。值得注意的是，常规化的展演必然会影响舞蹈的自然传承和发展，不同层面的"干预者"或多或少会影响舞蹈表演的审美形态，加之大部分会演均以比赛竞技的形式举行，不同地域的舞蹈同台"竞技"，表演风格上的相互比较和借鉴吸收也是必然的。这种影响虽然在短期内不易察觉到，但是经过长时间的发展，其演变是显而易见的。同是山东地区的鼓子秧歌，发源于滨州市惠民县的鼓子秧歌虽在全国范围内的影响力不如商河县的鼓子秧歌，也并未被审批为国家级非物质文化遗产，但其表演风格更加古朴、自然，表演组织单位也大多以村落为主。惠民县的群众舞蹈主要是各种秧歌，较为流行的有大鼓子秧歌、花篮秧歌，还有龙灯、落子、高跷、芯子等。参加人员多，声势大，元宵节前后天天不断。秧歌队东村出西村入，相互邀请，彼此观摩，深受民众喜爱。在走访与调查中发现，惠民鼓子秧歌虽在当地甚为流行，但由于当地文化领域建设发展较慢，早期也并未受到当地政府部门的关注，因此没有得到像商河鼓子秧歌一样的重视和开发，但也正因如此，少了"外力"的介入才保持了更为淳朴的表演风格。

二、表演功能——从"驱鬼逐疫"到"自娱自乐"

  时代在进步，社会在发展，文化艺术也应随着历史的脚步不断变迁。传统艺术虽具有相对的稳定性，但在历史的车轮面前，无可避免地受其影响。而山东地区春节民俗舞蹈，其社会功能的改变是显而易见的，呈现出从祭祀仪式性逐渐向自娱性转变的趋势，这不仅是舞蹈社会功能的转变，更是群众思想与社会文化层次的重要转变。

  由于古代社会发展水平低下，民众文化程度浅薄，封建迷信思想根深蒂固，当民众面对超出自己认知水平的事物时，便将其与神话传说中的鬼神联系在一起。据记载，新泰市杨流镇大洼村的民俗舞蹈百兽图，相传在古代便是祭祀舞种的一种。"百兽图"名曰"图"，其实并非一幅图画，而是一种特有的民间舞蹈。它源起于光绪年间，最早出现在新泰市杨流镇大洼村。传说在清朝光绪年间，大洼村一带暴发瘟疫，天灾人祸，饿殍遍野，当地居民逃荒卖女，生活十分凄惨。怎样才能渡过这一劫难？无助的居民万般无奈转向占卜者求救。占卜者说，八仙是当地居民安乐生活的护佑者。八仙来源于民间传说，是八个求道修仙的人，他们历尽劫难、潜心修行，终于修成正果。成仙后，他们仍在人间打抱不平、劫富济贫，得到人们的崇拜。在占卜者的指点下，大洼村的乡亲们以竹马的形式扮起了神话人物，以八仙的形象驱瘟辟邪，祈求吉祥。于是，舞蹈被一代代传承下来，成为山东省唯一一个同时表现"八仙"形象的古老舞蹈节目。通过调查发现，时至今日，"百兽图"仍然在村子里深受热爱，在春节后至元宵节前演出，一般为九人的演出队，配合多样的服装道具和乐器伴奏，场面热闹喜庆，传递着老百姓祈福、酬神、避灾的愿望。但是，由于当代人们思想的转变，"酬神祈福"的信念远不能跟往日相比，因此舞蹈表演呈现出来的差异便是表演程序的简化和表演形式的精简。通过了解发现，当今"百兽图"的表演中一些主要的表演动作和"阵法"都已经失传，演员的唱词已经不全，唱的调子也不规范，最重要的是复杂的道具制作方法已经后继无人，濒临失传。

  山东省新泰市的民俗舞蹈逛荡灯风格鲜明，独树一帜，因表演道具的独特而得名。其道具为一巨大人偶，高度约为3.6米，重量约为80斤，头戴乌纱，手捧朝笏，是典型的朝廷命官形象。人偶的头部用陶罐做成，其上凿有两孔为双目，罐内点灯，远观"目光如炬"。陶罐上以粮升作为乌纱帽，下接机凳、圈椅，再由一名壮汉双肩扛起。其外貌高大，威严而又谦恭，将其置入欢庆节日的百姓行列之中，逢商家店铺便躬身礼拜，百姓亦焚纸燃炮，共同欢庆丰年，祈求来年平安详和。[①]

逛荡灯作为古老的汉族民间舞蹈，起源于山东省新泰市谷里镇南谷里村，作为一种祭祀类的傩舞，其历史渊源可追溯至原始社会图腾崇拜现象。从大汶口文化与龙山文化遗址出土的牛胛骨和鹿胛骨卜骨证实，早在五六千年前，就出现了以舞娱神的"巫"。由此可见，远古社会对"神、鬼"的普遍信奉和崇拜，在一定程度上，可称得上是汉族民间傩舞的萌芽，而逛荡灯中的"大人"形象其原型为古代的方相氏。相传，方相氏为驱鬼逐疫之神，深受百姓的信奉，特别是送葬出殡时，大户人家都糊扎高大的方相之像，在仪仗之前为亡灵开路，以驱鬼辟邪。此与《论语》中记载的"乡人傩，朝服而立于阼阶"相吻合。到了隋唐时期，逛荡灯中的"大人"演变成为手捧笏板、戴双翅冠帽、登快靴、着官服的朝廷官员形象，取意"天官赐福"，更是被赋予了三大功能：其一祝死去的人灵魂安详；其二驱鬼避邪，祈求全家平安；其三寓意官民同乐。[②]（详见表2）

表2　逛荡灯主要演出形态比较

	隋唐时期传说（初始形态）	隋唐时期至清末演出记载	1984年逛荡灯南谷里村演出	现今演出形态
组织者	南方制陶艺人	南谷里村村民	省艺术馆挖掘采访	新泰市文化馆等
表演者	南方制陶艺人	南谷里村村民	李天顺	李天顺

---

① 李群. 齐鲁非物质文化遗产丛书 [M]. 山东：山东友谊出版社，2010：732.
② 范德水. 谷里村志 [M]. 山东：山东友谊出版社，2013：262.

	隋唐时期传说（初始形态）	隋唐时期至清末演出记载	1984年逛荡灯南谷里村演出	现今演出形态
演出形式与地点	有一家在谷里做买卖的南方人，其老人去世时，儿孙为让老人灵魂顺利通过鬼门关，用一个大水罐和八个小水罐，分别制成大罐子灯和小罐子灯。送葬时，十二面大旗开路，每盏灯由一人顶起，为老人送葬，以驱赶恶鬼瘟疫	逢年过节，南谷里村民有玩杂耍辞旧迎新、庆贺丰收的习俗，南方艺人便也加入，以方相氏为原型，将烧制的陶罐镂空，雕成人像，里面点上蜡烛，放在由圈椅、杌子、秫秸、升等日常器具扎制的架子上，外面罩上宽大衣服，由身强力壮的男子扛在肩上，行进中表演。因其形制高大醒目，便被邀作故事队先导，开路打场。地点为本村及周边村走街串巷表演	活动方式为串街和开场，道具基本无变化。开场表演通常于白天进行，在广场等固定场地进行集中展示，表演者控制人偶面向四周三拜（前、左、右），并绕场一周做"左右拜步""逛荡步"等标志性动作。串街表演多于晚上进行，走街串巷表演。逛荡灯所到之处家家户户门前烧纸放鞭炮，作揖叩拜，而逛荡灯则按照锣鼓点逐一还礼三拜	南谷里村为使道具更加轻便，更为了保护全村仅存的一个陶罐，有时表演会使用一种新型逛荡灯道具，其头部用塑料罐子制成，眼睛、鼻子、嘴巴均为颜料绘之，头顶纸质乌纱帽，罐子下接木墩，圈椅与长臂骨架均换为铁质材料。演出形式不变，演出时间地点根据接受邀请表演而定
功能寓意	"天罐赐福"，驱鬼逐疫，祝死去的人灵魂安详	"天官赐福"，驱鬼逐疫，祝死去的人灵魂安详，春节期间欢庆，官民同乐	"天官赐福"，欢庆春节，送福送吉祥，官民同乐	"天官赐福"，欢庆春节，送福送吉祥，官民同乐
参演人员	死去老人的儿孙	身强力壮的男子扛在肩上	传承人	传承人

　　综上所述，逛荡灯由过去的祭祀、送葬活动演变为喜庆佳节时的表演性舞蹈，不仅表演形式发生了变化，文化寓意也发生了变化。如今的逛荡灯一般于每年春节前开始筹备，正月初三开始演出，正月十五结束。原有的旧习俗已不复存在，其祭祀性早已被表演性所取代，已经被人们视为光明和吉祥的象征，成为人们祈福求瑞的吉祥物，成为民间游乐的重要组成部分，并形成了每年固定的演出日期。

三、表演传承——从"家族师徒"到"校园舞台"

随着社会的不断发展，民俗舞蹈的传承方式逐渐多元、丰富。在坚守传统家族传承与师徒传承的过程中，通过丰富传承方式，拓宽传承范围，民俗舞蹈在新时期以全新的姿态接受世人的审阅。民间艺术的发展离不开传承，但对传承的要求又是极为苛刻的。在古代社会，人们把当地特有的艺术形式视为"绝活"，既然是"绝活"，必然是不能让过多的人掌握的绝技。因此，艺术的传承大多是传男不传女，传内不传外。虽然此举较好保护了本地区特有的艺术形式，其初衷自然无可厚非，但久而久之，长期局限性的传播，无疑阻碍了艺术的普及与推广，特别是在当代社会中，艺术若想取得长足进步，必然要以兼收并蓄的姿态，融入整个艺术系统，与其他艺术相互学习，相互借鉴，取长补短，完善自身。

值得欣慰的是，随着时代的发展，民俗舞蹈的传统传承模式正发生着相应改变。首先体现于打破血缘限制。在古代社会，宗法制具有不可撼动的地位，父死子继、兄终弟及似乎成了不可违抗的天理。而在民俗舞蹈的传承中，通过对山东地区若干舞蹈的走访调查可以发现更是遵循这一章法，父传子，子传孙，这一点我们在很多民俗舞蹈的传承谱系简表中均能看到。（详见表3）

表3　阴阳板舞蹈传承谱系简表

代别	姓名	生卒年月	居住地点
第一代	宋纪元（宋景东祖父）	不详	不详
第二代	宋广才（宋景东父亲）	不详	不详
第三代	宋景东	清朝同治年间，卒于1968年	不详
第四代	胡永金（宋景东暗徒）	不详	不详
第五代	杨成举	1950年—2009年	邹城市香城镇
第六代	王长军	1965年6月生	邹城市长青路22号

通过以上的传承谱系简表，我们不难看出，阴阳板舞蹈第一代至第三传承人代均采取了家族传承的方式，三代传承人均为父子关系，而自第四

代传承人开始，便脱离血缘关系，进行师徒传承。当然，对于不同的民俗舞蹈而言，家族传承并不是每一个民俗舞蹈都必须要经历的阶段，相比之下，有许多舞蹈自始至终都未进行家族间的传承，而是以师徒传承的方式延续至今。（详见表4）

表4　百兽图传承谱系简表

代别	姓名	性别	出生年月	文化程度	传承方式	学艺时间	居住地址
第一代	王　健	男	1810年	不详	师徒传承	不详	大洼村
第二代	王德贡	男	1842年	不详	师徒传承	不详	大洼村
	陈文成	男	1844年	不详	师徒传承	不详	大洼村
第三代	张玉琳	男	1870年	不详	师徒传承	不详	大洼村
	张玉珍	男	1875年	不详	师徒传承	不详	大洼村
	陈安元	男	1874年	不详	师徒传承	不详	大洼村
	和尚凤	男	1876年	不详	师徒传承	不详	大洼村
	张永善	男	1872年	不详	师徒传承	不详	大洼村
第四代	张传霞	男	1922年	小学	师徒传承	1928年	大洼村
	张传伦	男	1924年	文盲	师徒传承	1930年	大洼村
	陈安仁	男	1921年	文盲	师徒传承	1929年	大洼村
	陈明荣	男	1920年	小学	师徒传承	1929年	大洼村
	和西春	男	1911年	文盲	师徒传承	1931年	大洼村
	陈文东	男	1925年	文盲	师徒传承	1932年	大洼村
	张永怀	男	1912年	文盲	师徒传承	1930年	大洼村
	陈明彬	男	1912年	文盲	师徒传承	1933年	大洼村
	和尚德	男	1916年	文盲	师徒传承	1934年	大洼村
	和西坤	男	1917年	文盲	师徒传承	1927年	大洼村
第五代	陈元普	男	1971年	高中	师徒传承	1980年	大洼村
	王宗禄	男	1933年	小学	师徒传承	1940年	大洼村
	张继宗	男	1932年	文盲	师徒传承	1938年	大洼村
	张继瑞	男	1931年	文盲	师徒传承	1938年	大洼村
	张继恩	男	1936年	小学	师徒传承	1940年	大洼村
	王根英	女	1976年	初中	师徒传承	1982年	大洼村
	高兰秀	女	1977年	初中	师徒传承	1995年	大洼村
	张庆凤	女	1978年	初中	师徒传承	1998年	大洼村

续表

代别	姓名	性别	出生年月	文化程度	传承方式	学艺时间	居住地址
第五代	张继学	男	1931年	文盲	师徒传承	1939年	大洼村
	张波	男	1986年	初中	师徒传承	1994年	大洼村

　　而在当代社会中，民俗舞蹈的传承多是家族传承与师徒传承相结合，这在一定程度上反映了社会进步和民众的思想解放。早些年间，家族传承是为了保护艺术不被外人占有，而思想开化后的民众，认识到了艺术应是全人类的共同财产，而不应是某一家族独有，因此，对于传承人的血缘与远近亲疏的考量，则较为宽松。此外，民俗舞蹈当代社会的传承陷入困境，固守传内不传外的家族传承，不利于舞蹈的长足发展，并且，当代中青年人对于民俗舞蹈热爱程度的低下，使老一辈传承人很难于家族之中物色到合适的接班人，因此，这也是传承方式多样化的重要原因。

　　由于山东地区重男轻女思想的长期影响，又因为大部分民俗舞蹈在早期表演中还担负着祭祀的功能，因此，民俗舞蹈传承一直到目前还多为男性表演者，这与目前专业舞蹈圈内"阴盛阳衰"形成了鲜明的对比。但是，由于思想的解放，以及大部分农村的男性劳动力进城务工，近年来女性表演者与日俱增，更有一些原本规定由男性表演的舞蹈因人员不足而由女性表演者来替代表演的情况。（详见表5）

表5　花鞭鼓舞传承谱系简表

代别	姓名	性别	传承方式	居住地点
第一代	李桂珍	女	创始人	北京
	李明雄	男		
第二代	王立礼	男	师徒传承	商河县
	王立义	男		
第三代	张凤云	男	家族传承	商河县张坊乡
	李喜平	男		
第四代	张继福	男	家族传承	商河县张坊乡
	李清珠	男		

代别	姓名	性别	传承方式	居住地点
第五代	张传室	男	家族传承	商河县张坊乡
	李贞帽	男		
第六代	张恩艳	女	家族传承	商河县张坊乡

综上所述，传统单一的家族传承方式阻碍其传播与普及，更遏制其正常发展与艺术价值的提升。而随着当代社会的进步，传统的传承模式遭到了颠覆，血缘、地域、性别的限制逐渐被打破，传承方式日益多元化，为民俗舞蹈日后的持续发展奠定了重要基础。

除此之外，值得关注的是在功能演变的影响下，更多舞蹈表演的形态也随之发生了变化。据有关资料记载，早期的民间表演者多非专业艺人，其动作设计、队形编排、节目组织上则较为简陋，且动作重复单一。如山东新泰市民俗舞蹈逛荡灯，由于道具体型较大，并不适应丰富多变的舞蹈动作，因此，其舞蹈动作极其简单，只有"左右拜步""逛荡步"等标志性动作。随着民俗舞蹈逐渐获得多方人士关注，表演者逐渐重视自主创作。有些舞蹈动作重复单一无疑会拖慢表演的节奏，降低舞蹈观赏性及观众的欣赏情绪，而随着国家对于传统文化的日趋重视，大量的文艺工作者对民俗舞蹈进行挖掘整理，在继承传统、尊重传统的基础上，对民俗舞蹈进行一定的提取和改编，并搬上舞台。一般会对舞蹈的主题动作进行突出，并对重复、繁缛的动作进行合理删减，增加表演连贯性。同时，对以往表演中粗糙模糊的动作进行细化，使动作干净利索，整齐划一，从根本上增强了民俗舞蹈的观赏性与艺术价值。这样的"创作"在潜移默化地影响着当地人民对舞蹈的审美，随着时间的推移，舞蹈的表演形式产生了诸多变化。如山东济南长清地区民俗舞蹈手龙绣球灯舞，当地文化局为使其适应更大的演出场地的表演，便委派专业的文艺工作者对其表演规模进行调整，使它从原来街头巷尾的小型扮玩式的一条"龙"配九"珠"，逐渐发展成为广场或舞台式的二条"龙"配二十"珠"、四条"龙"配四十"珠"的大型舞蹈表演艺术。又如，济南商河县花鞭鼓舞，在著名舞蹈家张毅的改良下，加长鼓穗，并将鼓固定于身上，左手与下肢因此得到了解放，动作干净利落，技艺性增强。1957年，张毅参加了第六届世界青年联欢节，在花鞭鼓舞的基础上改编创作的《长穗花鼓》获得了"世青节"金质奖，并被评为中华民族20世纪经典舞蹈作品之一。[①]此外，济南平阴县王皮跑灯更称得上动作改良的典范。早年的王皮跑灯表演者只有戏中角色而已，掌"纛"字大旗者一人为青年壮汉，王皮是领舞者，手持伞灯走在队伍前列，后随身着戏装的十八大姐，小郎手持拂尘来回穿插，在大街上边表演边行进，队形变化较为简单。而经过文艺工作者的改良后，现在表演的王皮跑灯，舞伞灯者20名男青年，扎白色头巾，戴额子，穿白色对襟上衣、白色彩裤，系红色腰箍，穿黑色快靴，左手握伞灯，动作洒脱刚健；舞花灯者20名女青年，各梳一条大辫，左鬓戴红色绒花，穿红色偏襟褂、红色彩裤，绣花鞋上系红缨，系金边黑丝绒围兜，右手持彩色开扇，左手持花灯，动作娇柔俊俏；小顽童多系丑扮，动作跳跃，翻滚腾跃，表演诙谐。

当然，民俗舞蹈除了在师徒传承与家族传承中延续血脉，还利用一切行之有效的途径进行传承、传播。其中一种则是作为教育内容进入校园进行传承。可喜的是近几年对传统民间舞蹈的保护意识不断加强，许多民间舞蹈，比如淄博磁村花鼓、花鞭鼓舞等都走进了当地的小学、中学，并深受当地教育部门的欢迎。早在20世纪，老一辈的舞蹈艺术家便认识到民俗舞蹈独特的艺术魅力与训练价值，他们通过田野考察，将民间舞蹈的精华进行提炼，经过改良后将其纳入舞蹈类专业教学体系中。另一种使民俗舞蹈走出深闺的方式则是将其作为舞蹈素材，加以创作搬上舞台。如山东艺术学院舞蹈学院原创作品《脊梁》，提取了山东鼓子秧歌的动作元素，《春知沂蒙》则是提取了胶州秧歌的动作元素。除此之外，如《老伴》《翠狐》等均是以山东民俗舞蹈动作为元素进行艺术创作的范例。

---

① 张明春. 老经典：张毅《长穗花鼓》20世纪舞蹈经典作品［N］. 大连晚报，2013-05-11.

四、结语

总之，每年山东地区的春节，不仅是合家团聚的时节，更是民俗舞蹈集中展示的契机。传统春节与民俗舞蹈的相得益彰，不仅使节日的形式与内涵得到丰富，更使舞蹈获得了良好的表演机遇。民俗舞蹈在春节期间的表演，沾染了春节盛大的喜气，置身于节日欢乐的氛围中，舞蹈自身的观赏性也有所提升。并且，民俗舞蹈春节期间的表演，不论是伴随着百姓拜年队伍进行的游街表演，还是固定于广场、庙前等地的集中展示，在节日的衬托下，都更加生动、鲜活、热情。最为重要的一点是，春节期间民俗舞蹈的表演通常都与其他民间艺术形式相结合，较为常见的则是与舞龙、舞狮、旱船、锣鼓乐队共同表演，这样一来，较之单独展示，更能体现舞蹈的艺术魅力，其观赏性也获得了极大提升。

参考文献：

[1]潘志涛. 舞动记忆，历史回眸：回顾中国民族民间舞蹈教育20年[J]. 北京舞蹈学院学报，2007（4）.

[2]赵铁春. 与时俱进，继往开来：中国民族民间舞的历史传承与学科定位[J]. 北京舞蹈学院学报，2003（1）.

[3]许锐. 当代中国民族民间舞蹈的认识演变与概念阐释[J]. 北京舞蹈学院学报，2010（1）.

[4]潘晶，马嘉. 山东"非遗"舞蹈调研拍摄感思[J]. 舞蹈，2016（4）.

[5]黄雨薇. "非遗"传承，以人传舞：2017"非遗"舞蹈进校园、舞蹈教学课例展示暨论坛[J]. 大众文艺，2015（10）.

文化资源语境下的非遗保护与传承

王瑞光[①]

摘要： 在文化资源语境下，对于非遗的保护与传承必须首先牢固树立非遗的资源意识，形成合理的顶层设计，这是保护传统文化的手段，也是增强文化产业实力的重要手段。保护与传承不是故步自封与原地踏步，而是要与时俱进，在坚守非遗的精神、理念和核心技艺的同时，结合当今的审美观念进行适度的调整优化，使传统的技艺获得更加丰富的面貌。

关键词： 文化资源；非遗；传承主体；现代技术

2003年10月，《保护非物质文化遗产公约》在联合国教科文组织第32届大会上通过，中国于次年正式加入该公约。自此，非物质文化遗产（以下简称非遗）在我国有了正式的官方称谓。此后，在立法和执法方面我国政府都进行了很多努力，很多学者也进行了有价值的学术讨论。当前，文化产业在我国呈现蓬勃发展之势，其中文化资源对文化产业而言具有重要的价值，它的发展需要各种文化资源的支撑。非遗作为一种文化资源，对其进行必要的开发，即合理的开发式保护，将对非遗保护与传承产生多方面的积极影响，这种影响表现在一方面可以使非遗活在当代，在广大群众中有效传播，另一方面也可以使非遗真正得以有效地保护与传承下去。

---

① 作者简介：王瑞光，山东艺术学院艺术管理学院副教授。

一、非遗是文化资源，在保护的基础上要加以合理开发利用

文化资源是可以开发的资源，是宝贵的文化财富，其开发蕴含着巨大的经济效益和显著的社会效益。"既然文化资源是一种资产，那么其在向文化产品转化的过程中，就是对它不断开发的过程。与自然资源不同，文化资源的利用不是一次性的，在开发手段不断丰富的前提下，文化资源的商品化转化就永不会终止。从这一层面讲，文化资源是取之不竭、用之不尽的。"[①]对于非遗这种文化资源来说，也要发挥它的资源优势，让它在当下能发挥出自己的价值。在开发利用过程中，必须注意保护，不能无序开发，一定要坚守资源意识，重视其历史传承价值、科学认识价值和审美艺术价值。就历史传承价值而言，非遗是不可再生资源，历史上很多优秀的非遗因后继无人而灭绝了，不能不说是一种遗憾。因此，要重视这种文化资源，通过各种方式保护它，把保护放在第一位，在保护的基础上使其能够传承下去。当然这种保护首先是理念上和精神上的保护，其次是核心技艺上的保护。

资源的合理利用可以创造更大的效益，这种价值既包括经济效益，也包括社会效益。在开发中，要坚持可持续发展的原则，不能透支，不可过度开发。所谓可持续发展即当代人可以享用，同时也要保障子孙后代的权益。非遗可持续发展的一个必要做法是对其进行科学的调查和分类，其后将那些不适合开发的采用博物馆式保护，而将适合进行开发的内容注入文化产业，进行细致周密的规划和开发，使其具有新的时代特质，在当代焕发新的活力，"既要坚持用科学的思想和方法对非物质文化遗产的历史源流、文化价值、生存状态、发展趋势以及保护方法等进行科学的调查、论证与研究，更要对其能否作为旅游资源进入市场，进行标准化、规范化和效益化的调研、分析与界定"[②]。就社会效益而言，中小学的课程设计中可以加入非遗的内容，从小培养学生对非遗项目的热爱，培养一种情感，内化成他们的一种文化追求。对于老年人而言同样是如此，老年大学的课程中也可加入非遗的内容。当前中国已步入老年化社会，老年人的问题是一个影响全局的问题，一

①唐月民.文化资源的解构与重构［J］.中国文化产业评论，2016（2）：205.
②牛顺莉.坚持可持续发展，合理开发非物质文化遗产资源［J］.文化月刊，2015（16）：127.

个现实的困境是老年人的文化生活相对困乏。有着深厚民间和民族基础的非遗项目具有天然的亲切感，老年人可以较为轻松地接受它们，这些项目的加入可以丰富老年人的文化生活，使他们获得精神上的享受。

非遗理应成为文化产业发展的一种资源。政府的转移支付和财政上的支持对非遗保护与传承意义重大。同时，旅游企业，特别是与民族优秀文化相关的项目，在开发时，也可以适度引入非遗的内容，这样一方面使得旅游项目更有特色，另一方面为非遗传承主体的生存和技艺的传承提供一个良好的场所，对非遗的保护无疑也有很大的好处。当前，国内旅游的同质化倾向明显，特色项目的开发显得十分有必要。将非遗内容引入，可以增强项目的特色，树立独特的品牌，增强项目的吸引力和影响力。南京的甘熙故居将白局、竹雕、核雕等非遗内容的展演与古建筑有机融合，不失为一种有益的尝试。各地建设的非遗产业园更是这种探索的集中化和规模化，对于非遗保护有更大的作用。但有些地区在进行旅游开发的时候，虽然有非遗的名头，但并未将非遗的活态展演引入，只有一些成品展示，并且成品还大多是在工厂制作完成的，对于游客来说没有看到最希望看到的现场展示，无法了解非遗的制作流程，是一个非常大的失误。

放在国际视野下，作为一种文化资源，非遗是承载和传播中国文化传统、中国文化精神的载体，也是中国国家软实力的组成部分。在当今的国际竞争中，文化软实力的竞争是一个重要的方面，经济和普通商品方面的生产能力固然重要，但表征着软实力的文化越来越受到关注。随着中国经济的发展和国际地位的提高，中国在国际上遭到一些国家的误解，解决这种误解的最有效方式是对话和交流，而最核心的就是文化方面的交流。如何让其他国家理解中国的精神和传统，当代的文化成果非常重要，同时作为承载中国传统精神的非遗不可或缺。这些有历史厚重感的文化技艺是世界了解中国的窗口。通过展现非遗项目和作品，国外观众能够真切地感受到中国的精神内核。它们展示的是特色，是传统，是文化，是底蕴。但保护与传承非遗，绝不意味着故步自封，放在国际视野中思考中国的非遗，一方面可以向世界展示中国的文化和实力，另一方面也可以充分了解国外的做法，成功的经验自应借鉴，不足之处同样需要调整。

二、保障传承主体的合理利益

非遗保护和传承过程中最大的资源是作为传承和保护主体的人。非遗保护与传承中有"传承主体"和"保护主体"两大主体。所谓"传承主体",是指非遗的传承人、传承团体或传承群体。而所谓"保护主体",则是指为保护某种遗产,利用自己的各种资源,鼓励、推动、扶持、帮助社会,以实现非遗自主传承的各级政府部门、学术团体、商业组织、新闻媒体。①两者之中,传承主体是非遗保护与传承的核心群体。因此必须想方设法保护他们的利益,其中经济利益是重中之重,如何保障他们的生存,使他们能够将技艺传承下去是最基本的问题。山东艺术学院自2015年开始承办文化部非物质文化遗产传承人群研修培训项目,目前已完成十余期培训。在培训过程中,笔者曾与多位学员交流,他们当中有些技艺十分精湛,但凭借手中的技艺却难以获得稳定的经济回报,甚至连基本的生存都无法保障,因此不得不转行从事其他工作,如到食品厂当工人或从事其他工作等,这对于非遗保护当然是不利的。非遗的传承需要大量的传承人群,如果传承人群萎缩了,非遗必然会遭到同样的命运。当然,必要的荣誉和精神奖励也是有价值的,为非遗传承人群授予各种荣誉称号对于保护他们的积极性很有帮助。

一个成功的探索是在公共文化服务范畴中,将非遗纳入政府采购的范围,通过财政上的转移支付支持非遗的发展,保护非遗传承主体的利益。当前我国十分重视公共文化服务的提供。所谓公共文化服务是指为广大民众提供的基本文化产品和文化服务,其目的是保证民众享有基本的文化权益。在提供时要坚持一定的导向,民族的、优秀的文化都是其提供的主要内容。作为民族优秀文化载体的非遗理应作为一项重要的内容。正如有学者所言,"从乡村进入城市的非遗得到很好传承和有意识的保护时,是在满足不同社会阶层的文化趣味,增加了公众可以自由选择的文化种类和机会……这不仅有助于人们平等地享有文化权利,还能有效缓解城市人的精神压力,避免染上恶习或沉溺于不良嗜好,促进城市的包容性发展"②。

---

① 苑利,顾军.非物质文化遗产保护 [M].北京:社会科学文献出版社,2013:103.
② 钱永平.非物质文化遗产 [J].湖北民族学院学报(哲学社会科学版),2016(1):71.

在提供过程中，让民众了解非遗，其作用不仅是满足民众文化权益的需要，更是弘扬优秀民族文化的保证。政府采购相关的服务，由非遗传承主体在适当的地点，比如旅游景区、文化馆和博物馆进行现场展演，这种活态保护被认为是最理想的保护方式。非遗传承主体在提供服务时需要一定的成本，也要获取一定的精神和物质补偿，此种补偿可由政府提供，由政府财政实现转移支付。通过此种方式，一方面非遗传承主体可以获得物质上的利益，在精神上获得高度鼓励，增强他们进行非遗传承的动力；另一方面，广大民众通过现场的观摩和学习，可以加深对于非遗的印象，对非遗有更深入的了解，也有利于非遗的保护与传承。

政府在文化资源的保护和开发方面的作用无可替代，其权威性和示范效应非常明显。政府的顶层设计十分必要，相应的政策和法律是不可或缺的。非遗传承人制度、非遗名录制度以及文化部于2015年开始启动的非遗传承人群研修培训计划，都是十分重要的顶层设计。这几个政策的核心都在于保护传承主体。传承主体是非遗保护与传承的核心因素，只有调动他们的积极性，非遗保护才能更加有效地进行下去。在依法治国的背景下，法律保护是最为有效的手段，具有高度的权威性和有效性，其公平性、公正性可以有效保障传承主体的合法利益。《中华人民共和国非物质文化遗产法》就是一部这样的法律，其颁布首先确立了非遗及非遗保护的合法地位，其次为非遗传承，特别是传承人的传承工作提供了各种法律依据和保障。

三、有效利用现代技术

当今，非遗保护与传承面临着危机。一方面，现代技术在一定程度上冲击着非遗的保护。就剪纸而言，激光刻印机可以快速地大规模制作类似于剪纸的作品，速度很快、成本很低，对传统的剪纸造成了很大的冲击。对于那些相对比较简单的剪纸作品而言，先进的设备已经冲击到了它们的生存。另一方面，生活方式的改变也对非遗的现实存在造成了困扰。很多非遗项目是与特定的生活方式相连接的。当前，某些生活方式已发生改变或已不存在，这对非遗的存续造成了很大的冲击。如焗瓷技艺在中国有着悠久的历史，在物质材料并不丰富的年代，焗瓷技艺有着广阔的市场，但随着人民生活水平的提高，各种材质的耐用生活用具大量增加，瓷制、陶制的生活用具的花费也大幅降低，因此焗瓷技艺在现实生活中失去了其市场，它的生存面临着巨大的危机。

在危机面前，需要用更有效的方式对非遗进行保护与传承。而这要求借助合适的手段和技术。当今，对非遗这一文化资源进行保护与传承需要发挥现代技术的作用。现代技术并不会完全消解非遗的审美价值。正如本亚明1935年在他的论文《机械复制时代的艺术作品》中提出的那样，在过去时代里，艺术作品具有"独一无二性"的特殊性，笼罩着受人崇敬的"光环"。人们和它保持一个"自然的"距离以"个体感受"的方式进行观赏、沉思。机械复制技术的发展则刺激了大众对艺术品的需求，人们可以轻而易举地拥有复制的艺术作品，可以在近距离内逼视它的一切隐秘的细节，但艺术作品的"光环"消失了，它的"崇拜价值"也随之严重下降了。[①]艺术包括非遗的最大优势在于创新，用高超的技艺创作精彩的作品就是剪纸等非遗存在的最大价值，这种手工制作带来的"光环"是机器大规模制作所无法比拟的，这正是其优势所在。

另一方面，现代技术在非遗保护与传承方面具有特殊的价值。非遗保护不是故步自封，不是原地踏步，不是所有质素都不可改变。其实非遗保护最重要的是理念、精神和核心技艺的保护。上述内容能够得到切实的保护，非遗就不会失传，就不会遭到破坏。在保护它们的同时，非遗也要融入生活，适度改变，适应现代生活。正如中国艺术研究院副院长王福州所言，"非遗的保护传承，不仅是面向传统的挖掘、整理和学习，更是面向未来的文化建构。我们要充分利用丰富深厚的非遗资源，将传统文化进行创造性的现代转化，融入生活，服务社会，弘扬社会主义核心价值观，担负起文化建设和价值引领的重任"[②]。融入现代生活的一种有效方式是采用现代技术，进行现代化的改造或升级。如国家级非遗项目东阿阿胶在传承过程中，在坚持中医养生和阿胶提纯的核心工艺的基础上，对于其中

①瓦·本亚明.机械复制时代的艺术作品［J］.张旭东，译.世界电影，1990（1）：124.

②王福州.非遗保护当随时代而动：做好非遗保护传承的下半篇文章［N］.人民日报，2015-03-27（24）.

的很多过程都引入了现代的技术手段，这些技术手段的引入，并没有损害阿胶的传承，反而使得阿胶的传承得到了更多的帮助，在更大的范围内受到了人们的关注和支持。一些老字号企业是非遗项目的传承主体，它们在非遗传承过程中进行了有益的探索，采取了"生产性保护"的方式，即在保留核心技艺的同时，引入现代科技进行优化创新，使其具有了活力。"在老字号企业，'生产性保护'可以理解为，传统的技艺一定要在企业的生产活动中传承和创新。通过生产实践来发展传统技艺，吸收新的科技成果，才能实现非物质文化遗产资源的有效利用和长续发展。"①各地的酿酒技艺同样如此，很多地方的酿酒技艺已被列入各级非遗目录。发酵技艺、工艺流程和精益求精的精神是其核心内容，在保护与传承过程中引入了很多现代设备和技术，这些技术的融入没有冲淡非遗的色彩，反而使它们的保护如虎添翼，获得了更多的助力。面塑同样如此。山东面塑有着很长的历史，传统面塑的制作需要经过原料的准备、捏制和上色等过程。其中原料的准备包括面粉（小麦粉、糯米粉）的磨制和蒸制等，需要用手工的方式完成，准备过程费时费力。而如今，这些准备工作借助于现代的设备和技术都可以快速完成，传统的方法不再是唯一的选择。现代技术的融入可以让非遗传承主体将核心的精力放在题材的选取以及造型、色彩等方面，使得技艺能够更加集中，更加精纯。传播和营销同样如此，借助互联网和信息技术，可以在更大范围更广的领域和更多的层面获得传播，产生更大的影响。利用现代技术，适应当下的观众的需求，获得更大的关注，这是非遗获取影响力的重要方式，是值得肯定的。

非遗承载着中华民族的美好记忆和传统文化的精髓，是一种重要的历史文化资源，也是发展文化产业和公共文化服务的现实资源。非遗在当代的发展正是非遗保护与传承的应有之义，要通过各种方式使其更好地融入生活，产生更大的经济效益和社会效益，发挥非遗资源的最大价值。

---

① 张少春. 非物质文化遗产的资源转化：一个老字号止咳药的工业化故事 [J]. 思想战线，2015（6）：45.

山东省非物质文化遗产的新兴产业特征

颜士锋[①]

摘要： 山东省非物质文化遗产表现出新兴产业的特征：区域分布不均衡，具有明显的区域集中现象；新老从业人员多，存在从业人员断层现象；技术标准不统一，没有游戏规则；虽然从业人员收入整体偏低，但是从业人员对非物质文化遗产的前途抱有信心。制约山东省非物质文化遗产传承和开发的因素主要是市场需求不足、缺乏创新。开发衍生产品、加强市场营销、保护知识产权、提升创新能力有助于山东省非物质文化遗产的传承和开发利用。

关键词： 非物质文化遗产；新兴产业；创新

随着经济发展，社会各界对非物质文化遗产越来越重视，了解非物质文化遗产的特点成为政府、行业人员的迫切需要。山东省非物质文化遗产呈现出一些新的特点，这些新特点与新兴产业的特征相吻合。通过对山东艺术学院"非物质文化遗产传承人培训班"学员调查问卷的分析，本文提出了山东省非物质文化遗产已经呈现新兴产业的特征，并相应指出为了适应新兴产业特点，非物质文化遗产工作应该注意的问题和工作重点。

一、问题的提出和数据来源

为了促进非物质文化遗产的保护和开发，文化和旅游部、教育部、

---

① 作者简介：颜士锋，山东艺术学院艺术管理学院副教授。

人力资源和社会保障部开展了"中国非物质文化遗产传承人群研修研习培训计划",山东艺术学院举办的非物质文化遗产传承人培训班是该计划实施的一部分。2015年以来,山东艺术学院已经完成了包括剪纸、草柳编、琉璃烧制、黑陶制作、核木雕等在内的十余期培训任务,共计培训七百余人。为了使培训内容与培训班学员的需求相契合,需要了解山东省非物质文化遗产的现状以及学员的困惑,为此我们在网上对山东艺术学院非物质文化遗产传承人培训班的历届培训班学员做了一项调查。通过分析回收的有效调查问卷,我们发现,虽然山东省非物质文化遗产存在文化遗产的普遍问题,但是也呈现了新兴产业的重要特征。

本文数据来源于回收的296份网络调查问卷。调查问题包括54个客观问题和1个主观问题。调查内容涉及学员的性别、年龄、住址等客观情况,也涉及学员对非物质文化遗产的看法等主观情况。回复问卷的学员是来自山东省17[1]地市的从事面塑、泥塑、琉璃、草柳编、剪纸、核雕、木雕、风筝、纸扎等非物质文化遗产项目的从业人员或爱好者,因此调查问卷涉及的非物质文化遗产项目较多,覆盖了山东省的17个地市及众多非物质文化遗产项目,回答问卷人员与非物质文化遗产项目关系密切,收回的调查问卷基本反映了山东省非物质文化遗产的现状。但是该调查问卷采用了网络调查的方式,部分学员由于不能使用网络而没有回答问卷,这可能影响了部分问题的客观性,我们在分析过程中考虑了调查方式对部分问题的影响。

二、山东省非物质文化遗产的新兴产业特点

根据迈克尔·波特的观点,新兴产业是新形成的或重新形成的产业,其形成的原因是技术创新、相对成本关系的变化、新的消费需求的出现。[2]

---

[1] 2019年1月,国务院同意山东省调整济南市莱芜市行政区划,莱芜市划入济南市,山东省地市变为16个。本文所涉内容为2018年及以前,因此仍使用"17地市"的表述。

[2] 此为迈克尔·波特在《竞争战略》中对新兴产业的定义。由此定义可以看出,新兴产业不仅指新出现的产业,也可以指由老产业转型出现的产业。本文也是从产业转型的角度认为,非物质文化遗产呈现出新兴产业的某些特点。

新兴产业的主要特征是没有游戏规则，这表现为技术不确定、战略不确定等。山东省非物质文化遗产的不确定性体现在区域分布、收入、技术特点、产业结构等方面，表现出以下特点：地域分布不均衡，地方性明显；新从业人员较多，未来发展前景较好；其生产组织形式以自由职业者的个体生产为主，规模较小，整体收入水平偏低；技术标准不统一。[①]

1. 非物质文化遗产的区域分布不均

非物质文化遗产的消费者和生产者具有明显的区域特征，因而一种非物质文化遗产往往集中在局部地区。回答问卷的296名培训班学员尽管覆盖了山东省的17个地市，但是各地区人员数量差异较大。剔除来自省外的7名学员后，289名学员样本的区域分布情况如表1所示。

表1　培训班学员的地域分布

地市	人数	地市	人数
F.潍坊	61	E.烟台	10
G.淄博	42	P.滨州	10
A.济南	30	B.青岛	9
M.临沂	23	O.聊城	8
H.济宁	21	D.东营	5
Q.菏泽	20	J.威海	4
C.枣庄	17	N.德州	3
I.泰安	13	L.莱芜	2
K.日照	11		

从学员人数来看，各个地区的差异较大，学员人数最多的潍坊市有61人，最少的莱芜市仅有2人。由于各地的人口基数不同，样本人员的区域分布还不能直接说明非物质文化遗产的区域分布，比如潍坊的学员人数多，有可能是因为潍坊市人口基数大。为了消除人口基数的影响，我们根

---

① 迈克尔·波特总结的新兴产业的技术特点有技术不确定性、战略不确定性、萌芽企业、新购买者、从业者目光短浅等。本文中总结的山东省非物质文化产业的特点与迈克尔·波特的总结并不完全吻合，但是总体上是相近的。如果将新兴产业理解为现在不景气但是未来前景光明的产业，那么本文中提出的山东省非物质文化产业的特点更符合新兴产业的含义。

据2015年山东省各地市的人口数量编制了非遗人员密度指数。指数的编制原理是：首先假定各地市的学员数量应该与其人口基数成正比，根据人口密度计算出来289名学员中各地市的应有学员数量，然后以实际学员数量与应有学员数量相比得到非遗人员密度指数。非遗人员密度指数大于1说明实际学员数量大于理论上应有的学员数量，该地市的非物质文化遗产从业人员密度大于全省平均水平，该地市的非物质文化遗产较集中。

某地市非遗人员密度指数=该地市实际学员数/理论学员数

某地市理论学员数=289*该地市人口数/全省人口数

由此计算出非遗人员密度指数（如表2所示）。

表2　各地市的非遗人员密度指数

地市	潍坊	烟台	淄博	济南	日照	枣庄	滨州	济宁	菏泽
密度指数	2.96	1.61	1.54	1.43	1.30	1.25	0.88	0.86	0.80
地市	泰安	临沂	莱芜	威海	聊城	东营	青岛	德州	
密度指数	0.79	0.76	0.50	0.49	0.46	0.44	0.34	0.18	

修正了人口基数影响的非遗人员密度指数仍然有较大差异。潍坊市的非遗人员密度指数达到2.96，远高于其他地市；而莱芜、威海、聊城、东营、青岛、德州等地则没有超过0.5。非遗人员密度指数的巨大差异可能有两个原因：一是非物质文化资源及其开发利用状况不同；二是政府重视程度和组织力度不同。不过，政府重视程度和组织力度应该与当地的非物质文化资源以及开发利用状况正相关，文化资源丰富、开发利用状况好更能引起政府的重视，政府重视进一步促进了文化资源的开发利用。因而，我们可以说，非遗人员密度指数很好地反映了非物质文化遗产的分布状况。

2. 从业年限哑铃式分布

以从业年限来看，从业年限呈现哑铃式分布（如表3所示）。从业20年以上的超过25%，从业10年以下的超过52%，从业10～20年的不足22%。从业年限表现为多年从事非遗项目或者近年才从事非遗项目的人员较多，而中间层人员偏少。考虑到样本采集方式的影响，老年人更难以掌握网络技术，老年人没有回答问卷的可能性更大，从业年限20年以上人员的比例可能比样本反映的比例还要大。

表3 从业年限分布

表3　从业年限分布

选项	人数	比例
A. 5年及以下	89	30.07%
B. 6～10年	67	22.64%
C. 11～15年	34	11.49%
D. 16～20年	31	10.47%
E. 21年及以上	75	25.34%

　　虽然从年龄结构来看，中年人比例较高，但是结合从业年限和人员年龄来看，30岁以下人员不足11%，而从业不足5年的人员则超过30%，则说明部分中年人其实是新从业人员。我们注意到超过17%的学员是公职人员，这部分人员参加培训班的主要原因是工作与非遗项目相关或者对非遗项目感兴趣，他们更可能是新从业人员。因此，可以说非物质文化遗产从业年限的断层问题还是很严重的，从业年限长的人员和从业年比较短的人员占了绝大多数。

　　年轻人从业是非物质文化遗产传承的基础。从我们的样本分析，非物质文化遗产从业人员年龄偏大，老龄化现象比较严重。296个样本中，30岁以下人员不足11%，40岁以上人员接近70%（如表4所示）。考虑到样本采集方式的影响，老年人对网络的利用率低，更可能不回答问卷，非物质文化遗产从业人员的老龄化问题可能比样本情况更严重。事实上，从课堂学员情况看，中老年人比例的确非常大。

表4　样本人员年龄结构

选项	人数	比例
A. 18～30岁	32	10.81%
B. 31～40岁	93	31.42%
C. 41～50岁	130	43.92%
D. 50岁以上	41	13.85%

　　非物质文化遗产从业人员的断层现象，既表明在过去的一段时期，非物质文化遗产的传承面临巨大困难，又表明近年来人们对非物质文化遗产

的关注提升，非物质文化遗产吸引了越来越多的人员，像新兴产业一样，非物质文化遗产的从业人员增加。

3. 收入偏低，收入差距较大

新兴产业的一个典型特征是收入低，甚至大量的从业者亏损。一个产业的发展取决于社会需求。需求量大，从业人员的收入水平高，就能吸引更多的从业人员和资本投入，就能促进产业创新以满足需求的变化。

非物质文化遗产的从业人员收入偏低，我们的样本显示，超过20%的从业人员个人年收入不足1万元，接近64%的从业人员个人年收入低于3万元。

收入偏低导致非物质文化遗产从业人员难以专职从事非遗项目。只有不足35%的从业人员的收入主要依靠非遗项目，其他人员的主要收入来自经商、打工、培训等。

但是非遗从业人员的收入并非都不高，有些人员的年收入高达数十万元。高收入人员主要是在非物质文化遗产中有较大影响力的人，比较典型的是一些国家级非物质文化遗产传承人。

非物质文化遗产从业人员的收入分布非常符合新兴产业收入状况：大多数企业的盈利水平有限，但是少数技术先进、市场认可的企业可以获得可观的盈利。

4. 生产规模较小，人员文化层次低

新兴产业的企业一般都是新企业或者新进入企业，它们的规模较小。非物质文化遗产的典型生产组织为以个人家庭为单位的生产模式，从业人员被称为自由职业者。我们的样本中接近55%的人员是自由职业者，如果排除公职人员以及一些业余爱好者的话，自由职业者的比例应该更高。

这种自由职业的组织模式与非物质文化遗产的技术要求低、需求量偏小、产业区域化相适应。自由职业在工作过程中所要求的协作程度较低，区域化要求的市场销售能力低，因此，非遗项目从业人员的学历要求相对较低。在我们的样本中，大学以上学历人员不足42%。在我们的样本中有18%的公职人员，这部分人员主要是工作与文化遗产有关的群体，比如文化部门的公务人员、学校里从事文化教育的人员，其中大部分人员的主要工作不是非遗项目，如果排除这部分人员，实际从事非遗项目的人员中本科以上学历人员占比应该不足25%。在近700人的培训班学员中只有不到300人回答了问卷，没有回答问卷的300多人中，最主要的原因可能是不会应用网络、不方

便使用网络或者不会回答问卷，这些人员的学历应该不高。考虑到这个影响，本科以上学历人员占比应该在10%左右。如果考虑到高学历人员参加培训班的可能性更大，那么在现实生活中，非物质文化遗产从业人员中本科以上人员占比可能非常低，不足10%应该是可信的数据。

5. 没有统一的技术标准

在新兴产业中，生产技术标准不统一，企业产品的兼容性差，技术交流不密切。

这些特征在非物质文化遗产中则表现为生产技术以家庭传承和人工传承为主。在我们的样本中，超过41%的学员的技术来自家庭传承，超过32%的学员的技术来自师徒传承。这种传承方式传承速度慢，有利于技术保密，但阻碍了技术创新，不利于形成统一的技术标准。

非物质文化遗产的技术相对简单，标准不统一，导致了缺乏行业竞争规则的结果。这突出表现为多数人可以掌握技术并自认为可以制定规则，在样本数据中，自认为仅仅达到入门水平的人员只有20%，近48%的学员认为达到熟练运用的水平可进行独立创作，超过10%的学员认为技术纯熟可以自成一派（如表5所示）。

表5　从业人员技术水平情况

选项	人数	比例
A. 初级入门	58	19.59%
B. 熟练掌握基本技法	67	22.64%
C. 可活学活用进行独立创作	141	47.64%
D. 自成一派游刃有余	30	10.14%

由于缺乏衡量标准、没有统一的规则，每个人都有过分重视自己的技术而忽视他人技术的倾向。在样本中，只有15%的人认为自己在非遗传承中没有作用或不清楚有什么作用，其他85%的人认为自己有一定作用，甚至接近20%的人认为作用很大（如表6所示）。

表6 个人在非遗传承中的作用

选项	人数	比例
A. 作用很大	58	19.59%
B. 有一定作用	193	65.2%
C. 没什么作用	13	4.39%
D. 不清楚	32	10.81%

6. 从业人员对非物质文化遗产发展前景看好

新兴产业的一个重要特点是当前规模较小，收入较低，但是发展前景较好。一旦统一了标准，产业将快速发展。

非物质文化遗产从业人员对行业前景普遍看好。在样本数据中，64%的人员认为非遗项目前途光明、道路曲折，27%的人员认为非物质文化遗产形势大好、健康发展（如表7所示）。

表7 从业人员对非遗前景的看法

选项	人数	比例
A. 逐渐没落、没有前景	19	6.42%
B. 前途光明、道路曲折	189	63.85%
C. 形势大好、健康发展	79	26.69%
D. 发展过热、走入歧途	9	3.04%

从调查结果来看，非遗项目从业人员对前途是有信心的。非遗项目从业人员是非物质文化遗产的传承和保护的直接参与者，他们根据从业经验获得的感性认识是值得参考的。

虽然从业人员对非物质文化遗产的前景看好，但是由于非遗项目收入偏低，目前个人从事非遗项目的主因还是爱好和家族传承的需要。在样本数据中，60%的学员从事非遗项目的原因是兴趣爱好，24%的学员是由于家族传承的需要。由于从业人员的爱好和家族传承的需要，73%的从业人员的家庭成员支持他们从事非遗项目。而34%的学员认为家庭成员不支持的原因是非遗项目不挣钱。

三、非物质文化遗产传承面临的问题

像新兴产业一样，非物质文化遗产传承面临的主要问题是市场需求不足、缺乏技术创新。[①]

1. 市场需求不足

非物质文化遗产传承和保护面临着诸多问题。根据我们回收的调查问卷，学员们普遍认为，创新能力缺乏、市场需求不足、技艺传播受限、传承人群不足都是非物质文化遗产传承和保护面临的问题。但是主要问题还是市场需求不足，近43%的人员认为非物质文化遗产面临的主要问题是市场需求不足（如表8所示）。

表8 非物质文化遗产面临的最大问题

选项	人数	比例
A. 市场需求下降	127	42.91%
B. 传承人群不足	37	12.5%
C. 技艺传播受限	57	19.26%
D. 创新能力不足	75	25.34%

市场需求不足导致从业人员收入低，传承人群不足等一系列问题。

2. 缺乏创新

很多非物质文化遗产项目都至少存在几百年了，现在的社会生活方式与几百年前乃至千年前的生活方式相比发生了巨大变化，人们的生活需求发生了变化，生产技术也发生了变化。传统的非遗产品很多失去了市场或者面临工业品的竞争，如何创新非物质文化遗产的生产技术和产品以适应现代生活需要或者与工业品竞争，是非物质文化遗产传承和保护过程中面临的问题。

[①] 迈克尔·波特的《竞争战略》认为，新兴产业发展的主要制约因素是产业发展依赖于产业外部因素的支持和需要引导消费者购买。此处将需要引导消费者购买直接表述为市场需求不足。技术创新只是制约新兴产业发展的外部因素之一，但是对于非物质文化遗产来说，原生态保护和创新一直是存在争议的问题，创新对非物质文化遗产的传承具有突出的意义，因此，本文特别提出非物质文化遗产缺乏创新的问题。

问卷中设计了传承和创新哪个更重要的问题，在把传承和创新相对立起来的语境里，应该把这个问题理解成在非物质文化遗产的传承过程中应该创新还是不应该创新。在296名学员中，认为创新更重要的占37.84%，认为传承更重要的占35.14%，基本上旗鼓相当（如表9所示）。

表9　对传承和创新的看法统计结果

选项	人数	比例
A. 相对而言传承更重要	104	35.14%
B. 相对而言创新更重要	112	37.84%
C. 相对而言挖掘整理保护更重要	59	19.93%
D. 说不上来	21	7.09%

如果把认为挖掘整理保护更重要的19.93%人员也看作是认为传承更重要的，那么认为传承更重要的人数将达到55%以上，远超过认为创新更重要的人数。

在非物质文化遗产传承中，创新不足不仅表现为在思想意识上对创新的重视程度不够，还表现为非物质文化遗产项目的衍生品开发不足。

在样本数据中，有过成功开发衍生品经历的学员人数不到10%，还有不到15%的学员有过开发衍生品的尝试但没有成功，绝大多数人员并没有尝试开发衍生品。但是，62%以上的人员意识到了衍生品开发的重要性。

四、非物质文化遗产传承需要采取的措施

针对非物质文化遗产传承中面临的市场需求不足和缺乏创新的问题，需要切实可行的应对措施。

1. 强化市场营销意识，走市场营销专业化道路

从业人员普遍存在市场开发意识淡薄、市场营销能力弱的问题。只有3.72%的人员营销能力强、产品供不应求，另外有35.14%的人员有营销经验；但是高达32.09%的人员专心做艺术、无心迎合市场，另外29.05%的人员处于迷茫状态。总体上讲，60%以上的人员不做市场开发，市场开发成

功的人员极少。这种状况既是因为非遗项目从业人员市场开发意识淡薄，也是由于从业人员市场营销能力差。

针对上述状况，强化市场开发的措施有两条：一是多渠道、多方式地大力宣传市场开发的重要性；二是引入专业人员从事市场营销工作，促进非遗项目生产和销售的专业化分工。

2. 细分市场，明确市场定位

消费者需求引导产业创新。消费者的需求具有层次性，大众化需求多与日常生活相关，而高端艺术品的需求多与精神需求相关。多数非物质文化遗产项目没有明确的市场定位，难以针对细分市场需求进行产品创新。

针对非遗产品应该走大众化路线还是高端化路线，从反馈数据来看，48%的人员选择了二者并列发展，7%的人员选择看不透，这表明很多人没有清晰的市场定位。选择大众化路线的仅仅不足15%，而高达30%的人员选择了高端化路线（如表10所示）。

表10 非遗项目市场定位情况

选项	人数	比例
A. 走向消费大众化	44	14.86%
B. 走向艺术品高端化	90	30.41%
C. 二者并列发展	142	47.97%
D. 看不透不明朗	20	6.76%

调查结果表明很多人认为自己的技艺足以走高端化路线，但是他们忽略了高端化市场是小众市场的事实，也表明了现在的非物质文化遗产产品与大众消费脱节。由于高端市场的小众化，只能由少数人走高端化路线，大多数从业人员应该走大众消费路线。

充分调查研究非物质文化遗产产品如何与大众日常需求相适应是亟须解决的问题，也是从业人员个人无力解决的问题，需要政府研究切实可行的措施。

3. 强化创新理念，加强知识产权保护

从调查数据来看，55%以上的人员不重视非物质文化遗产的创新，这不仅仅是因为从业人员的创新能力不足，也与没有明确的创新引导有关。

在学界，强调对非物质文化遗产项目进行原生态保护的观点较多，强调根据现代生活进行创新的观点弱了一些。理论界的导向强化了从业人员忽视创新的倾向。

在非物质文化遗产领域，知识产权保护的理念和力度都不够。没有知识产权保护和认为作品不成熟谈不上保护的人员达到60%多，这种漠视知识产权保护的状况对于创新是不利的，需要加大知识产权保护的宣传力度（如表11所示）。

表11 知识产权保护状态

选项	人数	比例
A. 没有概念不知如何保护	105	35.47%
B. 有自有品牌并申请商标或专利保护	67	22.64%
C. 经常被仿制没有合适对策	43	14.53%
D. 经常仿制别人作品	7	2.36%
E. 作品不成熟，谈不上保护	74	25%

4. 增加从业人员交流机会，提升创新能力

限制非物质文化遗产创新的因素主要有从业者对市场需求缺乏了解、行业内技术交流较少、学术素养较差等。因此非物质文化遗产项目从业人员普遍希望增加交流、开阔眼界、提升技艺。非物质文化遗产传承人培训班学员最感兴趣的课程是课程实践、传承人授课和调研考察（如表12所示）。

表12 最感兴趣的课程

选项	人数	比例
A. 课堂理论	23	7.77%
B. 课程实践	93	31.42%
C. 调研考察	73	24.66%
D. 传承人授课	86	29.05%
E. 结业创作	21	7.09%

多数学员认为通过培训班的学习，开阔了眼界，提高了作品质量。这从侧面反映了非物质文化遗产从业人员缺乏行业了解、技术交流较少，他

们最关注开阔眼界和提升技艺（如表13所示）。

表13　培训班的成果调查

选项	人数	比例
A.作品质量	72	24.32%
B.开阔眼界	126	42.57%
C.理论基础	27	9.12%
D.增加学养	54	18.24%
E.市场营销	17	5.74%

　　政府有关部门在全国多地开展的非物质文化遗产传承人培训班提供了一个非遗从业人员开阔眼界、提升技艺的渠道，但是这还远不能满足非遗从业人员的需要。今后还要开拓其他渠道满足他们的需求，比如建立网络平台、组织非物质文化遗产宣传交流活动等。通过这些渠道提升非遗从业人员的创新能力，是促进非物质文化遗产创新的有力措施。

参考文献：

[1]迈克尔·波特. 竞争战略［M］. 陈小悦，译. 北京：华夏出版社，1997.

我国文化遗产政策的"同"与"不同"

于　亮[①]

摘要：目前我国文化遗产保护政策按物质文化遗产和非物质文化遗产两种类别进行了区分，两个十六字方针中，"保护为主、抢救第一"是共同的，体现了无论物质文化遗产还是非物质文化遗产，保护与抢救始终是工作的第一要务；而"合理利用"之后的"加强管理"与"传承发展"之不同，却体现出物质文化遗产与非物质文化遗产在共性之外的差异。

关键词：文化遗产；文化遗产政策；十六字方针

"文化遗产"的概念从提出之日起，就在各种法律文件和文化实践中被不断修正，今天我们也难以做出一个统一确切的表述。在不同的国际文件中，"文化遗产"也是按照各自的保护目标和实践范围来使用的。但是，把文化遗产分为物质文化遗产和非物质文化遗产两种类型，则被国际社会广泛接受，我国也是在这一类型分化的基础上制定相关方针政策的。2005年国务院发布的《关于加强文化遗产保护的通知》中，对"文化遗产"概念进行了表述："文化遗产包括物质文化遗产和非物质文化遗产。物质文化遗产是具有历史、艺术和科学价值的文物，包括古遗址、古墓葬、古建筑、石窟寺、石刻、壁画、近代现代重要史迹及代表性建筑等不可移动文物，历史上各时代的重要实物、艺术品、文献、手稿、图书资料等可移动文物；以及在建筑式样、分布均匀或与环境景色结合方面具有突出普遍价值的历史文化名城（街区、村镇）。非物质文化遗产是指各种以非物质形态存在的与群众生活密切相关、世代相承的传统文化表现形式，

---

①作者简介：于亮，山东艺术学院艺术管理学院教师。

包括口头传统、传统表演艺术、民俗活动和礼仪与节庆、有关自然界和宇宙的民间传统知识和实践、传统手工艺技能等以及与上述传统文化表现形式相关的文化空间。"可以看出，这是根据国际公约的相关规定和我国文化遗产的历史与现状，所作出的一个符合我国国情与保护实践要求的文化遗产定义。基于此定义，我国的文化遗产保护政策分为两个部分，颁布了文化遗产领域的两部法律文件——《文物保护法》和国务院办公厅《关于加强我国非物质文化遗产保护工作的意见》（以下简称《意见》）。《文物保护法》第四条规定："文物工作贯彻保护为主、抢救第一、合理利用、加强管理的方针。"这十六字方针是我国物质文化遗产保护政策的集中体现。而《意见》中指出非物质文化遗产的工作指导方针："保护为主、抢救第一、合理利用、传承发展。"同为十六字方针，"保护为主、抢救第一"是共同的，体现了无论物质文化遗产还是非物质文化遗产，保护与抢救始终是工作的第一要务；而"合理利用"之后的"加强管理"与"传承发展"之不同，却体现出物质文化遗产与非物质文化遗产在共性之外的差异。

一、"保护为主，抢救第一"是文化遗产政策的根本

文化遗产作为"遗产"，其价值和稀缺性、不可再生性是本身所具有的属性，文化遗产的概念本身就体现出保护的题中之义。从古至今，对文化遗产加以保护保存一直是相关政策的主导，只是在实践上根据文化遗产的存续情况不同而有程度上的区别。对物质文化遗产而言，有些文物经历了漫长的时代更迭，在几百年、上千年的时间、自然、人为等复杂因素的作用下，其物理性状已经十分脆弱，抵御自然侵蚀的能力已大大降低，稍有不慎就有可能遭受不可逆转的破坏。我国历史悠久，巨大的文化遗产数量也决定了保护工作是一个漫长的过程。根据历时5年的第三次全国文物普查结果显示，全国31个省（自治区、直辖市）共登记不可移动文物766722处（不包括港澳台地区），包括新发现文物536001处，复查文

我国文化遗产政策的"同"与"不同"

219

物230721处，^①全国博物馆已知的登记馆藏文物超过1200万件，如此巨大的文物数量其保护工作必将面临巨大的压力。而入藏博物馆的文物也不是高枕无忧，仍然面临严峻的保护形势。根据2002年至2005年国家文物局委托中国文物研究所组织开展的全国馆藏文物腐蚀损失调查显示，全国共有50.66%的馆藏文物存在不同程度的腐蚀损害，造成馆藏文物腐蚀损失的主要原因是文物库房条件不达标、文物保存环境控制设施设备匮乏、科研和运行经费严重不足、保护修复科技人才短缺等问题。初步估算，如不采取有效措施，有可能造成数以亿元计的损失。正因为如此庞大的数量和艰巨的工作任务，以及在历史上各阶段由于条件所限或重视不够所遗留的历史欠账问题，我们目前的工作方针就只能是在全面做好保护的基础上，集中优势力量对亟待保护的文化遗产进行重点抢救。

在非物质文化遗产领域，传统文化和文化多样性同样面临着严重的危机。首先，在全球化、信息化、商业化环境下，一些传统文化或社区文化所赖以生存的社会结构和形态、功能和性质发生了很大变化或不再存在，新出现或形成的文化大多和市场经济、消费社会的经济形态相适应，与个体主义和自由主义的价值观念和交往方式相适应，与市场经济或法治经济所要求的法治、民权主义政治、平等正义的分配原则和道德观念相适应，而部分传统文化不具备这些适应性，因而失去生存和发展的活力。其次，在全球化进程中，外来文化往往处于强势地位，在传统文化调适自身以吸收其合理影响形成新文化之前，就已经被迫加速消失了。再次，由于传统文化自身的原因，比如某些非遗通过家族亲缘关系或师徒关系传承，这种特点也加剧了传统文化生存的危机。因此现代化进程的加快发展，使得非物质文化遗产在世界范围内都面临着空前的消亡或边缘化的危险。如根据已出版的一些音乐辞典、乐器志等资料的记载，我国的民族乐器至少有500种，但目前人们经常使用的各种民族乐器（包括打击乐器）不过几十种；1982年我国有文字记载和演出活动的剧种尚有394种，但目前能演出的只有267种，有些剧种只有一个专业剧团在支撑。^②再加之传统文化和非

① 国家文物局网站. 第三次全国文物普查成果正式对外发布［EB/OL］. http：//www.sach.gov. cn/art/2011/12/30/art_722_109915.html

② 王文章. 非物质文化遗产概论［M］. 北京：教育科学出版社，2008：297

物质文化遗产保护工作在方式方法上存在着许多问题，如割裂非遗自身存在的合理性，剥离传统文化特有的情感特性和礼俗特性，以物质文化遗产的保护模式保护非物质文化遗产，以及功利主义思想带来的过度开发等情况，也决定了保护为主、抢救第一的文化遗产政策必将要长期执行。

二、"合理利用，加强管理"体现了物质文化遗产的不可再生性

强调保护为主，强调把抢救放在首位，并不是否定文化遗产的合理利用，保护的目的最终还是利用。对物质文化遗产而言，利用恰恰是其价值实现的唯一途径。物质文化遗产包括可移动文物和不可移动文物以及历史文化名城（街区、村镇）等，无论哪种类型的文化遗产都具有历史、艺术和科学价值，这些价值体现在物质文化遗产所蕴含的信息上。我们说物质文化遗产不同于一般的物，也不是一般的财产，正是因为上面凝结了不可再生和不可替代的历史、文化、艺术、科学信息，这些信息的存在使其退出了实用范畴而被保护起来，成为"遗产"。利用的目的就是要把这些信息通过深入研究和某种展示方式共享出来，使其被人们所了解、欣赏和利用，从而为提高人民群众的科学文化素养、建设社会主义先进文化、构建社会主义和谐社会服务。所谓合理利用就是在不损害文物的前提下，最大限度地提取其信息。因此，文物的利用是必然的，因为文物本身不会"说话"，只能有待于和人之间的"对话"，而"对话"的重点在于如何处理保护文物本身与展示共享其信息之间的关系。只有通过人的理性把握实现二者平衡，也就是加强科学化的管理，才能在可控的条件下实现合理利用的目的。

加强管理体现在各个方面，一是投入资金进行硬件建设，通过建设博物馆、改善博物馆藏品环境以及确认为各级文物保护单位等形式，把可移动和不可移动文物以稳妥安全的方式保护起来。二是加强软件水平的建设，包括建立起规范的管理制度，培养专业的管理和科研人员队伍，提高科学技术应用能力进行文物信息的提取和展示等。三是加强人才建设。专业的管理和科研队伍是行使管理职能的重要保障，科学研究在物质文化遗产的价值揭示和利用转化中担当了重要的角色，是物与人之间"对话"的

桥梁，如果没有科研对文物信息的认知揭示，文化遗产所具有的旅游休闲、宣传教育的功能就无法实现。而科学研究必须依靠专业的人才队伍才能完成，因此培养各个专业领域的人才特别是文化遗产、文博专业人才，是保证加强管理的坚强后盾。第四，通过政策宣传提高人们的遗产保护意识也是确保文化遗产合理利用的重要方面。自2006年开始，我国政府规定每年6月的第二个星期六是国家"文化遗产日"，后来调整为"文化和自然遗产日"，通过一系列主题性活动营造全社会共同参与文化遗产保护的氛围，使文化遗产的概念深入人心，大大促进了文化遗产的保护和利用的进程。

三、"合理利用，传承发展"体现了非物质文化遗产的活态性

非物质文化遗产具有活态性特点，它依靠人的行为活动和身体感官而呈现，是一种属于"默会性"的个人知识。这种知识不同于文字符号表示的正规知识那样需要复杂的理论和明晰的理性逻辑，更多的是依靠人自身的不断模仿、练习和感觉。如传统的戏曲、舞蹈、武术和手工技艺等，往往依靠跟随师傅的唱念做打，一招一式地模仿和感受，在潜移默化中实现掌握相关规则技巧的目的。这个过程是经验性的，所谓"只可意会，不可言传"，因为师傅言传身教的内容要比单纯语言阐释所体现出来的要丰富得多。正是从非遗的个体知识和个人经验出发，当人们把这些建构于身体之上的非遗表现形态进行功能、意义的认知并放置于社会环境中进行具体应用、互动时，就产生了社会价值和文化归属，形成了被个人、群体、社区所认同并世代相传的文化遗产，例如比个体经验更广阔的节庆、仪式活动和社会实践等内容。从这个认知角度入手，有学者把非物质文化遗产分为形态体系和行为体系，并指出具有身体性、经验实践性和传统性的非遗形态体系是相对独立的，可以脱离孕育其产生的社会时空得到传承，因而"在非遗保护中，我们需要仔细考虑具有相对独立性的非遗形态体系的传承与其所处社会文化生态关系并进行调整，而不是一厢情愿地通过确保社

会生态的不变来保证非遗传承"①。这里的论述提示了从非物质文化遗产活态性中引申出的传承性和流变性特点，即依靠人体的物质基础（口头、手、肢体、表情等），通过运用自然界各类材质的物理媒介（声波、光波、线条、图像等），以一定习惯和规则组合起来的非遗的形态体系（口头文学、戏曲、舞蹈、音乐、美术等）在根本上是依靠人来传承的，而这个传承又可以发生于不同的时空，与社会文化中的不同因素互融形成新的行为体系要素，也就是流变的。无论是非遗的形态体系和行为体系，还是其传承性、流变性特点，都决定了"传承发展"是非物质文化遗产保护政策的必然要求。

传承的根本在于人，缺乏身怀绝技、经验丰富的师傅们的言传身教和口传心授，非遗就不可能"上身"，因为这里的技艺、知识和实践是融合了个体社会生活与自我意识的"活"的文化表达形式，充满了生命力量。因此传承是以人为媒介的传承而不是其他形式。设立代表性传承人制度，采取支持传承人开展传承传播的措施，都体现出对非遗传承性特点的把握和认识。而发展则是非遗流变性的内在要求。如前所述，随着现代化进程的加速，非遗面临着消亡和边缘化的危机。而非遗形态体系的相对独立性，可以适当调适自身与不同时空中的文化要素相融汇，形成新的非遗行为体系，进而带动非遗形态体系的发展变化。

我国的文化遗产政策经过新中国成立后的初创期和改革开放以来的深化期两个阶段，目前形成了既相互统一又有所区别的十六字方针，根据物质文化遗产和非物质文化遗产的共性与特性给予分别指导，取得了文化遗产保护的丰硕成果和前所未有的良好态势。尤其是党的十八大以来，党和国家领导人十分重视文化遗产的保护工作，在多个重要场合的讲话和演讲中反复强调文化遗产保护工作的意义，并对相关工作做出了重要批示。习近平总书记2014年3月在联合国教科文组织总部发表演讲时指出："中国人民在实现中国梦的进程中，将按照时代的新进步，推动中华文明创造性转化和创新性发展，激活其生命力，把跨越时空、超越国度、富有永恒魅力、具有当代价值的文化精神弘扬起来，让收藏在博物馆里的文物、陈列在广阔大地上的遗产、书写在古籍里的文字都活起来，让中华文明同世界

① 钱永平. UNESCO《保护非物质文化遗产公约》述论［M］. 广州：中山大学出版社，2013：91.

我国文化遗产政策的"同"与"不同"

各国人民创造的丰富多彩的文明一道，为人类提供正确的精神指引和强大的精神动力。"我们相信，"保护为主、抢救第一、合理利用、加强管理（传承发展）"的文化遗产保护政策必将会经受住历史检验，指引我国的文化遗产保护事业取得更大的发展。

论博物馆与非物质文化遗产的数字化保护

杜　臻[①]

摘要： 目前，博物馆已经广泛地运用数字化手段开展文物收藏、科学研究、社会教育等工作。数字化技术也将为非物质文化遗产的宣传与保护拓展更加广阔的空间。博物馆在采集与保存非遗数字化资源的基础上，可以建立非遗数据库和网络共享平台，这依赖于博物馆数字化平台的构建。博物馆将在未来发展中，借助数字摄影和录音、二维或三维技术、虚拟现实、大数据、云媒体、互联网等现代信息科技手段，实现对非物质文化遗产的保存、传播与利用。

关键词： 博物馆；非物质文化遗产；数字化保护

　　非物质文化遗产是各族人民世代相承的优秀传统文化的表现形式，具有重要的历史、艺术、文学和科学价值。我国辽阔的疆域、悠久的历史、众多的民族以及多样的自然环境，造就了品类繁多、特色各异的非物质文化遗产。然而，随着城市化、全球化、信息化、商业化进程的不断发展，非物质文化遗产赖以生存的文化空间随之发生改变，一些依靠口传心授方式传承的文化遗产正在不断消失，许多传统技艺濒临消亡，大量珍贵的实物与资料因保护方法不当而被毁弃。

　　非物质文化遗产最大的特点是非物质性，在非遗的保护与传承过程中，重点强调的不是物质层面的载体和呈现形式，而是蕴藏在这些物化形式背后精湛的制作技艺、丰富的精神内涵、独到的思维方式等非物质的内

---

　　① 作者简介：杜臻，南京艺术学院文化产业学院博士研究生，南京博物院民族民俗研究所副研究馆员。

容。有鉴于此，保护非物质文化遗产的重心不在于固态或静态的复制保存，而在于通过活态的方式进行保护，要充分尊重非物质文化遗产的存续环境和文化认同性。

2007年最新修订的《国际博物馆协会章程》对博物馆的定义进行了调整，指出："博物馆是一个为社会及其发展服务的、非营利的常设机构，向公众开放，为研究、教育、欣赏之目的征集、保护、研究、传播、展示人类及人类环境的有形遗产和无形遗产。"[①]这个定义重新表明了博物馆的性质和任务，即它对人类遗产所负有的重要使命，也阐明了博物馆在非物质文化遗产保护中的职责与作用。目前，博物馆已经广泛地运用数字化、新技术、新媒介等手段开展文物收藏、科学研究、社会教育等工作。数字化技术也将为非物质文化遗产的宣传与保护拓展更加广阔的空间。

一、数字化、非物质文化遗产与博物馆

在当今"互联网+"的时代，随着物联网、云媒体、大数据、云计算等技术的迅速发展，以及智能终端与无线网络的大范围普及，数字化热潮在全世界不断升温，深刻影响着社会发展的各个方面。数字化资源已经成为不可或缺的社会核心资源，这为非物质文化遗产的保存、传播与利用带来了新的机遇。"非物质文化遗产数字化是采用数字采集、数字储存、数字处理、数字展示、数字传播等技术，将非物质文化遗产转换、再现、复原成可共享、可再生的数字形态，并以新的视角加以解读，以新的方式加以保存，以新的需求加以利用。"[②]在具体的操作与实践中，需要将数字信息技术应用于非物质文化遗产的抢救与保存，借助数字摄影、虚拟现实、多媒体、互联网与三维信息获取等技术，建立一个以计算机网络为基础的综合型数字系统，从而实现对非物质文化遗产的保护、传承与利用。

2005年3月，国务院办公厅发布了《关于加强我国非物质文化遗产保护工作的意见》，第一次以中央政府文件的形式明确了非遗保护工作的主

---

① 中国国家文物局，中国博物馆协会. 博物馆法规文件选编 [M]. 北京：科学出版社，2010：134.

② 王耀希. 民族文化遗产数字化 [M]. 上海：上海人民出版社，2009：8.

旨目标、指导方针、工作原则、基本制度与具体措施，指出："要运用文字、录音、录像、数字化多媒体等各种方式，对非物质文化遗产进行真实、系统和全面的记录，建立档案和数据库。"①这标志着我国非物质文化遗产数字化保护工作的正式启动。非物质文化遗产的保护工作必须建立在非遗资料的记录与保存基础之上，需要通过文献整理、实地调查、传承人访谈以及技艺过程的采录等方式，用文字、图片、录音、录像等手段，对非遗项目进行全面、真实、系统的记录，并积极搜集相关实物资料，选定有关机构妥善保存并合理利用。目前，运用数字化技术进行非物质文化遗产的保护工作是适应现代信息化社会发展的必然选择。

2011年颁布施行的《中华人民共和国非物质文化遗产法》规定："图书馆、文化馆、博物馆、科技馆等公共文化机构和非物质文化遗产学术研究机构、保护机构以及利用财政性资金举办的文艺表演团体、演出场所经营单位等，应当根据各自业务范围，开展非物质文化遗产的整理、研究、学术交流和非物质文化遗产代表性项目的宣传、展示。"②传统博物馆以藏品为基础通过陈列展示构筑历史记忆。在博物馆飞速发展的今天，数字化博物馆、智慧博物馆等已经在实践之中，随着展览和展演方式的多元化，以及博物馆功能的不断演进，博物馆理应义不容辞地发挥自身在非物质文化遗产保护中所起的作用，非物质文化遗产的保护和展陈也应当是博物馆的基本使命之一。

博物馆开展非物质文化遗产的保存、研究、展示与传播等活动，依赖于博物馆数字化平台的构建。博物馆非物质文化遗产的数字化平台，以博物馆已有的信息化服务器、藏品数据库、官方网站、官方微信、微博等为基础，将非遗项目的历史流变、民间艺人档案、传播方式、制作工艺、原材料以及民间生活方式等进行数字化整理后存入数据库，然后通过互联网展示出来。还可以充分利用数字化手段，比如图像、音频、视频、地理信息系统、3D动画等，对非物质文化遗产进行精确而细致的记录，并采用多种展现手段（非遗数字化展示馆、非遗保护相关网站、非遗数字化档案数据库等）提供给公众认识、学习和研究，对积极推动非物质文化遗产的保

---

① 宋俊华，王开桃.非物质文化遗产保护研究［M］.广东：中山大学出版社，2013：206.
② 李树文.非物质文化遗产法律指南［M］.北京：文化艺术出版社，2011：16.

护和传播具有重要意义。

二、博物馆非遗数字化资源的采集与保存

在相当长的一段时间里，由于受到科学技术发展水平的限制，非物质文化遗产的记录和保存工作，主要依靠手工记录、录音技术、摄像技术和录像技术，保存了一大批珍贵的非遗资料，包括书籍、图表、照片、录音带、录像带等。但是随着时间的流逝，纸本会发霉发黄，照片会退色，录音带、录像带会老化磨损，这会造成非遗资料保存的失真，而非遗的数字化保护工作可以解决这些问题。相对于传统的非物质文化遗产记录和保存方法，数字化技术的优势主要体现在储存灵活、传播迅速、应用前景广泛三个方面。①随着电子设备发展的日新月异，数字化资源的储存格式、容量与载体产生了巨大的进步，传播的速度、编辑与管理的效率得到了很大的提高。数字化资源可以广泛地应用于媒体、网络终端、展览和研究机构等，数字化为非遗的记录与保存提供了新的路径和方法。

"数字化技术为非物质文化遗产的保护提供了许多全新的采集记录手段，包括图文扫描、立体扫描、全息扫描、数字摄影、运动捕捉等。数字化存储技术也为非物质文化遗产的保护提供了许多新的保护手段，包括通过数据库、磁盘阵列、光盘塔、光纤和网络连接以及一系列相关规定、协议，实现对非物质文化遗产的有效保护。"②非遗数字化资源的采集与保存是博物馆非遗保护工作的基础，记录非遗项目资源信息的载体形式主要有文字、图片、录音、录像等，上述手段不能满足特殊资源的记录要求时，还可使用其他采集技术，如3D动画等。非遗资源数字化采集所形成的数字资源类型主要包括数字文本、数字图片、数字录音和数字录像。采集的前期准备工作包括收集资料、实地调研和编制项目资料综述文档等。非遗项目基本信息资料包括项目概要、环境、历史沿革、发布区域、保护情况和价值，以及主要传承人、传承谱系等；另外还需要查阅、登记项目的

① 周奇. 非物质文化遗产数字化保护的现状及应用前景分析 [J]. 大众文艺，2014（14）.

② 黄永林. 中国非物质文化遗产数字化保护与开发研究 [J]. 华中师范大学学报（人文社会科学版），2012（2）.

历史文献和已有的调查材料，掌握该项目资料存储状况和研究成果，包括史志典籍、研究论文、论述论著、产品检测报告、行业标准、申报文件、申报辅助材料、申报片、宣传片、专题片等。非遗数字化保护所采集的资源主要用光盘、硬盘和电脑服务器储存，具有以下优点：一是几乎不占用物理空间；二是可以方便灵活地进行图文声像与数字信息的双向转换；三是可以方便自如地对资料进行修改、编辑、排序、移位、备份、删除和增补；四是可以高速、便捷地通过网络进行传输，方便、迅速地进行检索、调用。更为重要的是，以电子数据的方式进行保存可以长久存放。

博物馆工作人员既可以自己进行非遗数字化资源的采集，也可以委托第三方科学研究或者非遗保护机构进行采集，还可以直接使用文化部门已经采集的资源，包括非遗项目所在社区、保护单位、团体、传承人、非遗保护机构、相关博物馆、文史研究馆、展览馆、科技馆、美术馆、档案馆、图书馆、地方文史办、报社、画报社、民间收藏组织或个人、出版社与书店、音像店等已有的数字化资源。博物馆在取得这些非遗数字化资源后，通过分类、整理和研究，可以参照文物数字化馆藏体系建立起非物质文化遗产数据库。将来，我国的非物质文化遗产数据库可以通过全国各级博物馆或者其他非遗保护机构建成全国的网络共享平台，上下级数据库间数据的接收、上报的存储，也是一种异地备份形式。数据库从管理程序上保证数据安全，针对不同的用户赋予不同的使用权限，还可以针对不同的数据定出不同的安全等级。博物馆也可以参照其他的数字化资源对非遗数据库进行管理，这种做法实际上也将当地的非遗数字化资源作为馆藏体系纳入博物馆永久的保存中。

三、博物馆非遗数字化资源的传播与利用

非物质文化遗产的传播和利用是非遗保护工作的一个重要方面。现代社会中信息的传播手段越来越多，信息的获取也越来越便利，除传统的报纸、期刊、广播、电视以及展览、展演、课堂教学以外，网络平台、移动终端等现代传播方式，已经成为传播非物质文化遗产的重要途径。数字化技术发挥了重要的作用，使得这些传播措施更加便捷与高效。博物馆应当

积极拓展非遗数字化保护与传播途径。博物馆可以在非遗数据库建设和非遗数字化资源共享机制的基础上，借助多媒体技术、物联网、4G 移动网络、智能应用终端、虚拟现实、全息投影等技术手段，进一步实现非物质文化遗产的数字化宣传。博物馆还可以将非物质文化遗产项目可视化、情景化地展示在数字终端设备上，实现快速、有效的传播与展示。

计算机技术的发展，尤其是数字摄影、三维信息获取、虚拟现实、多媒体与宽带网络技术研究与应用的发展，为非物质文化遗产的保护提供了一种可靠且有效的数字化保护方法。数字化非物质文化遗产保护的本质是以记录保存的方式对非物质文化遗产进行保护。通过对文化遗产相关的文字、图像、声音、视频及三维数据信息进行数字化采集、组织和存储来实现对非遗的保护。同传统资源相比，数字化资源兼具物质与精神双重价值，它可共享、可持续发展、易于传播和扩散，随着时间的推移与应用的频率增加，它还将发挥更大的作用。博物馆可以应用数字化的手段进行展示和传播，即把传统戏剧、传统工艺或习俗的流程利用数字化技术的便利，进行详细注解，并做生动讲解。在博物馆的未来发展中，利用现代化技术保存、记录和传播优秀的传统文化，将成为文化延续、民族发展、国家复兴的必然手段之一。现代技术不仅让人类文化遗产得以保护和传承，还赋予了文化遗产蓬勃的生命力。

有条件的博物馆，可以建设"非遗数字化展示馆"，这是一种适用于非物质文化遗产大众传播的数字化展示平台。它与普通非遗展示馆、博物馆不同，不仅仅是静态藏品的展示，比如对传统技艺的展示，可以将一些传统工艺制作过程的历史流变、工艺存在的文化状态、民间艺人档案、传播方式、制作工艺、原材料以及民间生活方式等进行数字化整理后存入数据库，然后通过博物馆数字化平台以及互联网展示出来。非遗数字化展示馆还可以提供信息查阅和检索功能。各级博物馆在其他非遗保护部门的支持下，可以开展地方各级非物质文化遗产名录及传承人档案和信息数据库建设。目前，文化和旅游部及中国非物质文化遗产保护中心建立了中国非物质文化遗产网、中国非物质文化遗产数字博物馆等，省级文化主管部门基本建立了数据库。将非物质文化遗产档案和信息上传到网络上，博物馆可以运用现代数字技术宣传、展示非物质文化遗产。非遗数字化展示馆的发展与普及，必将使大众更加便捷地认识、理解、学习中华民族各种优秀的非物质文化遗产。

在非遗数字化平台建设的基础上，博物馆还可以利用节日活动、展览、观摩、培训、专业性研讨等形式，通过大众传媒和互联网的宣传，加深公众对非遗项目的了解和认识，促进社会共享；还可以结合社会教育和学校教育等途径，使非物质文化遗产项目的传承后继有人，能够继续作为活的文化传统在相关社区尤其是青少年当中得到继承和发扬。博物馆可以从非遗数据库中寻找资源，进行文创产品的开发，利用非遗资源拍摄动漫宣传片、3D电影等，将数字化的成果转化为传承人权益保障的有力工具，推动非遗知识产权、所有权的保护。

数字化保护是非物质文化遗产保护的重要措施和新的途径。博物馆可以借助数字化手段实现对非物质文化遗产的保存、传承与传播。博物馆在非物质文化遗产保护工作中肩负着义不容辞的责任，随着文博事业的发展与进步，博物馆应当在充分调研的基础上，组织由行政部门、传承人、技术人才等人员参加的专家队伍，开展非物质文化遗产数字化保护工作的规划研究，使此项工作能够达到规范化和系统化，从而在非物质文化遗产保护事业中作出自己应有的贡献。

需求层次理论在非遗培训管理中的应用初探

王　伟[①]

摘要：非物质文化遗产（以下简称"非遗"）是民族的文化基因和身份认同。自2015年开始，文化和旅游部联合教育部、财政部，启动了"中国非物质文化遗产传承人群研修研习培训计划"，在培训中发现非遗传承人群因其从事的非遗项目门类、技艺层次、年龄、学历、收入水平等不同，导致对于参培目的、课程诉求、培训效果反馈各不相同的问题。笔者认为，马斯洛需求层次理论与非遗培训活动有着内在的契合性，运用需求层次理论的视角观照当前的非遗培训模式，对于破解当前存在的问题具有一定的指导意义。

关键词：非物质文化遗产；需求层次理论；培训

一、非遗培训的模式与困境

当前非遗培训模式根据培训对象的层次分布、培训内容和目标，分别对应着三个层次：研修，即通过专业理论学习、课堂研讨、创作实践，激发传承人群创作潜能，丰富题材品种，解决工艺难题，拓展应用空间；研习，即围绕特定项目需求，利用高校和企业的研发力量和资源平台，帮助传承人解决作品创作、产品研发和成果转化中遇到的关键工艺和技术难题；培训，即帮助其强化对优秀传统文化和重要技艺的把握，拓宽眼界和知识面，提高学习和传承能力。

从山东艺术学院承担的培训这一级别工作的实施情况来看，经学员的满

---

① 作者简介：王伟，山东艺术学院艺术管理学院教科研主任。

意度问卷调查，结合三次暑期回访调研的学员反馈意见，主要有以下困境。

第一，学员的构成复杂，主要表现在传承状况、学历、职业、收入水平上差异较大，这是造成后续培训目标内容等一系列困境的首要原因。

第二，学员参加培训的目标和对培训内容的需求存在较大差异。如部分学员是以学习技艺作为主要诉求参加培训的，希望增加实践课，尤其是传承人授课，而部分学员则恰恰相反，希望提升理论素养、开阔眼界。

第三，学员对培训的效果有充分的认可，但对于具体课程、授课方法、时间安排等存在不同的意见。

二、需求层次理论的内涵

需求（需要）层次理论是心理学、行为科学、人本哲学的基础理论之一，由美国心理学家亚伯拉罕·马斯洛于1943年在《人类动机理论》一文中提出。该理论将人的需求层次分为：生理需求、安全需求、爱与归属感需求、尊重需求以及自我实现需求。需求层次理论彰显了人本主义的精神，深化了对人的行为动机的认识，探究了人自我实现的途径。该理论问世后产生了深远的影响，至今在人力资源行业、教育行业、流动人口管理、管理心理学、企业薪酬制定等方面都有运用。

（一）需求层次理论的基本内容

第一，生理需求。人的生理需求，包括食物、水、性、排泄、睡眠等，与个体的生存息息相关，是人和动物共有的。如果一个人所有的需求都没有得到满足，那么机体的需求、生理需求将成为主宰，其他需求就会退居幕后或全部消失。生理需求是人最底层的最基本的需求。

第二、安全需求。安全的直接含义是指不受威胁，没有危险。安群需求是指在人类的整体和生存环境中，互相不伤害，不存在危险的隐患的需求。引申含义包括职业稳定，一定的物质积蓄，社会的安定和平。这一层次的人们首要目标是减少周围的不确定性，追求一个可预知的世界，它属于生理需求之后出现的优势需求。

第三、爱与归属感需求。本文也称为社交需求。人具有社会属性，希望归属于一个群体，并期望这个群体接受他，认同他，建立友谊和亲密关系。

第四，尊重需求。社会上所有人都有一种对他们更稳定的、牢固不变的、较高的评价的需要和欲望。尊重需求有两个方面，一是自尊、自重，二是来自他人的尊重。这些需求的满足，可以增强人的自信心和自豪感。

第五，自我实现需求。这是在前四种需求都得到满足的基础上，实现个人的理想抱负，发挥个人聪明才智的需求。它是一种自我发挥和自我完善的欲望，也就是个人潜力得以实现的倾向，处在需求层次的最高层（如图1所示）。

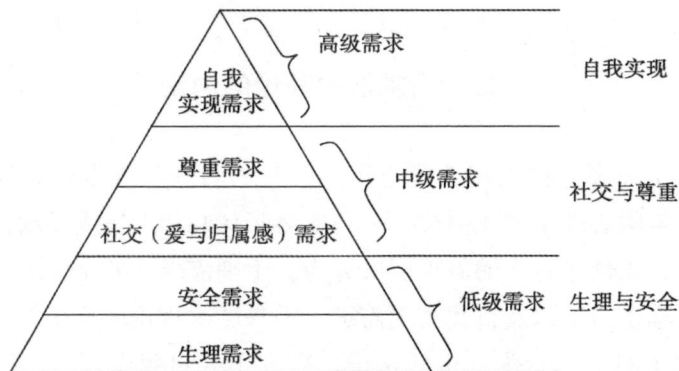

图1　需求层次基本内容

（二）需求层次理论的基本观点[①]

第一，五个层次的需求是按照由低到高的顺序排列的。

第二，需求层次理论是"优势需求"的不断演进。它们虽然有台阶一样的顺序，但不是绝对阶段的发展，有一个缓冲区和重叠区。上一层次的需求被满足到一定比例后，支配权变得不那么强烈，新的需求会逐渐出现，并不断强大到占领优势地位。之后随着不断地得到满足，又逐渐衰退，被新的优势需求所取代。需求层次是一种连续的、重叠的演进过程，不同时期，支配人行为的优势需求不同，马斯洛的需求层次演进模式是"需求的优势"的更替，而不是"需求"的更替。

第三，基本需求的满足是有先决条件的。

---

① 车文博. 人本主义心理学 [M]. 杭州：浙江教育出版社，2003：129.

第四，低级需求和高级需求之间存在差异。越是高级的需求，就越为人类所特有。（详见图2）

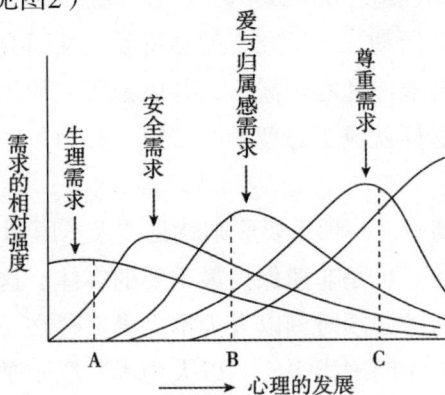

图2　需求层次理论

　　需求层次理论提出于20世纪中叶，也存在着自身的局限性，主要体现为：（1）与马克思主义人的需求理论相比，具有唯心史观的局限性；（2）与科学发展观中以人为本的理念相比，具有时代的局限性；（3）过于强调需求对人的行为动机的影响作用，忽视了人的主观能动性；（4）强调个人的需求，忽视了社会的需求。

　　考虑到需求层次理论自身的局限性，以及各层次需求并非断层式而是浪潮式的演进特点，笔者认为，在非遗培训中引入需求层次理论时，不能机械套用经典需求层次理论的五层分级，应该结合非遗培训"研修、研习、培训"的实际现状，将需求层级大致归为三档：生理安全需求，包含经典理论中的生理需求与安全需求，可理解为满足个人和家庭基本物质生活的需求，即人的"自然属性"；社交尊重需求，包含经典理论中的爱与归属感需求、尊重需求，可理解为人的社交需求，即人的"社会属性"；自我实现需求，包含经典理论中的自我实现需求、自我超越需求，可理解为人的最高级的"灵魂属性"。

三、需求层次理论应用于非遗培训的可能性

（一）需求层次的"人本内核"与非遗培训"人本关照"的一致性

　　马斯洛需求层次理论的基础是他的人本主义心理学，认为人的内在力

量不同于动物的本能，要求内在价值和内在潜能的实现乃是人的本性，人的行为是有目的性和创造性的。其闪光点在于，不再以病理学或者动物学为出发点来研究人类活动，"研究人的动机要先从研究动物开始是毫无道理的"，他注重人的潜能和心理需求，并以健康人而不是病人作为出发点来研究人类活动。这样就成了心理学的"第三势力"，翻开了人本主义心理学的篇章。

在非遗保护原则中，一项重要原则就是"人本原则"。传承人既是非遗传承、发展的主体，也是非遗保护最重要的客体。这种特殊性，决定了非物质文化遗产的保护必须时刻以人为本。吴文科在《论非物质文化遗产保护的根本性原则》中明确指出，"以人为本"原则是非遗保护的根本原则。非物质文化遗产的保护，要尊重传承人的意愿，要重视对传承人的保护，要以传承人为本。就非物质文化遗产的存在与发展而言，传承人具有本体的意义，与物质文化遗产不同，传承人不是单纯的遗产接收者和传递者，他同时也是非物质文化遗产的创造者、革新者，离开传承人来谈非物质文化遗产的存在和发展是毫无意义的。就非物质文化遗产的价值而言，非物质文化遗产的价值普遍性是以特殊性为基础的普遍性价值，是世界、国家、地区、民族的层面开展非物质文化遗产保护的依据，特殊性价值则是遗产传承人自觉传承和创新非物质文化遗产的内在动力，所以尊重传承人的价值诉求，保护非物质文化遗产的特殊价值，是非物质文化遗产保护的基本出发点。人本原则应该是非物质文化遗产保护的基本法则。非物质文化遗产调查申报和保护，都要尊重非物质文化遗产传承人的意愿，要保护其拥有和自由享用及传承遗产的权利。在非遗保护实践中，不论是传承人认证制度还是保护措施，都紧紧围绕传承人或传承人群进行。

（二）需求的层次性与非遗培训"分层"培养的统一性

层次性，是需求层次理论最基本的特征，从马斯洛需求层次的金字塔模型，便可以直观看出这一特征。它的独特创造在于，融合了人类高级需求与低级需求的对立，客观地把人性看作是自然的阶梯式的过程，而不是像传统二元论看法那样，将人类道德层面的"自私"与"无私"、性善与性恶、道德高尚和低级趣味等进行水火不容的对立。与生俱来的生理需求是最基本的，在金字塔的底端，随着物种层次的提高以及外部环境和内心追求的变化，需求的层次不断提高，直至人所特有的自我实现需求。

在非遗保护中采用分层级管理的必要性主要体现在优先原则和效益原则两个方面。首先，作为人类的精神创造，所有的非物质文化遗产都应该是平等的，它们是人类创造权和文化认同权的体现，是人的基本权利体系，但是从种群、民族、地区、国家和人类文化发展的不平衡性以及人类可利用的资源来看，保护非物质文化遗产应该有一定的先后次序，也就是说，非物质文化遗产保护应当遵循优先的原则。优先的原则，除了考虑保护主体的价值诉求，还要考虑非物质文化遗产的生存状态。联合国教科文组织以及各国设立的世界级、国家级、地区级非物质文化遗产代表作名录，实际上充当了执行优先原则的一个标准。其次，非物质文化遗产保护从某种意义上讲是一种投资行为。投资必然涉及效益问题，要考虑投入与产出的关系，实现效益的最大化。投资通常包括人力物力和财力的硬件投资，还包括社会舆论和政策宣传等软件投资。在当前非遗保护以政府投入为主，而政府资金相对有限的现实条件下，保护哪些项目、采取何种保护方式以及投入的程度和效益，要求我们不得不分出主次先后。

在优先原则与效益原则共同作用下，非遗保护采取分层级管理是水到渠成的，不论政府、学术界是否自觉，普遍都采取了分层次的各项措施，如抢救性保护、生产性保护、整体性保护等分类的保护措施；非遗代表作名录认定分为世界级、国家级、省级、市级、县区级；同样，代表性传承人名录也按照上述分级方式；当然，包括本文研究的主要内容"研培计划"本身，也是分为研修、研习、培训三个层次的。

文化和旅游部提出的"强基础，拓眼界，增学养"的研培计划的总目的，也暗含需求层次理论的关系。"强基础"是帮助传承人群掌握基本技能、知识，是着眼于生理和安全需求的；"拓眼界"是鼓励传承人群通过考察调研、座谈交流等课程，更倾向于满足社交和尊重需求；而"增学养"则是通过齐鲁文化、技艺发展史等人文类课程，帮助学员建立文化自信，继而激励自我实现的需求。当然，这种类比理解偏于机械，有待于进一步分析研究，但不可否认的是，分层或称之为分类保护原则是非遗保护工作实施以来就一直遵循的原则之一。

四、需求层次理论应用于非遗培训的必要性

（一）培训对象的复杂性

对于非遗传承的主体——传承人群来说，按照所处技艺阶段的不同，主要有"未获得传承人称号的传承人群、县区级传承人、市级传承人、省级传承人、国家级传承人"等五个阶段。从研培计划顶层设计的宏观层面来看，研培计划的设计刻意避免了使用政府认定的传承人身份为分类依据，而是根据其学习能力、创新能力方面的要求，使用了"普通传承人群""文化程度较高，具有一定研究、设计和创作能力的中青年""各级非遗代表性传承人和其他具有较高水平的从业者"的词汇。这种设计的初衷应当是考虑到我国非遗传承人的实际现状，确实存在着部分高等级传承人虽然技能掌握非常全面，但创新能力不足、文化水平不高的情况。对于以促进"非遗产品走向现代生活、现代设计融入传统因素"的生产性保护要求来说，此举显然是避免了操作层面的机械化，有根据学习和创新能力分层培训的意图。但是这样一来，也同时带来了一系列概念的模糊性和包容性问题，"普通传承人群、学历较高、有一定研究能力、中青年、水平较高"，这些较为模糊的定义在实践操作中难以有效把握。导致的结果就是：各层次班必然会出现人员构成复杂的情况，且越低层级的培训班，遴选标准越难以把握，造成人员构成越发复杂。以山东艺术学院为例，承担的是传承人群培训班层面的任务，但实际上，培训的学员成分是涵盖了各个层面的，导致这种现象的原因主要有三点：一是在研培计划顶层设计时对培训的目标人群定位不甚清晰，这是导致培训班人员构成复杂的先天缺陷；二是操作层面招生遴选的过程过于简单，不甚严格，各地市文广新局上报名单，院校通过申请表填写内容情况进行遴选，不能达到真正的筛选目的；三是培训资源的稀缺，经过三年的发展，全国一共仅有78所院校参与该计划，这还包含专门从事研修、研习任务的院校，平均每个省的培训院校不足3个，对比全国庞大的传统工艺类非遗项目和传承人群数量，培训资源显然是稀缺资源，"饥不择食"是导致培训层次也必然涌入各级别传承人的客观原因。

需求层次理论认为，人的需求不是一成不变的，而是在不同时期不同

条件下不断变化的；另外，人的需求演进不是简单的一阶一阶交替上升的，而是重叠的、逐渐的优势需求取代旧需求的过程。这种需求发展的复杂性与非遗培训对象构成的复杂性交织在一起，促使我们在非遗培训中应用需求层次理论时，必须将培训对象进行分层。同时，为了避免研究的层次变量过多，难以控制，也必须将需求层次理论的五级分层做必要的简化。

对于非遗传承来说，根据其技艺水平、传承能力的高低，以及在传承体系里所处的地位和阶段的不同，根据国家的命名，主要有传承人群、县区级传承人、市级传承人、国家级传承人等阶段，分别大致对应着生理与安全需求、社交与尊重需求、自我实现需求。（详见图3）

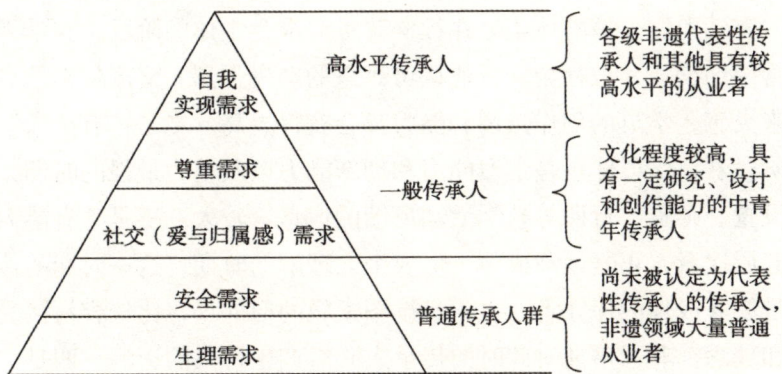

图3 需求层次与培训对象的对应关系

在传承的初始阶段，即处于传承人群阶段，是指未获得代表性传承人称号，他们主要面对的是生理和安全需求这一较低层次。所谓生理需求，可以理解为最基本的技能学习，是通过拜师学艺，甚至是自学期望获取一个赖以谋生的手段。这类学员重点关注的是食宿条件、由培训带来的对收入的影响、校园环境条件等。

安全需求是指人们生理需求基本满足后，保护自己财产和安全的需求。在非遗传承阶段中，对应的是已从事非遗一段时间，获得县级或市级传承人称号。此阶段谋生已无问题，专业技术上日趋成熟，掌握所从事项目的基本技艺，或已掌握"技艺黑箱"，但是对于自己在非遗保护中的地位，非遗项目本身的特点特征还处在迷茫状态。此时一般会遇到发展瓶颈，有强烈的进一步学习的需求。

非遗传承的中级阶段是社交和尊重需求。所谓社交需求，是传承人已获得市级以上传承人称号，在生理和安全需求已基本满足的前提下，开始密切关注整个行业的发展动态，主动结交非遗保护相关的政府、学界、企业人脉，积极参加各种社会活动，如各类展览会、比赛。尊重需求紧随社交需求后出现，传承人通过自己的努力，如比赛获得较高奖励，在对比中建立一种在社会或团体中的地位，获得他人的尊重，此时就会有收徒和传承非遗的意愿。这些处在非遗传承的承上启下阶段的一般传承人，尤其是其中文化程度较高，具有一定研究、设计和创作能力的中青年学员，是非遗培训班的中坚力量，也是最有可能落实"传统技艺走进现代生活、现代设计走进传统工艺"目标的人群。之所以这么说，主要有四方面因素：一是"有动力"。该群体正处在社交尊重需求为主体的阶段，与学界、政府主管部门交流，被社会、行业认可尊重的动机强烈。交流带来信息，信息带来灵感，学员的创作热情和能力都会获得提高。二是"有活力"。从年龄阶段看，该群体正是学习能力和创新能力以及精力最强的时期，对于课程设置、师资、行课等教学活动反馈的信息量较大。三是"有能力"。从技艺层次看，正是逐渐成熟、形成个人理解的时期，这一时期的传承人既不是墨守成规的保守者，也不是按图索骥的门外汉，比较容易接受新鲜事物和理念。非遗培训对此时的传承人必然产生持久的影响。四是"有条件"。一般传承人的收入、家庭趋于稳定，不再为生计奔忙，社会地位和经济地位的进一步跃升需要从工作中获得。

而传承的高级阶段即自我实现阶段，是指被评为省级或国家级传承人，抑或拥有工艺美术大师等社会称号。这些传承人拥有业界公认的技艺能力和知名度，拥有数量较多的弟子，经常外出授课、交流，成为非遗保护部门和非遗业内的座上宾。这部分人对自己从事的项目有深刻的理解，对自己的社会地位和在传承非遗中的地位与作用有明确的认知，将主要时间精力放在非遗项目传承上。

山东艺术学院在研培计划中主要承办培训层次的任务，但是因上述培训资源稀缺、定位模糊以及生源遴选缺乏操作性等原因，不少省市级甚至国家级传承人或工艺美术大师也进入培训班成为学员。这种人员构成的复杂性，决定了人员需求的多样性，也决定了利用需求层次理论指导非遗培训活动的必要性。

（二）培训目标的差异性

我国自孔孟时代就讲"因材施教"——教育的对象不同决定教育的目标不同。文化和旅游部在关于"研培计划"的指导性文件中，对研培计划中研修、研习、培训三个级别培训目标的界定，正是建立在培训对象分层基础上，进而确定的培训目标的差异性。培训的主要目标是帮助其强化对优秀传统文化和重要技艺的把握，拓宽眼界和知识面，提高学习和传承能力。可以归类为满足传承人群的生理需求和低层次的安全需求。研习的主要培训目标是围绕特定项目需求，利用高校和企业的研发力量和资源平台，帮助传承人解决作品创作、产品研发和成果转化中遇到的关键工艺和技术难题。这个目标可以归类为满足传承人的社交需求和高等级的安全需求。研修的主要培训目标是通过专业理论学习、课堂研讨、创作实践，帮助传承人群激发创作潜能，丰富题材品种，解决工艺难题，拓展应用空间。这个目标可以归类为满足传承人的自我实现需求（如图4所示）。

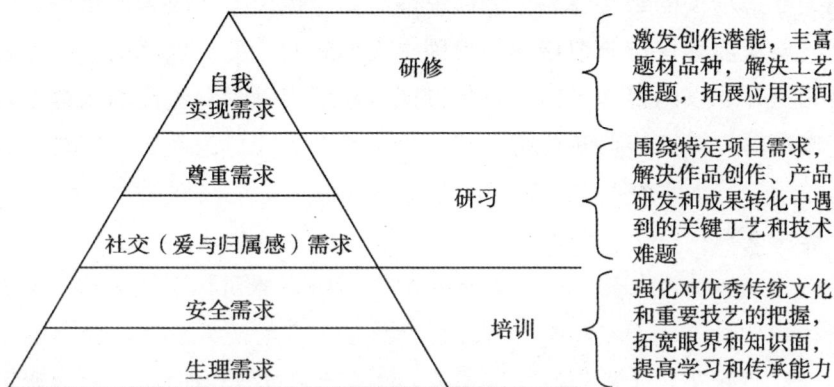

图4　需求层次与培训目标的对应关系

需要说明的是，在需求层次理论中，需求的产生是波浪式的，因此横向轴的边界不是那么清晰明显。同样，在各要素中，每一项要素也是波浪式演进的，是相对的而非绝对一一对应的。需求层次理论的要义在于各层次的划分标准是"优势需求"的演进，而非"需求"的演进。

因此，应当在理解需求层次理论层级之间的模糊性这一固有属性的基础上进行应用研究。需求层次理论诞生后在各领域广泛而成功的应用，证明了层级之间的模糊性并不妨碍它的应用,将需求相对分层是为了更好地理解人的行为动机的主要因素,继而采取有效的激励措施,实现解决问题的既定目的。这与马克思主义基本原理中关于矛盾论的观点是吻合的。按照马克思主义的观点,对于事物的界定,是以其主要矛盾来判断的,而解决问题的关键在于是否把握了主要矛盾的主要方面。实际上也可以这样理解:需求层次的分层理论就是帮助人们发现不同发展阶段主要矛盾的理论,而采取满足该层次需求的激励措施就是把握矛盾主要方面的办法。建立这样的理论模型,可以帮助我们梳理在当前培训模式下,各因素与学员需求的匹配状况如何,并探寻出采取何种有效的激励方法,指导具体的师资配置、课程设置、培训地点、培训教学方法、后勤保障等方面的工作。

非遗培训是时代审美与传统手工艺造物美学的对话,是地方传统审美与时代审美的交融,是理论联系实践的科学实验,是文化遗产传承与学院教育体系的深度交流。尽管启动的时间不长,培训工作还存在一些不足,需要进一步完善,但其积极意义是毋庸置疑的。本文从需求层次理论运用于非遗培训的必要性和可能性论证出发,提出了解决当前培训问题的思路,希望能够促进非遗培训的管理实施模式的转变,也就是将以行政管理者为主体、以内容为导向的思维方式,转变为以受众(传承人群)为主体。以需求为导向的思维方式。

参考文献:

[1]向云驹. 人类口头和非物质遗产 [M]. 银川:宁夏人民教育出版社,2004.

[2]宋俊华,王开桃. 非物质文化遗产保护研究 [M]. 广州:中山大学出版社,2013.

[3]乌丙安. 非物质文化遗产保护理论与方法 [M]. 北京:文化艺术出版社,2015.

[4]刘锡诚. 非物质文化遗产保护的中国道路 [M]. 北京:文化艺术出版社,2015.

[5]亚伯拉罕·马斯洛. 动机与人格 [M]. 许金声,等译. 北京:中国人民大学出版社,2012.

[6]车文博. 人本主义心理学 [M]. 杭州:浙江教育出版社,2003.

［7］李技文. 我国非物质文化遗产保护与传承的方式及策略研究述评［J］. 信阳师范学院学报, 2017（3）.

［8］佟玉权. 非物质文化遗产传承人的保护与制度建设［J］. 文化学刊, 2011（1）.

［9］萧放. 关于非物质文化遗产传承人的认定和保护方式的思考［J］. 文化遗产, 2008（1）.

［10］黄玉烨, 钱静. 我国非物质文化遗产传承人认定制度的困境与出路［J］. 广西大学学报, 2016（3）.

［11］王凤苓. 非物质文化遗产传承人群培训路径探析: 以2015年山东艺术学院首批非物质文化遗产传承人群培训班为例［J］. 齐鲁艺苑, 2016（2）.

［12］李文贵. 非物质文化遗产传承与保护面临的主要问题探析［J］. 中华文化论坛, 2012（3）.

［13］陈竞. 谈谈非遗教育中的有关问题: 对高校非遗人群培训研习班的探讨［J］. 文化遗产, 2016（5）.

［14］张昕. 从理念到方法, 从理论到实践: 关于"非遗"传承人群培训的思考［J］. 湖北美术学院学报, 2016（1）.

［15］孟庆涛. 马斯洛需求层次理论在本科教育中的应用研究［J］. 包装世界, 2017（6）.

［16］卢伟刚. 基于需求层次理论浅析我国成人教育的发展［J］. 教育与职业, 2009（21）.

［17］濮飞飞. 非物质文化遗产传承人的特征研究［D］. 合肥: 安徽医科大学, 2011.

［18］苑芳凯. 非物质文化遗产传承的激励机制研究［D］. 济南: 山东大学, 2015.

［19］李倩. 基于马斯洛需求层次理论的高职院校青年教师发展研究［D］. 成都: 西南交通大学, 2015.

［20］张瑞敏. 马斯洛需要层次理论与高校思想政治教育［D］. 泰安: 山东农业大学, 2016.

［21］李婷. 新生代农民工职业培训模式研究［D］. 秦皇岛: 河北科技师范学院, 2013.

"互联网+非遗"模式：关于中国民族乐器产业的当下思考

邓思杭[①]

摘要：对于中国传统民族乐器而言，"互联网+"时代的到来无疑为其提供了更广阔的发展平台，而推进传统文化产业与互联网技术的结合、探索产业化创革的模式也是中国传统民族乐器生存与发展的未来趋势。基于非遗保护视域和"互联网+"时代背景对中国传统民族乐器进行文化及产业的研究，可为目前的中国传统乐器产业建设与发展提供经验和参考，也是对中国民族乐器文化传承、保护与创新的探索。

关键词："互联网+"；民族乐器；文化产业；非物质文化遗产保护

一、"互联网+"时代的中国民族乐器

中国有着种类繁多的传统民族乐器，这些乐器在其悠久的发展历史中承载了独特的地域文化特质和民族审美特征，是中国传统音乐文化的重要组成部分。自中华人民共和国成立之后，随着经济和文化建设的进步，传统民族乐器的改良工作、规模化生产以及民族乐团的成立等方面都推动了中国民族乐器文化产业的迅速发展。在经历过改革探索（1949—1966年）、改革滞缓（1966—1976年）、改革深入发展（1976—1999年）等阶段后，中国民族乐器已经拥有了一定的产业规模。"互联网+"时代的到

[①] 作者简介：邓思杭，四川音乐学院戏剧影视文学系、艺术学理论系教师。

来为这些乐器文化的当代复兴及相关产业的发展提供了更多机遇，同时也为传统的乐器产业带来了更多挑战。

从目前情况来看，虽然表面上中国民族乐器产业发展态势总体较好，但依然存在着许多问题。一方面，国家对于中国传统乐器的制作工艺传承、演奏技法传承和原生文化环境保护等方面的非遗保护工作十分重视，无论是政策、资金抑或是人才培养、抢救、记录等都提供了极大的扶持和支撑，获得了许多成果，这些值得肯定。但另一方面，许多民族乐器却又在发展过程当中被"束之高阁"：有的乐器割裂了历史，变为非"原汁原味"的"文化道具"，在使用中完全背离了其原有的艺术内涵和文化精神；有的被过度"舞台化"利用、过度市场化开发运作，牺牲其活态的文化生存环境；有的则没有健全自身的传承制度，传承无序、后继无人。此外，许多关于民族民间乐器本身的保护工作出现了很多极端情况，要么就是特别重视传统而排斥创新和衍变，要么就是一味迎合时代及市场需求而大刀阔斧去改变乐器本貌；等等。这些问题都成为非遗工作的桎梏，使得中国民族乐器文化的形态在产业化的发展进程当中，完全失去了其作为非物质文化遗产的宝贵特质，逐渐变成程式化、空泛化的"文化躯壳"，丢弃了自身最宝贵的精神内核。

质言之，中国民族乐器的发展面临着"互联网+"时代所带来的机遇和挑战。所谓"互联网+"，大多是指互联网能为某种产业提供资源整合途径、信息交互手段和产业创新平台，从而获得更多维度的综合性价值。"互联网+民族乐器"也是如此。随着信息技术的发展和文化发展多元化时代的到来，中国传统民族乐器文化及文化产业的发展面临着西洋乐器及西方音乐文化的进入、乐器制作工艺标准的缺乏、传承机制后继无人、受众逐渐流失散佚、乐器市场业鱼龙混杂等诸多问题，且受到时代审美性的变化、文化环境的变迁、多元文化的冲击以及娱乐消费时代的需求等多方面的综合影响，长此以往，它们的未来发展仍是困难重重。立足于非遗保护视域和"互联网+"时代背景，对民族乐器文化进行科学性、创新性、实用性的发展规划研究，真正使其文化价值得到最大限度的发挥，这是中国传统民族乐器未来的发展必须要思考的问题。

二、"互联网+"时代民族乐器的文化产业变革

（一）基础：乐器生产技术的革新

从乐器本身的制作来讲，中国传统乐器产业的发展首先应该对乐器本身的声学特征、制作技术等方面进行研究，这是对其进行保护和创新研究的前提，也是未来产业发展的首要条件。近年来国外许多乐器展出现了大量利用3D打印等新技术制作的乐器及配件，这些乐器产品有着较低的制作成本和稳定的音质，可以根据现代审美需求进行设计上的创新，且生产时间短、声学质量高、演奏舒适灵敏、外观更具艺术性。这种方式打破了自然材料和传统手工艺的限制，统一了这类乐器的制作标准，为乐器产业的革新与进步提供更多技术上的支撑基础。另一方面，采用数字化设计和3D建模等方式可以对中国传统民族乐器特征进行数据研究和记录，并将有关信息储存到网络空间，这样可以很好地保存传统民族乐器的原始形制和制作技艺等重要内容，对于民族乐器的传承和保护而言意义重大。

以中国陶土乐器为例，它们作为中国传统民族乐器中独特的一支，具有与其他传统民族乐器不同的深厚文化内涵。陶土乐器除了作为一种"乐器"的意义，其拥有的优美造型、多变纹饰也使得它们可以作为一种造型艺术品，美学意象独具特色，可以在视觉和听觉上同时给人一种独特的文化审美体验。陶土乐器作为中国民族乐器中文化内涵深厚、艺术特征明显的一类乐器，具有音色丰富、易于学习等特点。

a.牛角型，牛头埙型   b.美人笛型

图1 传统技术手工制作的泥哇呜

但从现实来看，目前这些乐器的制作工艺还存在着许多问题（其他中国民族乐器也面临着这些问题的困扰）：乐器生产缺乏统一的行业质量标准，导致市场上的乐器质量参差不齐，低质乐器充斥市场，起码的音准、音色都无法保证；一件合格的乐器制作周期相对较长，其音色、音准、音阶排列等方面多以传统制作经验和手工调音为准，无论是指法还是气息都较难统一，这些不同的演奏特点会给演奏者造成许多困扰；陶土乐器多以陶土、瓷土等材料制作，易摔坏易碎，不利于长途运输和携带；虽造型较多，但设计同质化严重，缺少作为艺术品的"个性"，定制化和艺术设计程度不高，文化价值没有完全凸现；等等。乐器工艺方面的问题还有很多，在陶土乐器乃至其他民族乐器中都或多或少存在着，这对于中国民族乐器文化产业的长远发展和创新而言都是极大的桎梏。

面对以上问题，很多高校和科研机构对这些传统乐器进行了制作和设计等方面的相关创新，有些实操案例可以作为研究参考。比如，四川音乐学院音寻艺术创意团队目前开发和应用的技术是以"数字化设计+3D打印制作"为主的设计制作法[1]。以陶埙的制作改良为例，步骤大致分列如下。

（1）确定乐器结构、数学建模及3D建模：运用赫姆霍兹共鸣器原理，设计和确定乐器的腔体基本结构和造型（包括共鸣腔体数量、腔体之间连接关系、吹孔指孔位置等）。

（2）打印制作成品，修正模型：样品在实际演奏中会与理论存在一定的差距，甚至可能会直接影响到乐器的音质和实际演奏体验，所以需要测定乐器误差，调整参数，让乐器成品达到制作精准、音质优良、演奏出色的标准。

（3）艺术美学设计及文化融入：传统手工艺术品的制作赋予了艺术品较多文化内涵，同时突出了私人化的个性制作。所以在3D打印设计出样品以后，制作者将会根据不同受众的需求对作品进行更高端和细致化的艺术加工，邀请艺术家、工艺大师进一步对其进行艺术创作，赋予这些乐器独特的艺术美感。

① 邓思杭."互联网+"时代中国陶土乐器的创新制作初探［J］. 北方音乐，2016（20）：140-141.

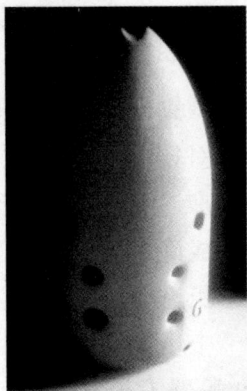

a. 采用数学建模制作的陶埙　　　　b. 艺术文化主题定制陶埙

图2　经过改良和艺术设计的新式陶埙

上述步骤主要是该团队针对陶土乐器尤其是陶埙所进行的相关研究。现阶段，该方法主要以理论研究和样品生产为主，可以保证所生产的乐器拥有优质的音准及演奏体验，同时满足不同受众对乐器的个性化需求（比如根据不同受众的气息来设计吹口，可作形状及图案定制等）。这样的方法对其他乐器的设计及制作方式虽有借鉴意义，但因为不同乐器的声学模型、振动方式等存在较大差异（如弦鸣乐器的弦、膜鸣乐器的膜、部分气鸣乐器的簧片等乐器制作采用上面的步骤可能并不适用，缺乏相应的实验数据支撑），所以在实际操作中，还需对研究对象进行具体的分析研究和大量实验。

当然，工艺上的革新只是基础，针对中国传统民族乐器的此类研究与创新，首先必须要遵循"传承"与"保护"原则——所有技术的革新只是辅助手段，但不应忽略民族乐器本身保留的传统民族文化内涵与精神实质。"一味要求用机械化追求效益而进行'产业化保护'行为其实质就是破坏文化生态"[①]，如果只追求工业化的"量"，那样制作出来的乐器充其量也仅是一个模具、一个工艺品而已，背弃了乐器所含有的文化价值。

（二）运营："互联网+民族乐器"的产业革新

通过新技术生产出来的优质乐器只是产业革新和发展的基础，网络也

---

① 马知遥，孙锐. 文化创意与非遗保护［M］. 天津：天津大学出版社，2013：27.

只是为乐器产业提供了更广阔的发展平台。在保证乐器成品成本、生产效率和艺术价值的前提下，应该为乐器产业搭建起一个系统、科学、精准的互联网信息交互平台，整合互联网各领域的大数据，创新文化推广和产品营销方式，让更多受众认知、接受这类乐器，最终促成更多消费行为。

从产业发展的趋势来看，随着互联网技术的进步以及移动信息终端的发展，无论是电商平台还是新媒体、自媒体，都利用互联网为乐器产业营销与推广搭建了新的信息交互平台，其影响力超出了传统的宣传和销售渠道，对乐器产业的发展和文化推广产生了一定的积极作用。市场调查显示，传统线下的商业机构在销售、物流、仓储保管、调配等环节成本相对较高，与消费者之间的交易往往要耗费更多资源、人力和时间。无论是B2C（Business To Customer）、B2B（Business To Business）、C2B（Customer To Business）或是较为流行的O2O（Online To Offline）等商业模式，都离不开互联网技术给资源优化配置、信息整合与产业创新带来的优势。比如将乐器放在电商平台上进行线上销售，利用便捷实用的网络营销渠道，打破消费的时空限制，减少实体销售中所产生的仓储、房租等费用，并通过民族乐器的销售搭建起一些兴趣互动平台，在推广民族乐器文化的同时吸引更多受众，促成更长久的消费行为，最终使民族乐器生产者和销售者从中获得更高的经济利益，其销售营业额和纯利润甚至可以达到实体店的数倍。除了在乐器产品的推广与营销渠道拓展、乐器的产业化运作等方面可以发挥巨大的作用，互联网技术还可以在销售的各个环节发挥更多维度的积极作用。比如乐器制作者可以根据受众需求（如形制、音调、外观等）对乐器进行定制设计与调整，并通过互联网平台与购买者进行沟通，直接向消费者远程出售样品的模型数据，购买者即可在当地线下直接制作出乐器，大大降低了交易成本，也回避了运输中带来的乐器损坏、较长的运输周期和运输成本等弊端。这些都是"互联网+"时代为民族乐器产业带来的诸多优势。

四川音乐学院音寻艺术创意团队选择以陶土乐器作为现阶段研究和实操案例，对民族乐器产业化创新进行了探索。团队立足于传统乐器的产业现状，以开发与营销推广为目标，以数字化设计与3D打印制作技术为核心，把互联网时代的推广营销作为主要拓展平台，构建乐器科学、精确、有艺术设计思想的新模型；吸收传统手工乐器的设计与制作经验，突出个人定制服务和高端设计，提炼原生态艺术文化精神，挖掘文化"卖点"；与政府部门、旅游部门、企业、各大高校及社会团体合作，把艺术化定制的创新乐器作为文化定制礼品，为其定制文化主题系列乐器，打造文化品牌，彰显出团体文化形象与艺术品位；打造出一批类似于古琴馆、国乐馆的陶土乐器文化体验实体，在线上线下同时开展乐器销售、乐器教学（线上可通过远程网络函授、视频教学等开展，线下采用一对一教学等形式进行）、商业或文化及公益演出（包括网络直播、互动娱乐等）、乐器文化普及讲座活动，最终构建起一个集生产、营销、教学、演出、售后、文化推广于一体的乐器文化产业生态圈，增强客户体验，吸引更多消费者，让这些乐器发挥应有的文化、市场和社会价值。

作为一种商品，民族乐器的经济效益对于产业而言无疑是非常重要的，但作为一种乐器，产业化发展中也不应忽视其文化价值和审美价值。总的来说，拥有良好的质量和创新制作方式只是中国传统民族乐器发展的产业基础，而商业运作和文化推广在产业发展中更为关键。应利用"互联网+"时代带来的技术资源，围绕中国民族乐器的文化传承与产业创新，通过"乐器文化产业生态圈"模式的构建，在信息交互、文化交流、商业交易之间为产业化创新寻找最佳结合点，为中国民族乐器产业的创新发展提供更多助力。

（三）准则：乐器文化的创新与非遗保护的责任

任何文化产业的创新发展都应遵循相应的准则。尽管"互联网+民族乐器"的产业拥有诸多优势，也能为其未来的发展发挥重要作用，但在发展过程中，注定会面对许多具有不同倾向性的选择之间的相互权衡、制约关系，而在全球化文化研究语境及互联网技术发展背景下，它们所面临的现实问题显得更为复杂。无论是汉尼尔兹提出的"万网之网"（A network of networks），还是萨林斯提出的"多元文化之文化"（A culture of cultures）概念，都强调了现当代社会中不同文化之间常见的交互、流变情况。传统乐器文化在这样的背景下，应当如何应对其他文化的影响并获得更多自身发展的机遇？应当如何在发展和吸收其他时代性元素的过程中继续保持其原生文化之纯粹秉性？又应当如何权衡非遗的传承、保护与创新之间的关系？这些都是当今时代对其传承机制的研究中需要思考和探究的重要议题。

如《文化创意与非遗保护》一书中所述："首先，宣传非物质文化遗产的重要性，提高公众的保护意识，同时要挖掘文化遗产的文化深度，提高参与者自身的修养，使其真正懂得文化遗产的价值和意义，否则盲目性的开掘导致的只能是破坏；其次，我们应该意识到非物质文化遗产的原生态性是在特定的环境中生长的，外界环境必然带来保护对象的变化，但抓住文化遗产中宝贵的精神财富和魂魄，才能保证非物质文化遗产中的精髓不在保护中流失。"[①]可见，作为一类重要的文化大系，中国民族乐器文化在传承、保护与发展的过程中也需要秉持基本的原则，其突破和创新都应当在时代背景下遵循非遗的发展规律，尤其是要注意，在应用中应当取其精华部分予以借鉴和开发，但前提是必须要保证对非遗的应用不触及和改造其本身、不影响其原生性。

首先，传承人是非遗保护的研究重点，也是中国民族乐器传承机制研究之中最为重要的研究目标，而在目前所处的互联网时代，传统的民族乐器传承机制遭受到了极大冲击，很多乐器尤其是少数民族乐器的传承人面临着很多问题。很多乐器没有建立起一个相对合理的传承制度，也没有切实有效的政策、资金保证传承机制的运行，导致现在的传承者出现断层。无论是阿坝地区的羌笛、恩施地区的咚咚喹还是黔东南的牛腿琴等，很多乐器的制作和演奏主要以老一辈的民间艺人为主，而当地的青年人更乐于融入现代生活，选择更能创造经济价值的工作，很多人不愿意学习传统的制作及演奏技艺，最终使得乐器文化传承后继无人。所以，需要政府在这方面投入资金，积极引导，健全传承机制，让民族乐器进入生产性自救和发展过程。其次，传承者受到商业性的影响，在这之中出现了许多"假传承"情况。有的地方过度重视非遗实体"物质"的收藏，却忽略了技艺及文化"精神"的保护，正如"怀着民族主义思想的民俗学家倾向于收集、编目、陈列资料"一样，他们忘记了"民族的意义符号不是从它们的表演者而是收集陈列者那里获得"[②]，传承本末倒置、流于形式，这些行为根

① 马知遥，孙锐. 文化创意与非遗保护［M］. 天津：天津大学出版社，2013：17.
② 佩尔蒂·安托宁，陈妍妍. 劳里·航柯论民俗研究中的范式札记［J］. 民俗研究，2009（1）：7-17.

"互联网＋非遗"模式：关于中国民族乐器产业的当下思考

本算不得是真正意义上的保护和传承，在现实之中必须杜绝，应当把精力投入到真正的传承机制及传承人身上。传承人应当珍惜传统文化的工匠精神、传统文化精神，保"形"更应保"魂"，兼有创新意识，积极吸纳可用的现代化技术及艺术思想，让这些乐器艺术"活"起来、"流动"起来，将文化价值转化为现实的经济价值，从而能够可持续发展下去。

当然，针对乐器所演奏的音乐、外形等方面的适度创新，对于文化的传承而言也非常重要，这可以使这些乐器文化更加适合时代审美、大众审美，形成"活态"生存及发展空间，并且可以利用互联网信息交互的便利性对这些民族乐器进行充分的观众拓展活动，让更多人了解这些乐器文化，直接参与到文化活动的体验之中。在不同的时代背景之下，"社会阶层结构的变化（如伴随社会变迁出现）会引起音乐口味、音乐类型的划分以及音乐本身的改变"[①]，乐器作为一种综合性艺术作品，"赋予了不同时代人的精神意识、情感变化和审美趋势"[②]。可见所有乐器文化的发展也并非一成不变，但在传承机制之中，这些作品无论是"传承"还是"创新"，我们还是很难去平衡好二者的关系，常有偏颇。所以在适合乐器文化发展现实的前提下，无论是民族乐器的制作工艺、演奏技法的创新，还是在现代音乐里的应用、文化产业的改革创新，都可以让中国乐器更具生命力，更容易被时代审美、大众审美所接受。这些方面有很多较为成功的例子，如刘德海先生对琵琶演奏技法的开拓、王其书教授针对传统埙的共鸣腔体改革、齐·宝力高先生对马头琴音乐风格的拓展、HAYA乐团和山人乐队在流行音乐中对大量少数民族乐器的借鉴使用、成都猎户森林山庄的新媒体"国乐体验馆"的建设等，虽言改革与突破，却极大保留了中国民族乐器本身所承载的文化性、艺术精神性，这些创革与探究亦无不妥之处，值得借鉴。

非物质文化遗产的发展不可避免要适应现代社会的实际需求，为此可能会有所改变，"创新"仅仅是其中一个发展的方向，但绝非唯一。"互联网+"时代的民族乐器产业发展需要有所创新、发展，但是一定不能失

---

① 佩尔蒂·安托宁, 陈妍妍. 劳里·航柯论民俗研究中的范式札记 [J]. 民俗研究, 2009 (1): 7-17.

② 管建华. 音乐人类学导引 [M]. 南京: 南京师范大学出版社, 2013: 91.

去作为一种非遗背后所承载的传承与保护责任，一定不能舍本逐末、忘却本源，方为其真正价值。

三、反思与总结

总的来看，支持生产性发展，提倡传承、保护与创新三者并行，在融入商业和市场需求的同时，唤醒民众的文化自觉性，这些都是"互联网+"时代民族乐器的文化传承与创新发展的必经之路。

"非物质文化遗产的活态流变性，决定了其包含的文化记忆更容易随时代迁延与变革被人们忽略或忘却。我们只有在保护和重新唤醒这些记忆的基础上，才有可能真正懂得人类文化整体的内涵与意义，否则，我们的损失不仅是失去了一种文化形态，更重要的是失去了寄寓在非物质文化遗产中宝贵的人类智慧和精神血脉，而且这种损失是难以挽回的。"① 这里强调了在非遗保护中唤醒民众情感及文化自觉的重要性，这不仅表明了文化传承的意义，更为中国传统乐器传承机制的创新提供了指引和借鉴。
"在21世纪全球经济一体化和现代化进程快速发展的背景下，留住记忆，保护和传承非物质文化遗产，已成为人类社会发展的重要课题之一。"② 所以，在这样的时代背景下，中国传统民族乐器也需要做出一些改变及创新，尤其是考虑到如何将文化艺术价值转化为商业价值，为传承机制提供长期可持续的经济基础，这也是非常重要的，"要敢于树立产业化的战略思路。进行科学的品牌定位，制定合理的营销战略，集中力量培育优势文化品牌，将文化资源优势转化为经济优势，充分实现非物质文化遗产的产业价值"③，让乐器真正可以实现最大的综合价值。

不过，这些终究只是理论研究上的一些预想，在目前看来，"互联网+民族乐器"的相关研究与实践因为受到多种现实原因的影响，在产业化运作的过程中仍然存在着一些问题。比如四川音乐学院音寻团队所进行的陶土乐器项目缺乏技术研发所需的资金，在市场实践数据缺乏、乐器产品

① 程金城. 中国文学原型论［M］. 兰州：甘肃人民美术出版社，2008：23-24.
② 王文章. 非物质文化遗产概论［M］. 北京：文化艺术出版社，2006：15.
③ 王文章. 非物质文化遗产概论［M］. 北京：文化艺术出版社，2006：15.

形式较为单一、社会知名度不高的条件下，若盲目进入产业化运作，则销售面非常窄，会让项目面临非常大的市场风险；现阶段国内的3D打印技术在社会上并没有完全普及，受众对此认知度较低；现在所使用的制作材料价格较为昂贵，团队和产品生产中的实际研发成本、产品生产成本占比较高，产品大多面向高端消费群体等等。基于这些情况，经过实践总结和专家建议，该项目团队采取了针对性的应对措施，比如引入商业投资、与专业的市场调研团队进行合作，对于产品和市场定位有了更切合实际的参照，将可能面对的风险降到可控范围之内；团队的生产设备和制作材料都得到了更新，保证了产品质量，为乐器革新提供技术保障；相应的技术人员、营销人员以及演奏、教学人员已经配备完毕，将在学院的指导下进行统一管理协调，保证工作效率和质量等等。项目团队将会在未来开发更多的产品类型，把陶土乐器的数字化设计、3D打印制作与定制生产经验延伸应用到更多乐器上（尤其是濒临失传的传统乐器、市场接受度更高的乐器），打开销售渠道，真正让这一文化产业发挥出更多价值。

总体来看，当前中国"互联网+"时代的民族乐器仍然处于初步发展阶段，其产业的未来发展及产业创新依然面临着很多问题，理论研究和相关实操案例还有很大的完善空间。随着社会经济水平的提高和文化市场的扩大，传统艺术审美观念和大众文化自觉性已逐渐被唤醒，社会对中国传统民族乐器文化的关注度也越来越高，可以预见，中国民族乐器文化及产业的发展前景将会更加广阔。不同的学科共同协作研究，让理论与实践结合起来，互为补充、共同发展，开发出中国民族乐器所潜藏的文化价值、商业价值、社会价值，这不仅是对传统乐器产业的创新研究，对中国传统民族乐器及其文化的保护、传承和创新而言，亦大有裨益。

参考文献：

[1] 谢大京. 艺术管理 [M]. 北京：法律出版社，2012.

[2] 马知遥，孙锐. 文化创意与非遗保护 [M]. 天津：天津大学出版社，2013.

[3] 乐声. 中国乐器博物馆 [M]. 北京：时事出版社，2005.

[4] 王文章. 非物质文化遗产概论 [M]. 北京：文化艺术出版社，2006.

[5] 管建华. 音乐人类学导引 [M]. 南京：南京师范大学出版社，2013.

［6］程金城. 中国文学原型论［M］. 兰州：甘肃人民美术出版社，2008.

［7］苑利，顾军. 非物质文化遗产学［M］. 北京：高等教育出版社，2009.

［8］赵春婷，王玮. 新中国六十年民族乐器改革研究［M］. 北京：中国大百科全书出版社，2012.

［9］佩尔蒂·安托宁，陈妍妍. 劳里·航柯论民俗研究中的范式札记［J］. 民俗研究，2009（1）.

［10］邓思杭，马知遥. 非遗保护视阈下的泥哇呜乐器文化研究［J］. 北方音乐，2016（13）.

［11］邓思杭."互联网+"时代中国陶土乐器的创新制作初探［J］.北方音乐，2016（20）.

基于产业价值链视角的非物质文化遗产保护与利用研究

楚国帅[①]

摘要：非物质文化遗产是各族人民世代相传的物质和精神财富，以非物质形态存在于各个历史阶段和地理空间中。如今，非物质文化遗产的保护力度越来越大，它已成为当下社会的文化焦点之一。非物质文化遗产在传承、保护与利用过程中，与产业的结合已成为不可阻挡的发展趋势，非物质文化遗产在生产性保护的基础上已经成为文化产业中重要的组成元素，同时也借助市场的推动不断传播，扩大了影响力，为实现其更好的存续发展提供了支撑。从产业价值链的视角分析非物质文化遗产在创造性转化的过程中的合理性和必要性，有利于客观、冷静地审视非物质文化遗产在市场中的地位和作用，并将可进入市场的非物质文化遗产放置于产业价值链中探讨利用与开发的基本途径，基于此提出保护和传承非物质文化遗产的主要措施，实现非物质文化遗产的生产性保护和活态传承。

关键词：非物质文化遗产；产业价值链；创造性转化；保护；传承

非物质文化遗产（以下简称"非遗"）是人类文化多样性的见证，保护与传承非遗是人类文明进程中的必然要求。联合国教科文组织在《保护非物质文化遗产公约》（2003年10月）中明确规定了非遗的属性、范围、特征及表现形式，强调了非遗与社区、群体、自然、历史之间的关系，突出了其传承性、多样性和创造性。我国在《中华人民共和国非物质文化遗产法》（2011年2月）中也明确了非遗的世代相传性，强调非遗与人民群

[①] 作者简介：楚国帅，山东师范大学文学院博士研究生。

众的生活生产之间密不可分的关系，并调整了涵盖范围。两个文件都指出，非遗保护范围也囊括与传统文化表现形式相关的实物、工具和场所。加强非遗的保护、保存工作，注重其真实性、整体性、传承性保护是继承和弘扬中华民族优秀传统文化的重要内容之一。

新时代市场经济条件下，非遗在保护与利用过程中不断与文化产业、市场运营接轨，逐步向市场化、创意化方向迈进，作为不同于其他文化资源的非遗，其非物质形态特征、文化传承特质、历史发展规律及民族属性决定了在发展过程中不同于一般的文化产业发展模式。在产业价值链中，对非遗采取生产性保护，借助于创意策划、产品生产、展示流通、宣传营销等手段，将与之有关的资源创造性地转化为文化产品、文化服务，是对非遗新的创造性继承。

产业价值链是用价值链的分析方法考察产业链。价值链概念是由迈克尔·波特于1985年在《竞争优势》中提出的，他认为"每一个企业都是在设计、生产、销售、发送和辅助其产品的过程中进行种种活动的集合体。所有这些活动可以用一个价值链来表明"[①]。在产业价值链中，分析对象由特定企业转向了整个产业，旨在挖掘隐藏在产业链背后的价值组织及创造的结构形式。本文以文化产业链中非遗的生产性保护与创造性发展为分析对象，通过产业价值链的视角研究非遗产品生产及服务等价值创造活动，在论述非遗创造性转化的合理性与可行性的基础上，探讨非遗的创新性发展、利用及开发的途径，最终指向其在新时代适应文化产业发展规律的保护与传承。

一、产业价值链中的非遗

随着政府对非遗保护力度的不断加大和社会各界对非遗保护的参与及呼吁，当下人们对非遗的关注度和热情日益高涨，但在非遗与市场、产业相结合方面仍存在分歧。一方面，非遗的发展以抢救性保护和记录传承为主，注重真实性、整体性和传承性保护，因而将非遗纳入产业发展的范

---

① 迈克尔·波特. 竞争优势 [M]. 陈小悦，译. 北京：华夏出版社，2006：36.

围内会不会冲击保护进程、损害保护对象？另一方面，在保护、传承与传播非遗的过程中，产业机制和市场经济的参与是否会破坏项目本身发展规律和构造特征，对非遗的传承发展造成异化？就目前非遗发展现状而言，众多理论研究者、非遗传承人以及文化产业从业者不断积极探索，已经让非遗在文化产业市场上备受追捧，非遗以其自身表现形式与相关元素参与到文化产业开发的过程中，逐渐迈向规范化、大众化发展。从文化的多样性及可持续性发展的角度而言，我们不应拒绝非遗与当下市场经济社会接轨。保护非遗的目的在于"不断使这种代代相传的非物质文化遗产得到创新，同时使他们自己具有一种认同感和历史感，从而促进了文化多样性和人类的创造力"①。由此看来，对从属于文化范畴的非遗来说，传承是保护的方式，创新是保护的方向，多样性和创造力是最终指向，因此一味地采取保守式和静态的保护，不但使非遗得不到更好的传承，反而扼杀了其创造性活力。

将非遗放置于产业价值链中加以探讨，是对其资源进行整合、配置与积累从而实现潜在价值的有效途径之一。通过文化产业"同心圆"式的组织结构使非遗核心内容发挥作用，边缘内容得到扩散并实现价值，将非遗转化为生产力和艺术产品，从而在生产实践中得到积极有效的保护，在与经济社会的良性互动中得到更好的传承。立足于文化角度的产业价值链与传统企业价值链的不同之处在于前者更偏向于创意型的生产经营，以知识创造为主，以创意设计作为基本的投入要素，因而创意策划便成为该产业价值链的起点。创意策划的主体是人，在非遗的产业价值链中，具有创意思维和掌握非遗核心内容的人成为重中之重，如文化创意产业从业者、非遗传承人（群体）等，创意策划主体的品位和思维影响着创意工作的完成和投入的精力。一方面，对非遗传承人（群体）的要求会越来越高，不仅要求他们能够在项目传承上具有突出贡献，还要求他们能够积极学习创新理念和创意理论等，能够积极有效地与市场互动。另一方面，作为从事非遗开发创意的从业人员，要将相关理念与实操经验带到具体非遗项目当中，把握非遗传承与发展规律，了解项目历史渊源，在与传承人（群体）

---

① 联合国教科文组织. 保护非物质文化遗产公约［EB/OL］. http://www.crihap. cn/2014-07/02/content_17638153.htm, 2003-10-17.

深入沟通并尊重传承主体、保护项目生存空间与生态环境的前提下，进行合理开发、理性创意和综合拓展。近年来，将非遗视为资源的数字动漫作品不断涌现，在将非遗向动漫产业转化的过程中，创意是起点也是贯穿整个产业链的纽带，非遗的创意转化利用既是对非遗传承群体及创意人员的考验，也是将非遗向动漫符号延伸的新形式的传承。

　　创意的形成作为产业价值链的第一个环节，强调创造性过程本身，而文化产品创意开发与生产作为第二个环节，其参与主体是生产商，非遗产品的生产商需与传统意义上的生产商区别开来，谨慎对待批量化制作生产。非遗产品及其衍生品需注重原生态特征，充分发挥非遗的审美艺术价值，避免大量只为赚取高额利润而以低成本仿制非遗产品的"山寨"产品所带来的冲击甚至是侵蚀。"文化产品的生产方式，是指文化产品在生产过程中思维方式、生产材料、产品定位及其生产指向等方面表现出来的综合性特点。从这些指标出发，文化产品的生产方式可分为作者性生产方式、配方式生产方式和再生式生产方式三种。"[1]在作者性生产方式层面上往往是个人化的生产组织，要求非遗类文化产品的研发注重原创性和创新性，生产者们也以个性化的追求来吸引人们的注意力，进而产生经济效益。配方式生产方式主要倾向于大众文化产品的生产，以确保文化产品的商业性为追求，大都为工厂式的文化组织，是文化产业的基本生产方式。非遗市场的开拓需要借助于配方式生产方式，但绝不能依赖于此。如传统手工技艺类非遗在技术含量较少的环节可以适当采用此种生产方式进行粗加工，但最终还要依托作者性生产和再生式生产实现非遗产品的创意化和原生态。再生式生产方式是文化产业最为重要的生产方式，采用新方式、新媒介对已有的资源进行包装打造，将文化资源产品化，接受者所期待的是原汁原味的文化元素。对于非遗资源的创造性转化更多依靠再生式生产方式，在合理有度有节地挖掘与整理的基础上运用现代创意进行整合，通过非遗资源的有机聚合、产业互通、再度创作等方式实现非遗的现代性转换和创新性发展，以此满足人们的精神生活需求。开发与生产之间是双向流通、互相影响的关系，非遗本身可以作为资源通过创意进行开发，反之非遗可以作为一种生产

---

　　① 何群. 文化生产及产品分析 [M]. 北京：高等教育出版社，2006：88.

方式融合其他元素于其中，如将卡通动漫形象、文化符号等与传统糖画工艺、面塑工艺、雕刻工艺等结合，创作出具有现代生活气息和文化特征的非遗工艺品，让非遗成为文化载体融入我们的生活中。

以运营商为参与主体的推广与销售是产业价值链的第三个环节，有目的的推广、宣传与营销是将文化创意产品推向市场面向大众实现价值的重要途径。如今运用互联网思维进行品牌推广成为普遍的宣传方式，结合新媒体的开放式和短平快的特点，将非遗传递到新的社会生态和生活方式当中，在新时代的发展历程中，传统非遗元素与新的传播方式结合，将会激发出更大的活力和生命力。文化产品的创意开发和推广营销最终要面对作为接受主体的消费者，创意消费与体验阶段是产业价值链的第四个环节，消费者的需求促进着文化产品的供给，"技术进步提高了社会整体生产效率，使人们享受的闲暇时间大大增加；收入水平的提高改变了大众的消费结构，消费需求不断从满足人们的物质消费转向满足人们的精神消费"[1]。因而在以非遗为元素的创意开发过程中，注重消费者的精神体验和自我价值的实现尤为重要，一方面消费者在消费与体验过程中的信息反馈决定产业链其他环节的资源配置，另一方面非遗消费群体内部的传播能够使非遗价值、文化创意、生活理念等得到传递，进而实现非遗创意产品的增值，甚至消费群体可以直接参与到创意活动的过程中，成为创意策划的主体。近年来，在对非遗项目的保护性开发过程中融合了众多新兴技术，如"互联网+非遗"的模式将现代科技与传统文化进行融合，产生了良好的社会效益。例如，国家级非遗项目泰山皮影将皮影戏经典剧目和参赛情况发布到爱奇艺、优酷、乐视等视频网站，引起了更多人的关注，扩大了泰山皮影的影响力。再如，山东省级非遗项目宁阳斗蟋蟀民俗在举办比赛时利用网络进行直播，并与专门的蛐蛐网站平台合作，给关注者提供了平台，当地也形成了从虫源保护基地到蟋蟀销售、蟋蟀器皿销售、中华蟋蟀友谊大赛等相互结合的产业链，让更多爱好者参与其中。

产业价值链的另一端是衍生品的开发，这也是延长和拓展文化产业链的重要环节，是在原有产业链基础上的新循环和新创造。非遗衍生品的开

---

① 白远，王冠群. 中国文化创意产业研究：总论与行业分析 [M]. 北京：对外经济贸易大学出版社，2012：45-46.

发虽融入基础产业链的过程当中，但要实现其高附加值和长久效益需借助于衍生品的再度创意开发。应针对不同门类的非遗选择适合进行生产性保护的项目进行开发，灵活运用运营模式，进行科学规范化管理与保护。譬如，"非遗+"的模式促进了与非遗有关的文化产业的升级与优化，非遗与文化旅游、特色小镇、产业园区、教育、互联网、金融、峰会、文创、会展、影视、衣食住行等结合，衍生出涵盖面广的产品和体验服务，为非遗注入了新活力。总而言之，处于产业价值链中的非遗具有自身的特殊性，在进行文化创意开发的过程中要把握开发与保护的底线，既要使能够进入市场良性循环的非遗实现有效的价值增值，又要保护不适合进入市场的非遗的规律化生存，真正实现非遗的活态传承。

二、非遗创造性转化的合理性与可行性

党的十九大报告指出，坚定文化自信，推动社会主义繁荣兴盛。文化自信是主体对自身文化的认同、肯定和坚守，文化自觉是文化自信的前提。优秀传统文化是我们民族文化的精髓，其中的非物质文化遗产是我们悠久文化历史积淀下来的见证与传承我们生活方式的优秀文化，在对非遗的保护传承过程中进行创造性转化从而使其适应产业发展规律是从文化自觉走向文化自信的标志之一。对非遗的利用分为以非遗为对象的产业模式经营和以其为参照的产业开发，利用非遗本身和某些元素进行创造性转化。但并非所有的非遗项目都适合开发利用，一些可进入市场的非遗，如传统技艺、传统音乐、传统戏剧、传统美术、民间文学、曲艺、传统医药、传统体育、游艺与杂技中的非遗项目，大部分已成为市场经济的一部分并潜藏大量可进入市场具有增值效益的项目，能够适应市场经济规律；同样也有在传承过程中不能或不适合进入市场的，如民间文学、民俗、曲艺等领域有关宗教仪式信仰、生活习俗及对原生环境依赖性强的小剧种等项目不具备进入市场的条件，因而不便于通过人为干预引入产业运作模式中。在探讨非遗的创造性转化的合理性与可行性方面，将以可进入市场的非遗作为研究对象，通过合理的文化资源配置进行价值创新，传递精神文化价值，推动非遗更广泛的传播与发展。

　　针对不同种类的非遗要进行充分的论证，尤其在产业价值链各个环节的具体操作和运用过程中要注重非遗的文化生态问题。从理论上而言，不同区域和不同形态的非遗都有不可取代的价值，因而在创造性转化的过程中，对于面向市场的文化产品也要创造不可取代的价值。非遗在进入市场之前作为特殊的文化形态，其所承载的思维模式、生活方式、礼仪规范、审美观念及价值信仰等是特定时空范围意义上的文化，不便于大规模传播。在产业链中，意味着非遗的商品化，因而决定着具有交换价值，其所蕴含的质的问题将向量的问题转化，甚至于要跨越文化"界限"而变成更多人能够接受和拥有的商品。文化产业的"去分化"功能和内含的抑制差异的标准化特性需在产业价值链的各个过程中尤为注意，正确理解并坚持多样性和创造力在非遗的创造转化过程中显得尤为重要。

　　非遗能否顺利进入市场成为产业价值链中的重要元素，关键在于非遗传承与发展的自身规律，虽然在此过程中人作为创意策划和传承的主体起着重要的作用，但人绝不能按照主观意愿强制非遗进入经济市场。非遗创造性转化的合理性在于非遗本身就是一定时期内人们通过智慧创造和劳动实践产生的、反映着一定区域文化特色的信息载体，其本身也是文化生产的结果，在传承的过程中，非遗在每一个时代都创造着财富，它符合事物发展的基本规律。再者，非遗的传承和保护的意义在于其中所蕴含的历史文化、道德价值能够为后人所理解和传承，甚至可以让时代铭记和欣赏，以此弘扬民族优秀文化，传承民族精神，这就需要人们去接触和理解非遗，让非遗有效地进入日常生活当中。在现代文化市场的要求下和日常消费的需求中，应以创造生产的方式将一些不可复制和再生的非遗通过创意创新增强生命力，发挥潜在价值，在与自然、社会环境相融的过程中以独特元素和内在价值获得应有的经济效益，在一定程度上实现"造血"功能，为自身的保护和传承提供资金保障，使得非遗保护与开发同时并举。

　　非遗内在的文化价值和潜在的增值属性是创造性转化的基础。非遗作为特殊的文化资源并不会随着时间的变化和使用频次的增加而产生价值损耗，相反越是经过历史的沉淀和传承而越珍贵。浓厚的历史文化和独特的审美价值吸引着消费者参与到与之有关的体验消费活动中，通过非遗了解丰厚的传统文化，因而消费者的心理满足和现代社会的精神诉求成为创造性转化的另一可行性指标。当今社会的怀旧心理、经典追求、品牌标识、乡愁记忆、情感诉求成为文化消费心理的重要元素，非遗作为传统文化的见证，也是人们追寻乡愁、返璞归真的寄托，在一定程度上契合了文化消费的心理预期。再者，随着市场经济的不断繁荣，文化产业品类也越来越多，人们在精神层面的追求更趋向于精品化和品牌意识，非遗的感染力就在于文化层面上的高附加值和形态上的特色化，文化消费市场的不断活跃给非遗提供了广阔的空间。随着生产方式的创新和技术的更迭，非遗的生产不断借助于先进的生产力、生产技术和新媒体传播方式，以适应当今社会发展脚步的频率融入现代文化市场，迸发出新的创造活力。故而，从非遗自身价值和现代消费趋势及市场规律等各个角度综合而言，非遗的创造性转化具有充分的可行性，由纯粹的非遗保护向文化创造生产的转变也是非遗与人自身生存发展和谐统一的合理性要求。

三、产业价值链中非遗利用与开发途径

利用非遗资源发展文化产业具有合理性和可行性，"在有效保护非遗的基础上对其进行产业化开发，既是发展文化产业的重要途径，也是非遗融入现代社会生活而实现可持续性生存发展的必然要求。实际上，大多数非遗资源可以通过产业化途径生发出全新而又不失自身传统神韵和精神内核的文化产品，通过市场运作加以传播，形成由非遗走向市场、再由市场反哺非遗的良性循环发展模式"[1]。为凸显非遗的现代经济价值，促进文化产业供给侧结构性改革，推动新旧动能转换，调动非遗传承人的积极性，丰富非遗传承与发展的表现形式，要将非遗放置于产业价值链中激发新活力，拓展非遗生存发展的空间，增强非遗在市场经济条件下的生存能力和适应性，因而对非遗的利用与开发要以非遗本身特质为基础，充分为非遗的发展搭建平台，拓宽非遗辐射范围，延长产业链，积极与其他产业融合联姻，实现整个过程的科学化和合理化。

---

① 张秉福.我国非物质文化遗产产业化的科学发展 [J].甘肃社会科学，2017（6）：244.

（一）"因项目制宜"的发展路径

从文化人类学的角度来看，对文化的研究和运用要围绕"文化圈"展开，空间意义上的"文化圈"相互重叠便成为时间概念上的"文化层"，对非遗的利用开发也要基于其自身生存的圈层，并以文化主体的价值为核心，"立足对'我者'对使用价值，才会有对'他者'对交换价值"①。我国非遗资源丰富，种类繁多，因而在产业开发的过程中只有立足于非遗项目本身的文化圈层和生存土壤，坚持以项目自身特色为指引的发展路径才能实现有效合理的开发，这也是产业价值链创意策划和生产环节的保障。

传统表演艺术类非遗通过实景演出、室内演出、新媒体传播等多种方式实现了与产业的融合，既保有了其本身具有的表演特性，又利用现代舞美、服装等进行包装，通过艺术加工与合理设计、复制而呈现在舞台上，尊重其表现形式和文化内核，使"舞台真实"也成为其可持续发展的方式之一。传统手工技艺类非遗是最易产业化开发的类别，它通过物质性的载体将"摸不着"的手工技艺以产品的方式进入市场，如传统制茶技艺、酿酒技艺等与日常生活相融，直接以产品的形式进入市场。传统雕刻技艺、刺绣技艺、扎染技艺等也以集审美价值和实用价值于一体的产品形态进入日常生活当中，且极具地域特色。临沂市费县手绣是极具沂蒙地域文化特色的传统手工艺，传承人卞成飞在继承传统手绣的基础上大胆创新，融入现代时尚元素创作出不同风格的手绣产品，同时注重与当地民俗生活相结合，使其成为融艺术价值、审美价值、实用价值和收藏价值为一体的民俗手工艺品。在她的带领下，当地不仅成立了工艺品有限公司，还建立了非遗扶贫车间，充分利用当地传统手工技艺优势与区域文化特色拉动经济增长，通过线上线下的宣传销售，产品远销国内外，成为当地一张靓丽的名片。

我们应坚持以非遗地域文化特色为开发基础，对非遗资源优化配置，形成文化生产、文化服务，立足于项目本身的发展规律、特征和需求，尊重非遗项目的历史传承渊源和文化符号，充分展示非遗蕴含的物质财富和精神财富，使非遗文化资源转化为非遗文化资本，继而持续地创造价值，满足和引导人们的需求，在保证产权的基础上实现资源的共享。

---

① 张晓萍. 旅游开发中的文化价值：从经济人类学的角度看文化商品化［J］. 民族艺术研究，2006（8）：38.

（二）搭建共享平台

推广与销售作为产业价值链中不可或缺的一环，具有承上启下的作用。非遗产品的宣传与销售需要通过多种方式展开，其中搭建非遗展销共享平台是资源共享时代的要求，有利于产品创意策划者、生产主体与消费者、市场之间建立高效的沟通与联系。通过互联网、新媒体搭建线上共享平台，通过组织筹划大型博览会、开设实体体验店等搭建线下互动体验平台，融合博物馆、美术馆、展览馆等公共服务型场所，为非遗及其产品的宣传推广提供更多可能性。

中国非物质文化遗产博览会自2010年起至今已成功举办五届，每两年举办一次，是全国影响广、规模大、规格高、项目多、品类全的国家级非遗博览会，自第四届起永久落户济南。博览会采取实物展示、现场展演、多媒体体验互动、图片展览等形式与交易签约仪式、高层学术论坛、分会场互动交流体验等相结合，给大众了解非遗提供了良好的平台。中国成都非物质文化遗产节是国际社会首个以推动人类非物质文化遗产保护事业为宗旨的大型文化节会，自2007年起至今已成功举办六届，每两年举办一次，与中国非物质文化遗产博览会奇偶年交叉举行，一会一节为非遗传承与产品展销提供了良好的平台。2018年唯品会推出最大规模的"非遗万物立春公益专场"，同年5月27日"唯爱工坊"特色电商公益平台正式上线，将11个省份的23种非遗技艺与学者、设计师、非遗手艺人的力量结合，打造出73种上万件产品。作为公益活动，唯品会将销售所得全部返给贫困地区的妈妈们，通过与多个机构合作形成的非遗新经济生态圈融合了"产、学、研、售、秀"等因素，助力非遗传承与保护，帮助非遗精准脱贫。线上线下的节会结合及电商平台的打造，为推广、宣传非遗提供了广阔的平台。

除了大型节会、电商平台等方式，小众化的非遗电子展销平台、微信公众号等都成了推广和宣传非遗产品及服务的有效方式，重庆百工传艺电商+线下手工艺场+教育平台、阿里巴巴非遗众筹等都为实现非遗产品资源共享提供了更多元、更便捷的平台。

（三）延长和拓展产业链

延长和拓展文化产业链以衍生品的开发和体验服务为主，是产业价值链中不容忽视的环节，也是挖掘非遗潜在增值价值最为直接且有效的方式，是文化产业链实现后向关联和前向关联、单向循环关联和多向循环关联的必要策略，其本质意义在于价值的互相关联，从而渗透到价值链的各个环节当中。非遗的后向关联与非遗的物质载体及相关制造环节密不可分，会带动相关产业的发展；非遗的前向关联直接与其相关产品有关，尤其是衍生产品成为与之有关产业的生产资源；非遗的单向循环关联是向着单一方向延伸最终又回到产业本身的循环过程，强调非遗各个环节间的互相影响；非遗的多向循环关联强调与其他产业之间的交叉融合，以实现互惠互利的目的。

"'非遗'的衍生品是'二度再创作'，它们可以和现代科技相结合，创作出更加创意化、生活化、智能化的产品，既不失'非遗'的本来面貌，又更加贴近大众的生活。"①开发非遗衍生品的目的是使非遗器物化，能够融入生活当中，因而具有生活气息的商品更易被消费者接受。重庆壹秋堂夏布坊针对夏布特点，从原料生产、保护到产品研发销售建立了完整的产业链，并开发出围巾、布包、桌旗、团扇、笔记本、钱包等五百多种衍生品。陕西宝鸡社火脸谱绘制传承人则将脸谱转化为不同的图案印在茶具、挂件、文化衫、环保购物袋上。中国剪纸博物馆将扬州剪纸与灯具结合，创造出集实用价值与观赏价值于一体的既有传统韵味又富时尚美感的剪纸艺术灯。山东潍坊风筝围绕风筝元素也开发了诸如服饰、邮票、手工艺品、手提袋等系列衍生品。除了衍生品的开发，产业链的延伸和拓展也要积极与其他经营方式结合，如通过专营、代理、线上线下等实现可持续运营，与文化综艺节目结合，通过荧屏将非遗的精神内涵、价值导向与人的审美理想相关联，不仅使非遗融入现代生活，更使其融入现代年轻人的生活。

在拓展和延伸文化产业链时，要保护非遗及相关产业的知识产权，尊重其文化属性，树立共同消费意识，实现文化产品的最大限度的增值，真

---

① 孙天. 非物质文化遗产的产业化发展路径研究：以山东省非物质文化遗产保护传承实践为例［J］. 艺术百家，2018（1）：230.

正做到以内容取胜并拥有自主知识产权。

（四）与其他产业融合联姻

非遗因具有区域化特征而有一定的排他性，但非遗自身具有极大的内在价值和潜在可塑性。有些类别的非遗需借助于其他产业形态发挥出自身的价值，如民俗类、民间文学类、传统手工技艺类等，将不同产业的优势进行深度融合，找到非遗与其他产业之间可融合的"点"，通过纵向化穿插、横向化联结、宽泛化结合的发展路径，与旅游业、出版业、服装业、餐饮业、家居业、影视业及产业园区、"互联网+"等联姻，实现文化资源向文化资本的转化。

河北衡水内画艺术在传承内画技艺、开发衍生品等方面做出了不懈努力，其中习三内画在产品定位开发、产品宣传及产业融合等方面做了许多探索。冀派内画创始人王习三的儿子王子勇创办了习三内画艺术有限公司，将传统工艺与现代工艺品的开发设计、生产加工、销售相结合，研发内画工艺品。内画除了与鼻烟壶相结合，还可以与水晶球、摆件、花瓶、茶叶罐、杯子、笔筒等相结合。同时创办河北习三内画博物馆，将习三内画展览展示、直营经销及旅游融为一体，带动了衡水地区内画产业的发展。习三内画在将实用与艺术结合的基础上善于与当地品牌联姻，将当地支柱产业衡水老白干与内画技艺结合，设计了内画酒瓶，无毒无味的内画在酒的折射下变得更为精美生动，加之高档包装，高于一般市场价格，推出后供不应求，成为馈赠、收藏的佳品，实现了衡水老白干与内画的双赢。

将非遗元素与其他产业融合联姻，不仅仅使非遗内在的价值被激发出来，同时也带动了相关产业的发展，结合消费群体的需求及市场发展趋势，从而实现更广范围更大规模的联动增值效益。

四、产业价值链中非遗保护与传承发展

（一）尊重文化生态和文化生产规律

非遗作为特殊的文化资源依赖特殊的文化与生态环境，生存与发展空

间往往与地理环境、地域特色、民俗风情有关，其依存的有机文化整体既包括生态环境也包含文化环境和传承谱系，因而在利用与开发的过程中不能人为地割裂非遗与其生态环境、文化背景及生活方式之间的关系，应在尊重的基础上将其视为动态发展的过程，保护其生存的生态、社会、文化环境，为传承人（群体）的传承和创新工作提供适宜的条件。

处于产业价值链中的非遗资源要转化为文化产品和服务需要经过利用和开发阶段，与生产关系密不可分。在对非遗资源创造性转化的过程中，不仅要遵循一般的物质生产规律，更为重要的是要遵循精神生产（文化生产）规律，在依托物质媒介的同时要彰显艺术内涵，在生产、分配、交换、消费等环节既要遵循市场经济规律，又要体现精神创造性，将审美接受、欣赏、生产方式及工具等因素都纳入考量范围内。"文化生产力生产的文化产品，应该是积极健康的精神食粮，在满足人的精神文化需求中，提高人的精神境界、提升人的文化品位、塑造人的灵魂。"①

（二）坚持可持续发展原则

国务院办公厅对非遗保护工作的指导方针是："保护为主、抢救第一、合理利用、传承发展。正确处理保护和利用的关系，坚持非物质文化遗产保护的真实性和整体性，在有效保护的前提下合理利用，防止对非物质文化遗产的误解、歪曲或滥用。"②在非遗的开发利用过程中，要以保护为主，对非遗项目赖以生存的资源、传承人（群体）的生活环境予以合理有效的保护，对于濒危或过度利用的非遗进行抢救性保护，避免无节制的商业行为对非遗本身的文化价值造成破坏，保障非遗项目发展的可持续性。

在坚持可持续发展的原则上，要实施全方位、多层次的整体保护，不仅注重当下生存境遇的保护，还要规划未来保护措施，既要保护非遗项目自身的生存空间，还要保护整个社会乃至世界的文化生态环境，从时间与空间双向维度上实现全方位的保护。在对非遗传承人（群体）所掌握的非遗项目技艺、规律进行培训的同时，还要丰富他们对世界整体的认识，提高其学养，帮助他们把握历史发展规律，从内而外实现多层次保护。对于

---

① 李春华. 文化生产力与人类文明的跃进 [M]. 北京：中国社会科学出版社，2016：28.

② 国务院办公厅. 关于加强我国非物质文化遗产保护工作的意见 [EB/OL]. http://www.gov.cn/zwgk/2005-08/15/content_21681.htm，2005-08-15.

因不可抗拒因素抑或自然淘汰的非遗项目，要在抢救性记录的基础上顺其自然发展，尊重优胜劣汰的自然法则，及时总结经验教训及生存规律，以便更好地运用到非遗的保护传承过程中。

（三）保护非遗的艺术精神

非遗的价值核心是其精神世界的独特性，非遗的发展脱离不了它产生的具体语境，大多数非遗扎根于乡土社会。在城市化进程不断加快的当下，乡土社会结构不断被冲击、解构，非遗原有的生存土壤不断被"翻新"，传承人（群体）的意识也在发生巨大变化，这必然会影响到非遗的生存与继承。祖辈或师徒相传的非遗在商业化大潮中也受到一定冲击，老一辈传承人（群体）逐渐退出历史舞台，传承若得不到良好的延续，非遗的艺术精神也将难以保持。目前，我国已采取措施加大对非遗代表性项目和传承人的保护力度，但更值得关注的是如何保护世代传承的艺术精神。

对非遗的合理利用是非遗在当代社会背景下适应社会发展的传承方式，在此过程中要端正对非遗的认识态度，加强宣传和教育力度，让更多人意识到非遗在我们生活中的地位，加强对非遗的挖掘、整理和研究，充分调动民间社会群体传承非遗的积极性，为非遗的传承和发展营造良好的生存环境。我们应尊重历史，尊重民族文化，从根本上对非遗产生认同感，守护非遗的精神内核。

（四）加强市场监管与评估

非遗进入市场后必定面临利润分配、经营模式等问题，基于非遗保护的特殊要求，应避免过度商业化对非遗造成的破坏，因而要建立健全的市场监督体系，对非遗各个环节在产业价值链中的活动进行监管与评估。利用信息化建设对非遗项目进行数字化保存，还原非遗的"真实性"，以便在市场监管过程中有据可依，同时通过网络数据库和新媒体技术提供在线观看欣赏，在帮助更多人深入了解非遗的同时，充分发挥社会不同群体的监管力量参与到保护工作中。

定期对非遗的保护传承情况及利用程度进行评估，完善评估体系，对评估结果进行分析总结，以期获得对非遗的有效指导和监测，避免过度产业化开发对非遗造成的伤害，把握利用与开发的底线，实现非遗存续与发展的良性循环。

五、结语

　　非遗自身的特殊性决定了在利用开发过程中要权衡利弊，要想实现保护传承与开发利用的双赢，必须要尊重非遗本身，尊重历史发展规律，以保护为主，坚持可持续发展原则，不断审视在开发过程中产生的问题，完善非遗整体保护监督制度。从产业价值链的视角研究非遗的利用与开发是当下文化产业发展的要求，应坚持社会效益与经济效益并存、精神财富与物质财富并举、审美价值与实用价值共生的理念展开非遗的创造性转化，不仅让非遗真正"活"起来，还要让非遗永久"活"下去，激发其生命力，真正实现非遗"活态传承"的愿望。

靖西壮锦艺术的传承与保护

段楠楠[①]

摘要：壮锦，是壮族妇女的传统手工艺织品，扎根于壮族的文化土壤之中，具有独特的民族风格和浓郁的乡土气息。精美的壮锦曾是壮族妇女心灵手巧的标志，是壮族人民居家、婚嫁、生育、走亲的必备之物。在当前的社会转型和新的文化背景下，壮族的传统织锦与现代社会的"工业文化"产品发生激烈碰撞，壮锦赖以生存的文化土壤遭受着前所未有的侵蚀，其所具备的象征意义、文化内涵日趋淡化，传统的生活用品、民俗馈赠等文化功能也日渐式微，传统手工艺正一点点地从生活中消退，呈现出现实的局限性。本文采取田野调查与文献法相结合的方法，旨在通过对靖西壮族织锦技艺传承的必要性、传承现状及传承发展模式的研究，从整体性保护出发，以活态传承及生产性保护为主要途径，针对靖西壮族织锦技艺的生存现状，提出传承主体的活态传承和保护主体的多样性保护、"遗产"转变为"资源"的生产性保护、建立"博物馆"式传承与保护机制等合理性建议，唤起人们对优秀传统民间手工艺的传承、保护方面的重视。

关键词：民间手工艺；当代传承；壮族织锦技艺

壮锦艺术作为中华民族灿烂的非物质文化遗产，是壮族儿女智慧的结晶。靖西壮锦以独特的传统手工技艺和文化特征与南京云锦、苏州宋锦、成都蜀锦齐名，并称中国"四大名锦"。随着时代的发展，壮锦艺术作为少数民族传统文化艺术也不可避免地受到了多元文化的影响与冲击，面临着生存与发展的问题。对靖西壮族织锦技艺进行研究，探讨壮锦应该如何

---

① 作者简介：段楠楠，广西艺术学院硕士研究生。

不断调整自身特点，不断适应社会的发展和市场需求的变化，谋求自身延续，这将有助于壮锦下一阶段得到更好的发展。

一、靖西壮锦艺术发展概况

据史料记载，早在唐宋时期壮锦就开始出现，至今已有1000多年的历史。清朝时，壮锦在壮族地区已得到了广泛的传播与发展。中华人民共和国成立以后，壮锦的发展又迎来了新机遇，壮锦不只用于制作被服，还开发了像窗帘、桌布、背包、服饰等新的用途。壮锦也对其花纹图案进行了创新，应用范围也越来越广，把广西少数民族服饰文化推向了新的高峰。

（一）壮锦的艺术特色分析

壮锦的艺术水平极高，是壮族人民长期劳动实践的结晶，是壮族的优秀遗产和民族文化瑰宝，经过长期积淀凝结为一种文化符号，在历史的长河中成为承载壮族文化的"活化石"。人们从大自然万事万物中获取灵感，将其物化为美丽的图案，并结合当地的风土人情及民俗节日，体现了人们心中的美好愿望。壮锦不仅是一种工艺，更是一种文化，如刘三姐与阿牛哥的图案代表了人们对美好爱情的向往，飞禽走兽的图案融入了人们对其神力的渴望，云雷纹表达了人们祛病消灾的诉求等，这些丰富的元素都化作一个个情感符号，赋予壮锦特殊的文化底蕴。因此，对靖西壮锦这一传统民间手工艺进行考察研究，能够为我们认识、发掘壮族历史文化提供重要依据。除此之外，壮锦所具备的壮族人民精神价值和审美价值的属性也为学者熟悉和钻研壮族文化的内在意蕴、考察壮族文化的成长与演化进程提供了丰富的文献资料。

（二）壮锦的传承价值

壮锦的织锦技艺极具研究价值，与其他名锦相比，目前对于壮锦的研究比较少。研究靖西壮族织锦技艺的传承与发展具有强烈的现实意义。传统手工艺的价值不会因时代改变而退色，反而会越发让人体会到手工制作的幸福，怀念手工制作的精致和温情。在当今社会，我们的少数民族传统文化艺术面临着生存与发展的危机。壮锦可以说是壮族人民传统手工技艺的代表性创造，意蕴深远，文化底蕴深厚。我们要把壮锦的魅力展示出来，让更多人接受和了解壮锦，使其更好地发展。

二、靖西壮锦艺术现状与问题

不管被保护得多么好的传统民间手工艺，也不可避免面临没有受众或者消费需求逐渐消失这一事实。随着工业化和城市化的加速，原有农业文明架构下的文化在迅速瓦解与消亡。随着生产工具以及科学技术的不断发展，许多物品包括实用艺术品在数量和质量上都在不断地增长和提高。这就使得一些靠师传徒、母传女、婆传媳存续的封闭保守的传统手工技艺，生命力变得越来越脆弱，有的甚至已经消亡。

（一）传承主体的缺失，传统传承模式的瓦解

传承传统手工艺是一个清苦而又需要精力和情感投入的"苦差事"，加上经济收益并不高，因此现在的年轻人很少有人愿意再主动对父母辈的传统手工艺进行传承。目前靖西会织锦的只有中老年妇女，除了聚集在靖西壮锦厂里的工人，还有散布在各个村里的手工艺人，她们大都是普通的农村妇女。技艺传承人的生活和社会地位并没有因为壮锦的名扬四海和非物质文化遗产的申报成功而得到根本的改善，甚至几乎是完全脱节的。

随着经济的不断发展和人们生活水平的提高，城市就业机会增加，越来越多的年轻人涌入城市，传统的师徒传承、家庭传承模式已发生了许多改变，传承主体已然发生了很大变化。如今不再是师傅不愿意教，而是没有徒弟愿意学。师徒之间也不再有契约的约束。如今的家族传承，已没有了传统宗族宗法和礼教的束缚，更具开放性和自由性，因此现在的年轻子女很少有愿意"子承父业"继续做传统手工艺的，大多选择自己喜欢的行业或者到自己喜欢的城市发展，而有些父母也希望自己的儿女接受教育然后留在大城市发展，认为传统的民间手工艺已经失去了发展前景。以前，只有终身不嫁和吃斋的妇女才有织锦的资格，伴随着人们思想观念的

变化，这些不成文的规定也逐渐被人们改变，只要有人愿意学，就可以教，但即使是放宽了条件，壮族织锦技艺仍然面临后继无人的困境，濒临失传。

（二）政府重视力度不够，保护意识欠佳

虽然靖西市政府为传承保护壮族织锦技艺作出了相应的努力，但在具体实行时还存在一定的问题。1956年靖西为响应国家发掘民族民间手工艺的号召而组建绣织社，1960年更名，其后称为壮锦厂。据调查发现，靖西壮锦厂目前的生产经营情况很不景气。该厂的经营生产并不是有计划的常规生产，而是有客户订单的时候才进行生产。靖西市政府每年都会组织靖西壮锦厂进行两次培训，但是从事非物质文化遗产的工作人员较少，对传承人的相关事宜也知之甚少，且宣传工作滞后，保护意识淡薄。有一些年轻的女孩参加培训，但是没有几个人能坚持下来。

政府对壮族织锦技艺在资金及政策上给予的支持不足。为了降低成本，工厂开始用现代的化学染料代替传统的蓝靛染色。使用植物来进行染色的传统工艺濒临失传，传统制作工艺中对壮锦进行染色的这一工序早已不在壮锦厂内进行操作，而是直接从其他工厂批发织锦所需的五颜六色的织线。

（三）产销模式单一，缺乏市场竞争力

在现代工业化浪潮冲击下，机械化生产取代手工技艺成为不可逆转的趋势，物美价廉、琳琅满目的现代化商品出现在民众的生活中，而兼具实用性与审美性的壮锦却失去了存活的市场，逐渐淡出人们的视野。由于壮锦工序繁杂，制作周期长，很少有人进行壮锦的纯手工织造，靖西壮锦在当代的创新应用潜力还没有得到较大规模的发掘，而其衍生的手工艺纪念品目前在市场上所占的比重并不大，即使有，也是零散的小户进行售卖。

现阶段，靖西壮锦的生产在发展中存在着很多不足，如规模小、管理差、观念落后、开发滞后、品种单一等，产值、规模和档次偏低。从增长方式来看，靖西壮锦依然是粗放式的生产经营，以廉价的初级产品居多，往往处于产业链的最低端，使用价值与收藏价值都偏低。一些手工作坊的

产品包装粗陋，甚至连质量都得不到保障，其制作流程和方法已经完全变异，这使得靖西壮锦缺乏质量与信誉的保障，产品的附加值比较低，更不用说形成产业链甚至名牌效应。这种做法只能暂时性地满足一些低端市场的需求，获得眼前利益，如果任其充斥市场并成为主流，就很容易造成文化精品减少和产品的粗糙化、模式化。

（四）受众审美心理的变化

在农耕文化社会中，民众的生活水平相对较低，而家庭中劳动妇女地位不高，且须从事繁重的劳动，她们很少有机会接受教育，因此对美的认知和感受很单纯，大多数来自生活的经验和感知。随着科学技术的发展和时代的进步，人们的物质生活有了很大的提高和改善，人们的审美需求也不断提高。如今无论是图案形式还是色彩搭配，传统壮锦已不能满足人们的日常生活需要，过去人们偏爱的大红大绿式的鲜艳配色已不符合现代人的审美观念。由于壮锦的经营者和生产者对市场的观察不够敏锐，缺乏创新意识，导致壮锦产品样式相对陈旧而不能满足市场的需求。当代壮锦工艺行业的创新严重不足，并且没有引进和培养能够适应市场的新型人才的意识。生产研发壮锦工艺产品的企业又大多是模仿加工传统经典工艺品，不但鲜有超越，而且批量生产，很容易致使辛苦做出来的东西沦为廉价的地摊货，影响了壮锦工艺品位的提升。因而，解决壮锦产品创新问题的紧迫性不容忽视。

三、靖西壮锦艺术传承保护对策与建议

对壮族织锦技艺的保护与开发是相辅相成、互为补充的，在发展中求保护，在保护中求发展。开发利用就是一种主动的保护。我们要更新观念，与时俱进，不断探索新路子，做好保护和发展传统民间工艺的工作，以各种合适的方式进行开发和利用，使传统民间工艺在产生经济价值的同时，又能得到有效的保护和传承，给人们的生活带来美的享受，为现代社会增添光彩。

（一）传承主体的活态传承与保护主体的多样性保护

对壮族织锦技艺的传承与保护，最核心的就是传承人进行的活态传承，同时也离不开外部力量的推动作用，各级政府、相关专业的专家学者、新闻媒体及商业界等对壮族织锦技艺的保护传承都具有重要意义。靖西市政府除向传承人定期发放补助金外，还可以通过减免税收等政策，加强壮锦传承人项目的市场竞争力，通过统一收购一系列壮锦产品，实现产业化管理，解决传承人销售难的问题，鼓励传承人倾注必要的精力进行织锦技艺的传承。

就传承人本身而言，他们应该做好传承工作，在使用原料、表现形式、表现内容等方面保持不变，使壮族织锦技艺不发生改变或延缓改变的速度，力图在传承过程中不走样、不变味，确保靖西壮族织锦技艺的传统基因不变异。另外，传承人还应该有意识地扩展带徒教授的范围，冲破原有家庭传承方式的约束，积极寻找并培养新的传承人，使靖西壮族织锦技艺真正能在当代社会继续传承发展。

在对传承主体的多样性保护方面，可以将织锦技艺引进校园，打造地方特色教育名片，不仅能够加强对青少年的传统文化教育，丰富校园生活，还有助于激发他们传承与保护、创新传统民间手工艺的责任意识。除了将织锦引入课堂，还可以邀请壮锦传承人在课堂上展示技艺，进行示范讲解，增加与中小学生的互动，提高学生学习传统手工艺的积极性。学校也可以多组织学生参加传统手工艺的创意竞赛、汇报评比等，带动师生和学生家长一起参与。保护主体的多样性，不仅限于政府及传承人的保护，还要吸收和引导民间力量共同互助，创造平等讨论和互助机制。以政府为主导，学界、商界、新媒体、民间团体等多方参与的多主体共同保护成为靖西壮族织锦技艺多样性保护的必然选择。

（二）政策支持：打造地方文化名片，创办各种文化艺术节

政府针对非物质文化遗产的传承保护所采取的政策、措施等对民间手工艺的当代传承发展起着至关重要的作用。除政府认定非物质文化遗产传承人、向传承人发放补助金等措施外，还应不断采取新的措施。

靖西壮锦要想获得长足的发展，应该用品牌战略的意识去参与市场竞

争，打造地方文化名片，将"输血"变为"造血"，实现传统民间手工艺的永续发展。政府可以通过创办各种文化艺术节的形式，充分开发、利用靖西本地的传统文化资源，增加民众对传统民俗文化等特色地域文化的认同感和自豪感，为此打造靖西文化名片，提高靖西知名度，增强地方的文化竞争力，推动地方旅游业的发展，也可进一步拉动地方的经济发展，使靖西实现宣传传统文化与发展地方经济的双赢。比如，将壮族织锦技艺制作成各具特色的光碟、图书资料等，不但可以加深壮族人民对传统文化的认知，提高自主保护传承的积极性，也可以扩大壮族织锦技艺民族民间文化的影响力。另外，靖西市政府在对外交往时，也可选择赠送优秀的独具壮族特色的传统手工艺品，这不仅可以增加壮锦的知名度，还可以展示壮族意蕴深厚的民族审美文化。

（三）扩大传统织锦产业运作，开拓新市场

在经济发展过程中，要改变壮锦产销模式单一、市场竞争力弱的现状，就要把特色鲜明的壮锦文化与靖西旅游业深度融合，使壮锦实现从遗产到资源的转化，增强竞争和发展优势。靖西是一个具有鲜明民族特色的地方，不仅有全国独一无二的壮族绣球街，还有有着"小桂林"之称的古龙山峡谷群漂流和亚洲最高的单级瀑布通灵瀑布等旅游资源。

靖西壮锦体现了独特的工艺和制作流程，具有观赏价值和收藏价值，因而其产销可以借助旅游资源的技术手段开发转化为旅游商品。可以利用壮锦的一部分特征进行再制造，织锦可以有一些民族元素，花纹也可以模仿古代某个著名文物上的图形，可以制作成供观赏的工艺品，只要作者和营销者能转变观念，就可以开拓新的市场。最典型的例子就是利用故宫文化元素而延伸出来的故宫淘宝，它是故宫博物院唯一的官方淘宝店，店里销售各式各样的文化创意产品，如雍正的花囊，写着冷宫或御膳房的牌匾造型的冰箱贴，仪仗造型的书签，皇室龙凤浮雕的手机壳，千里江山图案的胶带，还有各种宫廷形象的人偶摆件等，都是从故宫有形文化资源的某一特征中衍生出来的文化创意产品。只要将壮锦传统文化的内涵与现代工业技术相结合，再加上创意创新，就会有广阔的市场空间。但现代工业化发展也有很多粗制滥造、缺乏创新及当地特色、缺乏质量与信誉保证的，这就需要加强文化产品质量上的控制，并且为用心做工艺文化产品的传承

人寻找打开市场的方式和传播渠道。例如，可以举办各式各样的文化产业活动，打造靖西产业知名度，推动传统织锦产业的升级和转型，并培育企业带头人，使靖西壮锦产业形成规模效应和稳定的销售网络。

（四）融入现代生活，满足当代审美需求

传统壮锦的色彩和图案纹样可以说是特殊的地理和文化环境的产物，但传统配色中高饱和度的大红大绿等在现代社会很难被人接受，那么，在保持壮族织锦技艺的前提下，进行符合当代审美需求的创新设计就显得尤为重要。现代市场上所见到的壮锦除保持原有的床上用品的用途外，还有由设计师参与设计的新样式，比如融入壮锦传统图案纹样的衣帽、手提袋、抱枕、壁挂、围巾等，并且各院校服装设计相关专业的学生也加入其中，利用所学设计知识，提取传统壮锦中的元素，对其进行创新设计，使壮锦在现代社会中不再那么被动。

随着互联网的普及，现在靖西壮锦已走出农村，网上也出现了店铺，使得壮锦网络营销空间大大拓展，更进一步走向大众生活。建议有些销售网站除了壮锦成品、工艺品的展示，还可以将壮族织锦技艺的工艺流程、所承载的文化功能、设计师对品牌的创意等进行图文介绍，在向人们宣传的同时也增加了卖点。再就是利用手机APP的创新应用、建立壮锦的布艺DIY手工艺品制作馆、与创意主题酒店餐馆的融合（室内软装饰布艺、服务员的服装）等，都不失为壮锦的创新应用途径。尤其是现在与服装设计、室内装饰设计相结合，壮锦可以从颜色搭配、图案、造型款式等方面进行创新设计，多学习借鉴知名品牌的设计风格，形成自主创意品牌。

（五）"博物馆"式传承与保护机制

博物馆对非物质文化遗产领域的传承保护工作发挥着不可或缺的作用。这其中又包括传统的博物馆和一些新型博物馆的保护模式。传统的博物馆以静态地展示各种制成品为显著特征，手工艺品的制作工艺及其流程都无法呈现。但像靖西壮族织锦技艺这样的传统民间手工艺要想得以有效传承，最关键的就是其活态的传承与保护，必须要注重"有形"物质载体的传承保护与"无形"传统技艺的保护相结合。因此，可以借助数字媒介

载体，利用摄影摄像、二维图像的数字合成处理、后期影像的技术处理、三维建模与动画处理等建立新型数字化博物馆，将靖西壮族织锦技艺的制作材料、制作工艺流程、各种图案纹样、相关的民俗活动、成品的色彩造型等信息进行系统规范的整理和储存，创设一个涵盖领域巨大、结构设施完善、发展潜力巨大的数字化传承保护平台，为壮族织锦技艺的信息共享、参观观赏、研究与开发利用提供准确的数字化信息素材。

通过数字化虚拟博物馆的建立，人们只需敲击鼠标就可以自由选择自己感兴趣的内容进行阅览，并且增加了全方位立体式呈现、互动性体验，利用数字化虚拟技术进行虚拟漫游，观光者可以亲身体验参与模拟壮锦的制作步骤。此外，可以对传统的典型图案进行创新设计，这在某种程度上也有助于壮族织锦技艺的传承、保护与创新发展。

四、结语

在民族文化大融合与物质生产生活空前繁荣的背景下，靖西壮锦艺术面临着如何生存与发展的境况，这既是挑战，也是机遇。随着国家对于非物质文化遗产保护与传承的不断重视，人们对于壮锦艺术的认知从过去的审美艺术、文化艺术、织造艺术等转向在新时代背景下更好地发展壮锦艺术、创新壮锦艺术，在发展的过程中也面临着困惑与抉择。目前国内对于壮锦艺术的产业发展以旅游业为主，通过旅游业带动壮锦艺术的发展是低层次的，而关于壮锦艺术在现代设计中的运用等这样高层次的发展研究大多是停留在理论阶段，付诸实践的少之又少。因此，如何开发高层次的壮锦艺术产业，提高壮锦艺术产业的精神文化层次是传承与发展壮锦这一民族文化瑰宝的重要课题。

参考文献：

[1]马红.壮锦艺术的审美及其保护与开发[J].美术大观，2007(7).

[2]张建世，杨正文，杨嘉铭.西南少数民族民间工艺文化资源保护研究［M］.成都：四川民族出版社，2005.

[3]哈弗尔.论艺术［M］.北京：商务印书馆，1985.

［4］伍兹. 文化变迁［M］. 何瑞福，译. 石家庄：河北人民出版社，1989.

［5］黄淑娉，龚佩华. 文化人类学理论方法研究［M］. 广州：广东高等教育出版社，1998.

［6］刘天勇. 壮族织锦概说［J］. 民俗研究，2005（1）.

［7］巫惠民. 壮锦几何图案渊源初探［J］. 广西民族研究，1986（1）.

［8］吴伟峰. 略论广西壮族织锦的兴衰［J］. 学术论坛，1999（5）.

［9］龙符. 壮锦：壮族织染文化之花［J］. 文山师专学报，1993（6）.

［10］喻如玉. 壮锦风格刍议［J］. 广西民族研究，1989（4）.

［11］金旭明，徐芳. 浅论壮族服饰中的壮锦［J］. 艺术研究，2009（4）.

［12］贺剑武，高艳玲. 民族地区手工技艺类非物质文化遗产开发式保护研究：以广西壮锦为例［J］. 青海民族研究，2010（3）.

［13］卢泳君. 探究广西壮族元素在包装设计上的运用［J］. 设计，2017（1）.

第四部分

艺术管理学科与专业的
机遇和挑战

具"联结力"的创新型艺术管理者

张瑀真[①]

摘要：中国大陆近十年间，在艺术管理各领域努力与飞速成长，有目共睹。为培养专业的艺术管理人才，不仅在硬件兴建与专业教育方面后发先至，多所世界一流的剧院与音乐厅让学子有学以致用的场域，而且在艺术管理教育领域的深耕更是透过各种国际联结建立学习型组织，展现其要走自己的路，逐渐发展成独特的中国式艺术管理。本文将以中国式的艺术管理人才培育为基础，阐述为顺应此发展趋势，未来需要的艺术管理人才不仅要以创新为轴，更需要具备联结力。

关键词：联结力；跨域；整合；设计思考；国际移动；混杂创新；科技媒介；复合式；利基

笔者阐述艺术联结力的基点，是回到1992年纽约大学（NYU）表演艺术管理研究所的教室这个始点，以当年学习场域与实践背景，联结到今日中国大陆在艺术管理领域的专业超展开。大陆的艺术管理不但没有脱离管理的专业脉络及精随，反而是超英赶美，华丽转身，向世人展示中国宏观独特的艺术管理新页。

我从研究所毕业回中国台湾工作至今已20多年，经历企业、公部门与学校的工作训练，强化我的艺术行政实务经验，尤其企业的经验对于我之后的工作有极大的影响。在这不算短的职涯过程中，2007—2012年间因担任系所主管需带学生参加竞赛，故有机会访问大陆多所设有艺术管理专业的学校并多次在各校演讲及学术交流，例如浙江工业大学、浙江师范大

---

① 作者简介：张瑀真，台南艺术大学应用音乐学系，艺术管理组专任教授。

学、厦门理工学院及上海音乐学院等。

这段时间大陆的艺术管理专业发展属于定位阶段，我也因要准备升等教授而有多年未再到大陆。直到2017年5月28日我应上海戏剧学院艺术管理系之邀请，参加"2017中国艺术管理专业建设研讨会——艺术管理专业发展的新动力与新机制"并担任主讲人，再次造访，瞬间惊艳于艺术管理教育在此地的飞速发展，感到由衷的佩服。

另在2018年2—7月间，我执行教授研究休假，访问上海戏剧学院、南京艺术学院、哈尔滨音乐学院、广州大剧院、哈尔滨大剧院以及南京的保利剧院等，感受更是强烈；不同于欧美四十多年成熟的艺术管理市场运作，中国大陆各机构总体规划蓝图明确且执行力高，兢兢业业朝专业努力不懈，透过学理与辩证，积极认真地为艺术管理找出新时代的定义。

尤其鼓励学术发表与专业刊物出版，与国际接轨邀请国际学人至中国大陆举办讲座、研讨会等，令人感受到在各项发展上都以总动员与"后发先至"之姿崛起。在大环境养分极高的此时，笔者认为艺术管理中的各项发展已经找到特殊定位，这个定位属于中国大陆特有的特色。在这个定位下，笔者认为未来需要的艺术管理人才，应该是有创新能力的联结者。

笔者认为，创新在艺术行政管理的环境系统架构与流程中，是一个极为基本的能力，例如服务创新，指的是艺术行政人员对于艺文客户满意度的设计创新；而关于联结力，新加坡大学李光耀政策学院的资深研究员帕拉格·柯纳（Parag Khanna）出版了一本著作《联结力》（Connectography），他认为，"借用物理学的动力概念：流动与摩擦，在联结的全球体系中有许多种类的流动：资源、产品、资本、技术、人、资料与创意"[1]，并指出流动胜过摩擦，供应连向需求，动力胜过惰性，意指这是一种演进，也就是全球联结力。笔者认为这同样也可以运用于产业链形态的艺术管理项目，并且在数位经济的竞赛中，将直接影响着艺术市场产业链，当然也包括售票及粉丝等相关基本服务。艺术管理从业人员在这个无疆界的崭新视界中，在受经济与科技的高度影响的环境下，扮演串联世界艺术范畴相互融合的关键者，应该具备联结力。以下拟以两个部分

① Parag Khanna. 联结力 [M]. 吴国卿，译. 台北：联经出版社，2018.

阐述培养联结力关键因素。第一部分是宏观擘画与执行力高的环境有利联结，第二部分是四个关键特质练就艺术管理者的联结力。

一、宏观擘画与执行力高的环境有利联结

大陆的宏观擘画与高执行力主要表现在以下七个方面。

（一）为艺术管理定位的新格局

1. 论述定位与工作蓝图明确

不论是软硬件，都紧密环扣着新时代艺术管理的新使命与新格局。笔者接触多校的学者与场馆经营者的感受是，他们对于总体蓝图认知清楚明确，得以在各面向吸取经验，采循序但跳跃式发展。对于我来说，26年前就接受专业艺术管理教育的背景，而今日在有限环境中"步视"发展，令人感到惭愧！

2. 跨文化创新与超强国际移动力

过去的十多年，大陆学者专家行万里路展现国际移动力，到世界各个艺术场馆、文化重镇学研机构观摩体验与学习，走出独特的艺术管理专业新形式；这个形式在从模仿、参考、在地化到创新的过程中，没有浪费一点时间。像《创新的10个原点》所指出的，创新是创造出可行的新形式[1]，而创新失败从来不是因为缺乏创意，而是仅停留在单点，缺乏联结系统；这个现象不曾发生在后来才进入艺术管理领域的大陆学者专家们身上，他们和世界著名艺术厅馆联结，在校内举办世界级的研讨会与创意竞赛，并且和全球杰出艺术从业单位联结，更借由科技载具，精准联结全球粉丝，带动艺术的粉丝经济，跨文化的创新内容由此发酵成局。

3. 后发先至的中国式艺术管理

大陆并不是遵循欧美模式，而是企图建立属于中国模式的艺术管理。

---

① Larry Keeley, Ryan Pikkel, Brian Quinn, et al. 创新的10个原点 [J]. 洪慧芳，译. 天下杂志，2016（2）.

具
联结力
的创新型艺术管理者

所谓中国模式[①]有七项特质，包括：走自己的路、属于学习型公司、具备长期赛局的策略、敏捷力、以儒家思想为基础的人才管理、大老板制度、以成长为信条的伙伴型治理。笔者认为，走自己的路（在论述与蓝图里做中学）、属于学习型公司以及以儒家思想为基础的人才管理这三项特质，非常吻合大陆在艺术管理专业的发展态度，尤其是"务实地在做中学习（Learning by doing），然后省思自己的做法，虽然规划自己的路径是出于需要，这种做法也在无意间带来一个好处，也就是让高阶主管们没有过去的包袱，让他们不受习惯或传统的束缚，自由领导"[②]。这也非常贴切于赋予新时代观点的艺术管理。

（二）兴建音乐厅与剧院的质量均优，堪称世界之最

2017年11月4—6日笔者受邀至曼谷参加第35届亚洲文化协会（FACP，The Federation for Asian Cultural Promotion）演讲，巧遇老朋友，也是闻名于世的剧院音响专家丰田泰久（Yasuhisa Toyota）先生，他说这几年间大都在中国大陆工作，因为许多新型的音乐厅及剧院需要做音响测试工作。大陆有关形塑文化城市的方式是邀请国际级与本国级的建筑师设计建造剧院与音乐厅，像广州大剧院由扎哈·哈蒂（Zaha Hadid）设计，哈尔滨大剧院由中国建筑师马岩松先生设计。这些全球瞩目的文化地标优雅地和世界著名艺术厅馆联结，形成绵密的文化场馆网络，跨文化的艺术交流由此开展。

（三）以主办国积极举办国际艺术管理相关年会与研讨会

如今大陆已建立自己的艺术管理模式，不论是学校教育还是职场，都积极展现企图心，主办国际知名的学术研讨会，迅速地树立在该领域的专业与主导姿态，借由国际学术与实务的交流大大缩短在艺术管理专业群的摸索期。例如，2017年6月24—28日首次在中国举办并由北京大学艺术学院主办的第十四届世界文化艺术管理双年会（International Conference on Arts and Cultural Management），这对于大陆奠定艺术管理的学术领衔地

---

① 麦克·尤辛，等.中国模式［M］.台北：天下文化出版社，2017.
② 麦克·尤辛，等.中国模式［M］.台北：天下文化出版社，2017.

位，是一个有效的印记。另外，2017年8月1日笔者应苏州文化艺术中心之邀为大陆各主要城市的剧院文化中心场馆经理人讲课，看到主办方积极地和杰出艺术从业者及单位联结，虽然速成但是扎实；相较于笔者所处的环境，碍于经费有限而无法在国际间绵密联结，使得艺术管理发展在专业与人才培育上停滞，令我感慨万千。

（四）学校广设艺术管理系培育专才

近年来大学院校广设艺术管理系（专业）。中国教育部于2017年3月正式通过"艺术管理"专业系所的设置，70多所院校相继成立艺术管理系所；伴随经济成长，各校在推动其专业课程上兼具国际视野，以文化内涵优雅区隔于欧美艺术管理发展之特色，设计课程与实践项目。虽然艺术管理专业的师资需求孔急，但除速成的师资培训外，还广邀国际名师强化专业，因此借重国际院校师资，知名学校彼此联结频繁。

（五）平台虚实融合运用社群CRM联结顾客

大数据的消费平台与售票系统在大陆已经是4.0阶段，"数位营销中运用社群顾客关系管理（CRM），也就是社群媒体管理顾客与品牌的互动并建立长远关系，将是顾客管理很重要的工具"[①]。这一点表现在大陆城市的许多剧院视社群媒体为一呼万应的主要途径；相较于传统营销，剧院营销人员也已视社群平台与群组营销为主要战术。这些不间断更新的讯息，不仅加强顾客的持续参与，也有助于忠诚度的累积。

艺文消费群需要精准分众与定位的艺术营销策略，在万物皆可连的渠道上，数据平台是锁定目标族群最精准、最容易联结的手段。

（六）复合式的阅听消费链印证了联结

复合式的消费模式其实就是民众生活形态（Life Style）的内容联结，例如苏州文化中心内有电影院、餐厅也有音乐厅，并不显突兀；著名的台湾品牌诚品书店，不仅有书店、餐厅，还有酒店及演艺厅和小剧场，完全符合今日消费者的复合式（complex）生活方式。植入这样的模式将各元素上、

---

① 菲利浦·科特勒，等. 营销4.0［J］. 天下杂志，2017（10）.

中、下游的环境打造得更流畅，使经营的艺术内容走向整合性的联结。

（七）城市发展带动艺术的创新与联结

《联结力》（Connectography）一书中举出，在"巨型城市的总体规划"方面，中国大陆经济特区先进；除富裕国家外，还有更多国家的巨型城市需要中国式的思维；兴建城市就是兴建国家①。大陆许多巨型城市的亮点举世瞩目，其中更不乏公共艺术、大剧院、地标建筑与博物馆等等。对于大陆新一代的艺术管理者来说，这是相当幸运的，如同在20世纪能浸淫在纽约、伦敦、柏林等城市，中国的艺术家能生活在新兴巨型城市中感受创新思维吸取养分，相信这些文化熔炉中，必然缔造创新，而艺术管理者将有更丰富的内容做联结。

二、四个关键特质练就艺术管理者的联结力

（一）具备艺文鉴赏力有助于创新联结

艺术行政人员所需具备的软实力，在于对艺术鉴赏的能力与辨识度要足够，从事艺术行政工作者如果没有艺术背景或者欣赏的素养，那么在创新与联结的制作及研发上会带一点风险。例如，美国麻省理工学院的媒体实验室（MIT Media Lab）里有不少研究音乐与科技结合的科技人士，他们都有扎实的音乐训练，其中一项设计是穿着走的随身乐器（上面绣了几个乐器的图案，碰触就会出现不同乐器的声音）；还有一位来自中国台湾的留学生李务熙，从台湾大学电机系毕业后到麻省理工学院七年多，他的钢琴弹得很不错，于是结合了音乐与科技发明了Music Painter音乐软件。这种把不同领域联结在一起的创新就是跨领域创新。

当然，以上案例也不表示没有艺术专长就无法在艺术工作中担任重要的联结者，也许在行销与智慧产权（IP）等工作上可以尝试。

---

① Parag Khanna. 联结力 [M]. 吴国卿，译. 台北：联经出版社，2018.

（二）设计思考与跨领域创新的联结

在《设计思考》（Design Thinking）一书中的第7章，由巴黎第十大学教授Brigitte Borja de Mozota提出四个设计的力量①，贴切地说明了今日的艺术管理者应该是"差异者"（differentiator）、"整合者"（integrator）、"转型改良者"（transformer）以及"设计一个好的生意"（as a good business）。

而创新的根据在于专业内容的混杂（hybrid），例如以应用音乐为例，它的概念是"以创新思维为导向、以声音元素为核心、以科技工具为媒介、以整合展演为实践、以市场需求为目标"②，以及音乐借由媒体、乐器、论述、人与科技、思考空间的集体创新就是应用音乐（applied music），而应用的素材是混杂的元素。结合以上所述，笔者认为，设计的四个力量与混杂创新共同设计出以服务为导向的复合式内容（例如"任何娱乐形式将不再孤立存在，而是全面跨界联结、融通共生"③），并透过参与式的服务与顾客体验，这就是创新的联结。

（三）从营销3.0的协作到营销4.0的虚实融合

消费者行为模式从转变平台（第四荧幕）至今，产业链产生巨大的挪移，营销人员必须采取虚实融合的营销策略。从过去由产品带动的营销1.0，到以顾客为中心的营销2.0，再转变到后来以人为本的营销3.0，顾客已经转变成具有思想、情感与精神的完整人类。未来营销应该建立在创造产品服务和公司文化的基础上，拥抱并反映人类价值。④艺术的营销亦是如此，例如高艺术价值的表演或是制作通常都拥有利基（niche）市场，不论是研发节目还是销售门票，创作者与消费者之间的界限逐渐被打破，每个人都可以是创作达人⑤，这将成为常态。

另外值得注意的是，身处市场4.0的艺术管理者必须具备联结在线与线下或者相互跨越合为一体的能力，不仅与消费者生共鸣，也联结全通路营

① Thomas Lockwood. Design Thinking [M]. New York: Published by Allworth Press, 2010.
② 张瑀真. 应用音乐产业的经营与管理 [M]. 台北: 宇河文化出版社, 2012.
③ 吴晓波. 腾讯传: 中国互联网公司进化论 [M]. 台北: 天下文化出版社, 2017.
④ 菲利浦·科特勒, 等. 营销4.0 [J]. 天下杂志, 2017 (10).
⑤ 吴晓波. 腾讯传: 中国互联网公司进化论 [M]. 台北: 天下文化出版社, 2017.

销与数位营销。这样可以增加自己的职场竞争力，也不再局限于以艺术团队经营2.0为思维的艺术管理。

（四）具备联结力的心态准备

艺术管理从业人员面对未来新格局的挑战，心态（Mindset）上要先做足准备。笔者认为以下六个方面是迎向新时代艺术管理挑战不可缺少的态度：

（1）国际移动联结专业人士与社群；

（2）设计思考提高跨域整合能力；

（3）掌握趋势持续自我更新模式；

（4）混杂创新拥抱虚实融合时代；

（5）维持利基运用全方位营销；

（6）优化服务强化人际沟通能力。

三、结语

马云先生在其著作《未来已来》的第3章"互联网世界观"中提到管理，认为"管是管人与文化，理是理制度与模式"①。笔者认为，根据以上基础，新时代的艺术管理是4.0（虚实融合）的管理，是具备"联结力"的创新管理；为因应全球不曾停歇的创新节奏与转型速度，作为新时代的艺术管理者，只能与时代同步，并把自己放在产业链中的一环加以思考，随时调整，"未来十年需要什么，今天就开始做"②。

---

① 马云. 未来已来 [M]. 台北：天下文化出版社，2017.

② 马云. 未来已来 [M]. 台北：天下文化出版社，2017.

美国视觉艺术教育的后现代主义转向

——从以学科为基础的艺术教育（DBAE）到
视觉文化艺术教育（VCAE）

王　伟[①]

摘要：以学科为基础的艺术教育（DBAE）与视觉文化艺术教育（VCAE）是近几十年来美国视觉艺术教育领域影响较大的两种教育模式。DBAE是一种现代主义的艺术教育模式，它彻底改变了美国艺术教育的面貌，使得艺术在学校教育中由过去的边缘化状态上升为同语言、数学学科同等重要的核心课程。VCAE是一种后现代主义的艺术教育模式，它将艺术教育的内容由狭隘的艺术领域拓展到广阔的文化领域，涵括了所有的视觉文化形象；艺术教育的目的也不再以审美为核心，而是在于让学生具备独立反思、评判当代视觉文化形象的能力。

关键词：视觉艺术教育；学科；视觉文化

近几十年来，美国视觉艺术领域中的现代主义与后现代主义思潮对艺术教育及其语境产生了巨大影响。以学科为基础的艺术教育（Discipline-Based Art Education，简称DBAE）是一种现代主义的艺术教育模式。将它称为现代主义艺术教育模式，不仅是因为它汲取现代教育科学、认知科学的理论成果，将学校艺术教育提升为一种学科教育，更是因为它深受现代主义美学思想的影响，以高雅视觉艺术为主要内容，看重艺术对人的独特的审美教育价值，其主要目的是培养学生的审美感受力、审美判断力。从

---

① 作者简介：王伟，山东艺术学院艺术管理学院教授。

20世纪60年代的萌芽状态到成为美国学校艺术教育的主流，DBAE的发展彻底改变了美国艺术教育的面貌。在今天的美国学校教育中，艺术由过去的边缘化状态已经上升为同语言、数学学科同等重要的核心课程。20世纪90年代后期，DBAE模式受到了越来越多的挑战与质疑。DBAE将审美与日常生活分隔开来，将通俗文化排斥在课堂之外的观点以及传统的教学方式等已经不能适应当代美国社会、文化、教育发展的要求。美国艺术教育界开始受到文化研究、后现代主义等理论思潮的强烈影响，对艺术教育目的、内容、教学法各方面进行反思，美国艺术教育领域的后现代主义转向已经不可避免。视觉文化艺术教育（Visual Culture Art Education， 简称VCAE）就是在这样的语境下产生的一种后现代主义艺术教育模式。它将艺术教育的内容由狭隘的艺术领域拓展到广阔的文化领域，涵括了所有的视觉文化形象；艺术教育的目的也不再以审美为核心，而是在于让学生既要理解视觉文化形象本身的特征，也要理解视觉文化形象的社会结构、经济过程与历史文化语境，使学生具备独立反思、评判当代视觉文化形象的能力。另外，视觉文化艺术教育对学校艺术教育课堂的教学法也做出了积极的探索。

一、以学科为基础的艺术教育（DBAE）

自20世纪80年代初开始，以学科为基础的艺术教育（DBAE）成为美国K-12学校艺术教育的主流。DBAE是对视觉艺术教学的全面研究，主要针对中小学生学校教育，同时也兼顾到艺术馆与成人艺术教育。它的特点是让学生系统学习艺术创作、艺术批评、艺术史与美学这四个不同艺术领域的知识，从而能够创造艺术，欣赏艺术，理解艺术家、艺术过程以及艺术在社会与文化中的功能。DBAE的内容主要来自这些基础性的艺术学科，每一门学科都能让学生对艺术品有丰富的体验。

（一）DBAE的目的

艺术教育的历史中曾充斥着各种目的。19世纪西方艺术教育的主要目的是提高工业产品的国际竞争力。艺术还曾经是宣扬道德的工具；或者被用来提高人们在日常生活中的审美品位；或者被用来发展人的个性特征与创造力。近些年，艺术又被用来发展人的右脑功能，或治疗心理疾患。这些艺术教育模式都是把艺术当作获得某种目的的手段，与艺术学习的关联不大。DBAE将艺术看成是普通教育中不可缺少的一部分。因此，艺术同其他主课程一样承担着基本的学校教育任务，比如，培养学生心智、培养能够解决问题的人、传承文化等。艺术要同其他课程一样，对这些教育目标有着自己的贡献，但这样的价值目标并不能说明艺术的独特贡献。

DBAE的理论认为，评价艺术要看它独特的贡献，而不是看它对非艺术目标的好处。艺术是人类经验的独特形式，学校艺术教育要关注艺术跟其他学科不同的地方，比如，创造形式以拥有审美特质，理解审美经验的类型等等，这些都不是学校课程体系中其他学科的目标。DBAE教授的是艺术的特殊性。它介绍、保留这样的经验形式来促进学生的生命力。它强调艺术教育的目的是培养各方面都成熟的学生，他们能熟知各艺术学科的主要方面，能用艺术媒介来表达思想，能看懂艺术，评论艺术，能了解艺术史以及美学中的基本概念。这种对艺术的认识同教育者所期望的对其他学科的认识是相似的。一种全面的教育能培养个人全面思考的能力，使个人通过不同的视角来看这个世界。这些不同的视角来自对各门课程的学习。若没有正式的视觉艺术教育，学生将无法培养审美的思维、理解与表达途径。

普通教育应当是均衡全面的，必须涉及人类经验的所有主要领域，其中也包括审美领域。审美领域关注人类情感的特殊体验以及形象表达的意义。审美领域的教育体验培育人的知觉力与想象力，使我们了解人造对象与自然对象。人造对象中包括我们称为艺术的东西。艺术形象是为它们的审美属性直接创造出来的，给人以愉悦感。它们也能提供很多形象，对语言、思想与情感的发展起着根本性的作用。审美体验能通过感知自然界与创造对象的世界来获得。但当人们想获取审美体验时，首先会转向艺术：听音乐，看电影、戏剧等。创造艺术对象的直接目的就是提供生动、深厚的体验，我们只有通过艺术才能获取这样的体验，而不受日常偶然性因素的干扰。H. S. 布劳迪曾论证过语言中的很多词汇都以视觉形象作为意义的源泉；若没有这种形象的附注，人们就很难传达、理解各种含义。①换句话说，在语言和思维过程中，形象依然是意义的基础。个人通过体验与教育过程来存储形象，并依赖这个形象库解释语言的含义。想象力的缺乏实际上是缺乏形象。若没有丰富的形象储备，人的理解能力就低。

总之，艺术学习对学生的好处是长远的。第一，学生受到艺术品的感染时，他们对艺术品含义的感悟与分辨能力就会得到提高。只有那些学着感悟艺术品的所有层面的学生才能越来越接近艺术品的主题意蕴。第二，学生接触大量的艺术品并察觉其细微之处，由此发展起组成想象力的形象存储库。学生通过观赏艺术家描绘的不同世界而实现想象性思维的潜能。学生越领会艺术的复杂性，他们越能利用自己的形象库对艺术品和世界做出反应并进行创造。第三，艺术学习会促进学生对视觉暗喻的理解力不断增长。②研究艺术品可以使学习者有机会接近人类最高成就的再现物。人类的崇高理想、信念都在艺术品中得到了体现。视觉暗喻理解力的增长使人抛开世俗问题并转而思考艺术品的审美潜力。从DBAE的四门学科中学到的知识、技巧与价值观念恰恰能保证这种理解力的增长。

经过DBAE培育出来的年轻人能够观赏、讨论艺术作品的制作过程与意义，能分析某一形象的内容并明白它的历史、文化语境，能处理艺术品中的价值与目的等问题。DBAE也很重视学生自己的创作，学生作品的内容、设计与制作过程是艺术创作课程的目标，但DBAE并不赞同学生作品要服务于学生人格与社会发展，而是认为这些作品受到了其他艺术学科的积极影响。

（二）DBAE的主要特征

第一，要求来自四门艺术基础学科的内容要均衡。

DBAE的主要内容来自四门艺术基础学科——艺术创作、艺术批评、艺术史与美学。人类学、认知科学、语言学、哲学、文化研究等其他学科的知识、技巧与方法也是它的潜在来源。DBAE的教学时间与重点在每门

---

① Smith R A, Simpson A. Aesthetics and Arts Education [M]. Urbana and Chicago: University of Illinois Press, 1991: 127.

② Smith R A, Discipline-based Art Education [M]. Urbana and Chicago: University of Illinois Press, 1989: 143-144.

学科中的分配按个人授课性质与范围、当地条件的不同而变化，比如，教师的训练与兴趣、艺术复制、社区内的艺术馆等方面的限制。DBAE对每门学科知识内容的比例或程度并没有硬性的规定，只是要求课程要平衡地反映各学科的内容，可以选择艺术不同的侧面，并运用不同的艺术材料。

第二，要求系统的、有连续性的书面课程表。

DBAE认为，艺术同其他课程一样，要有一个成文的、连续性的课程表。这可以让学生随着年级的提高、年龄的增长而在课堂上学习更多的东西，也会逐步让学生掌握艺术知识、技巧与理解力，这也正是DBAE的总体目标。DBAE课程的课程表有如下特征：清晰描述重点的学习概念与活动；制定原则阐述所学对象的意义、引起的基本问题；完成课程其他可选择的学习活动。[①] 一个成文的课程表也规定了教学的材料（比如艺术形象或媒介），提供背景信息的阅读、参考材料（比如艺术家、一个时代、一种风格等），描述评价过程或机制以帮助师生确定学到的是什么。

第三，要求发展与年龄相适的艺术学习活动。

尽管DBAE并不将儿童的个人与社会发展当作艺术课程的主要目标，但它也认识到，在小学阶段要为学生设计发展恰当、与年龄相适的活动。这一问题的提出部分是因为有些批评家担心传统画室艺术研究强调的创作实践会被DBAE强调的对艺术品的语言分析所代替，被艺术学习经验的"学术化""理性化"所代替。的确，多数学校老师与学生并不擅长利用语言表述视觉形象的思想情感，尤其是用艺术理论专业术语来表述。另外，DBAE的最大困难是它引入美学学科，这一学科在四门学科中是最抽象晦涩的，也是老师与学生最不熟悉的。很多人认为将它引入艺术教育领域是不合适的。然而，并非只有哲学家才会对艺术的价值与意义问题感兴趣。实际上，一些很小的孩子也会提出基本的美学问题，只不过用他们自己的语言而已。比如，为什么一些作品美，而另一些丑？为什么一些艺术品让我们愉悦，另一些却让我们难过？能把一些不美的事物画成美丽的图画吗？等等。这些都是儿童在艺术学习过程中常常提出的疑问，对它们的解答属于美学学科的研究领域。

① Dobbs S. Discipline-based art education [A]. // Eisner E W, Day M D. Handbook of research and policy in art education [C]. Reston VA: National Art Education Association, 2003: 707.

　　DBAE的主旨之一是让学生有能力去表现、分享个人的感受，能够通过听取别人对艺术品的感受得到信息，并有不同的反应。因此，DBAE的艺术教育家认为，要顺利达到这一目标，就要按照学生的不同年龄阶段，从四门不同学科中选取合适的内容，由浅及深，逐步提高学生的审美能力。

　　第四，以经典的艺术品为学习对象。

　　DBAE以成人艺术家创作的艺术品尤其是经典艺术品作为学习对象。DBAE尽管认可学生自己的作品是重要的个人记述，但认为已经完成的、成人艺术家的作品更适合艺术教育课堂。当代社会视觉技术的发展使得经典艺术品的复制保存非常方便，艺术教育者很容易得到他们在教学中使用的艺术形象。另外，世界性的艺术经典作品为学生提供了不同文明与文化中的艺术范本。经济全球化的后果之一是文化多样性的到来，这在美国的多元文化社会中表现得最为明显。艺术中的文化多样性也是DBAE所包含的要素。

　　第五，艺术教育中的多元化。

　　DBAE看到了全美学校中的学生、教师、管理者、学区、社区资源、预算以及课程机会等各方面的差异，并尊重这种差异，提倡艺术教育的多元化。在20世纪八九十年代DBAE的发展过程中，美国一大批艺术教育的训练机构与理论家在DBAE总体原则（包括基本的艺术学科，成文的、连续性的课程体系，经典艺术的研究等）的引导下，走出了自己的道路，并根据当地条件、自身能力与目的做出了自己的独特选择。这种多元主义与以学科为基础的艺术教育完全符合，DBAE的目的是将艺术看作主体来研究，并为学生建立起一种知识基础以帮助他们具备能力分析自身体验。因此，DBAE不是一种固定的课程体系，而是一种多元主义的艺术研究。

（三）DBAE的实施

　　成功的学习要有成功的教学做保障。DBAE重视艺术教师职业能力的发展。美国盖蒂艺术教育中心专门设立培训机构为学校在职艺术老师提供培训。要想推行DBAE，首先要让艺术教师了解、接受DBAE的思想观念。大多数的中小学艺术教师对艺术批评与美学所知太少。因此，他们需要接受DBAE所提供的培训。艺术教育职业培训是DBAE施行的关键，对岗前与在职培训项目的研究显得尤其重要。盖蒂艺术教育中心以及加利福尼亚、佛罗里达、明尼苏达、俄亥俄、田纳西、得克萨斯等各地的地方研究所为教师培训做了大量工作，提供了DBAE的不同模式。

从课程与教学材料的角度来看，并不存在一个官方认可的所谓"DBAE课程表"。教学方式、教学材料、艺术形象选择、与总课程表的关系等各方面都是多样化的。美国全国的DBAE项目都遵循其众所周知的基本原则，即来自四门学科的均衡内容，主要涉及艺术品、灵活地与非艺术课程融合、严格的评价体系等，因此，它们形成了一种"家族"相似性：有一些相似的特征，但又是相对独立的个体。20世纪80年代中期，印刷商看到了推行DBAE给他们带来的商机，因此出版了很多教材与课程材料，包括艺术复制品、音像资料等。[①]这为艺术教育教师提供了大量的教学材料。另外，互联网的发展也使教师们更容易得到艺术材料了。

DBAE的成功实施也在于得到了教育管理层的支持：学校校长、地区艺术课程督导、学校董事会、州教育部门官员，甚至联邦政府部门。政府管理部门与盖蒂艺术教育中心合作为DBAE制定出了州计划、课程指导、毕业要求、评价原则、教师资格标准等。

DBAE从不同方面建立了与社区的联系。第一，它充分利用地方艺术教育资源，如博物馆、艺术馆、公共艺术等，学生可在这些地方观看艺术原作。第二，它也利用地方的人力资源（如当地的艺术家、批评家等），DBAE学生的一个独特体验是有机会得到艺术家、批评家、艺术史学家与美学家的指导，要么学生去访问专家，要么请专家来学校指导。DBAE还告知家长其孩子在艺术课堂上的所学，让家长了解孩子。

DBAE的实践中还尽力发挥当代技术的最大优越性来促进学生的艺术体验。互联网使学生具备了前所未有的探究艺术的能力，他们可以下载无数世界博物馆中珍藏的艺术作品，可以利用网络查阅艺术家、艺术风格、历史上的或当代的艺术问题。

总之，DBAE在美国K-12艺术教育中取得了丰硕的成果，包括宣传策略、理论发展、职业培训项目、课程体系、教学材料、评价方法等。几十

———————————
① Dobbs S. Discipline-based art education [A]. // Eisner E W, Day M D. Handbook of research and policy in art education [C]. Reston VA: National Art Education Association, 2003: 707.

年的发展使DBAE已经影响了一代教师的职业生涯，也改变了美国艺术教育的面貌。

二、视觉文化艺术教育（VCAE）

以学科为基础的艺术教育（DBAE）将艺术与日常生活分隔开来，宣扬审美知觉过程的无利害性。它所指的艺术教育是一种审美教育，这种艺术教育不是为了道德、政治、社会等目的，而是为了培养学生的审美感觉，提高学生们的审美思维能力与判断力。DBAE主要由艺术创作、艺术批评、艺术史与美学这四门相关的学科构成。它的教学内容围绕经典的高雅视觉艺术品展开，将电影、电视、广告等当代通俗文化艺术排斥在学校艺术教育课堂之外。

20世纪90年代末以来，保持现代精英主义姿态的DBAE逐渐受到了美国艺术教育界内外的批评与挑战。另外，在1998年，盖蒂基金的主席H.威廉姆斯下台后，他的后继者中断了其对艺术教育领域的资助与支持。自从DBAE的名称在1984年确定下来之后，盖蒂艺术教育中心一直是它最大的赞助者。盖蒂基金的退出对DBAE的继续发展也造成了一定影响。

近些年来，随着视觉文化研究的兴起以及后现代主义思想的影响，一种视觉文化艺术教育理论开始出现，并渐渐成为21世纪美国艺术教育的新思潮。视觉文化艺术教育是一种后现代主义艺术教育理论，它的出现标志着美国艺术教育正在实现其由现代主义向后现代主义的转向。

（一）视觉文化艺术教育的目的

现代主义思潮曾在高雅与通俗艺术之间划分界限，如今这一界限已被打破。商业与文化曾经是泾渭分明的，如今商业与文化融合在一起，文化产业一词已被广泛接受。在文化产业与大众媒介的作用下，形象的生产与消费速度大增。另外，在后传统社会，能够建构身份认同的传统资源——宗族、家庭、教会等逐渐被削弱甚至解体；商业资本产生的形象正在给我们提供新的生活参照体系，我们被称为消费者，当代社会被命名为消费社会。消费社会与公民社会在根本上是对立的，前者强调个人主义，后者强调公民责任。相应地，消费文化的目的与美国传统教育领域人文通识教育的目的截然相反：教育的目的是培养公民意识，为公众利益服务，消费主义却重视个人欲望；教育强调责任与义务，消费主义强调感官享乐；一个强调超越自我，一个则拼命积累商品。[1]很多西方文化研究者发现，消费社会中的文化导致了意识形态的操纵能力的增长。[2]因此，人们需要搞清楚消费市场如何利用大量视觉形象等文化产品来达到其灌输意识形态的目的。要搞清楚这一点，学校教育就有必要让学生学习了解自己如何以及为何受到视觉文化形象的吸引，并明白形象研究与日常生活的联系。

视觉文化研究之所以产生，正是要对当代社会条件与技术的变化做出反应。视觉文化艺术教育的目的在于让学生既要理解当代视觉文化形象本身的特征，也要理解视觉文化形象的社会结构、经济过程与历史文化语境，使学生具备从审美与意识形态等各方面独立反思、评判视觉文化形象的能力。

（二）视觉文化艺术教育的内容

艺术教育的转向带来了艺术教育内容的变化。对于大多数研究视觉文化的艺术教育者来说，他们共同感兴趣的是以下事物：当代文化体验的场所、电视、互联网、商业街、音像游戏、主题公园等等。

美国视觉文化艺术教育理论家P.丹柯认为，视觉文化艺术教育与当代美国艺术教育曾提出过的"视觉启智"项目有联系。这一项目也强调要扩展艺术教育中形象的范围，但它首先注重的是对形象本身的文本研究。视觉文化艺术教育却涉及文本的语境、形象生产、传播与使用的物质条件。视觉文化研究也因此成为一门跨学科研究，远远超越了原先的艺术教育领域或文化批评领域。也就是说，视觉文化艺术教育将原先较狭窄的艺术教育内容扩展到了更广泛的文化领域中。这一研究领域包括三个主要的线索：（1）一个广泛的、最大限度提供形象与人工制品的经典库；（2）我们如何看待形象与人工制品，以及我们观看的各种条件；（3）要联系其

---

① Hardy T. Art Education in a postmodern world [M]. Bristol, United Kingdom: Intellect, 2006: 101.

② 迈克·费瑟思通. 消费文化与后现代主义 [M]. 南京：译林出版社，2006: 18.

语境来研究视觉文化形象并把它们当代社会实践的一部分。①

丹柯指出，最有争议的是第一个线索。这个广泛的经典库的范围到底有多大？一方面，视觉文化并非全是视觉的。当下的视觉形象常常伴随着其他的感官知觉。比如，电视与网络媒体就结合了形象、音乐、声响及文字等。另一方面，视觉文化领域比传统艺术教育所涉的领域更加宽泛，但并不是所有的视觉文化领域都能引起艺术教育者的兴趣，那些功能性的视觉形象就不应列在艺术教育的对象范围之内。这两方面的规定就大体划定了视觉文化艺术教育的内容范围。视觉文化的第二个线索主要是"视觉力"的问题，即对我们所见的事物赋予意义，这涉及我们观看、观察、调查与得到视觉快乐的各种方式，以及我们被允许观看或者被禁止观看的种种条件。视觉文化的第三个线索是将形象当作社会实践来关注，而不仅仅对其做文本分析。这涉及三个层面：人们的生活经验及其主观性、社会与经济问题以及形象生产与接受的历史。这表明人们理解形象要基于它们如何进入人们的日常生活，而不仅仅将它们看成是自足的文本。将形象当成社会实践来理解也涉及将形象看成是对立社会阶层的权力斗争场所。另外，重视当代形象意味着要重视形象的传统历史，当代形象与形象表现史发生的联系并不少于与当代现实的联系。

总之，视觉文化艺术教育要重点关注当代通俗视觉文化形象，探究"视觉力"，以及对形象本身与人们的"视觉力"做社会性批评。当然，要评判当代形象肯定也要涉及跨文化与历史性研究。

（三）视觉文化艺术教育的实践探索

美国视觉文化艺术教育的倡导者从视觉文化的兴起与后现代主义影响两方面论证视觉文化艺术教育的必要性，并对艺术教育的主要观念内容做出了认真的思考与构建。除此之外，他们还积极探索视觉文化艺术教育在学校课堂上的实践方式。只有构建出合适的教学方法，才能保证视觉文化艺术教育的观念与内容在学校教育领域的展开，实现美国当代学校艺术教育的后现代主义转向。

---

① Duncum P. Visual culture art education: Why, what and how [J]. Journal of Art and Design Education, 2002, 20（1）: 17.

美国视觉艺术教育领域出现了至少6种以视觉文化为核心的教学法。（1）要求学生对传统艺术形式中出现的通俗文化做出反应评判，这一方法遵循了传统艺术教育的实践方法。（2）要求学生在绘画中包含通俗文化的某些元素。这里没有对通俗文化的评判，只有传统的艺术创作实践。（3）要求学生模仿当代艺术家的作品，在作品中融入通俗视觉文化。缺点在于，它仅要求学生遵循艺术家们已表现出的思想，而不是研究艺术家们的方法。（4）要求学生创作当代媒介的某些形式，如杂志、报纸与音像。（5）在物质文化研究的影响下，有的艺术教育实践的目标在于谈论私人故事——关于人与物品间的联系。这一方法倾向于私人主观性，忽视社会影响，是一种个人讲述而非社会批评。（6）采用传统艺术教育如DBAE的形式，但却以通俗视觉文化为起点，扩展了艺术对象的范围。将研究对象由一个形象扩展到其他形象或诗歌、电影等其他文本。[①]

G.罗斯曾为视觉形象批判与阐释制定了具体的方法论框架，对美国视觉文化艺术教育的教学法探索很有启发性。他认为，视觉形象的意义分析涉及三个场所：形象的生产场所、形象本身以及观众的观看场所。每一个场所分别又涉及如下层面：技术层面、构图层面和社会性层面。[②]

第一，生产场所。视觉形象的生产状况影响着其所产生的效果。从技术层面上讲，制造视觉形象的技术差异与技术水平决定着形象的形式、意义与效果。比如，油画的制作技术决定了油画不同于其他绘画的质感、触感等形式要素，现代摄影技术的迅速发展也使得照片的形象与内容发生着迅速的变化。从构图层面上讲，形象生产的状况是形象构图的决定因素之一，视觉形象可按体裁分类，同一体裁的形象在构图上有某些共同的特征，这些都关涉形象的生产状况。从社会性层面上来看，文化生产与社会的政治、经济等领域存在着密切的联系，视觉形象的生产是当代社会文化生产的主要途径之一，因此，分析视觉形象的生产要考虑其社会性维度。

当然，视觉形象生产者的意图似乎也在阐释过程中发挥作用，但罗兰·巴特宣称"作者已死"，当代接受理论的发展也使人们在阐释形象时

① Hardy T. Art education in a postmodern world [M]. Bristol, United Kingdom: Intellect: 105-106.

② Rose G. Visual methodologies: An introduction to the interpretation of visual materials [M]. London: Sage, 2005: 16.

更看重观众的作用，创作者的意图反而被忽视了。

第二，形象本身。每一个形象都有一系列形式要素。有些要素是由技术决定的，也有些要素是由社会实践所决定的。比如，摄影杂志对采用照片有自己的要求。但形象本身有些要素能超越其生产与接受过程的限制，形象的构图也会影响我们的观看方式。

第三，观众的观看场所。不同的观众在观看形象时都会有不同的观看方式。形象的意义正是在观众的观看中形成的。首先，形象的构图要素影响着观众的观看方式。其次，形象制造与展示的技术性因素影响着观众的反应。最后，社会性因素是形象的观看过程中最重要的层面，观看的环境、观众的社会身份（包括时代背景、性别、阶层等）都是影响观众阐释形象的社会性因素。我们对形象的利用，对某些特定形象的欣赏都有其社会与审美意义，它表明我们是谁以及我们期望被如何看待、评价。

当然，在真正对一个形象进行分析时，不可能如上述那样面面俱到，涉及每一个场所与层面，而是应选取那些在阐释某具体作品时最重要的方法与内容，也就是说，评论前要决定选取哪种阐释理论。

在上述种种理论的基础上，丹柯提出了较为详细的视觉文化艺术教育的教学法。

1. 视觉文化艺术教育（VCAE）不仅研究视觉文本，还要研究它们的语境。也就是说，视觉文化艺术教育的内容不仅包括研究形象本身，还要研究形象作为人们日常生活程式一部分的意义，以及形象的社会经济与政治功能。另外，视觉形象的历史语境也应在视觉文化的研究范围之内。

2. VCAE既评价形象也制作形象。VCAE同传统艺术教育一样重视形象制作。学生通过制作形象来成为视觉文化的实践者，以此洞察资本主义社会职业视觉形象创作者的思维过程。它帮助学生通过视觉文化理解自我主观性的建构以及他们如何通过形象构筑自我。

3. VCAE的课程应按照核心问题来组织，关注形象本身、背景及观看方式，而不是像过去的学校艺术教育那样按绘画、雕塑、材质等分类，或像媒介研究那样按电视、音像等类来划分。VCAE要围绕它所提出及解决的问题来展开。

4. VCAE的艺术教育者要认识到，对文化场景的体验是有年龄差异的，这一代不习惯的文化场景，下一代却可能习惯如常。对一定年龄段的人来说，当代某些文化场景令人厌恶。他们认为这些场景带来的是虚假的、非真实的体验，是对人类基本人性的否定与破坏。然而，新技术是一个逐渐自然化的过程，一代人不能接受的事物，下一代人可能会想当然地接受。

5. 鉴于第4点，视觉文化的教学必须是师生对话式的，学生是新生的年轻一代，他们的经验可能给老师带来启发，带领老师认识并接受许多新的文化场景。总之，在艺术教育的过程中，要让学生的生活经验合法化，并在历史前提与理论中重新审视这种经验。①

可以说，美国视觉艺术教育的后现代主义转向已经使各级艺术教育教师逐步达成共识：艺术教育课堂上的高雅艺术需要让位于当代无处不在、无时不在的视觉形象，教师也要彻底改变对艺术课程与学生的态度。学生并不仅仅是学校中单纯的一员，而是生活在形象浪潮中的年轻人，这些形象为年轻人提供快乐，并帮助他们建立起对自我和世界的认识。既然视觉文化已占据当代人生活的中心，艺术教育就不能将学校艺术与学生的生活体验分开。视觉文化艺术教育正是将学校艺术教育与学生日常生活结合起来的有效模式。

无论是以学科为基础的艺术教育还是视觉文化艺术教育，都将艺术教育作为美国整个教育体系的核心组成部分，它们的教育目标、内容和实践既受到艺术界各种思潮的影响，也对20世纪后半叶以来美国社会的发展变化做出积极回应和应对，并为美国的各级学校教育和人才培养作出了独特与卓越的贡献。面向所有学生的艺术教育一直是我国国民教育体系中的薄弱环节，美国视觉艺术教育的发展历史和不同模式可为我国学校艺术教育模式的建构与发展提供有益的参照。

---

① Duncum P. Visual culture art education: Why, what and how [J]. Journal of Art and Design Education, 2002, 20 (1): 19-20.

民营艺术机构学术品牌建设研究

陆霄虹[①]

摘要：民营艺术机构是艺术品市场的主要组成部分，学术品牌和商业品牌共同构建了民营艺术机构的品牌，其中学术品牌起到了基础性的支撑作用。南京百家湖国际文化投资集团是江苏省最大的民营艺术机构之一，其在学术品牌建设过程中所遇到的困境在国内具有一定普遍性。建设学术品牌需要提高经营者自身学术修养、明确机构学术定位、长期统一传播学术形象。

关键词：民营艺术机构；学术品牌；南京百家湖国际文化投资集团

项目来源：2017年江苏省教育厅基金项目"江苏省民营美术机构经纪行为模式研究"（项目编号：DGLXHMS18）

自20世纪90年代以来，国内艺术品市场经过近30年的发展已经逐渐形成较大的规模。艺术品市场既是经济发展中的一个重要部分，也是职业艺术家和自由艺术家解决生存问题的重要依托，同时借助市场与观众和收藏群体进行更有效更深入的沟通。在艺术品市场中，艺术机构起着不可忽视的作用。而艺术家和收藏家建立良好市场关系的有效平台或中介机构主要是民营艺术机构。

艺术机构是艺术或与艺术相关的服务领域，是有共同目标的一个群体协作系统，又可称艺术组织。民营艺术机构是艺术社会化的必然产物，它是由民营美术馆、画廊、艺术公司、艺术品拍卖机构、艺术博览会组织以及专业从业人员等综合组成的。相比于公立艺术机构，民营艺术机构面临

---

① 作者简介：陆霄虹，南京艺术学院文化产业学院副教授。

着更加激烈的市场竞争，品牌营销成为它们的必然经营选择。

一、学术品牌与品牌建设

品牌的概念界定非常困难。本文认为，所谓品牌，是用以识别某个销售者或某群销售者的产品或服务，并使之与竞争对手的产品或服务区别开来的商业名称及其标志，通常由文字、标记、符号、图案和颜色等要素或这些要素的组合构成。艺术机构品牌建设，是艺术机构为自身品牌塑造而采取的策划、传播、维护的措施和行为。艺术机构品牌建设的主要组织者和利益表达者是艺术机构品牌拥有者，其品牌创建模型如图1所示。

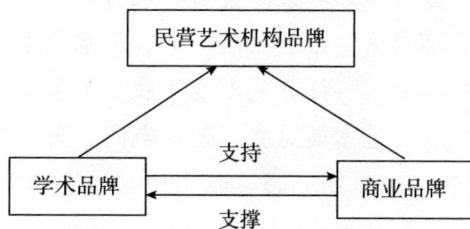

图1　民营艺术机构品牌创建模型

民营艺术机构在品牌建设过程中，学术品牌与商业品牌共同构成了机构品牌。学术品牌在品牌定位、品牌个性、品牌传播方面为商业品牌提供独特的内容，支撑商业品牌；商业品牌通过营销推广对学术品牌形成市场支持。可见学术构建是至关重要的部分，只有明确的学术形象才能打造明确的品牌形象，将拥有相似审美品位的消费者聚集起来，成为品牌的忠实客户。学术品牌是艺术机构最基本的出发点。

与普通商业机构相比，民营艺术机构不仅关注经济效益，同时非常关注社会效益。通过开放性的展览、学术讲座、艺术知识传播等一系列的公益活动，民营艺术机构在艺术公共教育方面起到了重要作用，这些活动同时也是构建起学术品牌的主要方式。艺术机构的学术品牌就是在市场中建立自己的学术形象，包括机构的艺术风格和艺术品质。艺术风格就是艺术机构所展示出来的连续一致的艺术形象和品位。艺术品质则体现在艺术机构提供的艺术作品的质量和展览的学术控制能力上。一个艺术机构在市场中的地位和影响力，最终要靠所办展览的学术性和参展作品的艺术品质来决定，同时这也是藏家最为关注的地方。因为在日益激烈的市场竞争中，只有通过培养与拥有高质量有风格的艺术家与作品才能在高端市场上立于不败之地。

二、以南京百家湖国际文化投资集团为例

南京百家湖国际文化投资集团（下称"百家湖"）于2014年11月19日在南京市江宁区市场监督管理局登记成立。作为江苏最大的民营艺术机构之一，其经营范围包括投资及资产管理、销售工艺美术品、艺术品鉴定服务等。现已在北京、广州、成都、上海、香港、新加坡、巴黎、纽约、伦敦等多处设有分公司或办事处。集团曾有和现有的项目包括海德拍卖、艺术周报、一号艺库（前身为"中艺易购"）、艺术南京国际艺术博览会、南京国际美术展（已停办）、江苏艺术双年展等十多个，跨越了艺术家培养、画廊、艺术品拍卖、艺术博览会、艺术电商、美术馆、艺术媒体、艺术教育、艺术展览等多个市场业态，基本构建了艺术市场全产业链平台（如表1所示）。

表1　南京百家湖国际文化投资集团主要艺术项目

类别	项目
艺术家培养	凤凰山艺术园
艺术教育	香港当代美术学院、世界美术学院联盟
博物馆	百家湖博物馆、百家湖美术馆
画廊	ART100画廊（香港、北京、南京）、百家湖艺术中心（北京、南京、香港、纽约）
艺术拍卖	海德拍卖、百家湖艺+家微拍
艺术媒体	艺术周报、艺术品投资市场周刊（已停刊）
艺术电商	一号艺库（前身为"中艺易购"）
艺博会	艺术南京国际艺术博览会
艺术展览	南京国际美术展（已停办）、江苏艺术双年展

作为一家综合性民营艺术机构，百家湖具有大而全的特点，面对着全球性的市场，地域跨度非常宽广，因而其通过"产品品牌结构"实施多品牌战略。①百家湖在品牌建设的过程中，从一开始就十分重视学术形象对于品牌的重要作用，起点可谓非常高，但是在持续经营的过程中，在处理学术与商业之间的关系方面，其面临的困境也是民营艺术机构普遍遇到的问题。

从学术品牌建设的角度看，百家湖经历了三个阶段。这三个阶段在时间上具有交叉的部分，本文划分的依据主要体现在集团工作重心的转移上。

1. 第一阶段：学术品牌形成（2014—2016）

百家湖首先将学术品牌定位为精英品质的当代艺术方向，集团成立之后第一个重要的活动是非营利性学术展览"南京国际美术展"（下称"国际美展"）。2014年10月8日，以"多彩世界"为主题的首届"国际美展"在南京国际博览中心开幕，这次美术展是当时国内唯一一个以民资推动的国际性大型美术展。除此之外，百家湖还将这次美术展视为培养未来艺术大师的一项重要举措。展览设立了艺术学术委员会和评审委员会，保证入选作品的质量，并为金奖、银奖、优秀奖分别设立了2万美元、1万美元和5000美元的奖金。之后连续两年，"国际美展"持续举办，为百家湖积累了良好的学术口碑（如表2所示）。

表2 "南京国际美术展"展览与学术情况（2014—2016）

时间（年）	主题	奖项/奖金（美元）	学术组织	学术论坛	展出征集作品	参观人数
2014.10.8—10.14	多彩世界	金奖8名/2万 银奖25名/1万 优秀奖99名/5000	艺术学术委员会、评审委员会	中国当代艺术的发展走向与趋势学术论坛、艺术市场与投资论坛、回顾与展望：近现代中西美术的评述与思考学术论坛	20个国家和地区，1011件	20多万人次

---

① 付红霞，吴培森. 艺术衍生品的商业发展与营销［J］. 商业经济研究，2017（18）：61.

时间（年）	主题	奖项/奖金（美元）	学术组织	学术论坛	展出征集作品	参观人数
2015.9.15—9.26	美丽新世界	金奖2名/5万 银奖18名/2万 铜奖37名/1万 优秀奖37名/1000	学术委员会、征集展评审团、策展团队	世界博物馆论坛、中西方当代艺术论坛、国际艺术教育论坛、大师展论坛	20多个国家和地区，531件	21万人次
2016.11.12—2017.2.12	HISTOR-ICODE：萧条与供给	学术奖30名/未设奖金 最受大众喜爱艺术作品奖30名/未设奖金	总策展人、联合策展人、学术委员会	探析当代	52个国家和地区，273件	31万人次

从表2可以看出，百家湖在"国际美展"学术定位上始终围绕"当代艺术"，并通过多个学术团队保证展出作品的精英品质。作为一个学术性展览，"国际美展"的目标市场主要为艺术界专业人员、艺术院校师生、艺术收藏家、艺术爱好者、中小学生及其家长。相比于其他类似展览，"国际美展"的规模、国际化程度、学术专业程度都是更具优势的。"国际美展"以每年一届的（艺术单年展的）形式举办，意在总结经验，不断调整修正，在专业化程度、学术意识上不断积累，为未来举办"江苏艺术双年展"打下基础。

2. 第二阶段：学术品牌的扩散（2015—2017）

百家湖在"国际美展"形成的学术品牌基础上，从2015年开始启动了多个其他艺术项目。其中主要项目包括：2015年1月30日，艺术品交易平台"中艺易购"正式上线，并签约了一批艺术家，2017年4月7日更名为"一号艺库"；2015年6月，百家湖国际艺术博物馆开工；2015年6月27日，海德拍卖首拍以1.06亿元收官，成交率95.5%；2015年首届"艺术南京国际艺术博览会"（以下简称"艺术南京"）在第二届"南京国际美术展"期间同时开幕；2017年3月，百家湖美术馆承办了"基弗在中国"南京站艺术展等。

借助"国际美展"的学术形象，百家湖力图将品牌影响力扩散至商业领域，其中艺博会"艺术南京"是比较具有影响力的项目。

为了区别于国内其他主要艺博会，"艺术南京"主办方在定位上强调是亲民的消费型的艺博会，更是在2017年将主题定为"我收藏的第一件艺术品——从艺术南京开始"。这样的定位导致消费者无法对接"国际美展"品牌所形成的高端、前卫、当代的感受，因为"艺术南京"在学术品牌上强调的是亲民、通俗。一方面是品牌形象之间的错位，另一方面从公开的数据看，"艺术南京"参观人数呈现骤降的趋势。2015年参观人数借助"国际美展"的影响力，超过8万人，2017年已经缺乏参观人数的统计了，可以推测数据并不乐观。官方提供的总成交额虽然在2016年达到高峰，然而从平均成交额（总成交额/机构数）来看，数据是一路下滑的（见表3）。

表3 "艺术南京"基本数据（2015—2017）

序号	时间	举办场地	举办形式	参展机构	参观人数	总成交额	平均成交额（约）
1	2015.9.16.—9.26	南京国际会展中心	传统场地分主题展览	38家	超过8万人次	超过2800万元	73.68万元/机构
2	2016.5.20—5.29	爱丁堡饭店	酒店式展览	近200家	3.45万人次	8017.6万元	40.09万元/机构
3	2017.5.19—5.23	爱丁堡饭店	酒店式展览	120家	–	4255万元	35.46万元/机构

离开了"国际美展"的捆绑式品牌助力，"艺术南京"希望建设独立的具有亲民性的品牌形象，但是似乎并不成功。首先，亲民性的学术品牌实际上没有确立起来。主办方并没有能够在品牌传播的工作中通过评论文章、新闻、论坛等方式，以通俗的图文、视频等形式传播学术形象。另一方面，在商业品牌的建设上，参展的机构实际带来的作品标价在10万元以上价位的并不少，无法让消费者感受到价格上的亲和力。其次，有关艺博会的传播渠道和传播内容都并不丰富，呈现逐年下降的趋势。第三，自

从展览形式从2016年开始改为酒店式展览以后，观看体验变得受人诟病。酒店式展览意味着每一个房间都成为参展商的展示空间。这样的方式虽然降低了参展商的成本，但是增加了观众的成本。观众必须逐一走进狭窄的房间门，才能看到展示的作品，而不能像在展厅里那样一眼就可以看到多件作品。参观人数骤降应该有这方面的原因。总体而言，从成交额的变化看，"艺术南京"并没有真正确立起亲民性的品牌形象。

百家湖美术馆2017年举办的展览"基弗在中国"在艺术圈内获得了良好的口碑。安塞姆·基弗是德国新表现主义的主要代表，也是当代最重要的艺术家之一。这次展览为百家湖的后"国际美展"时期学术品牌带来了具有一致性的延续和扩展。但是之后，百家湖美术馆并没有继续推出有影响力的展览。

综上所述，在品牌扩散阶段，百家湖没有能够延续或者使用好由"国际美展"建立起来的学术品牌，使新的品牌与原有品牌之间出现了断裂。

3. 第三阶段：学术品牌重新定位（2018—）

"国际美展"在2016年之后不再举办。百家湖将学术品牌建设转向"江苏艺术双年展"（下称"双年展"）。2018年1月1日—2月28日，南京百家湖美术馆举办了首届"双年展"，近150位江苏艺术家参展。主办方认为"双年展"是"国际美展"的延伸和更新。展览声称"着重于展现艺术家及作品的学术价值"，并结合市场销售，"探索具有中国特色、融入国际市场的展览模式"。实际上，从学术品牌定位上看，"双年展"彻底消解了"国际美展"建立起的学术形象；从学术品牌名称上看，"双年展"将艺术家限制在江苏省内，削弱了品牌传播范围；从学术品牌传播上看，公开的新闻报道，除了开幕当天有关主办方和艺术家内容的报道，并没有其他相关内容的推出，甚至首届"双年展"并没有设立明确的学术主题。总的来说，目前的"双年展"学术品牌是非常模糊的。

在商业项目上，百家湖推出的艺术电商项目经历了多次改版。定位为"在线保真艺术品交易平台"的电商品台"中艺易购"2015年上线，2017年改版为"一号艺库"，定位为"全球当代艺术品交易大市场"。"一号艺库"网站注册的艺术家共417人，原创作品2359件，衍生产品11种。对于"大卖场"这样的定位来说，作品数量是远远不够的。目前百家湖已经在"苏宁易购"平台开设了艺术品旗舰店，以销售文创产品为主。未来

"一号艺库"将与"苏宁易购"合作，改版为"苏宁易购"平台中开设的"Art100"艺术购物频道。从多个改版的过程可以看到，百家湖的艺术电商定位从推广年轻艺术家作品，转为提供空间陈设装饰艺术品、销售文创产品，学术定位摇摆不定，并越来越弱化了学术品牌所占的比重，以至于对外宣传失去了明确的品牌形象。找到并且明确新的学术品牌应当成为百家湖未来发展过程中最重要的工作之一。

三、学术品牌建设的困境

国内艺术品市场经历了近30年的发展，虽然市场成交额已经进入全球前三，但是对于大多数民营艺术机构来说，学术品牌建设依然面临种种困境。百家湖所面临的问题在国内具有普遍性。

1. 学术品牌建设被忽视

民营艺术机构面临着学术与商业的平衡，学术品牌建设很容易被追求市场收益的欲望所覆盖。为了节约成本，艺术机构最先砍掉的就是学术品牌建设方面的投入，比如减少学术评论的撰写、不再邀请重要的理论家参与学术批评、不再举办学术论坛等。从表2可以看出，"国际美展"作为一个学术品牌，得到的投入实际是逐年减少的。不仅展出的征集作品逐年下降，而且在第三年已经不再设立奖金了，学术论坛也变得可有可无。第三届美展参观人数虽然达到历届的最高峰31万人次，但是展期长达100天，日均约0.31万人次。而2015年参观人数日均约1.75万人次，2014年参观人数日均约2.86万人次，呈现逐渐递减的趋势。

从成熟的艺术品市场看，能够获得市场成功的艺术机构品牌同时也是成功的学术品牌。例如，著名的"巴塞尔艺术博览会"创办于1970年，由于其严格与专业的经营与管理，使其成为当今世界上最具影响力的艺术博览会，被誉为世界艺术市场中的"奥林匹克盛会"。首先，巴塞尔博览会公司为完全保持独立地位，采取不接受政府、企业与私人资助的经营方式，这样就有效地抵制了外界的干预与影响，保证了主办者行为的独立自主。其次，尽管全球艺术市场在不断地增长与放大，但自巴塞尔艺术博览会创办以来，从未因利益驱动而盲目扩大参展画廊的数量，一直到今天始终保持在300家左右。也正是因为严格恪守学术理念与质量标准，巴塞尔艺博会已成为当代艺术界与顶级收藏家的盛会，艺术品成交量也不断攀升，稳居世界艺博会市场的龙头地位。第三，巴塞尔艺博会将学术主题定位明确限定于"当代艺术"，原则上不接受1900年以前的艺术品，在此基础上强调文化的多样性与多元化。巴塞尔艺博会在选择画廊时的态度非常明确，高度关注参展画廊的专业化与国际化程度，展会入围的画廊要在专业角度与经济关系方面能真正代表艺术家。可以说巴塞尔艺术博览会从学术与市场双重角度的定位成为其专业性与高端性的前提与保证。

2. 学术品牌不明确

从长远考虑，艺术机构或艺术项目的学术品牌形象只有赢得了消费者认同，将来才能在市场上赢得更大的利益。然而在实际运营过程中，民营艺术机构往往更加关注眼前利益，对于展出的作品没有清晰的学术要求，随着市场的潮流，什么作品好卖就卖什么，导致消费者无法明确该机构的学术形象。如上文所述，百家湖举办的"双年展"学术品牌不清晰，导致成为作品陈列的展会，而没有为项目品牌建设提供有效的帮助。

品牌关系理论证实品牌属性、形象、个性等特征会影响消费者—品牌关系。感情因素是收藏者购买艺术品最为重要的动机。[①]艺术品消费是一个相对小众的市场，需要对审美有相似偏好的消费者通过一个稳定的机构联系起来，在一起相互交流，彼此获得精神的收益。学术品牌可以精英也可以亲民，可以前卫也可以传统，但是必须明确而清晰。只有明确而稳定的学术品牌才能不断吸引志同道合的消费者，在艺术品市场竞争中找到自己的细分市场。

3. 学术品牌无法持续统一

品牌的传播需要持续性。学术品牌同样需要长期稳定的传播才能被市场接受和认同。一个真正意义上的艺术机构的品牌意识正是建立在学术理念基础上的。其品牌的核心归根结底还是立足于学术性，如果没有学术的支撑，一些表面现象是不可能长久的。国内民营机构经常由于项目的频繁更换而致使学术品牌建设无法持续统一。百家湖在"国际美展"学术品

---

① 阿莱西娅·左罗妮. 当代艺术经济学：市场、策略与参与 [M]. 大连：东北财经大学出版社，2016：190.

牌建设上获得的品牌形象，在开启"双年展"项目之后并没有得到持续传播，也没有将两个项目的学术品牌定位统一起来，甚至丧失了"国际美展"所积累的学术品牌，应该说是令人遗憾的。

民营艺术机构为了获得市场收益，在举办展览的过程中同时开展销售是正常的市场行为，但是不等于不考虑学术品牌建设。在艺术品市场中，学术跟商业并不是对立分开的。今天的学术是明天的商业，所以只有保持了学术的力量才有未来商业的线索。学术不是个招牌，它是未来艺术机构可持续发展的一个保证。

四、民营艺术机构学术品牌建设的几点建议

1. 提高经营者自身学术修养

民营艺术机构的学术水平与经营者和从业者的文化素质及艺术修养休戚相关。这是因为只有学术修养高的经营者才会足够重视学术品牌建设，此外经营者的学术水平直接关系到对艺术家的把握与展览策划的成败，而作品的品质与展览的风格是形成艺术机构的学术品牌和市场选择的关键。

对于民营艺术机构经营者来说，其个人对艺术的感悟能力、评判能力、鉴赏能力、发现能力和推广能力组成了经营者的综合艺术素质。[1]在这个必要条件的基础上，一个艺术机构的经营者还应该是一个经营管理者和一个社会活动家。营销艺术家和艺术作品可以有很多方式，获得市场高价的并不一定是高水准的艺术作品。但是从长期看，艺术品的基本面是艺术作品的学术水准，艺术价值最终落在艺术本身上。可见经营者的学术修养对于艺术机构的学术品牌建设是至关重要的。

2. 学术定位清晰

对于民营艺术机构来说，一个强大的品牌会使消费者、志愿者、拥护者、其他相关机构等迅速地信任自己。强大的品牌能帮助保留忠实的拥护者，确保机构的销售渠道，保障合作机构的配合，吸引更多的志愿者和职

---

① 武洪滨. 当代我国艺术博览会的学术性构建历程与问题研究［D］. 北京：中国艺术研究院，2010：65.

员，并且在危机发生时确保机构能顺利渡过危机。

消费者只会被拥有明确相关主张的品牌所吸引。一个强大的艺术机构品牌对于学术定位都是十分明晰的，传播明确的学术内容，保持明确的学术风格。近年来国内画廊业开始出现明晰的个体定位。比如，有的定位于主打实验性艺术的经营与推广，以自己的学术标准和未来判断为纲操刀具体的日常性事务的运作；有的则是要走高端的精品商业画廊路线，牢牢地把持自己在高端艺术品领域的资源优势和控制力，以自身的品牌优势开拓成熟市场环境中的藏家资源。

品牌是消费者对产品的感知，是对于产品的认知关系，这意味着品牌形成不仅仅取决于产品本身的特性，更取决于顾客对产品特性的理解和认知，而后者又与消费者的主观因素关系密切。一个品牌的运作从建立品牌图式开始，通过各种不同的接触点强化品牌认知，在受众群体中形成一个完整的品牌形象。

民营艺术机构提供的是实物与服务的混合产品，消费者的主观感受必须得到重视。艺术机构通过展览艺术作品、艺术衍生产品等实物产品明确机构的学术品牌，同时通过提供艺术咨询、艺术评论、艺术论坛、展陈空间布置等服务强化机构的学术形象。

3. 长期积累统一的学术形象

知名成熟的商业品牌因为其独一无二的文化和商业价值，通常拥有一批固定的消费者，即商品的"铁杆粉丝"。这些消费者会长期关注和享有品牌商品带给他们的乐趣。[①]

品牌理念不仅仅是一种定位声明。它明确了消费者和品牌之间的长期关系，并随着时间的推移始终保持一致。独特的品牌理念源自产品真理，即产品的差异化特性，而品牌真理是通过一致宣传积累了长期资产。

民营艺术机构的学术品牌形象必须通过长期一致的传播才能逐步积累起来。上海第一家独立的当代艺术画廊香格纳画廊在1996年建立，到今天已经成为国内和国际最顶尖的当代艺术画廊之一。30多年来，其学术品牌非常明确统一，始终围绕当代艺术在传播品牌理念。要研究30年来上海当

---

① 付红霞，吴培森. 艺术衍生品的商业发展与营销 [J]. 商业经济研究，2017（18）：179-180.

代艺术的进程，已经不能绕开香格纳画廊了，这就是学术品牌的影响力。香格纳画廊的品牌真理就是顶尖当代艺术。

五、结语

在商业竞争日益激烈的时代，民营艺术机构经营已经从以名家为中心转向以品牌为中心。学术品牌和商业品牌共同构建了民营艺术机构品牌，其中学术品牌起到了基础性的支撑作用。在学术品牌建设与获得商业收益之间存在时间差，民营艺术机构需要克服短期利益追求，坚定学术建设，才能最终在消费者心中树立起明确的品牌形象。

参考文献：

［1］庞守林. 品牌管理［M］. 北京：清华大学出版社，2011.

［2］阿莱西娅·左罗妮. 当代艺术经济学：市场、策略与参与［M］.大连：东北财经大学出版社，2016.

［3］武洪滨. 当代我国艺术博览会的学术性构建历程与问题研究［D］. 北京：中国艺术研究院，2010.

［4］付红霞，吴培森. 艺术衍生品的商业发展与营销［J］. 商业经济研究，2017（18）.

论新时代艺术管理精英培养的跨界性

刘心恬[①]

摘要：作为艺术学理论家族的新成员，艺术管理学科在新时代的发展具有先天优势。在新时代语境下，艺术管理精英培养要顺应当代艺术生态现状的跨界性趋势，在三方面呼应时代吁求。其一，艺术管理精英培养要以"大艺术"为核心，建构以艺术相关知识为根基的专业体系，而非喧宾夺主、本末倒置地以"管理"取代"艺术"，导致定位不明确及自身独立性日渐缺失。其二，艺术管理精英培养的跨界性最终指向的目标是向艺术界输出具备一定艺术史论专业基底的复合型、应用型、创新型高素质人才，其人才塑造过程必须向多元文化领域开放。其三，艺术管理精英培养的跨界性须基于艺术实践，且该实践类型要符合时代语境的要求。因此，艺术管理人才教学应包含对新媒体策划创作与运营维护等综合才能的培育。

关键词：艺术管理；人才培养；艺术；边界；跨界

艺术管理作为一门学科自诞生至今，在理论与实践层面不断突破创新，取得了一定成就，向艺术界输送了一批青年策展人、画廊经纪、批评家、美术馆员、拍卖师及收藏顾问。但随着当代艺术家以异于以往的高速迅猛地向前推进，高校所培养的艺术管理人才面临着艺术市场信息量爆炸的局面，难以直接快速地跟进并适应当前的艺术生态，不得不延长实习期与储备期。基于这一现状，新时代艺术管理教学工作要在努力实现培养复

---

① 作者简介：刘心恬，山东艺术学院副教授，山东大学文艺美学研究中心文艺学博士，美国密歇根大学哲学系联合培养博士。

合型、应用型、创新型人才等基础培养目标的前提下，着力突出对艺术管理精英的塑造。所谓艺术管理精英，是兼顾艺术史论学术建构、艺术批评、艺术策展等多样才能并熟悉当代艺术市场及艺术机构运营的高端艺术管理人才。艺术管理精英的培养须在坚守艺术内核的基础上对多元学科知识开放，既守住艺术的边界，又在多学科交叉过程中实现跨界。

一、边界的开放性与跨界的必然性

艺术史意义上的"新时代"可以是一个内涵极深广的时间范畴。时间意味着更新，因而无论何时的"当代"总是一个"新时代"，只是每个时代"新"在不同的层面。回顾艺术史，自古而今，由东到西，浅层次的"新时代"层出不穷，围绕叙事主题、描绘技巧、再现对象、材料质地等元素的小型艺术变革穿插于艺术史长河，以传统为中轴上下浮动，并不曾颠覆性地改变其行进的轨迹。在这一"偏移—复归—偏移"的历史循环中，艺术史几乎是依照所谓的"内在发展规律"展开的，艺术家的创作与艺术理论的建构彼此相安共存、相互提升。

愈接近20世纪，西方艺术思潮更新的步伐愈快，终于在20世纪初迎来一个深层次的"新时代"。这个时代之"新"表现在反本质、反同一性、解构意义、去中心、去权威等思潮的涌动，令文艺理论与艺术美学措手不及，未能及时更新观念的叙事者在这场变革中逐渐丧失话语权。进入20世纪以来，艺术史的发展便不再依照既定路线循规蹈矩地前进。学界再也难以用"艺术内在发展规律"等术语言说艺术思潮与艺术作品——"艺术"变得难以界定。达达主义为西方乃至全球艺术酝酿的这份令人匪夷所思的现代思潮的大礼，在令艺术史家短暂地茫然无措之后，深深地影响了艺术史叙事的走向，也长久地改变了现当代艺术的审美接受方式。起初，不少艺术史学者质疑该思潮诸位代表艺术家的创作，不知能否将其视为艺术。之后，理论不得不随艺术思潮做出调整——若此不为艺术，何为艺术？得助于20世纪初的动荡，艺术史行进了千年之后难得地跳出自身反观传统。自此而今，艺术边界问题便成为学界热议的论题。20世纪中叶之后，以维特根斯坦家族相似论为代表的分析哲学艺术观引发了众多西方艺术哲学家关于艺术边界问题的热论。艺术边界问题既是对艺术特征多样性的探讨，也是对传统艺术史言说方式的质疑。维氏所提出的家族相似性理论看似给出了答案，实则以特征描述替代概念界定，使该问题向更广阔多元的空域敞开，以一致百地衍生出更多分支问题，成为颇有生命力的理论生长点。

艺术边界问题在中国艺术学界与美学界也颇有热度。朱志荣《论艺术的边界》、高建平《艺术边界的消失与重建》、沈语冰《艺术边界及其突破：来自艺术史的个案》、周宪《"剪不断理还乱"的艺术边界》与《换种方式说"艺术边界"》等皆是近年来围绕这一论题的代表性成果。或者试图打破界域思维以开放包容的姿态拥抱当代艺术，或者试图延展艺术的定义以将当代艺术吞噬其中，或者试图改变界定艺术的言说方式，代之以对审美特征与家族属性的描述……不论何种思路，皆标志着理论界在积极应对当代艺术的不按常理出牌。中国艺术自民国时期之后至"85美术思潮"之前，还处于在西方之后亦步亦趋的尴尬地位。20世纪80年代中期之后，中国当代艺术正式觉醒，开始尝试走出新路，迎来中国艺术史的"新时代"。目前，中国当代艺术圈呈现新旧参半的生态，承继延续传统的学院派与突破颠覆传统的实验派各自抢占着国际艺术市场的份额，从近年来拍卖价格及比重上看，后者似暂小胜一筹。这一领域也是当前及未来不少艺术管理精英趋之若鹜的阵营。以极少的艺术一线城市为据点，能够在创意理念、个人标识、拍卖行情及话语权等方面与西方实现对接且具有中国本土特色的当代艺术家，大多集聚在北京、上海、天津、杭州及川渝等地的知名艺术空间举办展览，而这也是艺术管理精英密集分布的地区。

打破艺术与非艺术、原创作品与现成物艺术、传统与实验等诸多边界，意味着艺术管理人才必须与之相应地具备多文化视域、交叉学科知识体系以及跟进艺术现实的敏锐嗅觉。也就是说，跨界性作为艺术管理人才培养的高端目标，已成为艺术管理精英塑造的基础内容。艺术史论与社会学、哲学、文化人类学、美学、宗教学以及其他意识形态领域的联手与对话已成为艺术管理精英的工作常态。学识局限于部门艺术史及艺术学理论的人才将因视域过于狭窄而在具体的策展与批评工作中感到吃力，或难以产出理想成果；工作能力局限于经济管理类学科而不精于社会文化及审美意识形态前沿动态的人才，亦无法胜任艺术管理的相关工作。因此，跨界性在当前及未来必是艺术管理精英培养的重要目标。

纵观国内外当代艺术家所使用的艺术语言可见，无论是何种审美风格与艺术思潮，无论是何种再现对象与表现主题，全球艺术家皆以生产新的艺术话语为己任。如若无法及时将之纳入教学，国内高校艺术管理教学所使用的话语将会陷入相对陈旧的境地，所育人才在批评与策展层面将难以达成主题、概念、文风、形式结构等元素的创新而逐渐失去竞争力。跟进全球当代艺术的艺术史的基础是掌握"新艺术史"的概念，而新艺术史的一大特征就是跨界性。"新艺术史家最常使用的术语是：意识形态、族长制、阶级、方法论等等，都来源于社会学，与当下的政治、经济与哲学思潮相呼应。"①当艺术家以主动姿态使艺术史与哲学、政治、经济、社会学等领域充分交融时，艺术管理人才培养的任务便又增加了新思路与新机遇，同时也面临着新挑战与新难度。边界与跨界的问题因而成为人才培养教学实践与艺术学理论建设不可绕过的热点问题。2016年11月26—27日，"跨界视野中的艺术理论学术研讨会暨第十二届全国艺术学年会"在南京艺术学院召开。2018年6月23—25日，"边界与跨界——2018·艺术史学科发展研讨会"在南京艺术学院召开。虽然与会代表探讨的是艺术学理论界关于艺术边界与跨界问题的反思，却深深地影响了艺术管理人才培养的教学实践及授课思路。"跨界"一词成为衡量艺术管理精英水平的重要标准之一。

二、以"大艺术"为核心的艺术管理精英培养

承前述可见，在边界开放基础上的跨界必须有一个核心，方能一面巩固住本学科的界域与身份，一面保持稳健的创新发展态势。以艺术管理学科建构的初衷及艺术管理现象于艺术史的记载来看，本学科应以艺术为核心。从字面上讲，"艺术管理"落脚在"管理"，但从内涵上讲，其关键在于"艺术"，"管理"应为"艺术"服务，"艺术"是"管理"的统领与根基。从艺术管理人才培养的目标来看，其"旨在培养适应于当代文化艺术活动领域的可以从事艺术创意与策划、艺术经纪人、艺术传

---

① 陈平. 西方美术史学史［M］. 北京：中国美术学院出版社，2008：232.

播、艺术营销等职业的人才。就其活动的领域来看，此类人才主要在艺术领域"①。因此，"艺术"应占据艺术管理学科的核心地带。在艺术管理学术研究的观照下，究其"艺术"所指涉的内涵，至少包含以下三方面含义。

首先，作为艺术管理学科的核心，艺术是理论的生长点，也是实践的入手点。不论时代语境与社会需求如何变化，其核心地位不可撼动。目前，国内外高校艺术管理学科建设较为出色的典范大多在艺术学院而非商学院。脱离了对艺术史及艺术美学理论的严格修习，艺术管理学科所培养的人才在向艺术界输送时会遭遇专业知识短板。缺少了中国当代艺术史的知识，便无法为当代艺术家策展；不熟悉当代艺术市场的拍卖行情，便无法针对走向趋势提出有益的收藏建议；至于博物馆、美术馆、画廊、艺术媒体等机构平台，更是在招聘启事中明确对候选人的艺术史修养提出要求。以近年来国内外策展行业的发展态势观之，古今中外艺术史论素养为艺术管理人才跻身精英艺术圈设置了一道极为专业的门槛。因此，保证艺术史论及相关课程在教学过程中的比重是保证艺术管理人才培养取得合格效果的根本。

其次，更进一步界定艺术管理学科所围绕的核心，可以"大艺术"的概念予以阐释。作为打破时间、空间、民族、信仰等元素限制的包容性艺术范畴，"大艺术"包含多民族文化背景下的富于地域特色的艺术类型与审美风格，既遵循传统的、学院派的、主旋律的、符合艺术史中轴的艺术创作及理论，也广泛地囊括了当代的、实验性的、小众的甚至颠覆艺术史叙事思维的艺术作品与思潮。但是，艺术管理人才培养所围绕的"大艺术"核心并非泛文化的无限包容。在文化艺术跨界的大语境下，艺术管理学科所培养的人才对文化与艺术之间的差别还是要有所认知与思考的。文化作为艺术描述、反思与批判的对象，并不等同于艺术本身，而艺术只有与文化保持适当距离，方能理性地审视某一时代的文化现状。哲学化与文化性的关键词或可成为批评与策展的主题，但艺术家的言说与创作还须依靠艺术的语言。

再者，对艺术的认知与执着不可被管理学及其他专业知识取代，本

---

① 田川流. 中国当代艺术管理思想研究［M］. 北京：中国文联出版社，2016：100.

末倒置的现象及认知态度的偏差并不鲜见，因而仍须明确艺术的根本地位。一方面，关于艺术的课程（艺术本体论、部门艺术史及中西美学理论等）应该是教学大纲体系的核心地带。另一方面，对全球化语境下当代艺术的译介与研习不可缺少，忽视了对当代艺术尤其是中国当代艺术的跟进，艺术管理精英培养难称合格。以鲁虹的《中国当代艺术30年（1978—2008）》、吕澎与易丹合著的《中国现代艺术史：1979—1989》以及吕澎的《1990—1999中国当代艺术史》《中国当代艺术史：2000—2010》等艺术史专著为代表，改革开放四十年至今的中国当代艺术史书写已呈现以十年为阶段分期的叙事模式，缩短叙事周期、捕捉晚近趋势、不断更新话语的艺术史整合方式在未来仍将继续。由之，艺术管理精英对当代艺术发展态势的把握更应与时俱进，全球艺术界正在发生的具有一定意义的艺术事件、国际艺术市场在收藏拍卖行情走势中呈现的新特征、品牌双年展及知名艺术家个人回顾展等艺术展览的策展及批评信息等，都应以每年计地向授课群体及时介绍最新动态。因此，当代艺术史呈现何种特征，艺术管理人才培养便要在授课内容与思维方法训练等层面调整与之相一致的定向。譬如西方现当代艺术所携带的非同一性、碎片化、去中心性、抗异化、多元化、商品化、重构性等特征及其哲学思潮的本源出处，都是艺术管理精英跻身国际艺术圈须掌握的话语。

基于上述分析，一方面，艺术管理精英培养要守住学科边界并坚持培养目标，使"管理"服务于"艺术"（尤其是当代艺术），明确学科边界有助于增加培养对象的专业认知度；另一方面，又要秉持开放包容的姿态在多学科领域之间实现跨界，以扩展精英素养的多元化维度，最终使之专业精尖而博学多闻。因此，边界问题与跨界需求虽看似矛盾，却实不冲突，且都有必要。当代艺术家通过特色鲜明的个人创作对艺术的重构式界定，直接关系到艺术管理精英培养的目标走向。在全球范围内的艺术观与审美观发生重大变革的当下，固守教材而忽视实践，局限于古代而无法跟进当代的人才培养思路难以塑造出艺术管理精英。从人才培养出口所要求的质素去塑造站在入口处的受培养对象，跨界性应成为艺术管理精英培养的关键词。

跨界性作为艺术管理精英应具备的高端综合素质之一，更进一步地细致划分，大致涵盖以下两方面。其一为"小跨"，致力于从事艺术管理工作的培养对象要自觉地打通艺术史论、艺术美学与文化产业等诸多专业方向的壁垒，在艺术学这一门类下塑造自身完善的、细化的、具体的专业知识体系。同时，借助新媒体平台，实时跟进艺术圈前沿动态及热点信息，及时把握艺术市场的发展脉搏。其二为"大跨"，依据教学大纲设置的课程模块，修习哲学、社会学、心理学等领域的知识，并关注政治话语、历史学、宗教文化等意识形态层面的一般常识。同时，从学术与实践两个维度掌握人文学科方法论的基本原则，达成严谨与辩证的思维方法。

三、新世纪第三个十年的展望

新世纪的前两个十年已步入尾声，在第三个十年即将到来之际，艺术管理人才培养既要守住传统，又要与时创新。一方面，坚守艺术核心是不可舍弃的学科定位。"在艺术学的范围之中，将艺术管理专业从属于艺术学学科，是适宜的。"[1]放眼过去十年间艺术策展、艺术批评等与艺术管理相关的艺术现场，艺术史学者、美学学者参与其中并表现出色的不在少数。艺术史学者、美学学者转行投身美术馆管理或成为独立策展人的例子时有听闻。可知，缺少了艺术史论的专业素养，艺术管理难以提升水准，而具备了深厚的艺术史论水平，为学者跨界艺术管理行业增加了可行性。

另一方面，在新时代语境下，艺术管理学科的育人模式要在坚持以往人才培养目标的基础上，向艺术界输送更多的艺术管理精英。当前，国内大多数公立美术馆在展览策划、公众艺术教育、美术批评、学术研讨及社会服务等方面呈现出在平稳前行中求新求变的状态；私立美术馆则在装置艺术、行为艺术、多媒体艺术、小剧场模式，以及基于VR手段进行创作的艺术作品和展览等当代性较为鲜明的领域拓展领地。无论哪一类艺术管理风格，二者皆与时俱进地借助新媒体平台积极争取提高公众对艺术的参与度。相对于公立美术馆坚守主流、承继传统、兼顾大众的运营特征，不少的私立美术馆与国际艺术市场及全球艺术时尚对接得更为紧密，故增加私立美术馆与高校艺术管理学科在精英培养工作中的交流与合作是有益的。

---

[1] 田川流. 中国当代艺术管理思想研究 [M]. 北京：中国文联出版社，2016：107.

因此，要培育艺术管理精英，缩短其适应并融入艺术界生态环境的周期，更迅速更优质地产出并提供艺术服务，将知识储备转化为推动当代艺术市场发展的创意元素，须再次提升创新形态的艺术实践在教学活动中所占的比重，视学生的成果产出活动为有效教学手段，实现人才培养过程中理论与实践之间的跨界，使人才在符合新时代语境的艺术管理实践中蜕变为精英。

艺术管理专业统摄下音乐市场营销的学科建设研究

刘金刚[①]

摘要：近年来，随着文化产业的蓬勃发展，对艺术管理人才的需求成为一种紧迫的现实，而艺术市场营销便成为艺术管理的主要涉猎点。全国各专业院校纷纷建立艺术管理系科，市场营销课程作为专业主课之一也受到了广泛关注。但由于文化艺术管理在国内还处于起步阶段，所掌握的艺术市场营销理论尚不全面，从课程设置到实践环节都有必要进行深入的思考、研究和探讨。本文在音乐艺术管理专业统摄下对音乐艺术市场营销学的培养方向、课程设置等问题进行分析探讨，以加强对音乐市场营销的全面认识和实践环节的进一步完善。

关键词：艺术管理；专业；音乐市场营销；学科建设

一、音乐市场营销的学科建设基础

随着经济全球化和文化多元化的发展以及国家政策的大力扶持，我国的文化事业和文化产业迎来了发展机遇，也面临着挑战。具有深厚文化历史底蕴的中国文化艺术将立足自身，博采众长，努力继承和发扬中华民族的优秀文化传统，并向世界介绍中国的艺术精华；也要积极引进世界的经典艺术作品，积极学习世界各国人民创造的一切先进文明成果，推进艺术

[①] 作者简介：刘金刚，保定学院音乐舞蹈学院教师。

形式和风格流派创新发展。要在这场严峻挑战中取得主动态势，关键在于人，在于高素质的艺术管理人才。

文化产业将成为21世纪国民经济的支柱产业，它的发展需要一大批既懂市场又具有创新、决策、管理能力的艺术管理专门人才。许多艺术院校建立艺术管理系，越来越多的综合大学艺术学院也招收艺术管理、文化产业管理专业的学生，正是为了适应文化事业和文化产业蓬勃发展的需要。

艺术管理专业是跨学科的新型专业，是一门理论和应用相结合的交叉学科。它不但横跨艺术与管理、人文与历史、法律与经济，也重视理论和实践的相互辩证。艺术管理涉及艺术的各个领域，不同院校侧重点不同。它以艺术学为基础，以管理学为依托，结合了艺术鉴赏学、经济学、市场营销学、心理学、统计学、人力资源等诸门学科，将艺术策划、艺术传播、艺术营销等新型运用门类作为主要教学研究内容，以案例调研、专业实践和媒体技术运用作为特色教学手段。艺术管理系培养面对未来文化大发展大繁荣的趋势下具有良好艺术才能、经营头脑、战略眼光、竞争意识以及组织才能的综合管理人才。随着文化事业和文化产业的发展，应为各地区各级文化管理机构、演出团体、演出场所、演出公司、音像出版社、艺术院校、电台电视台及各种传媒机构，培养从事管理及相关工作的既有精湛艺术才能又懂得管理知识且有实践能力的复合型人才。

音乐市场营销是音乐学与经济学相结合的新理论知识，大学生在步入社会和所从事的领域之前，需要理论知识的学习和对现实实际情况的了解。所以，在高校开设音乐市场营销和案例分析的课程具有重要的现实意义。课程有利于改善音乐从业人员的知识结构，从事音乐领域工作的人不仅仅是单纯的音乐表演者，而要具备管理学、市场营销学的知识储备，学科思想也要从音乐的单向性中分散开来，具备完善的知识体系。课程还有助于音乐从业人员认识市场经济规律，在市场经济环境下从事音乐活动。如果对市场经济规律没有整体的把握，就无法按市场经济规律办事。通过学习音乐市场营销理论，可以了解和掌握市场经济的运行规律，更好地发挥音乐市场在音乐再生产活动中的作用，加速音乐艺术的发展。学生通过在课堂中的学习，可以增强分析判断和宣传沟通能力。比如，案例分析需要实际的调研和采访，通过演讲和小组讨论对案例进行探讨，发现和解决问题的过程都可以启发学生的思考，而发言和交流可以增强学生的语言能力。

市场经济活动从某种意义上讲，是一种商业活动。参与商业活动，必须具备商业头脑，以商业思维的方式进行；不了解商业逻辑，不懂得商业规则，就无法在商业活动中获得财富。受传统思维方式的影响，中国音乐人对商业运作的内涵认识不够深刻，有必要补上这一课。音乐文化的发展是大势所趋，音乐市场营销在大背景下应运而生。只有学习并运用音乐市场营销理论，进行成功的音乐市场运作，把中国音乐产品、中国音乐人才推向音乐市场，将中国优秀的音乐产品做成世界知名的音乐经典品牌，才能为音乐艺术发展起到推动的作用。从实际意义来说，就是将更多的学生培养成为音乐市场营销和策划推广等音乐运营各环节所需求的人才。

二、艺术管理专业统摄下，音乐市场营销的学科建设

（一）音乐市场营销与艺术管理专业的培养方向

近年来，我国艺术管理专业发展迅速。由于国家对于文化艺术产业与管理人才的迫切需要，艺术管理专业逐渐成为一个热门专业。许多艺术类院校、综合性大学相继开设类似专业。这些学校利用综合学科优势，培养艺术与市场管理兼通的复合型人才。但由于发展时间较短，该专业在人才培养模式和教育质量评价上还有许多需要改进的地方。以保定学院为例，音乐系的课程设置中有增强学生对艺术市场进行认知的艺术市场营销学选修课（比如音乐市场营销案例分析），但是课堂理论学习的占比较大，学生参与的实践和调研有限，不能真正了解艺术文化市场、熟悉艺术市场经济产业链条，课程大多流于纸上谈兵。鉴于未来很多音乐系毕业生可能投身于幕后的音乐艺术管理工作，音乐市场营销的学习就成为对其工作的理论支撑，所以侧重对艺术市场营销的学习是有必要的，现在的课程设置也有待改进。

学习音乐的学生要懂音乐艺术，不仅要熟练掌握自己的音乐表演技能（声乐、器乐、舞蹈），还要对音乐艺术所涉及的各方面有所了解，如歌剧、舞剧、交响乐等音乐表演形式，学习音乐的学生毕业后并不都登上舞台成为演奏员，也不是都能参加国办教师"国考"进入中小学任教，很多

也投身于音乐项目经营和幕后管理工作，那么到了音乐市场的环境中，就涉及音乐市场营销的各环节，如前期的策划宣传、票务营销，中期的节目执行、市场调控，后期的评估和反馈等。学生在学习过程中也要逐渐明确自己在哪个方向有兴趣，对找到符合自己能力、适合自己位置的工作十分有利。针对相应的培养模式和毕业生工作去向，总结其发展方向，主要有以下几个：（1）公共关系、政府关系、演出及艺人经纪人；（2）音乐传播、艺术与传媒；（3）文化艺术市场分析与调研；（4）大型社会活动策划、项目管理与运营；（5）文案写作及合同起草；（6）沟通与谈判、人力资源管理；（7）音乐市场营销、宣传、票务；（8）资本运作、筹融资；（9）艺术活动的危机管理；等等。我们看到其中大部分都涉及音乐市场营销领域。

结合培养要求，艺术管理专业学生要具备现代管理理论、运用艺术管理的技术与方法以及应用这些知识的能力。学生毕业所达到的具体要求为：（1）具有厚实的社会人文科学知识、较强的集体观念和合作能力，有为艺术献身的高尚的道德情操、诚信的品行、健全的人格以及良好的心理素质；（2）具有良好的艺术修养和鉴赏能力；（3）具备艺术管理专业必备的基本管理理论和技能；（4）掌握管理科学中应用广泛的定量分析的理论和方法，具备团体经营与管理决策的系统优化思想；（5）掌握建立和开发信息管理系统的管理方法，并通过全国计算机等级考试；（6）通过大学英语四级或六级水平测试，能用英语从事业务工作。

（二）音乐市场营销与艺术管理专业的课程体系

艺术管理专业覆盖艺术和管理两大学科领域，在课程体系上要二者兼顾，在内容设计上要实现二者的有机结合。在课程建设上要有理论框架，我们比较认同成乔明教授有关艺术管理理论框架的探讨，将艺术管理理论从艺术市场出发，以艺术经济管理为突破口，有宏观、中观和微观的分类。宏观涉及政府的政策、文化法律法规；中观考虑艺术产业机构、艺术生产销售企业的管理；微观考量艺术传播企业本身对市场和经济活动的管理。

在课程设置上，结合美国、英国有关高校艺术管理系的课程安排以及2007年在保定学院音乐系开设实施的《音乐市场营销案例分析与教学研究》课程的实际探索，个人总结音乐艺术管理课程结构应有以下几方面：（1）学科主干课：音乐鉴赏与批评、艺术管理学、艺术市场营销、演出管理学、剧场与舞台管理、项目策划与运作、艺术管理实务、法律与艺术法规；（2）学科基础课：音乐类包括中西音乐史、视唱练耳、乐理、音乐曲式结构分析、音乐技能、中国传统音乐基础，经济管理类包括高等数学与统计、财务会计、西方经济学、管理学、人力资源管理、研究设计与写作；（3）选修课：学科主干选修课包括演出艺术的数字化创作、艺术与传媒、谈判艺术与技巧、商务写作、影视特效合成、大众音乐鉴赏等，其他系别选修课则根据学生个人意愿在学院公开选修课中选择，如合唱指挥、音乐心理学、音乐剧赏析等。由于音乐学科的音乐类课程资源丰富，所以在课程设置结构上音乐艺术知识的比重小于经济管理类，而音乐市场营销又是其中的主要课程，其专业课较前沿、实用、注重知识的整体性，较好地将艺术与管理融合在一起。可以说所有艺术管理专业在课程设置上都以音乐市场营销课为专业主课。

（三）市场营销的学科建设

1. 音乐市场营销课程调研分析

改革开放以来，我国逐渐告别传统的计划经济，探索建立社会主义市场经济体制。这种多层次、多结构、全方位的社会转型，对中国音乐的发展产生了巨大影响。各类音乐如何在市场经济环境下继续生存，如何运用市场经济规律推动各类音乐的发展，这些都成为中国音乐在当代中国社会发展中的新课题。音乐只有通过传播才会产生真正的社会效益和经济效益，也只有通过传播才会真正体现其巨大的社会功能。在市场经济飞速发展的今天，音乐的传播以其特有的方式——音乐产业，在经济社会中扮演着特殊的角色。在市场经济体制下，音乐产业同样必须遵循市场经济规律，同样必须运用市场经济的营销手段，同样要无条件接受市场的检验方可实现其真正的价值和最大限度地体现其巨大的社会功能。在激烈的市场竞争环境下，良好的市场营销手段和市场营销方式在很大程度上能够为企业获取更多的利润空间，使企业能够拥有更多、更稳定的消费群体，吸引更多的眼球，赢得消费者的青睐。可以说市场营销手段和方式的不断创新是企业赢得市场、赢得消费者的一种有力武器。将音乐元素和市场营销结合，在一定程度上是促进市场营销取得更好的营销效果的保障。音乐多样化的形式与市场营销相结合，在很大程度上促进了市场营销的发展。同时，将市场营销中的元素应用到音乐中来，亦能够促进音乐的创新。可以说，市场营销和音乐之间的关系并不是牵强的，而是一种必然联系。

中国共产党第十七届中央委员会第六次全体会议通过《关于深化文化体制改革推动社会主义文化大发展大繁荣若干重大问题的决定》。作为文化产业建设中所占比重甚大的音乐文化产业，也面临着发展的机遇和挑战。这使得音乐与其他服务行业之间的市场竞争需要相关音乐市场营销的理论学习，音乐文化自身在新时期的发展也离不开理论的支持。音乐市场有完整的链条，音乐消费者和音乐生产者的存在衍生出涉及音乐消费的各个环节，如策划、执行、票务、运作等等，这些因素既不属于音乐生产范畴，也不涉及音乐艺术本体，却是影响音乐市场运营的关键，与音乐市场营销息息相关。

从近几年的音乐艺术文化发展和音乐市场的分析来看，中国音乐经营的状况还有很多问题。从音乐组织体制层面来说，我们的音乐组织还未实行现代化企业的公司化体制；从音乐市场运作层面来看，我们的音乐从业人员欠缺市场经济的有关理论知识，音乐市场运作实践活动少，从而导致音乐市场实践经验有限；从音乐市场环境层次来讲，我国的音乐市场法律、法规建设缓慢，甚至可以说严重滞后，不利于音乐市场的健康发展；从音乐资本层面思考，我国音乐资本市场发育不良，资本多元化结构还未形成，我国音乐人资金融通渠道不畅，融资意识和能力不强。这些问题的解决与音乐市场营销活动密切关联。因此，中国音乐从业人员必须加快学习音乐市场营销知识的步伐，增强国内外音乐市场的开拓能力，迅速提高音乐市场竞争的综合实力，聚集起强大的音乐市场竞争优势，积极参与到经济市场的竞争中。由此可见，音乐市场营销课程的学习和理论的建立十分必要。

2. 音乐市场营销的课程设置

音乐市场营销理论框架结构体系，由音乐学的相关理论与市场营销学的基本理论共同组成。其特点是把音乐活动中直接包含或未直接包含但客观存在的市场因素和市场现象，运用市场营销学的原理加以解释和阐述，从而归纳出音乐市场营销的基本规律，以便使音乐艺术的发展跟上时代的步伐。课程设计目的是，试图协助音乐从业者以实用而生动具体的方式，学习了解现代市场营销的基本概念与原理，认识市场营销在音乐活动中的意义和价值，知道怎样识别音乐顾客的需要和欲望，清楚怎样进行音乐市场营销调研，辨别音乐市场环境；知道如何细分音乐市场和确立音乐目标市场，以便用音乐艺术品、音乐服务、音乐项目去满足音乐市场与音乐消费者的需求，加快音乐市场建设的步伐。课程设计需要注意：阐述的原理和观念得到市场营销学的支撑，即经济学、行为科学的支撑；借鉴或吸取国内外市场营销学的基本原理和研究成果，结合音乐艺术的客观实际，以市场经济的全新视角审视音乐艺术的价值和使用价值；探讨在遵循和保持音乐艺术自身艺术价值的前提下，如何开发音乐艺术的经济价值。

三、市场营销学科发展的建议

因为音乐文化艺术管理人才是能够在艺术和市场之间架起桥梁，实现艺术的市场价值，满足人们日益增长和不断提高的文化生活需求，同时创造经济效益的人，所以作为艺术管理系的学生要具备如下素质：艺术鉴赏能力、经营管理才干、交际和沟通技巧、宽阔的文化视野、开拓创新精神。针对以上能力的培养，仅仅依靠课本知识和单纯的课堂教学是不够的。

据此，我们建议在音乐市场营销教学内容上，要注重艺术和管理两大体系的整合，比如在艺术市场营销课程的案例分析设计上，要求学生有与时俱进的思想，大多数调研都是在大一进行，后续的关注和跟踪调研几乎就停滞了，但是艺术活动是跟随时间的推进而变化的，个人认为学院音乐系可以定期开展艺术市场调研报告活动，而不是仅仅局限于大一的学生。艺术管理人才必须具备的管理能力和交流技巧，需要通过设计多样化的互动式教学情景来加以培养。比如，通过案例分析、市场调查、小组讨论、课程报告等不同形式让学生成为教学过程的主角，激发学生主动学习的积极性，使学生在主动参与学习过程中得到组织管理、交流沟通等能力的训练。所以我们的课堂形式要多增加讨论和分析，并培养学生的团队合作能力。

在我们参与的很多艺术活动中，大多数学生的工作只是做基础的、浅层面的志愿者工作（比如保定学院音乐系实习实训办公室组织的音乐系学生定期到保定直隶大剧院参与的演前安检、彩页发放、剧院演出秩序管理等活动），我们认为可以让学生也参与到活动的前期策划、票务运营、外宣和组织中，熟悉了解整体的活动流程。在实践上，建立产学合作基地，为学生提供一个真实的实践实习环境，对完善艺术管理人才培养模式十分重要。随着文化产业和艺术市场的繁荣发展，文化企业不断涌现，为学生提供了许多学习实践的机会。学校应主动拓展产学合作渠道，多方取得文化企业和管理部门等用人单位的支持，建立合作模式，让学生将学到的知识结合实际需求，研发成最新的艺术产品及艺术产业项目设计，并参与到企业经营管理中，真实体验将原创性成果转化为商品经营管理的过程。另外，要聘请企业和事业单位具有丰富管理经验的人员做兼职教师或举办专题讲座，使学生感受艺术市场的实际运营模式，及时了解最新的社会需求。

四、结语

在经济全球化的今天，一个产业的繁荣不是靠某一个或一些环节，而是依赖一整套有机配合的产业链。对文化产业来说，其中包括创意人员、制作人员、经纪人以及营销、管理等方面的艺术管理人员的共同努力。毋庸置疑，文化事业和文化产业将是 21 世纪的重要产业之一，其繁荣发展需要有一大批既有较高艺术修养又具有创新、策划、管理能力和懂市场经营的艺术管理专门人才。因此，无论是时代发展的需要，还是我国经济发展战略的需要，都要求高等院校承担起开办艺术管理专业课程和培养一专多能艺术管理人才的历史使命。保定地处特殊的地理位置，国家目前大力推进北京、天津、河北"京津冀"协同发展经济、文化圈和"雄安新区"建设，尤其是我们保定学院这种2000年后专科升为本科的地方本科二批院校，教育部的定位就是服务地方经济，为促进经济、文化发展服务的院校，希望我们结合以往的发展继续探索，使我们保定学院音乐系学科建设更加完善。可喜的是2018年保定学院音乐舞蹈学院已经被教育部批准设立艺术管理专业，并于2018年9月份招收首批45名艺术管理学生，开设了"艺术管理学""艺术传播学""艺术市场营销""剧院经营管理""经纪人管理""小微音乐培训机构运营管理""文化产业法律法规""文化知识产权概论""艺术管理实战案例分析"等系列课程，并与中国国家大剧院、中演院线、保利院线建立深度产教融合教学项目。目前与北京星海钢琴集团合作建设的京津冀协同发展背景下的"星海钢琴工作坊"初见成效，并与北京星海钢琴音乐文化产业园建立人才培养战略合作协议项目，为保定乃至京津冀艺术市场发展提供更多、更专业的艺术管理人才，使保定经济、文化发展得更加蓬勃。

参考文献：

[1]薛志良，马琳. 关于艺术管理与文化创意产业的若干探讨［J］. 艺术教育，2006（6）.

[2]成乔明. 艺术管理理论框架的构建[J]. 艺术百家，2007(1).

[3]宗晓军. 艺术管理在艺术发展与传播过程中的作用与影响［J］. 人民音乐，2008（10）.

[4]孙燕. 艺术管理人才素质特征及培养模式探讨［J］. 江苏技术师范学院学报，2009（5）.

[5]弗朗索瓦·科尔伯特. 文化产业营销与管理［M］. 高福进，等译. 上海：上海人民出版社，2002.

[6]周洪雷. 音乐市场营销及案例分析［M］. 上海：上海音乐学院出版社，2011.

新时期艺术管理人才培养的新转向

纪　燕[①]

摘要：艺术管理的兴起是社会发展及艺术繁荣的必然需求，它对于推动艺术市场的完善、艺术家的创作、艺术产业化的发展和提升国家软实力等都发挥着独特价值和作用。艺术管理人才是实现这些的必备条件和关键要素，这也给高校人才培养模式和教学方法提出了新命题和更高要求，尤其在我国进入生态文明建设的新时期。而将生态美育引入艺术管理人才培养的教学过程中，深入挖掘传统文艺精华，有利于保护和传承非遗成果，引导艺术的可持续健康发展和适度艺术消费，真正发挥艺术在现实生活中的独特魅力和作用。本文将探讨其可行性和可操作性，为高校艺术管理人才的培养探索新思路和新方向。

关键词：艺术管理；人才培养；新转向；生态美育

艺术管理是西方的舶来品，作为一门独立的学科也并非国人的首创，虽然中国古代历来非常重视对艺术的掌控和管理。如果追溯中国艺术管理的源头，那么从周代开始就有，其中突出的代表就是汉代设置乐府从民间采集诗歌，以观民风。还有宋代设立画院为宫廷绘画服务，同时通过考试等形式选拔各类画师担任官职，以画取士。但是随着社会的发展，商品经济形式的日益成熟和完善，以及艺术自身发展规律的需要，艺术的生产、流通、消费必然要呈现出不同的形态。艺术与经济、艺术与民众、艺术与社会的联系也更加密切，艺术的外延和内涵也有了全新的变化，当代艺术以一种前所未有的温和的形式继续介入社会，这种方式就是管理和商

---

① 作者简介：纪燕，山东建筑大学艺术学院教师。

业①。因而艺术管理成为一门全新的学科即艺术管理学，20世纪60年代首先兴起于欧美等国家，随后在世界各地传播发展，在中国也得到了较快发展，高校培养了大批艺术管理人才，极大地推动了社会艺术的繁荣。

一、艺术管理的概念及必要性

现今，艺术管理被普遍定义为适应现代工业化社会的大生产理念以及社会经济形态需求的、以管理理论为基础的学科。②它在中国的兴起是与改革开放后社会、经济、文化的发展密不可分的。艺术作为社会意识形态的典型形式之一，是上层建筑的重要组成部分，受到经济基础的决定和制约，因而艺术的发展在很大程度上与经济的繁荣与否有着紧密的关联，所谓的"仓廪实而知礼节，衣食足而知荣辱"正是经济发展水平和社会意识形态的关系的真实写照。

艺术管理在当代世界的兴起与发展既是时代的需要，也是艺术发展的必然要求。科技的飞速发展带来经济的大繁荣，人们的物质生活水平逐步提升，那么在已经满足了生存的需要之后，民众对自身的精神生活包括审美需求有了更高的要求，他们对艺术的需求和消费也增多起来。这一现象可以以中国明代江南绘画艺术的大繁盛为例来进行说明。

明代以民众的艺术需求为导向的风尚、生活消费等都在江南地区发生极大变化，引起江南世风的转变。而这种变化首先是由经济发展引起的，市民阶层作为新兴势力表现出不同于以往的追求，市民意识觉醒，他们力图打破礼制的束缚，以奢华为美，表现在对服饰、饮食、住所等物质要求日益提升，刻意修饰、率性为之。尤其是随着江南商业的发展，涌现出很多商贾之家，他们对生活的物质所需更是华美和奢靡。但与此同时，一些具有较高文化教养的江南地主、商贾等也带动了普通市民审美的提高。例如，私家园林的修建、居住房屋的扩建等都是物力财力的巨大消费，但更深层、更具文化内涵的是屋宅内部装饰极为讲究，书画、文玩、挂屏、盆

---

① 彭锋. 从艺术体制理论看艺术管理 [J]. 艺术设计研究，2014（1）：19.
② 李宏. 对我国现阶段艺术管理途径的探索 [J]. 艺术教育，2009（2）：142.

景、器皿等成为必备之品，普通百姓纷纷效仿，民众家里都要悬挂书画作品以示风雅。

此外，收藏书画风尚的兴起，使得很多画家的作品供不应求。吴门画派的仇英所画的仕女图在当时非常受欢迎，求画者甚多，画家自己应接不暇，市场上就出现了很多假借画家名号的仿作，惟妙惟肖，也颇受欢迎，而百姓也以能在家中悬挂名人字画为傲，其实他们对画作的真假并不关心。也有很多画家请人代笔作画，如沈周、文徵明、唐寅等画家，有的是请弟子代画，有的则是他人画好后画家自己题款，因而明代的艺术市场是繁荣的，但是也充斥着很多赝品、仿作，这些对于艺术市场的正规发展有着极为不利的影响。

当今时代的政治、经济等更是盛于明代，因而艺术市场的繁荣与民众的艺术审美需求更高。艺术领域流派纷呈，风格多样，创作理念多元，艺术市场日益成熟和完善，而普通民众对艺术的接受度、认可度、欣赏度等也是张力扩大，与此同时，对艺术的挑剔度也是胜过以往。而根据马克思提出的艺术生产理论，以及此后在德国兴起的接受美学，人们进一步从消费者的角度来认识艺术的创作和流通等，所以有学者指出，当代艺术的重要变化，便是管理因素的突出[1]。所以，艺术管理的崛起和人才的培养势必成为社会的必然需求，同时，也对当代高校教育提出新的命题。

二、艺术管理人才的基本素养和要求

科技进步使得"天涯若比邻"，"地球村"亦是如此，空间距离的拉近使得一体化的进程势不可当，政治、经济、文化、艺术等也包括在其中。如今，世界各地之间的多元文化交流与整合开始进入一个新的阶段，艺术市场规模的扩大和艺术产业化已经成为艺术事业发展的必然趋势。艺术管理在艺术的大发展过程中起到积极的作用，在艺术与市场之间搭起桥梁，也成为艺术家、市场需求和消费者之间的有力黏合剂，既能带动艺术市场的良性发展和进一步繁荣，实现艺术的经济效益和社会效益双向共

---

① 彭锋. 从艺术体制理论看艺术管理 [J]. 艺术设计研究，2014（1）：20.

新时期艺术管理人才培养的新转向

赢，也对满足民众的精神和审美需求提供帮助。

当代我国亟须培养大批高层次、高素质的艺术管理人才，他们所具备的基本素养有以下几个方面。

1. 全面的知识储备。艺术管理是一门新兴学科，而它所应对的是当今纷繁复杂的艺术市场，与此同时艺术的形式更加多元，艺术的内涵和外延无限扩展，那么艺术管理人才需要练就十八般武艺，所有这些都需要全面而充实的知识储备。例如，一名出色的艺术管理人才必须具有艺术学的知识，熟知各种艺术形态的发展沿革、内涵、当代特色、发展趋向等；必须具备文学素养，"腹有诗书气自华"，一名优秀的艺术管理人才绝不是艺术家的传声器，要有自我的艺术判断和取向，而良好的文学素养在其中有着积极的作用；必须具备扎实的理论素养，没有理论支撑的知识终究是短暂的，艺术理论和艺术作品的关系亦是如此，那么了解和掌握相应的艺术理论有助于判断艺术的流变。除此之外，经济学知识、管理学知识等也是不可或缺的，这是艺术产业化的必然要求。

2. 丰厚的人文情怀。艺术家要有人文情怀和社会担当，艺术管理者亦是如此。在科技高度发达、经济快速发展的当代社会，人的情感和审美追求却变得岌岌可危；在物质生活越来越丰富的今天，人们却变得越来越封闭、孤独和失衡。有学者指出人与社会、人与人之间的危险关系，表现为邻里之间高度冷漠和陌生，工作关系日趋紧张化，人际关系变得金钱化，还有道德信仰的缺失和沦丧、精神和情感生活的贫瘠和衰败、文学艺术追求的扭曲等等。这一切无不在提醒人们要重新反思这些危机。因而，艺术家对于人文情怀和社会担当时刻都不能忘却和缺失，在坚持个人艺术追求和艺术特色的前提下，更要关注社会文艺的正面导向性和积极价值。而作为联通艺术家和民众、引导艺术市场发展的艺术管理者，也同样不能遗失人文情怀，不能唯利是图，应在弘扬传统文艺、保护非物质文化遗产等方面发挥正向作用。

3. 积极的团队合作精神和沟通协调能力。高素质的艺术管理人才除了具备必备的知识和情怀等内在素养，还需要外显的领导、协调、精诚合作等能力。这是因为艺术管理的良性运行需要各个环节、各类人、各种状况的协调与融合。例如，管理经营环节需要掌握市场动态和时代需求，掌握文化艺术产品的生产、销售以及市场运作的过程，把握经济规律和营销策略，力求在多变的艺术市场中具有应变和竞争能力。而沟通协调与团队合作是保障这一切顺利运行的必然条件，独木难成林，善于合作，则有利于形成融洽的团队氛围，增强凝聚力，便于发挥出团队整体效能，保障艺术管理各环节的顺利运行。

当然，除此之外，艺术管理人才的基本素养和要求还有很多，例如创新能力、学习能力、鉴赏力、理性思维等也是必不可少的，因此，艺术管理人才的培养任重而道远，对现代高校的教育培养方法和模式提出了更高要求。

三、探索艺术管理人才培养的一种新方向

高校，也就是通常意义上的大学，它不仅是学校教育的高级阶段，也是连接学校与社会的桥梁。学生在这里完成的不仅仅是学业上的任务，更是为日后踏入社会、成为社会人做着积极的准备和重要的积累。创新艺术管理人才培养体系是各高校在发展中面临的一个关键问题，由于艺术管理专业的发展时间较短、可供参考的模式较少，在社会主义艺术发展的新形势下，更是面临前所未有的挑战。

很多高校对于艺术管理人才培养还在学科定位、理论建构、课程设置、方法运用等方面摸索，努力寻找适合自身发展的培养模式，但很多时候他们往往忽略了更重要的问题，即我们已经进入生态文明建设的新时期，因而艺术管理人才的培养必须树立新思维和新方向。

生态文明建设的新理念是社会发展的必然选择，这是人类从狩猎时期到农耕时代再到工业时代之后的又一新转变。20世纪经济的高速发展是以环境和生态的破坏为代价的，生态危机愈演愈烈，已经直接影响到人的生存和生活质量，处于经济发展狂热中的人类开始认识到环境问题带来的严峻后果。人类对于自身与自然的不和谐感到恐慌，不再以征服和控制自然为骄傲，恩格斯早在100多年前就对人类发出过严厉的警告："不要过分陶醉于我们对自然界的胜利，对于每一次这样的胜利，自然界都报复了我们。"[1]一语惊醒梦中人，摆脱危机，重获自由与幸福的生活成为很多人

---

① 马克思恩格斯全集 [M]．北京：人民出版社，1971：519.

梦寐以求、渴望实现的目标。

全新生态观的兴起为处于困境中的现代人带来希望，它引导人们在思想观念、意识觉醒、教育发展、艺术创作等方面进行反思，力图实现在精神境界、文化和艺术态度、教育理念等方面的突破和创新。艺术作为人类的精神和审美需求，也要为全新生态观的建立做出应有贡献，而在艺术管理人才的培养过程中引入生态观，实施生态美育是一项重要而紧迫的任务。

北京大学著名教授钱理群先生曾经这样说过，现在很多高校都在培养绝对精致的利己主义者，这是一个残酷的现实。除此之外，高校还在培养机械化的"经济人"，这两者在很大程度上是一致的，这是一种可怕的一致。与考试无关的不学、对就业无帮助的不理，知识学习要有选择性，人文社科、艺术情怀无法挽救经济利益至上等思想的蔓延，教育和学习极度功利化，缺乏审美和感性，漠视生命的过程之美，人文情怀和社会责任极为不足，全面素质的发展也就无从谈起。艺术管理人才的培养如果步此后尘，那么所带来的不利影响细思极恐。

在艺术管理人才的培养过程中应引入生态美育的理念和方法，扭转教育困境，创新人才教育新思路。具体包括以下几个方面。

1. 挖掘传统文化和艺术精华，保护和传承非物质文化遗产，树立可持续发展的文艺观。艺术资源凝结了人类劳动与创造性思维成果的物质与精神的产品或活动，是一个自然的与人类创造的、传统的与现代的、凝定的与鲜活的、静态的与动态的有机结合的系统，是人类文明发展的产物，也是艺术生产力发展基本要素之一。[①]艺术管理既要推进极具时代特色的当代文艺的发展和进步，也不能忽视传统文艺和非物质文化遗产，因而艺术管理人才必须树立可持续发展的生态文艺观。在学校教育过程中，必须对学生加以引导，告诫学生从事艺术管理不能唯利是图、唯当代为大或者一味迎合不正当的文艺需求，所有这些都是违背艺术发展规律的，对那些暂时没有市场的非物质文化遗产不能轻视、忽略、置之不顾，应做一名沟通过去、现在与未来的文艺使者，以实际行动吸引更多民众加入继承和发扬优秀传统文化及艺术、保护和传承非物质文化遗产的行列中来。

2. 强化人文情怀，以情感人、以美导真，引导建立生态审美观和消

---

① 田川流. 艺术管理的当代使命与基本原则 [J]. 汕头大学学报，2012（1）：28.

费观。人有至真情感和对美的不懈追求，所以人生才会丰富多彩，如果失去对美的敏感心灵，没有善于发现美的眼睛，只是追逐经济利益，那么人生将会暗淡无光。将生态美育引入艺术管理人才的培养，打破应试教育的弊端，培养学生的审美意识和情感，强化人文情怀和担当，潜移默化，提升他们的人生境界和觉悟，实现生态审美生存。同时在艺术产业化的大潮中，艺术管理者必须时刻保持清醒，艺术发展和消费也不可无序、无度，引导艺术家和民众为保护地球和自然生态，建立全新的人地和谐关系积极行动，用艺术的独特方法，从自我做起，用点滴行为实践"只有一个地球""够了就行"的理念。

3. 加强实践环节训练，做到理论学习和实践创新的完美结合，在实际行动中践行生态美育的理念。艺术管理由于紧贴社会需求，因而在其建立之初就要求与时俱进，其实践性强的特点也不同于其他学科。生态美育与艺术管理教育在引导实践、促进当今社会实际发展方面殊途同归。在教学过程中，艺术管理教育的实践环节不能流于形式，或者大打折扣，学生的学习也不能"两耳不闻窗外事，一心只读圣贤书"，而是应该积极思考艺术如何更好地进入生活，符合生态文明建设新时期的要求。在教学中应以实际题目或实践项目的形式展开思考与实践，例如如何利用公共艺术来实践生态审美理念，营造人类生存新环境，改善地球生态，实现人与自然和谐共存的诗意栖居等等，发挥艺术的独特形式和价值，实现艺术管理的应有作用。

四、结语

随着现代化进程步伐的加快和全面建设小康社会的深入发展，人们的艺术需求和审美追求也在提升，艺术管理的作用也将日益凸显，而高层次、高素质的艺术管理人才也是高校未来人才培养的目标所在。艺术管理教育应在实际教学过程中引入生态美育，树立全新教育理念和方向，以美的规律和艺术管理为导向，深入挖掘传统文艺精华，勇于承担实现艺术健康可持续发展以及保护非物质文化遗产成果的社会责任和历史担当，引导艺术的良性发展和适度消费，真正发挥艺术在现实生活中的独特魅力和作用，以艺术管理的特有方式为社会的生态建设和发展做出贡献。"路漫漫其修远兮，吾将上下而求索"，艺术管理人才的培养任重而道远，我辈应该不懈探索和努力。

参考文献：

［1］田川流. 中国当代艺术管理思想研究［M］. 北京：中国文联出版社，2016.

［2］威廉·伯恩斯. 管理与艺术［M］. 张琪，译. 北京：中国戏剧出版社，2013.

［3］胡晓明，肖春晔. 艺术管理［M］. 广州：中山大学出版社，2011.

［4］吴颖，舒怡，叶建新. 艺术管理与市场［M］. 北京：中国传媒大学出版社，2016.

［5］余丁. 艺与脑：艺术管理思考［M］. 北京：知识产权出版社，2014.

［6］郑新文. 艺术管理概论［M］. 上海：上海音乐出版社，2009.

［7］王月颖. 对高校艺术管理专业学科定位的反思［J］. 社会科学战线，2016（1）.

［8］高丽娟. 谈艺术管理在艺术的发展和传播中的作用及其影响［J］. 辽宁师专学报（社会科学版），2014（6）.

［9］高迎刚. 欧美国家艺术管理人才培养模式探析［J］. 汕头大学学报（人文社会科学版），2012（1）.

［10］刘贝妮. 我国艺术管理专业发展的困境及其解决路径［J］. 高教探索，2015（8）.

［11］朱晓溪，王健. 浅析艺术管理的属性与目的［J］. 艺术研究，2009（4）.

［12］仲呈祥. 艺术管理以及艺术学理论学科建设在当代中国文化建设中的重要作用［J］. 艺术百家，2014（2）.

呼唤专业的艺术管理人才

——试以临朐县书画市场分析之

陈丙利①

摘要： 临朐县的书画市场自20世纪八九十年代兴起以来，与全国的书画市场一起历经了几次大的起伏变化，见证了书画市场的兴衰。这与政治形势、经济背景、市场规律以及书画艺术品自身的特殊性有着密不可分的关系，但是其中最为关键的因素是"人"，也就是画廊经纪人。经纪人的专业化程度和喜好直接影响了画家和市场，过去画廊的家庭模式格局已经远远不能适应当今快速发展的市场要求，未来的重任只能由专业出身的艺术管理人才来担当。

关键词： 书画市场；画廊；艺术管理人才

中国书画市场自产生发展至今经历了二十多年的时间和历程。我国的书画市场有自己独特的情况和特色，几乎完全处在一种自发状态下，国家的法律法规和知识产权保护相对滞后，书画资源和市场对接的信息不对称，西方成熟的画廊制度不能发挥太多的作用，整体来看还处于探索的初级阶段。

从全国来看，山东的书画市场相对集中，相对繁荣，青州市乃至潍坊市的市场尤为突出，曾经有种说法是"全国市场看山东，山东市场看青州"。临朐县就在青州市的南边，潍坊市的西南面，书画市场发育较早，受这两地的影响，也曾一度繁荣。近三四年以来，书画市场出现了很大的变化，可谓一落千丈，较之以前的几次起落，此次尤为明显和严重。以临

---

① 作者简介：陈丙利，山东艺术学院艺术管理学院教师。

胸县的书画市场为例剖析，基本可以得知其根本问题之所在。除政治、经济的问题外，"人"的问题才是最大的问题，画廊经纪人自身的问题是非常重要的。也就是说，市场严重缺乏专业的艺术管理人才，缺乏专业的管理理论知识、营销理念和模式。过去那种家庭夫妻店模式和击鼓传花的营销模式以及蜂拥而上跃进式的市场机制已经穷途末路，未来的市场会更加冷静，未来的买家会更加理性，对画廊经营者的要求会越来越高，这就给专业的艺术管理人才带来了更多的机遇和挑战。美国哥伦比亚大学艺术管理学系的创始人琼·杰弗瑞教授曾说："艺术管理最核心的问题还是艺术，如果不了解艺术家，不了解艺术，又怎么能去做艺术管理呢？"所以说，真正懂专业的艺术管理人才才能在未来的书画艺术市场中发挥重要作用，将艺术、艺术家、艺术品和市场真正有机结合起来，形成良性的可持续性发展的模式。

一、中国书画市场的几次大起落

20世纪八九十年代，随着书画市场的兴起，中国画廊业开始兴起，家庭式的经营模式成为书画市场的滥觞。少数经营者利用自己的资源从北京、天津、杭州等地的美术学院、艺术学院、画院等地方请来画家，帮他们经营市场，出售作品。最初他们仅仅局限于自己小范围的朋友圈子，书画经营者之间也是各自为政，没有统一的组织，资源无法共享，有很大的局限性。大批喜欢字画的官员和商人成了书画艺术品收藏的中坚力量。

2000年之后，全国的书画市场形势一片大好，市场变得异常火爆，书画作品供不应求，一大批美协、画院的画家和美术学院的老师成为市场的宠儿。画廊也开始走出家庭，走向了产业化。在这期间，各地区的画廊之间交流增多，慢慢有了炒作的空间和可能性，书画艺术品的商品属性凸显。在这种状态下，书画艺术品的收藏和投资便成了民众关注的焦点，这种热度持续升温，一直到2008年全球金融危机才开始出现市场停滞现象。金融危机在一定程度上引起了藏家和画廊的恐慌，书画艺术品价格下降，几乎没有交易量。随着经济的复苏，最终画廊和藏家还是挺过了危机，迎来了2010年到2013年短暂而疯狂的飙升期。在这期间，书画交易相当频繁，市场对书画作品的需求量激增，书画家的作品价格直线上升，有的几个月就涨一次价，确实有一种疯狂的感觉。从2014年下半年开始，书画市场出现停滞，交易量下降，并且越来越明显。从2015年到现在，每况愈下，基本触底，官员和商人基本不再参与书画市场的活动，民众投资也基本停止。

二、临朐县书画市场发展轨迹及问题

临朐县的书画市场起步比较早，同样经历了上述书画市场几次大的起落所带来的喜悦和阵痛。临朐县别称骈邑，现隶属潍坊市。自西汉置县迄今2000余年，素有"小戏之乡""书画之乡""中国书法之乡"和"中国观赏石之乡"等美誉，是首批"全国文化模范县""全国社会文化先进县"，有大汶口、龙山等古文化遗址210余处，是首批"国家全域旅游示范区"。临朐县有着深厚的文化底蕴和热爱书画的优良传统，有着"家家挂书画，户户爱丹青"的广泛的群众基础。当地整体书画水平在全省名列前茅，群众对书画的审美水准普遍偏高。老百姓对吃穿不很看重，而对书画的收藏非常重视。临朐县涌现出一大批书画家和书画爱好者，并且带动一大批年轻人考取了中央美术学院、中国美术学院、天津美术学院、西安美术学院和清华大学美术学院等艺术高校。临朐县有宣纸厂，20世纪70年代黄胄先生曾来试纸张，留下墨宝，一时传为佳话，也带动了临朐书画的发展。

自20世纪80年代末90年代初开始，临朐县城陆续出现了几家卖书画用品的商店，兼售一些书画作品，还有少数以家庭为单位的书画经营者，这是临朐县画廊的源头，也是临朐县书画市场的开端。后来，随着书画市场的蓬勃发展，书画交易也越来越频繁，开始和周边的青州、潍坊等地市的画廊互动起来，形成了比较稳定的合作模式。临朐县在2010年建成龙韵文化城，经营书画的画廊陆续从家里搬来，文化城盛极一时，展览不断，从全国请来的书画名家以及周边县市来交流或交易的书画收藏家和爱好者络绎不绝。后来，又建成大千书画街，还有少量的画廊搬到了城南的奇石市场。全县的画廊最多时接近200家，对于一个人口不足100万的小县城来说，这是非常惊人的。但是，众多画廊经纪人当中真正懂书画的不足百分之五。随着大的政治、经济环境的变化，加上书画交易模式固化，书画展览形式千篇一律，以及书画家参差不齐的作品充斥市场，最终导致了临朐县书画市场的溃败。当然，临朐县书画市场的衰落与周边的青州、潍坊等县市的情况大同小异，同样受着市场规律和经济规律的制约。

目前，临朐县大量的画廊关门，经纪人转行，购买力一落千丈，往日兴盛的文化城变得冷清，并且由以经营书画为主转向以餐饮、娱乐等服务业为主，仅有少部分实力强（自有住房，没有租金）的画廊存活下来。大多数买家对此失去信心，有的想投资也不敢轻易冒险，有的书画家为了生计不得不降价出售作品，使得临朐县的书画产业链断裂，市场低迷。

分析其原因，大致有以下几点：

1. 我国反腐力度不断加大，在书画市场中占极大比重的礼品之路被堵死。官员不敢收礼，更不会出钱买作品。原来的一些商人买画基本是为送礼办事或打通关系揽工程，他们根本不懂也不爱好书画，所以也就不再买。这两股力量的缺失犹如釜底抽薪，直接给书画市场致命一击。

2. 前些年，政府相关部门在书画艺术品市场的运营发展中起到的作用和市场自身的发展规律不相符合，对市场的发展有一定影响。

3. 楼房、股票和艺术品是三大主要投资板块，热钱主要在这三大板块穿梭。当热钱离开书画艺术品市场时，必然会带来资金链的断裂。经济不景气，企业家贷款受限制，周转资金不足，他们也不会再往书画艺术品方面投入太多资金，这也是不争的事实。

4. 经济运行的规律就是起起落落，有谷底，有高峰。如果符合经济运行规律，书画市场还会东山再起，否则就会一蹶不振。

5. 临朐县书画市场面临着供求关系失衡的问题。因为临朐县的经济实力也就决定了其总体的购买力，这20年来，虽然买家增长了多倍，画廊增加了多家，但是书画艺术家呈几何倍数增长，书画市场早已经饱和。前十年已经透支了书画艺术品的购买力，根据国际经验来看，一个国家或地区人均GDP超过5000美元时，休闲消费就会进入快速增长期。根据山东省发改委公布的2017年全省137个县（市、区）人均GDP数据显示，临朐县以0.7万元（人民币）排名潍坊市最后一名。据此来看，临朐县书画市场显然是严重透支的。

6. 缺乏专业理论的指导，过于注重书画作品的商品价值，投机心理过重。临朐书画收藏的风气因市场的膨胀而更倾向于其商品属性和经济价值，这是受大环境的影响，也与青州等地书画经营理念的影响分不开。有急功近利的"赌徒行为"者很多，甚至可以说是绝大多数。他们的最终结果往往以惨败收场，给临朐县的书画经营和收藏带来极大的负面影响。

7. 经营模式单一。临朐、青州等地的画廊业主要是靠"击鼓传花式"的经营模式和理念，由中间人把画家和收藏群体带到画廊或宾馆进行交易，利用信息不对称从中获利。这种模式简单易学，从而在一定时期造成了画廊的泛滥，数量激增，几乎手里有一定数量书画作品的人在文化城租房或者买房都可以办画廊。这样，既破坏了原来的画廊的业界秩序，也打破了少数人垄断市场的可能性；同时，又造成了画廊经营的混乱，在一定程度上丧失了诚信度，降低了藏家对书画艺术品收藏的门槛，为后来书画市场的衰落埋下了伏笔。

8. 没有专业的策展知识和经验，展览模式缺乏创新性。临朐画廊的展览模式，基本就是把书画家的作品在展厅里悬挂好，请领导参加开幕式剪彩，步入展厅看作品，拍照留念，然后一起去吃饭。更多的心思花在请领导和找下家买画方面，根本不注重书画作品的展示和展览的品质及格调，难以给观者留下独特的视觉冲击和艺术享受。

9. 书画作品不易变现成为资金链条断裂的重要环节。潍坊银行等曾尝试以名家书画作品抵押贷款，最终也无法大规模推行。在现有的经济模式和银行运行体制下，资本还不能和书画艺术品达到最完美的结合。这在很大程度上影响了藏家的投资力度。

10. 书画家不自重也是造成临朐书画市场不景气的一个重要原因。很多所谓的艺术家不潜心读书画画、研究艺术创作基本规律和技法，也不写生，就靠抄袭别人的画作蒙骗画廊和藏家。有的靠着一大堆虚假头衔招摇撞骗，不讲诚信，没有廉耻之心。这些都严重影响了临朐书画市场的良性发展，在一定程度上也影响了参与其中的画廊经纪人的信誉和威望。

11. 画廊经营者作为中间媒介，应该有高尚的职业操守和道德约束，应该为买家和画家搞好服务。然而有的经营者却不加强理论学习，只顾忽悠买家，赚取利润。他们相互联合，巧立名目，不断翻新炒作对象的身份和职位，用"学院派""博士研究生""没骨花鸟""工笔山水"等名词来忽悠买家，不计后果，最终也将会被淘汰。画廊经营者既要为买家负责，又要为画家负责，还得为自己的品牌和收益负责，责任重大，应该加强职业道德的提高和职业操守的规范。

三、艺术管理人才的机遇

临朐县书画市场只是全国书画市场的一个小小的缩影。但是，窥一斑而知全豹，从临朐县书画市场的情况就能大致分析出全国整体书画艺术品的经营情况和市场状况。

前述二十多年书画艺术品市场的超常繁荣已经一去不复返了，未来是真正靠实力说话、靠市场规律选择的时代，官本位对书画市场的影响变小，艺术家的实力和作品的质量成为市场的试金石。处于转型期的临朐县书画市场需要从根本上去扭转把书画作品只当商品用作赚钱工具的观念，加强自身对美术史以及艺术审美、价值定位、市场规律和经济发展规律等方面知识的学习，要切实重视书画作品质量，加强其艺术品质和格调。要做好艺术家个人和作品的宣传，策划举办高水平上档次的展览，展示书画艺术品的艺术水平和品位。

理性引导藏家合理消费书画艺术品。藏家不应有一夜暴富的赌徒心理，要在提高审美水平、享受生活的前提下根据个人财政情况进行收藏。所谓"爷爷植树，孙子乘凉"，收藏要有长远的眼光、对市场行情的准确判断和对市场规律的理性把握以及较强的执行力，并且能够享受其中的乐趣。

实际上，这些都需要专业的艺术管理人才的参与和管理才能得以改善和完善。艺术管理其实就是对艺术的管理，它包含了对书画艺术品和画廊等进行管理方面的研究，包含了法律、道德、经济、服务、咨询等诸多方面。这无疑会给画廊保驾护航，带来很多科学性的建议和方案，能够提升画廊的品位和档次。目前，国内很多艺术院校开设了艺术管理课程，有的成立了艺术管理学院，非常重视艺术管理人才的培养和理论知识的传授，同时，有条件的学校和工作室还为学生提供了实践机会和场所，让学生学有所成，学有所用，注重理论和实践的结合。

将山东艺术学院等高校艺术管理专业的学生和临朐县的画廊对接，让他们有具体的任务和实践机会，这样既能帮助学生学到知识，又能帮助画廊提升品位、取得效益，两者得到最大化的优势互补。艺术管理专业的学生可以给画廊经营者带来专业知识上的提升、法律知识的普及、专业展览的策划、市场的调研以及艺术品的营销等全方位服务。画廊也给学生提供了发挥特长、展示能力的平台，同时学生也能从画廊经营者身上学到具体的实践经验和行业规则，在实践中拉近和社会的距离，为将来的就业打下坚实的基础，找到合适的就业机会。

目前，我国还没有严格意义上的艺术策展人，主要以兼职策展人和客座策展人为主，这也给艺术管理专业学生的未来发展提供了更多可能性。书画艺术品的营销展示主要靠展览来呈现，高品位、高规格的展览必定会提升书画艺术品的价值，能够展示书画艺术品的魅力和风采，能够为买家和观众带来视觉上的享受，更能刺激他们的消费欲望。这就需要专业的策展人——充满激情和活力、深谙艺术并将每一场展览都当成自己的作品去苦心经营的策展人。未来专业的艺术策展人和营销人员必定会出现在专业的艺术管理学科出身的人群中，这也是时代的呼唤。

当然，在具体的对接磨合中，新旧的艺术理念、经营理念和经营模式、展览的策划思路和展示以及市场效果的反馈都会带来很多问题和挑战，这正是深入实践的意义所在。只有通过市场检验合格的艺术管理人才才是真正的专业人才，才是未来书画市场的真正引领者。

艺术管理的价值导向作用研究

冯 超[①]

摘要： 艺术的不凡注定了对其管理手段的非同一般，将之归为行政管理、商业管理、中介管理乃至艺术活动管理都是不全面的。艺术管理具有多个维度，不同维度的管理策略以及方法也不尽相同，应当差别对待，但就其根本而言，艺术管理的众维度终将统一于价值管理，可谓"多元统一"或"多位一体"。艺术管理理论与实践不能缺少文化价值导向，强化价值导向作用，就要适应新时期发展要求，及时更新管理理念，完善管理体系，还要以健全的理论为指导，融入社会主义核心价值观，推动文化艺术步入繁荣与辉煌的新时代。

关键词： 艺术管理；价值导向；审美文化

艺术管理活动的历史非常久远，但作为一门学科的建立则是在20世纪中晚期，可谓非常年轻。艺术管理在西方几十年的发展过程中，虽已逐渐形成相对成熟的教学体系，但作为一门间性学科，同时又是偏向实践的学科，其理论建设还不完善，往往需要多方借用相关学科较为成熟的理论成果，然而这些理论能否很好地与艺术管理实践相兼容，仍需进一步验证。即便可资借鉴，若想建立艺术管理学科特有的理论体系，还有诸多问题需要解决。目前，欧美国家在大量实践的基础上，积累了丰富的艺术管理专业教学经验，尤其突出地体现在艺术组织的商业管理领域，教学方向偏重实践应用，理论建设则相对滞后，而国内由于学科建设处于初期阶段，诸多研究仍停留在基本问题的探讨层面，尤以学科建设方面的研究为主导。

[①] 作者简介：冯超，鲁迅美术学院文化传播与管理系讲师。

经过二十余年的努力，国内许多高校纷纷设立相应专业，众多艺术管理类书籍相继出版，为艺术管理学科的蓬勃发展奠定了一定基础，接下来的发展重心在于如何深化学科建设，根本问题在于如何加强理论的深度以及适用性，进而建立一套独具中国文化价值的艺术管理体系。其中，基于宗旨而形成的价值导向作用，因对整个艺术管理体系有着深刻的影响力而不容忽视。

一、艺术管理的宗旨与视角

（一）艺术管理的宗旨

艺术管理学科的产生和发展离不开市场经济的影响。在社会层面上，现代艺术管理不仅同商业活动有着十分紧密的联系，而且其研究和应用的主要对象也是商业组织，英、美等国最初设立这一专业的宗旨便是为商业组织的高效运营及获取更大经济利益服务。因此，无论是研究领域还是实践领域，英、美资本主义体系下的艺术管理教育始终有着明确的商业倾向，并且该专业通常也会归在商业管理门类。其设置目的，首先是帮助商业艺术组织实现经济利益最大化，即将维护营利性组织的利益作为第一要务；其次是完善商业社会伦理，推进资本主义意识形态的全球化、普世化，主导全球文化话语权；再次是推动艺术日常化、大众化，打造流行文化符号，营造消费社会环境。

在我国，艺术管理学科形成较晚，其目的主要为适应社会主义市场经济条件下艺术市场发展的需求，学科建设至今仍有诸多不完善，特别是对艺术管理的宗旨研究缺少足够的重视，因袭西方同类学科教育体系现象比较普遍。西方艺术管理宗旨形成的社会前提是资本主义制度和商业伦理，这与我国的社会制度和基本国情存在巨大差异而未必适用。与西方以商业利益为中心不同，作为具有社会主义性质的文明古国，我国艺术管理的宗旨首先应是倡导中华文明的传统思想文化与审美精神的独特价值；其次是鼓励创作新时代的艺术经典，为伟大艺术及艺术家的产生创造有利土壤，推动由我国引领的新的文艺复兴浪潮；再次是利用艺术市场促进艺术民主化，在繁荣文化经济的同时，提升民族素养，满足民众更高的精神文化需求。

（二）艺术管理的视角

艺术管理宗旨的实现需要明确其作用对象，首先面对的问题是我们应该从哪种视角来展开研究，以便有针对性地探索一条切实可行的路径。宗旨不同，所选取的视角也会有所不同。以美国为代表的部分西方新兴资本主义国家的艺术管理宗旨较为明晰，从行政到市场，再到企业组织，社会总体上拥有较为一致的商业价值导向，资本主义经济利益最大化是其管理体系设置的根本追求，因此企业组织便成为其社会关系构成的核心要素，政策制定与执行，产业及市场发展无不因应企业组织利益，即便是非营利性组织也往往具有私营企业或财团资本背景，所以西方艺术管理专业自然会将艺术机构管理作为首要研究对象，特别是在机构运营领域，通过科学和专业的艺术管理，提升机构运作效率，实现经济利益最大化。另一部分以英、法、德为代表的传统欧洲强国，虽同为资本主义国家，但受到曾经辉煌的历史文化传统影响，在文化艺术管理上，常表现出骄傲且保守的一面。这些国家进行艺术管理的共同特点是采取"市场—行政"双轨制，一方面利用市场促进艺术繁荣，另一方面又通过行政引导价值导向，以保护本民族优秀文化传统，激发创新文化活力，抵御外来文化入侵。

相较于美国等国主要交由市场化运作的模式，英、法、德等国的双轨制更加符合中国国情。中国的国情要求艺术管理不仅要有利于经济繁荣，更要实现艺术的普惠性与民主性，进而推动中国传统文化思想复兴并走向辉煌。这就要求我国艺术管理所对应的视角需更加开阔，不宜限于单一层面。成乔明在《艺术产业管理》一书中曾借用经济管理学的方法将艺术管理划分为宏观、中观、微观三个层面，也即三种视角，宏观对应艺术行政管理，中观对应艺术产业管理，微观对应艺术中介管理。这种划分并非严格的分类方法，却对我们全方位认识艺术管理的作用具有启示意义。

就微观视角而言，艺术中介管理实质上是对机构的管理。按照西方惯例，机构又可分为营利性机构和非营利性机构。营利性机构是明确以盈利为目的进行商业经营的机构，而非营利性机构虽不回避商业经营与资本运作，但其作用主要体现在公益性上，二者的宗旨和目的不同，管理也有所区别，但作为民间社会组织，它们又都会在不同程度上受到其背后资本力量的影响，为某种或明或暗的商业利益服务。目前在中国，随着市场经济的发展，营利性组织与非营利性组织日益壮大，同时传统体制下的国有企业与事业单位依然普遍存在，它们的国有属性客观上决定其受益的对象更具公共性和普遍性，所得收益与施加的影响更具公益性和普惠性。

就中观视角而言，艺术产业管理属于文化产业管理的细分。20世纪中叶以来，文化产业逐渐受到世界各国的重视，作为后工业化时代城市经济社会发展的重要推动力，文化因其具有化腐朽为神奇的魅力，促使众多处于工业转型时期的城市重焕生机，在重塑城市形象的同时，带动了地区经济的飞跃发展。2000年以后，中国经济开始步入新的发展阶段，许多地区也开始面临传统工业转型升级问题，借鉴西方经验，发展文化产业成为这些城市转型的重要突破口。2009年《中国文化产业振兴规划》颁布以后，文化产业正式提升为我国的战略性产业。与此同时，艺术领域也迎来了高速成长期，视觉艺术、影视演艺等行业呈现出繁荣景象。艺术产业虽已初具规模，但由于质量不高而难以参与国际竞争，其中关键问题在于艺术管理滞后，没有及时跟上艺术产业快速增长的步伐，致使艺术产业发展价值导向不明，缺少长期有效的战略指引，处于盲目扩张、各自为战的状态，乃至产生恶性竞争的现象，不利于产业的壮大和可持续发展。

就宏观视角而言，艺术行政管理主要是指由政府行使相应的政治职能，政治性是其核心考量因素。文化艺术对社会具有长期而深刻的影响，但通常并不会产生直接的作用。相较于政治、军事、经济等国计民生大事，文化在国家事务中居于次要地位，小到地方更是如此，这主要体现为政府对文化的重视不够，投入不足。特别是在我国以经济为中心的市场经济条件下，文化的意识形态属性在某种程度上被有意弱化，如此固然有助于文艺发展的多样性，能够营造相对自由的创作环境，但同时也会带来一些问题，比如过度商业化，审美价值导向不明，庸俗艺术盛行，艺术精品匮乏等等，根本原因在于艺术行政管理的职能缺位。我国各级政府中均设有专门的文化行政管理部门，但在市场经济条件下，这些部门逐渐隐于幕后，想管又不知如何管，管多了则变成干预，容易招致诟病，不利于经济社会发展与文化艺术繁荣，故各地政府管理部门普遍采取的管理策略是"无为而治"，即将文化艺术发展推向市场，管理部门仅在触及底线时进行有克制的行政干预。此种管理理念在一定时期内具有某种进步意义，给予文艺发展宝贵的自由空间，起到休养生息的作用，但在当下，"无为而治"的艺术管理理念却已不合时宜。新时代我国经济发展面临着产业升级的迫切要求，艺术产业同样需要转型升级。在某些领域我国或许已经成为文化大国，却并非强国，强国重在品质，要出艺术精品、艺术大家，光凭自由市场竞争难以实现宏观战略布局，这就需要政府从行政角度加以引导。另一方面，西方发达国家的经验表明，要实现文化的繁荣，政府行政管理的作用不容忽视，特别是在参与国际竞争的过程中，没有政府的强力支持，任何产业或机构都无法独自面对激烈的国际竞争环境。所以，宏观层面的艺术管理不仅关系到文化艺术自身的繁荣发展，更是大国间进行文化博弈的焦点所在。

通过对艺术管理三个层面的分析，不难发现，艺术管理不同于一般管理，它既不能等同于商业管理，也不能等同于行政管理，在艺术行政、产业和中介管理之外还有一个更为关键的视角，即对艺术活动自身的管理。没有艺术活动就没有艺术管理，作为艺术管理的发端，艺术活动管理对于其后管理环节有着至关重要的影响并决定着艺术管理价值作用的特殊走向。

二、艺术管理具有独特的价值导向作用

（一）艺术管理不同于一般管理

通常人们研究艺术管理是基于一个前提，即管理始于艺术作品创作的完成，艺术管理主要充当中介性的角色，负责艺术作品的传播与流通，如此，似乎艺术创作或生产不属于艺术管理的范畴。此种观念即便放在商业管理领域同样是片面的。当今世界的商业管理贯穿产品的生产、流通、消费全环节，并且后两个环节对生产环节的影响越来越突出，可谓由生产导向向消费需求导向转移。事实上，艺术生产或创作并非由艺术家处于孑然孤立的环境中完成，艺术作品的审美风格与潮流走向，将会受到艺术赞助以及市场需求等多方面因素的影响，因此，那些认为艺术管理仅仅是行政、产业或机构管理的观念实属片面，且背离了艺术管理的初衷。艺术管理首先服务的是艺术活动本身，这是艺术管理有别于一般管理的根本

特点。就消费而言，艺术品当然可以作为商品进行交易和流通，但它又是特殊的商品，有着独特的价值规律，具有审美多样性、精神超越性和价值不确定性等特点，而艺术的独创价值也决定其难以像普通商品那样批量复制，这就注定艺术管理在根本上不同于一般商业管理。

另一方面，艺术管理也不同于行政管理。行政管理的根本任务是维护统治秩序并提高政治效率，艺术虽也具有意识形态属性，但其有别于政治意识形态的方面在于艺术往往是超越现实的，有时甚至与社会现实相背离，在艺术家的内心之中，通常会充盈着对自由理想的向往以及对现实樊笼的叛逆。因此，对艺术的管理不可能如行政管理般讲究严格的等级秩序，任何繁文缛节都可谓艺术之天敌。当然，这并非意味着艺术不可管理，而是要在对艺术规律进行深入认识并给予充分理解和尊重的基础上，制定具有针对性的管理策略，施以有效的价值引导。

（二）艺术管理价值导向的特殊性

艺术管理的特殊性源于艺术本身的独特性。研究艺术管理不应停留在一般商业或行政管理层面，而应将重心转移到艺术本身的独特规律性上，以艺术为核心的管理是为了将艺术推向更高的境界，从而对人类的终极追求有所启迪，同时也让更多人能够在艺术的滋养下收获幸福与愉悦。

艺术管理具有特殊的价值导向作用，主要体现在以下几个方面。

其一是审美精神导向。何为艺术？中西方早期都将艺术看作某种技术，古代艺术品长期被视作工艺美术产品，或是满足人们精神需求的生活装饰品。直到西方文艺复兴时期，今人所讲的"艺术"观念才逐渐被公众所接受，它是人类审美精神对象化的产物，是人类思想情感物化的结晶，象征着人类精神与智慧的终极追求，因而备受推崇。自此，艺术逐渐区别于相对低等的手工技艺，而成为高尚的事业。当然，艺术始终脱离不了技术的表达，但真正让其与众不同且拥有崇高地位的，却是来自人类的审美精神，因此，艺术的审美性是其核心价值。如果说管理的本质是提高效率，那么艺术管理的目的显然并不是提升赚钱的效率，也不是提升政治效率，而是提升审美水平，通过运用艺术管理的策略和手段传播审美精神，引领人类对于爱和智慧的终极追求，使其沐浴在美的光辉之中，热爱生命所赋予的美好与幸福。

　　其二是文化价值导向。文化的价值即文化的意义，它是饱含意义的符号群，对人的思想乃至行为都会产生不可估量的影响；它又是超时空、超地域的，因而具有广泛的传播性。作为文化的核心形式，艺术创作不仅受到文化的深刻影响，反过来又会对文化产生重塑作用。一个民族的文化传统与价值观念，往往会通过艺术广泛传播，进而社会化，以至深入人心，形成特定的文化环境和文化意识，同时也深刻影响着民族的心理认同与价值判断。若在相对封闭的传统社会中，文化的影响圈层通常较为稳定，而在现今多元社会中，文化的碰撞与交锋则不可避免，强势文化引领时代潮流，弱势文化很可能就会被同化或边缘化。面对多元文化危机，艺术管理者不应无所作为，而应主动承担起民族文化复兴的使命，成为新时代的文化开拓者，通过艺术管理理论与实践，引领价值导向，激发文化活力。

　　其三是意识形态导向。意识形态可以理解为一种社会群体意识或思想观念，其中群体范围大至民族、国家，小至三五成群，是群体在特定价值层面所达成的共识，体现某种权力意志，因而带有政治倾向性。意识形态首先存在于语言之中，但又不限于语言的抽象，图像之中同样存在意识形态。海德格尔认为，人类自现代以来开始进入世界图像的时代，即"世界被把握为图像了"。这是一种全新的世界观，我们在观看世界图像的同时，也在反观自身存在，或者说整个世界越来越成为人的存在的某种投射。而艺术作为人类审美观念对象化的产物，不仅凝聚着深刻的文化内涵，更成为世界图像时代的开路先锋，肩负着探索人类未来图景的使命。然而西方20世纪初的现代先锋艺术并没有完成这一光荣使命，在后现代浪潮下纷纷折戟沉沙，被媒介图像所表征的消费时代消解着意义与意志。如果说现代艺术所呼应的资本主义早期意识形态中还带有某种理想主义乌托邦，那么以后现代艺术为主导的当代艺术则表征着这种乌托邦的真实面目——消费社会。当全世界为消费狂欢之时，是否意味着资本主义意识形态取得了某种普遍性的胜利？任何加入世界经济体系的国家想必都难以抵挡这股汹涌的文化浪潮。如何在资本主义意识形态冲击下既保持经济社会成长的活力，又能确保社会主义核心价值观的主流地位不动摇，是我国新时期文化阵线面临的重要挑战，需要全体艺术工作者为之共同奋斗，其中艺术管理的作用最为关键，能否聚沙成塔，引导文艺创作坚持正确的价值导向，弘扬主流意识形态，势必成为下一阶段我国艺术管理科研与实践的重要课题。

三、艺术管理价值导向作用的强化对策

艺术的发展与繁荣离不开艺术管理，而艺术的管理又是多视角且具有独特价值属性的非一般管理。西方对艺术管理的研究很少突出其价值导向作用，因为资本主义商品社会属性决定了一切事物都是消费对象，一切价值最终都要转化成商业价值，故艺术的成功并不取决于审美的品位或技艺的精湛，而是由其商业价值所决定的。在这套体系下，艺术管理价值导向的实质是商业或资本导向，这就意味着西方的艺术管理体系尤其在价值导向方面，对于我国国情而言存在诸多不适。为此，我国艺术管理发展应在批判性借鉴西方既有成果的基础上，更新管理理念，完善管理体系，重视理论建构，融入文化价值，以加强艺术管理的价值导向作用。

（一）更新管理理念

中国的艺术管理亟须转变管理理念。市场并非万能，发展市场经济也并不意味着将文化发展全部推向市场，文化的繁荣需要多样化，也需要通过市场因素加以刺激，但市场的作用又是有限的，特别是在价值导向方面，与我国的主流价值观并不一致，如果放任自流势必影响文化艺术发展走向，进一步影响社会意识形态。目前我国艺术行政管理理念可以概括为"抓大放小""无为而治"，即主抓重点机构、项目，其余面向市场，竞争淘汰，各地政府管理部门在艺术管理方面干预虽少，投入也少，若非触及底线，少有管理。如此被动的管理理念在文艺现象纷繁复杂的今天早已不合时宜。随着我国文艺发展日趋繁荣，艺术管理的理念需要及时更新，与现实相适应，也应更加主动和有所作为，通过科学管理，提振中国文化自信，弘扬优秀传统思想文化价值。

（二）完善管理体系

以价值为导向，构建科学的艺术管理体系。在激烈的国际竞争中，文化是一项重要的国家战略，它能吸附高端人才，增强国家软实力，同样

能够创造可观的经济效益，对国家的长远发展具有重要影响，因此大国之间尤其重视文化建设与管理。欧美等国在艺术管理方面的体系有所不同。美国作为晚近崛起的资本主义发达国家，历史文化资源有限，主打大众消费文化，艺术管理的主体在民间资本，以营利及非营利机构推动美国文化在世界各地扩张，政府极少参与管理，主要通过具有倾向性的政策和法律予以支持，灵活且扩张性强。而英、法、德等欧洲主要大国则拥有深厚的文化底蕴，在由美国主导的消费文化冲击下，普遍采取政府行政和民间资本协调管理的方式，政府不仅制定具有价值导向性的政策及法律，而且设置专门机构参与管理，以保护和推崇本国传统文化价值。在保护本民族文化、抵御大众消费文化冲击方面，我国与以上欧洲国家的境遇颇为相似且更加严峻。作为拥有辉煌历史文明的文化大国，我国正在探寻文化复兴之路，欧美国家的发展经验和管理体系具有借鉴意义，然而由于意识形态存在根本差异，具体国情又不尽相同，因此我国艺术管理体系的完善应在综合借鉴西方经验基础上，突出有效性与适用性，更应将价值导向作用贯穿始终。

（三）重视理论建构

艺术管理主要为实践性学科，但理论是灵魂，没有灵魂的艺术管理实践只会沦为个体经验，既不科学，又难以推进实践的进一步发展，更不用提引领方向，所以应对艺术管理的理论建构给予充分的重视。作为一门间性学科，艺术管理涉及艺术学、管理学、美学、社会学、传播学、营销学、经济学等等，这些学科都有相对成熟的理论体系，其中许多理论也被艺术管理学所借用，但关于该学科自身的理论建设仍不完善。其中一个重要原因在于学科的定位飘忽不定，存在分歧，争议的焦点是艺术管理应该属于管理学还是艺术学，两种观点各执一词。赞成属于管理学的一方普遍认为艺术管理应以商业管理研究为主导，如最早开设艺术管理专业的英、美等国，普遍将该专业下设至各大商学院，为艺术机构培养专业管理人才；而另一方则认为艺术管理专业应以艺术学为本，管理学为用，这种观点在中国的存在较为普遍，事实上，该专业在中国也主要设置在各大艺术院校。以上两种观念之争的关键在于是否承认艺术管理学具有自身的独特价值，能否构建相对独立的理论体系，毕竟即便在西方经历几十年的发展以后，艺术管理仍未完成学科的理论建构，目前所用的绝大部分理论借用自其他学科，尤以管理学、艺术学理论为主，教学科研中常用的案例分析方法则直接源于工商管理，偏重实践性、实用性与功利性。而西方特别是美国的艺术管理理论建设迟缓的重要原因不是没有能力，而是由其实用主义发展理念以及服务于商业资本的宗旨所决定的，如此也就不难理解为何西方艺术管理专业多设置于工商管理学院。站在商业资本的立场上，艺术没有高雅和低俗之分，关键看哪种更能迎合大众消费心理，产生丰厚利润，艺术管理的目的在于提升艺术转化为资本的效率，与此无关的理论研究都将被视为毫无价值。然而这种理念的根本问题在于，现实地将艺术行为等同于日常行为，艺术品等同于一般商品，艺术传播等同于一般商品的流通，艺术消费等同于商品消费，其实质是将艺术商业化、庸俗化，结果势必走向对艺术自身的消解，这种所谓的艺术管理无益于艺术的长远发展。我国艺术管理学科起步较晚，专业设置不过二十余年，与西方相比差距显著，理论建构的完善仍需时日，正因如此，更应明确方向，在借鉴西方发展经验的同时，也要看到其不足，加大对艺术管理理论建设的重视与投入力度，强化价值导向作用，构建四位一体的理论架构，即形成由行政、产业、机构、艺术家共同作用于一体并融合中国传统思想文化价值的艺术管理理论体系。

（四）融入文化价值

艺术管理的核心要务在于融入文化价值。以商业文化为导向的国家认为艺术管理的核心要务是提升艺术向资本转化的效率，而以政治为导向的国家则将意识形态管控作为其核心要务，两种价值取向所考虑的经济、政治因素固然对艺术有着重要的影响，但是不能因此而否定艺术自身的独特价值。艺术的价值主要包含审美和技艺两方面，而根本因素在于审美，没有审美精神的注入，艺术只会停留在工艺层面，其价值有限，而审美精神又取决于文化价值观念，因此，艺术管理区别于商业与行政管理之处就在其文化价值导向。艺术管理的本质是文化价值管理，即利用科学管理方法实现文化价值的社会效益最大化。其中，文化价值是多元的，但在特定社会中又是相对恒定的，总会存在某种主流价值观念，而在现代普遍开放的社会中，主流价值观往往时刻面临着外部的冲击、挑战与融合。真正的强势文化并不体现在其冲击力与侵略性上，而是体现在其开阔性、包容性和坚韧性上，任何国家都有捍卫其主流文化价值的权力和意志，一味抵御或回避皆非明智之举，唯有兼容并包，因势利导。文化艺术如潮流之水，宜引不宜堵，强化艺术管理的价值导向作用，首要任务就是明确其社会核心价值，并将其融入艺术管理体系的不同层面，以社会主义核心价值观引领文化艺术的总体走向，传播主流意识形态。

参考文献：

[1] 马丁·海德格尔. 林中路 [M]. 孙周兴，译. 上海：上海译文出版社，2010.

[2] 简·杰弗里，余丁. 向艺术致敬：中美视觉艺术管理 [M]. 徐佳，译. 北京：知识产权出版社，2008.

[3] 谢大京. 艺术管理 [M]. 北京：法律出版社，2016.

[4] 曹意强. 艺术管理概论 [M]. 杭州：中国美术学院出版社，2007.

[5] 田川流. 中国当代艺术管理思想研究 [M]. 北京：中国文联出版社，2016.

[6] 余丁. 艺术管理学概论 [M]. 北京：高等教育出版社，2008.

[7] 郑新文. 艺术管理概论 [M]. 上海：上海音乐出版社，2009.

[8] 张朝霞. 当代艺术管理论丛 [M]. 北京：知识产权出版社，2012.

[9] 仲呈祥. 艺术管理以及艺术学理论学科建设在当代中国文化建设中的重要作用 [J]. 艺术百家，2014（2）.

[10] 田川流. 论我国文化与艺术管理的当代特征 [J]. 山东艺术学院学报，2017（2）.

[11] 董峰. 对艺术管理的解读 [J]. 艺术探索，2010（6）.

[12] 董峰. 试论艺术管理学科建设问题 [J]. 南京艺术学院学报，2008（5）.